"吃苦是福"是我的口头禅。

我一直选择吃苦，整天用心教好学生，

沉浸在奋斗的欢乐和成功的喜悦之中。

生命不息，追求不止。

——蔡林森

· 教育家成长丛书 ·

蔡林森
从洋思到永威

CAILINSEN CONG YANGSI DAO YONGWEI

中国教育报刊社·人民教育家研究院 组编

蔡林森 著

北京师范大学出版集团
BEIJING NORMAL UNIVERSITY PUBLISHING GROUP
北京师范大学出版社

图书在版编目(CIP)数据

蔡林森从洋思到永威／蔡林森著. —北京：北京
师范大学出版社，2015.10（2024.7 重印）
（教育家成长丛书）
ISBN 978－7－303－19259－5

Ⅰ.①蔡…　Ⅱ.①蔡…　Ⅲ.①中学教育－教育研究
Ⅳ.①G632.0

中国版本图书馆 CIP 数据核字(2015)第 172860 号

图 书 意 见 反 馈　　gaozhifk@bnupg.com　010-58805079
营 销 中 心 电 话　　010-58802135　010-58802786
北师大出版社教师教育分社微信公众号　京师教师教育

出版发行：北京师范大学出版社　www.bnupg.com
　　　　　北京市西城区新街口外大街 12-3 号
　　　　　邮政编码：100088
印　　刷：北京虎彩文化传播有限公司
经　　销：全国新华书店
开　　本：787mm×1092mm　1/16
印　　张：24.25
字　　数：388 千字
版　　次：2015 年 10 月第 1 版
印　　次：2024 年 7 月第 7 次印刷
定　　价：80.00 元

策划编辑：伊师孟　　　　责任编辑：戴　轶
美术编辑：焦　丽　　　　装帧设计：焦　丽
责任校对：陈　民　　　　责任印制：马　洁

教育家成长丛书

编委会名单

总　序

　　教育是国家发展的基石，教师是基石的奠基者。古人云："国将兴，必贵师而重傅。"兴国必先强教，强教必先重师。党中央、国务院高度重视教师队伍建设。2013 年教师节，习近平总书记在给全国广大教师的慰问信中指出："百年大计，教育为本。教师是立教之本、兴教之源，承担着让每个孩子健康成长、办好人民满意教育的重任。"2014 年，在第 30 个教师节前夕，习总书记到北京师范大学视察并发表重要讲话，指出："一个人遇到好老师是人生的幸运，一个学校拥有好老师是学校的光荣，一个民族源源不断涌现出一批又一批好老师则是民族的希望。"《国家中长期教育改革和发展规划纲要（2010—2020 年）》也明确提出，"有好的教师，才有好的教育"，要"努力造就一支师德高尚、业务精湛、结构合理、充满活力的高素质专业化教师队伍"。"倡导教育家办学"，要创造有利条件，鼓励教师和校长在实践中大胆探索，创新教育思想、教育模式和教育方法，形成教学特色和办学风格，造就一批教育家。"两个一百年"奋斗目标的实现、中华民族伟大复兴中国梦的实现，归根结底要靠人才、靠教育，而支撑起教育光荣梦想的，是千百万的教师。

　　时代呼唤好老师。有一流的教师，才有一流的教育；有一流的教育，才有一流的国家。出名师、育英才、成伟业，是时代赋予我们教育战线的神圣使命。"所谓大学者，非谓有大楼之谓也，有大师之谓也。"好学校、好教育的最重要标准，就是要有好老师。一所学校、一个地区，乃至一个国家，如果教师有理想、有爱心、有学识、有高超的教育艺术，那么即使硬件设施有些简陋，家长、学生也会心向往之。教师是中国梦的奠基者。教师的重要使命，就是为每个孩子播种梦想、点燃梦想，并帮助他们实现梦想。每一间平凡的教室，每一节朴实的课，都不仅是知识的传递，而且是人类文明精神的接续、人生梦想的起航。正是有亿万个孩子梦想的放飞、绽放，中国梦才更加光彩夺目。如果说中国梦最坚实的土壤是学校，那么教师就是最伟大的"筑梦师"，他们用默默无闻、孜孜不倦的智慧劳动，让每一颗年轻的心灵都与中国梦激情相拥。

倡导教育家办学，造就一批好老师，首先要尊重、珍惜我们的本土智慧、本土创造。教育家不是凭空产生的，而是扎根于自己的民族文化土壤，同时吸收人类文明成果，从而创造出独特而生动的教育实践、教育智慧和教育文明。五千年源远流长的中华文明，不但形成了有我们民族特色的教育理论体系，而且涌现出了千千万万优秀的教育家，有被推崇为"大成至圣先师""万世师表"的孔子，有"匹夫而为百世师，一言而为天下法"的韩愈，有"捧着一颗心来，不带半根草去"的人民教育家陶行知，等等。改革开放40年来，随着教育改革的不断深入，教育战线涌现出了一大批杰出教师。他们痴情于教育事业，坚守理想信念和教育良知，在三尺讲台上默默耕耘、刻苦钻研，同时以敢为天下先的精神大胆创新，不断进取、不断超越，形成了各具特色的教育思想和教学风格。正是他们的成功探索和实践，创造了具有中国风格的教育经验，丰富了具有中国特色的教育理论宝库。原由教育部师范教育司组织编写，现由中国教育报刊社人民教育家研究院组织编写的"教育家成长丛书"，就是要向这些宝贵的本土创造性的教育经验致敬。

当前，教育领域综合改革正在深入推进，考试招生制度改革的大幕已经拉开，立德树人、培育和践行社会主义核心价值观成为大中小学教育的头等任务。可以预见，中国教育将发生深刻的变革，将从"中国制造"向"中国创造"转变。"没有革命的理论，就没有革命的运动。"没有适合中国土壤、具有中国智慧的教育理论，就不可能为未来的中国教育改革提供有效的指导。我们的教育要向"中国创造"飞跃，必然要首先创造属于我们自己的教育理论，而不是"言必称希腊"或者老是贩卖欧美的教育理论。170 多年前，美国思想家、诗人爱默生发表了著名演说《美国学者》，号召美国知识界："我们依赖旁人的日子，我们师从他国的长期学徒期时代即将结束。在我们周围，有成百上千万的青年正在走向生活，他们不能老是依赖外国学识的残余来获得营养。"由此，美国迈入精神立国阶段。

如今，我们也面临与爱默生同样的情形。随着我国 GDP 已从世界第二向第一迈进，我们要自觉养成强烈的"中国意识"，独立的中国文化品格，并由此去环视世界，去改造本土实践，去创造属于我们自己的精神养料——这在教育界显得尤为紧迫。"教育家成长丛书"，旨在把我们本土教育实践中蕴含的中国智慧提炼出来，从而形成具有时代意义的中国特色的教育话语体系，再以此去观照、引领、改造中国的教育实践，为伟大的教育改革提供经验、理论支持，也为未来的教育家提供丰富、可资借鉴的精神养料。

让我们为中国教育的伟大未来一起努力吧！

2018 年 3 月 9 日

前　言

　　见证着中国基础教育半个世纪的春华秋实，代表着中国基础教育教学成果的最高成就——"首届基础教育国家级教学成果奖"，闪耀着李吉林、窦桂梅、吴正宪、张思明、洪宗礼、唐江澎、邱学华、于永正、孙双金、薄俊生、龚春燕等一大批优秀教师的名字。而上述这些教师杰出代表恰恰都是《人民教育》"名师人生"栏目中最受读者喜爱的名师，都是"教育家成长丛书"的作者。

　　"教育家成长丛书"（以下简称"丛书"），是在第20个教师节前夕，为了研究、总结、宣传和推广我国众多优秀中小学教师的先进教育思想和鲜活宝贵的教育教学经验，培养造就一大批德才兼备的优秀教师和杰出的教育家，促进教师队伍整体素质的提高，根据教育部党组安排，由师范教育司组织编写的一套凝聚着一大批教育家成长智慧的大型教育丛书。

　　"丛书"自2006年问世以来，不但得到国务院和教育部领导同志的高度重视，而且先后印刷多次尚不能满足广大读者的需求。这其中的奥秘何在？

　　当你翻开"丛书"，每一部著作都讲述着一位教育家成长的故事。这些著作主要从"成长历程""思想概述""课堂实录"和"社会反响"等方面全景式反映其教育思想、教育智慧、专业精神和专业人格的形成过程与教学实践过程。这是教育家成长的基本素质所在。

　　当你沿着教育家成长的足迹走近他们的时候，你会融入这些带有"草根色彩"、扎根中华教育实践大地、充满田野芳香的真实感人的教育故事中。

当你从"丛书"中，从这些当年和自己一样的普通教师，成长为今天受人尊敬的教育家的成长过程中受到启迪，当你触摸着自己的心，把学生的成长和祖国的未来紧紧连在一起的时候，你会真切地感受到教育家离我们并不遥远。

当你用整个身心蘸着自己的生活积累去品味"丛书"中的每一部著作的"成长历程"时，在一位位名师不断学习、不断超越自我、不断超越学科教学的求索足迹中，你会读懂"教育是事业，其意义在于奉献"的丰富内涵。

当你研读"丛书"中的每一部著作的"思想概述"，和每一位名师展开心灵对话的时候，都会深深地感受到，一名教师对教育独立的理解与执着的追求有多么重要。从一名普通的教师成长为受人尊敬的教育家的过程中，你会读懂"教育是科学，其价值在于求真"的深刻含义。透过"丛书"，你会看到一代代教师用爱与智慧塑造民族未来的教育理想。

随着我们从"知识核心时代"走向"核心素养时代"，教师教育教学活动的视野已拓展到人的生存与发展的方方面面。教师要结合自己的教学实践去感悟"教育理念是指导教育行为的思想观念和精神追求"，应该把爱化为自己的教育行为，让爱充盈课堂，触摸到一个个灵动的生命，让爱产生智慧，让爱与智慧在学生心中留下岁月抹不去的美好回忆，让教育者和受教育者都感受到教育的幸福。这是"丛书"给我们的启示，也是每位教师应有的胸怀和视野。

时代呼唤教育家。为了进一步把我们本土教育实践中蕴含的中国智慧提炼出来，从而形成具有时代意义的中国特色的教育话语体系，以此去观照、引领、创新中国的教育实践并在更大范围加以推广，"丛书"将由中国教育报刊社人民教育家研究院继续组织编写，希望能够在更广大教师的心田中播种教育家成长的智慧，从而出更多的名师，育更多的英才，成就中华民族复兴的伟业。这是时代赋予广大教育工作者的神圣使命。如果广大教师能在每位教育家成长、探索教育智慧的过程中受到启迪，形成自己的教育智慧，则实现了我们编辑这套"丛书"的初衷。

"教育家成长丛书"
编 委 会
2018 年 3 月

目 录
CONTENTS
蔡林森从洋思到永威

我的成长历程

我的教育思想

走进课堂 教育实践

社会反响

附　录

我的成长历程

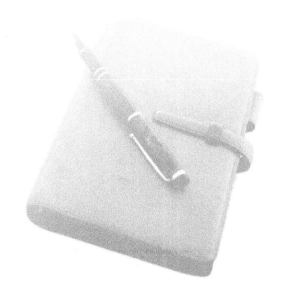

好多人问我：怎样才能当好教师，教好学生？怎样才能当好校长，办好学校呢？回顾从教56年的历程，我的体会是：成功的因素是多方面的，我的成长离不开领导、老师们的关心、帮助，就本人而言，主要是靠吃苦，边干，边学，边创新。

"吃苦是福"成了我的口头禅。在逆境、困难时期，在三岔路口的关键时刻，在成功、辉煌的赞扬声中，在退休以后，我都选择吃苦，整天用心教好学生，沉浸在战斗的欢乐和成功的喜悦之中。这就是我锻炼成长的经历。

一、和学生一起成长

记得1960年8月，泰兴师范农师班择优提前分配8人进缺教师、规模大的几所农业中学任教，数学班的我和语文班的辛鹤东就是其中的二人。我们二人一起进城西农业中学任教，他教初一语文，我教初一数学。当时，我18岁，和班上不少学生是同龄人，老师们叫我"小蔡老师"，常跟我闹着玩。我毫无经验，水平、能力都远远不能适应。记得刚工作时，学校有小农场（有100亩土地）、小工厂、小饲养场。小饲养场里养了几十头猪、几百只鸡、鸭，我和屈志成老师一起兼管饲养场的鸡、鸭。一天下午，我正在上数学课，突然教室外走进一名学生，哭着报告我："鸭子不听话，窜进农民家里，我用竹子拦也拦不住，鸭子的头被打破了……"为什么会这样呢？我反复思考：为什么农民养的鸭那么"听话"，学校养的鸭却完全不同？原因是学校的鸭由各班学生轮流饲养，今天这样，明天那样……我从中悟出一个道理，并且牢记心中，多年来常讲给刚工作的教师听：养鸭有规律，教育更如此。只有遵循规律，数年如一日地严格要求，严格训练，学生才能养成正确的握笔、写字、坐姿等良好的习惯。

我怎么才能严格训练、教好学生呢？我想：只要多吃苦，多学习，不懂就问，就一定能找到规律，成为好教师。于是，我一走上工作岗位就主动参加中师数学函授学习，我仍然不停地读书，同时用自己刚领到的工资购买《中学数学教学法》，一边读，一边领悟，一边学着教。这样很管用，我很快适应了数学教学，学生喜欢我，校长在学生会上表扬我，号召学生要向"小蔡老师"学习。

　　三年困难时期，农业中学流生多，缩班、撤并、停办，同时来了"下放运动"，新教师几乎都下放了。我因工作出色，留下转为民办教师。当时，有的民办教师因工资太低，离校、外出打工了。我呢？却十分珍惜、喜欢教师工作，就乐意地被调进友联五七学校任民办教师。因学校需要，我改教语文。怎么教好语文呢？我想，自己没有经验，就必须暗地里多下功夫，以勤补"缺"。我舍得花钱买《现代汉语词典》《中学语文教学法》等语文教学用书。字典成了我身边无声的老师，我喜欢一遍又一遍地读《三国演义》《东周列国志》等名著，从中悟出道理，找到教育、教学、管理学生的方法。星期六我步行20多里回到家，星期天上午常到家旁边的蒋华中学，主动地向老教师请教，看老教师的教案，看老教师批改过的学生作文。我常常通宵改作文，为改好一篇作文，舍得用上老教师几倍的时间，改了又看，看了又改，反复推敲，写好批语。这样，领导、教师看过我批改的学生作文，都夸我改得好，都说我聪明，其实他们哪里知道，我暗地里出了多少力、下了多少功夫啊！

　　教以后就知道自己的不足，就逼着自己刻苦学习。"文化大革命"前，即使在三年困难时期，我也克服重重困难，坚持函授完中师数学、中师语文后，获得了中师毕业证书。"文化大革命"中，我报考参加扬州师范学院中文大专函授学习。每年寒暑假、节假日，我都顾不上家务，顾不上休息，天不亮就出发，步行20多里参加函授集中学习，晚上摸黑步行回来。在县城，我最爱进新华书店，用省下的钱买教师用书。平时，我每天起早读书、背书一个小时。一分耕耘，一分收获。1978年，我拿到了扬州师范学院的语文大专函授毕业证书。但是，我觉得自己还必须学习，就重新参加函授招生考试，又被录取了，又读了三年。到1982年，我拿到了第二张中文大专函授毕业证书。我的阅读、写作水平大大提高，能胜任初中语文教学，曾多次向镇内外教师上公开课。1972年，我在友联五七学校教毕业班语文时，向全镇初中语文教师上公开课，教《谁说鸡毛不能上天》一课，获得大家的好评。1978年，当洋思五七学校教导主任时，我和校内小学、初中语、数老师，一起向全镇老师上公开课，我和洋思五七学校都成了课改的典型。我教的初中毕业班语文成绩一直是全镇最好的，而且遥遥领先。

　　但是，由于家庭成分、社会关系不好，我几次转不了公办教师。记得1978年秋天的一个晚上，中心校校长（我的同学）劝我说："你别傻了，别拼命了，你干得再好也转不了正，因为政策过不了关。"家里人知道后，都很难过，妈妈在病床上哭了，好心的亲戚劝我改行，因为干别的比当民办教师工资高。当时，我十分珍惜自己多年刻苦学习、忘我工作而赢来的继续任教的机会。我喜欢教师工作，我爱学校、爱学生，我对教育的诚心仿佛超过了教徒那样的虔诚，我超脱了，进入迷上教育、与教育不可分开的状态。我的精神感动了学校师生，感动了家里人。父母、妻子理解我，支持我。我家里人多，特殊情况也就多（如弟弟结婚，四个妹妹先后出嫁，自己三个孩子升学，父亲眼睛开刀，妻子做手术等），但不管有什么困难，家庭都没有影响我的工作。1978 年秋冬，妈妈胃癌到了晚期，我还整天在校拼命干。当时我当学校教导主任，教初中毕业班语文，兼班主任，班上种了一亩学农田，还养了几头猪，我还要到村里抓扫盲……因此，我只得晚上办公结束后，步行 20 多里回家，看望病床上的母亲，她含着眼泪对我讲："你要做个好教师，为妈妈争光……"第二天天不亮，我就摸黑回到学校，投入紧张的工作。记得 1979 年元旦节后的第三天，我正在上课，传来了母亲病危的消息。当我赶到家时，母亲已去世。家庭的支持使得我更加忘我工作，我常想，如果不好好干，或者干不好工作，就觉得自己无脸回家。我在外乡（学校离家 20 多里）工作 46 年，获得成功，其中一半是家里人的功劳。

干好了工作，同时也提高了自己。回想起来，我当教师的真本领都是干出来的、自学出来的。学校需要干什么。我就要干什么。我兼教过初中物理、政治、体育、音乐、美术，我当过班主任，当过学校总务主任，当过学校教导主任。干什么就能学到什么；多干多贡献，多干多学到本领。什么都干，什么都能干。我教音乐，就经常唱歌，编排节目，我自己曾登台演出现代戏《奇袭白虎团》中的关政委，我曾赴县参加革命故事、文艺节目的编写；我教美术，学会了写美术字，学会了写巨幅的墙头标语，学会了环境布置；我当体育教师，锻炼的机会多了，养成了锻炼的习惯，增强了体质；我当二十多年班主任，就一直跟孩子在一起，知道孩子们想什么，需要什么，有什么问题，我该为他们做什么，我成了优秀的班主任；我当校办厂会计，常常晚上记账，账面如有 1 分钱不平，总要熬夜找出来，这样慢慢学会了复式记账；我当教导主任，就学到了教学管理的本领……我认为，如果校长分配工作时，教师讲客观，论条件，说这个没干过，说那个不能干，似乎要等学会了再干，就一定这也不干，那也不干，结果就是什么也干不成，什么也学不到，更谈不上闯出新路、创造奇迹了。

就这样，我不计较报酬，数年如一日地拼命吃苦、刻苦学习、大胆创新，终于能上好课，多次对外开课。我的课上，不是自己讲得多，而是教学生高高兴兴地读书、思考、练习。教学质量在全市领先，学校交给的各项任务都能出色地完成。同时，我学会了多种本领，成为大家公认的好教师。1972 年 8 月、1979 年 2 月，在泰兴市召开的优秀教师、先进教育工作者表彰大会上，我都是受到表彰的泰兴市优秀教师，后来，我被评为扬州市十佳教师。

教学相长。教好学生，提高自己，这是教师成长之路。如果教不好学生，就成不了好教师。

二、和洋思一道发展

洋思中学原校区教学区　　　　　　　　　洋思中学原校区宿舍区

1981 年建成的洋思中学，共有 26 间平房，总资产 2 万多元，是所在的天星镇办得最迟、最偏僻的薄弱学校，学校生源、师资、设备三流，教学质量不理想，英语教师都是高中毕业生，不稳定，一学期可能要换几个，各年级英语成绩很少有及格的。

1981 年 8 月，我加入了中国共产党，实现了多年的梦想。1982 年 8 月，党和人民信任我，让我当上洋思中学这所薄弱学校的校长。当时我很激动，我爱校、爱生，发誓：哪怕上刀山、下火海，也一定要办好学校。怎样才能走出困境，实现梦想呢？好校长一定是好教师，但好教师不一定是好校长。我继续坚持吃苦，边干，边学，努力闯出与洋思中学一道发展的新路，重点在以下三个方面下了真功夫。

（一）在管理改革中学习管理

农村推行联产承包责任制，很快解决了农民温饱问题。这给我很大的启示：处在社会主义初级阶段的薄弱学校，如果搞"平均主义""吃大锅饭"，很难办好；我必须大胆改革，依法治校，让"包"字进校，搞学校承包责任制，打破"平均主义""大锅饭"，奖优罚劣，使干好、干坏，干多、干少大不一样，才能极大地调动教师积极性，让他们解放思想，放开手脚，迸发出巨大的力量，苦干、巧干，快速改变学校落后面貌。

1. 1982 年 9 月，洋思中学教师开始承包教学质量

我制定了各年级、各学科教学质量承包奖励制度。学校各年级按成绩平行分班，力争各班各科平均分基本一样，然后任课教师抓阄接班。

2. 1985 年，学校开始全面承包

学校项项、层层承包，全员承包。

洋思的校长有责任制。我的责任是使学校的全面工作创乡镇一流水平。其中包括德育工作的创优，教学质量的提高，青年教师的培养，学生体育的达标。

洋思的中层干部有责任制。要教一科、管一线、包一级。上示范课、听课、评课，检查备课、作业、辅导情况都有硬杠杠。

洋思的教师也都有责任制。既有备、讲、改、辅、考的过程管理目标，也有学生巩固率、合格率、毕业率、优秀率的指标，还有学生德育、体育等方面的考核奖励办法。

"包"字进校，项项承包，步入了以法治校、以法执教的轨道，很快大见成效。

3. 自筹资金，按制度奖励教师

"包"字进校，一"包"就灵。"包"能调动教师大干的积极性，但是，也出现了新的问题、新的矛盾。学校既要依法治校，按责任制该奖则奖，说话算数，又要以德治校，做好过细的思想工作，抓好协调，更要校长带头冒风险，闯难关。

为了让一名初三语文教师去抓校办厂，增加学校收入，用于奖励教师，作为校长，我带头多教课，多教一个初中毕业班的语文、政治（即一个人教两个人的课：教两个班的初三语文、政治），校办厂付出的代课金，全归学校入账，我不拿一分。我坚持起早贪黑拼命干。当时我家有八口人，弟、妹在上海做裁缝，我的三个孩子上学，我父亲和我爱人种了七八亩承包地，我很少帮家里干活。家里人宁可自己动手干，即使麦收不成，秧插不成，也不拖我的后腿。有时，学校放农忙假，作为校长的我还在校紧张地做中心工作，等完成任务后回到家，一看别人家承包田的麦子都收光了，而我家的麦子还倒在田里，我很内疚，仿佛犯了错似的。因此，农忙假在家时，我特别拼命地和农民一样起早到晚干活，不管腰怎么痛，都连续几天插秧不停，尽管这样，我仍觉得怎么补偿也对不起家里人。有一年夏忙假结束的那天，我在家帮助打麦子时，天快下暴雨了，家里人却让我按时返校。我出家门不远，就下雨了，我想到场上的麦子可能还没有运回家，不由得流下眼泪，但仍继续往学校走。就这样，我拼命地干，受尽风寒，气管炎发作时，咳喘不停，步行困难，走一会儿，就用双手按住膝盖，吃一粒药，喘喘气再走；有时早晨刷牙，我只得伏在桌上，边刷牙边喘气，上课时，喘得说不出话来。但是，我不讲客观，不要照顾，凭着顽强的意志，超负荷地工作，确保自己任教学科的教学质量在全市遥遥领先。这样，学校稳定，教师劲头更足，都能坚持住校，参加早、晚办公，认真备课、讲课、批改作业，全校教学质量很快大幅度提高，学校项项一流。学期末，学校用好自筹资金，严格按制度奖励教师。记得英语教师吴××因教学成绩特别好，获得奖金一百多元，可以买一辆自行车。初一英语教师陈××教学成绩上升特别大，获得奖金九百多元。我自己多干了，成绩特别好，却没有多拿一分钱奖金。老师们激动了，有位女教师拿着奖金，热泪盈眶地说："奖金来之不易，是心血换来的呀！"当地干群夸奖说："茅草棚里飞出金凤凰，洋思中学的教师比'吃皇粮'的教师好。"（当时，洋思中学仅有2名公办教师，4名民办教师，其余都是高中毕业的代课教师。）

1985年，天星镇教办领导向全镇大力推广洋思中学用责任制治校的经验。1994年10月，《江苏教育报》《中国教育报》相继发表的《洋思之路》中的第三部分"以改革开路，用责任制治校"充分肯定了用责任制治校的优越性："责任制的推行曾引起一些人的担心和怀疑，但洋思的实践交出了一份满意的答卷：责任制会不会影响学校的办学方向？扬州市教育局多次调查、考察表明：在这里，全面贯彻教育方针的要求得到了真正的落实。洋思初中用平凡的行动实践着伟大的誓言：让每一个学生都合格……洋思初中被群众誉为信得过的学校，被市政府命名为特色学校、德育先进学校。责任制会不会加重学生负担？视导组、考察组的明察暗访证明：减轻学生过重的课业负担，让学生主动活泼地发展，在洋思不再是一个口号，而已经成为现实……责任制会不会影响教师的劳动积极性？老师们回答，责任制管理目标分明，奖罚分明，激发了我们更高的积极性和创造性……"

就这样，在学校管理改革中我不断学习管理，既依法治校，又以德治校，特别注重以人格的力量治校，不断提高管理水平，保障了学校的快速发展。

（二）在教学改革中学习教学

改变薄弱学校的面貌关键在于提高教学质量，提高质量的根本在于改革课堂教学，努力提高课堂效率。我坚持带领洋思中学老师改革课堂教学，千方百计提高教学质量，终于探索形成了"先学后教，当堂训练"教学法。这个教学法的形成分如下三个阶段。

1. 起步于"当堂完成作业"（即"当堂训练"）

1982 年，我多次听课，发现教师上课满堂灌。例如，一位数学教师讲"列方程解应用题"时，他先读题，再讲关键词语，画示意图帮助分析，再讲如何列方程，边讲边板书方程，再解方程，解方程的每一步，边板书竖式，边计算，并讲出为什么，解完方程，最后写"答……"还要画上句号。这样，他从上课一直讲到下课，黑板上写满了漂亮的正楷字，有时一堂课连一道例题也讲不完，课堂作业压到课外。一方面老师们加重了学生的课外负担；另一方面课堂上大部分时间都被浪费了，学生轻轻松松，浮躁得很。真叫人痛心！的确，学校最大的浪费就是课堂时间的浪费。中午学生做作业（任课老师回家吃午饭，还没有到），边做边对答案，像聊天似的，一人做对，就全班都对，学生的作业本上几乎找不到一道错题，书写工整，老师高高兴兴地给每个学生"100 分"，似乎形势大好，老师、学生十分轻松，但是考试成绩及格者不多，老师埋怨学生基础差，埋怨小学教师、低年级教师没教好。有一次，听课后我搞了一个调查，要学生把做过的作业重做一遍，结果大半都是错的。

我向任课老师提出："教师要少讲，作业要当堂完成。"任课教师却说："怎么也无法做到。"矛盾激化，难以解决。夜里，我赶了七八里路，把这个班的数学作业本全捧给镇中心校赵校长看。他看了看，高兴地说："很好啊！书写工整，正确率高……"我说："学生作业本上做对了，但考起来就错了！"他问："为什么？"我说："作业拖到课外做，抄袭成风……请你支持我狠抓当堂完成作业！"谁知他说："蔡校长，哪一个学校不是作业课外做啊？要当堂完成作业不可能。"我听了，仿佛被泼了一身冷水。但是，我坚定不移地要求当堂完成作业："宁可在课上独立完成一道题，也不能在课外多做几道题。"这一想法遭到了多数教师的坚决反对。记得一天晚上，大家在宿舍里开会，天冷了，就挤到几床被窝里，继续争论。有位初三化学教师直截了当地质问我："蔡校长，中心校一星期排四节化学课，晚上学生到校自习，我校一星期只排三节化学课，晚上学生不到校，如果要当堂完成作业，就等于每周只上两节化学课，怎么能完成教学任务？如果明年中考化学成绩不好，你要为我收回名誉！"会议开了一个通宵，大家你一言我一语，争得面红耳赤。

秦培元、朱正国等青年教师开始支持我。接着，我请全校老师一起进班听我的随堂课。我的语文、政治课上，都让学生在老师指导下读书、思考、回答问题，如有错，我才讲，作业当堂完成。老师们都说我讲得少，学生练得多，几乎把课上成了自习课，作业统统当堂完成，作文也不例外。就这样，大家逐渐接受了我的观点，通过了"当堂完成作业"的课堂教学改革方案，并把这一"苛刻"的条件列为教师评优、评先的依据。

从此，我要求老师们把新授前的"检查复习"砍去，改为一上课就"新授"，还同意老师们布置学生课前预习，使教师课上尽量少讲。每天晚上，我逐一审阅各学科教案，并帮助修改，白天挤时间听课、评课，这样，使课堂教学发生了根本性的变化：课改迈出了可喜的一步——当堂完成作业。学校的教学质量很快得到提高，中考成绩名列全镇前茅。那位与我激烈争论的化学教师，所教班级学生的化学成绩喜人，也尝到了课堂教学改革的甜头。

1985年11月的一天上午八时，泰兴市教育局教研室刘守立、张兴发、朱玉林等九位领导，突然进洋思中学，分别跟班听随堂课整整一天。教研室主任听了我的初三语文课，激动地夸奖说："蔡校长的语文课上得太好了！课上你引导学生读书、译讲、背诵，学生会的你不讲，你只讲学生不会的，讲得很少。当堂背诵，当堂完成作业，效果特别好。"他们意外地发现洋思中学各科教学都能当堂完成作业，效果都很好，教导主任秦培元的英语课引导学生读、说、听、写，很有特色，教学效率高，值得推广。他们称赞洋思中学开了泰兴市课堂教学改革的先河，并要把洋思中学课堂教学改革的经验写成文章登在《泰兴教育》上，向全市推广。教导主任秦培元在全市英语教师会上做了《从零开始，边学边教，夺取一流质量》的经验介绍。我在泰兴市教育局召开的全市各乡镇教研站长会上做了《改革课堂教学，当堂完成作业》的专题介绍。

2. 形成"先学后教，当堂训练"

1985 年后，我发现学生课前预习，费时多，难操作，易落空，就要求从实际出发，讲究实效，引导教师把"学生课前预习"改为"课上先学生自学（看书、练习），以后教师针对疑难讲"。这就是"先学后教"的雏形。

1991 年农历十月初二，泰兴市教研室主任张兴发带领全体教研员在未通知我们的情况下，直接进洋思中学听随堂课一天。他们听了我的政治课，夸奖我课上让学生带着思考题看书，找答案，之后让学生讨论对答案，教师引导学生讲出关键词句的含义，力求理解，教师讲得少，学生却学得好，学生当堂记忆，当堂完成作业，其他教师讲课都很有特色，值得推广。结束时，他们指导我写好洋思中学改革课堂教学的经验材料，准备在泰兴市教学工作会上做介绍，并且要我第二天向镇教办汇报，请他们帮助、支持。第二天（即农历十月初三），我去镇教办做了汇报，想不到镇教办某领导不支持我们做介绍，原来，镇教办已花了二十多天的工夫写成了介绍镇教办经验的材料，如有洋思中学介绍，镇教办的材料就会用不上。快到十二点钟了，大家不欢而散，他们进镇政府食堂吃午饭，我骑上自行车返校，一路上我反复思考自己有什么错……进校门时，已过十二点半，老师们都吃过饭了。我到厨房端起一碗饭和一碗豆腐汤，吃了一口冷饭，突然想到，今天是我的五十岁生日……怎么也咽不下去，千头万绪涌上心头，我禁不住流下了眼泪……我打通了市教研室领导的电话，说："那个材料我们不写了……"第二天，教育局副局长曹平章亲自带人进洋思中学听课，教研室领导们表示非要洋思中学介绍经验不可，如果不让介绍，我们教研室关门。分管市长特地与天星镇书记、镇长沟通，解决了镇教办的问题。我在教育局领导的指导下，挤时间写成了大会介绍材料。1992 年 2 月，泰兴市召开教学工作会议。会上，有的学校介绍实验室管理经验，有的学校介绍课外活动，有的学校介绍教师队伍建设，有的镇教办介绍镇教办抓教学的经验，我代表洋思中学做了题为《改革课堂教学，提高课堂效率》的课改经验介绍。我讲了40多分钟，赢得了阵阵掌声。从此，泰兴市各乡镇中、小学教师纷纷涌进洋思中学听课。

全市学洋思，洋思怎么办？1992年春，在泰兴市教育局邵海清局长的帮助下，我带领老师们制订了《洋思中学课堂教学改革的新规划》，继续深化课改，逐步把"学生看书、练习"改成"先学"，把"针对疑难教师讲"改为"后教"（学生讨论、更正，教师补充），这样"先学后教"与原来的"当堂完成作业"合并起来，就初步形成了"先学后教，当堂训练"教学法。

深化课改，使得洋思中学教学质量、入学率、及格率、毕业率特别高。1993年3月，扬州市教育局局长郑万忠等人考察洋思中学三天后，高度评价、充分肯定了"先学后教，当堂训练"的课堂教学法，并且在《扬州日报》上以《洋思中学四年无一流生》为题介绍了洋思中学课改成功的经验。接着，江苏省教委副主任周德藩对洋思中学高度重视，派省督导室张督学进洋思中学认真考察、核实。张督学回去向周主任汇报："名不虚传！"

1994年10月，《江苏教育报》头版发表了《洋思之路》一文，1994年10月29日，《中国教育报》转载。《洋思之路》开头写道："洋思初中位于泰兴市沿江的偏僻乡野。1980年，洋思人民用自己的双手建起了这所简陋的学校。而今，洋思人以学校常规管理之犁在这块天地里拓开优质、高效之路！学生巩固率100％，毕业合格率100％，体育达标率97％，毕业升学率97％……他们以三流的办学条件、三流的师资基础、三流的生源质量创造了全市乃至苏中地区的一流业绩。"《洋思之路》中说："洋思中学最引人注目的是它的课堂教学。因为它虽然是那么朴实、自然、简洁，却又是那么有序、充实、高效。"该文介绍了我上的一节政治课，说："这是一节政治课。随着上课铃声，教师走进教室，亮出本课教学目标——理解、识记奴隶制生产关系的特点；正确运用所学内容解答相关问题。接着，教师布置学生带着思考题：'在奴隶社会，奴隶主完全占有生产资料，奴隶主占有奴隶，这两个判断是否正确？……'读课文，找答案。5分钟后，课堂气氛一下子变得活跃起来，学生踊跃发言。一位女生站起来说：'奴隶社会的平民也占有一定的生产资料。'另一位男生回答：'奴隶主占有奴隶还必须加完全两个字，因为奴隶只是会说话的工具，可以任意转让买卖，毫无人身自由。'在轻松、活跃、热烈的讨论中，问题一个个迎刃而解，学生当堂记忆、当堂完成作业，课堂教学目标的达成率达 96%。"

《江苏教育报》《中国教育报》相继发表《洋思之路》后，省内外教育工作者纷纷涌进洋思中学听课。这给了洋思中学全体老师极大的鼓励，极大的鞭策，极大的力量。我们洋思人在开放中加快课改的步伐，争取更大的胜利。

1996 年夏天，江苏省教委委托江苏教育电视台为洋思中学拍摄了纪录片《洋思之路》。纪录片分三部分：一、先学后教；二、以学定教；三、以教促学。这里"以学定教"与"以教促学"是讲的"教"与"学"的关系。这里的第一部分"先学后教"与搞了多年的"当堂训练"合起来，就是"先学后教，当堂训练"的教学法。这部纪录片，标志着洋思中学的"先学后教，当堂训练"教学法已经成熟。

3. 完善"先学后教，当堂训练"

1997 年 9 月，江苏省教委副主任周德藩带领 30 多名省教研室领导、专家进洋思中学听课三天。专家们高度评价"先学后教，当堂训练"，充分肯定其推广的价值。1998 年春，省教研室主任陆志平在洋思中学召开各市教研室主任会议，进一步研究、论证了"先学后教，当堂训练"教学法的科学性。

1998 年，我突击两天，写成了题为《优化课堂教学，实施素质教育》的长篇课改论文，发表在《人民教育》杂志 1998 年第 7、8 期合刊上，列为当时正在召开的全国素质教育大会的书面交流材料。该文详细介绍了"先学后教，当堂训练"教学法，文章分"明确素质教育的课堂教学目标""形成素质教育的课堂教学结构""建立素质教育的课堂评价标准"三大部分，这篇文章在新课程改革后的今天仍不过时。

1999 年 9 月、1999 年 11 月，泰州市委、市政府，江苏省教委先后发文推广"先学后教，当堂训练"教学模式。在江苏省教委《关于学习洋思初中改革课堂教学模式，全面提高课程实施水平的指导意见》的文件中指出："学校（洋思中学）先后荣获'江苏省先进集体''江苏省德育先进校'和'江苏省模式学校'等称号，蔡林森同志受到江泽民等中央领导同志的亲切接见，新近又入选'江苏省首批名校长'"，文件指出："省教委认为，洋思中学的基本经验是：……第二，创立以'先学后教，当堂训练'为基本结构，以学生自主学习为中心的课堂教学模式……"1999 年 11 月下旬，在江苏省中小学教学工作会议上，洋思老师上观摩课，我代表洋思中学做了《运用"先学后教，当堂训练"教学模式，有效地实施素质教育》的介绍，与会代表认真学习江苏省教委《关于学习洋思中学改革课堂教学模式，全面提高课程实施水平的指导意见》，展开了热烈的讨论。从此，江苏省内外掀起了学洋思、推广"先学后教，当堂训练"的热潮。

我带领老师去省内外做讲座，上观摩课。每次外出，我和老师们都对"先学后教，当堂训练"做了深层次的研究，并取得新的突破。例如，我带六名教师到张家港一中，给张家港所有教师上公开课。傍晚，到了张家港一中，发生了意外情况，原来张家港教育局领导给我们落实的教学内容已经被张家港一中老师教过了，如教原定的教材，就没有什么价值。老师们急着问我："怎么办？"我对老师说："不要慌张，总不能回去啊！"于是，与张家港教育局领导商定，重定教材，重备课，确保明天 8：00 准时上课。张家港一中给了我们上课的新内容。吃过晚饭，我和老师们回到宾馆，当时已过 9：00。我给六位教师开会，我们要经受新的考验，按照刚给的教材，立即认真备课，确保明天课堂上能够灵活运用"先学后教，当堂训练"教学法，不折不扣地达到学习目标，确保有 15 分钟以上的时间当堂完成作业。谁备好了课，送给我审阅，过关后才休息。就这样，六位教师立即紧张地备课，我帮助解决疑难，把好关。老师们一个个把备好的课给我审阅，我都是一步步地问："这一步效果最好吗？"老师说："不大好。"我就说："不大好，就重去想，另想一个好的方法。"大家反复备，我反复提意见，大家反复改，直到每一个人的教案、每一个环节都是最好的，才敢休息。数学老师教的是《列方程解百分比应用题》，这个内容比较复杂，有浓度问题、有利率问题、有人口增长问题、有工作效率问题，等等。任课老师对我讲："蔡校长，学生看懂了人口增长的例题，不等于会做其他类型的解百分比的问题。"我说："你去想想，想一个好办法能解决其他问题。"就这样，这个教师把教案交给我审阅了 5 次，他返工 5 次，直到凌晨 2 时，我帮他想了个办法：在学生看人口增长的例题后，板演关于求浓度、利率的两道百分比应用题。教师要实事求是地把学生中的倾向问题抓到手，写到黑板上，让学生更正、讨论后，教师补充板书其他几类百分比应用题的等量关系式（因为学生缺少这方面的常识）。这样，在课堂上教师讲的时间不足 7 分钟，学生就能解各类百分比应用题。下课后，这个班的学生参加考试，试卷是由张家港教研室事先出好的，都是课本上没有的。学生限时完成，51 名学生，每人 2 道题，结果合计 102 题中做对了 101 道，正确率达到99％。语文老师教的是《分马》一课的第二课时，学生讨论后，会的她不讲，不会的，她准确点评。例如，学生讨论："老孙头为什么舍不得打他的马？"学生尽是说"是什么好马"，其他说不出来，老师就补充讲："老孙头为地主家养了几十年牲口，自己家从来没有牲口，如今土改分给他一匹马，他珍惜土改成果，怎么舍得打呢？"张家港一中的校长、语文特级教师高万祥听了他的课，夸奖说："这位语文老师水平高，讲得太好了，学生不会的地方她讲得恰到好处。"其实，高校长没有想到，晚上备课的时候，我叫任课老师反复想学生可能有哪些错误，老师该分别怎样讲。备课下了真功夫，教师课上就得心应手，只讲学生不会的，该讲的讲得好。其他五名老师上课后，学生都立即参加考试，考后教研室向听课的张家港老师公布成绩，出人意料的好成绩让张家港的老师服了。下午，张家港全体老师听我做讲座，大家都表示很满意。从此，张家港老师纷纷进洋思中学听课、考察。

又如，1999 年 11 月，我带老师去南京上课，在汽车上，看数学老师的教案，反复思考，我突然高兴地叫起来了，说，把自学指导中"看用去分母的方法解一元一次方程的例题"改为"看用去分母的方法解一元一次方程组的例题中去分母的那一步"，这样学生看的范围大大缩小，还节约了时间，学生板演把"用去分母的方法解一元一次方程"改为"用去分母的方法解一元一次方程，只做去分母的一步"，这样，节省了时间，每人可以做 3 道题（增加 2 道题），学生板演后，也只讨论"去分母的一步"：方程两边同乘以什么数？有没有漏乘项，分子是多项式有没有填括号？任课老师立即改了教案。第二天，在南京市东路小学上课时，效果特别好，简直像上了一堂自习课，或者是考试课。课上，学生看例题的时间只有 3 分钟，板演讨论时间少，效果好，老师只讲了几句话，学生当堂完成作业。听课的领导、专家、教师，无不喊好。上观摩课的老师对我说："蔡校长，你改得好啊，搞先学后教就是要精心备课啊！"

我带老师到天津上课，在火车上，我引导老师反复改教案，下了火车，赶到学校，课上得特别好。我带老师坐飞机去遥远的地方上课，飞机上我和老师不停地研究、修改教案。我带老师到常州上课，教育局领导请我们去看王彬彬演的锡剧，但是，我们怎么也不肯去，我和老师们回到宾馆一起研究、修改教案。我帮助物理老师修改了《力》的教案，结果第二天物理课上得很活跃，像打排球一样，推出氢气球，说受力点、施力点……落到人头上，再回答同样的问题，听课老师都说这样学生参与活动，效果特别好。几年中，我带老师赴省内外 500 多个地方做讲座、上课。

平时，洋思老师要给数百名前来参观考察者上公开课。大开放促进了"先学后教，当堂训练"教学法的不断完善。

2000年，江苏省教委副主任周德藩写序，主编了《一个朴素的教育奇迹》一书，书中详细介绍了"没有教不好的学生"教育思想、学校承包责任制、"先学后教，当堂训练"教学法以及洋思人的精神。2002年1月，《江苏教育》杂志发表了四万多字的专题报道，全面系统地介绍了洋思经验，其中一个主要内容就是介绍"先学后教，当堂训练"教学法。

21世纪初，新课程改革开始了。大家发现，"先学后教，当堂训练"教学法符合新课程改革的理念和要求，《中国教育报》教学版原主编王增昌发表题为《洋思中学走在新课程改革的前列》的万余字的长篇论文。教育专家郭振有、滕纯、陶西平、王文湛等都充分肯定"先学后教，当堂训练"是一种有效的教学法。

就这样，我和老师们经过长期探索、实践创新，终于形成了"先学后教，当堂训练"教学法，提高了教学质量，同时，我也不断学习，解放思想，更新观念，增强能力，提高了教研水平。

（三）在教育学生中接受教育

在洋思，我当了24年校长，一直坚持用正确的思想培训教师、教育学生。在这个过程中，我首先教育自己，努力提升自己。

1. 在困境中一马当先

在困难的时候，我不计报酬，时时、事事、处处一马当先，即使遇到特殊情况，也不肯例外。我带领教师，艰苦创业，努力改善学校办学条件。我和老师一起骑着自行车，赶几十里路到林场，精选并购回花木，返校时遇上大雨，浑身淋湿了，但为了绿化校园，心里还是热乎乎的。我带领老师一起制土教具、土实验器材、体育器材。1983年暑假，我带领老师们一起无偿参加建校，配合瓦工、木工做小工，室内填土、粉刷，室外整地、筑路。结果，学校只用了3000多元就盖起了五间五根梁的宿舍、厨房，方便了教工生活。

1994年，《中国教育报》发表的《洋思之路》的第二部分的标题是："洋思，铸造敬业精神的熔炉"，这部分中写道："洋思初中不仅是培育教学业务骨干的摇篮，更是铸造教师敬业精神的熔炉。它以榜样的力量感染着每一个教师特别是青年教师，以先进的力量带动着集体的进步。一校之长蔡林森就是一位最具教育意义和引导作用的楷模。从教三十几年中，他不断学习和实践着教育法规和理论，创造出教学和管理的新经验；他一直努力奉献，不计报酬；三个儿女上大学、父亲和妻子住院手术都没有请一天事假；他总是站在教学第一线，坚持不懈地上课、听课、评课，把常规管理的每一个细节抓在手上。这样一个教坛铁人形象曾引导着许多教师严于律己、自强不息，曾改变了不少青年人的人生观、价值观、苦乐观。"这段话，既是对我的肯定，更是对我的鞭策和鼓舞。

2. 在胜利时快马加鞭

洋思中学课改成功，闻名全国，参观者络绎不绝。在这胜利的时刻，大家头脑清醒，知道洋思中学刚刚走出困境，还是发展中的学校，存在的问题还不少。因此，我自我加压，快马加鞭，不是开庆功会，而是开分析会，带领老师们努力解决发展中的新问题，争取更大的胜利。

我心里装着学校，装着学生，为学校舍得抛弃自己的名利。记得 1995 年，泰兴市教育局研究决定，推荐我上报参评全国优秀教师。当时，我想我当校长后，学校评优，我都放弃，让给大有作为的青年教师，就像家长把什么都让给子女那样。我想到，年轻的副校长很出色，还是代课教师，就连夜赶到邵局长家里，恳请推荐副校长，他不同意，我又去教育局党组尹书记家里，我的诚意感动了各级领导，最后副校长被评上了全国优秀教师，破格转为公办教师。就这样，学校里先后有四名教师评上全国优秀教师，有的教师破格提拔，一大批年轻教师很快顶用，成为骨干，这是创建名校最宝贵的财富。尽管我一直未参加评选全国优秀教师，但是，我从心底里为他们高兴，为学校高兴。

1998 年，洋思中学仍然没有实验室，学生上课实验还要到几里外的中心初中去做。没有运动场，没有跑道……市教育局邵局长和天星镇的镇长几次召开协调会，结果都没有办法，拿不出钱来建实验室。局长跟我开玩笑说："蔡校长，你自己贷款，等收了借读费，慢慢还……"当场，我拍了下胸膛，说："好。"那天晚上，我睡不着觉。妻子对我讲："你快退休了，洋思中学已经出了名，你只要守住摊子，不出问题，舒舒服服过几年就算了，何必还要冒风险去贷款，自找苦吃呢？万一贷款还不成，你怎么办？"我想来想去，怎么也睡不着……第二天，我立即行动，东奔西走，争取贷款，很不容易在泰州市副市长黄龙生的帮助下，从泰州贷款 100 万元，后来，打报告，恳请省教委、泰州市人民政府给洋思中学各拨款 30 万元。在镇政府领导下，学校克服重重困难，征地一百多亩，建成了实验楼、学生餐厅和学生公寓。1999 年至 2003 年，学校自筹资金 6000 多万元，建成现代化示范性初中。学生增加到 4000 多名，外地学生、新教师特别多，食、宿都成问题，风险很大，泰州副市长曾当着我的面说，这样弄不好洋思的牌子会被砸了。

1999 年 5 月，泰兴泰州市委书记陈宝田（中）在泰州市副市长黄龙生（左一）陪同下视察洋思中学

怎么办？我每年亲自去江苏省教师招聘会上招聘教师，假期培训教师，搞好师徒结对，亲自制定餐厅、公寓等各项制度，我坚持住学生公寓，和学生同宿舍，和学生打成一片，在宿舍里他们什么都肯跟我讲，愉快得很。我宿舍的学生进步特别快，好几名考上重点高中。学生徐贲睡上铺，我睡下铺。徐贲有尿床的毛病，我就帮他晒被子，处处关心他，他养成了好习惯，奶奶给他十元钱，好多个星期也不肯花一分。后来，徐贲考上了军校，家长很高兴。从外校转进来的调皮学生杨军，住进我的宿舍，我给了他不少帮助，使他进步很快，考上了理想的学校。学生喜欢我，乐意帮助我，我外出开会，回校迟了，他们就把我晒在外面的被子收回来……就这样，在胜利的时候，我头脑冷静，仍千方百计确保洋思中学发展成为一所有 70 多个

班的规模大的现代化示范中学，学校不断创新，我收获了公寓、餐厅等后勤管理的经验。例如，为解决六楼供水难的问题，在公寓楼顶安装水箱，学生厕所由室外移到公寓内，由公寓集体厕所移到每个房间，使用抽水马桶，锅炉也由小变大，由烧煤改为烧油，最后使用液化气……

学校每天接待数百名教育工作者，我每天上午第四节课向来宾介绍，来宾们问这问那，有问必答，来宾们争着和我合影留念，我也尽量满足他们的要求，常常顾不上吃午饭。好多人在网上夸奖我，至今没有人在网上说我的不是。在赞扬声中，我坚持艰苦创业，整天忙忙碌碌，有人问我累不累？我总是笑笑说："不累！"我只觉得心中的快乐是他人难以体会到的。

3. 在退休前万马奔腾

2002年，我到了退休年龄。一位民办学校的董事长来找我，请我去当校长，承诺给我50万元年薪，还给我300万元股份，我当场回绝了。我决心继续只拿原工资，不讲任何条件，无私奉献，为洋思中学锦上添花。

2003年正月，我在泰兴市市长办公室看到泰兴新城区规划图上有市政府，市政府的南面是街心花园，街心花园的南面是一所待建的中学，学校的西边是一条大河，其余三边是大道。我高兴地对市长说："这是一块风水宝地。"市长笑着对我说："你把洋思中学搬到这儿来呀。"我想到，洋思中学在化工开发区，空气污染，交通不便，不利于参观的来宾，不利于学校的发展；我想到，洋思中学搬进城区，将会出现如虎添翼、万马奔腾的崭新局面，就高兴地当场答应，说："好！"过了几天，市长帮我找合作伙伴、找投资商，没有成功。后来，"非典"来了，第二年全国土地冻结，直到2004年11月，土地解冻。这时候，我已经绘好了学校的校园平面图。为绘好洋思中学新校区的平面图，我去大江南北讲学时都仔细观察外校的校园（尤其是新建的现代化学校），反复考虑洋思的校园该怎么设计，回校后，就和电脑老师李坚认真修改。就这样，改了数百次，越改越便于使用，越改越美，越改我们越高兴。这幅图不仅为学校节约了上百万元的校园平面图设计费，而且凝聚了我对洋思的心血和深情，这是不少人难以想象、难以理解的。有人以为我发了疯、发了傻，该退休却不退休，只拿原工资，却要搬学校，有人埋怨我不该搞得大家不安宁（因为觉得在原校区很好），甚至公开反对，跟我吵……

2005年1月，我借款征地，取得土地证。想不到，这时候有两所学校，要我把到手的土地给他们，让他们搬到那里去。市政府召开专题会议，我激动地与他们争论，最后市长表态，还是让洋思中学搬去。我立即请设计院设计建筑施工图，力争暑假建好，供秋学期使用。一位市教育局管学校基建的领导说："你怎么也不可能在暑假建成，除非太阳从西边出来！"我却大声地回答："我跟你打赌，我一定在暑假建成！"

2005年正月初一，我女儿从美国打电话给我，叫我一定要退休，一是为了保重我的身体；二是建校困难，政策性强，弄不好吃力不讨好。我女儿在电话中叫我把市长的电话号码给她，她要找领导说，为什么要叫一位到了退休年龄的老人白手建新校。我对她说："是我要干的！"女儿哭着求我："爸爸，你太傻了，白手建校，你要求人，人要求你，难啊！"我含着眼泪，大发脾气，说："你太小看我了，你放心，我肯定成功，绝不会犯错误。"她哪里知道：我和洋思中学的命运连在一起，无法分离。我知道，如果建校缺钱，使得楼房封不了顶，停了工，工地上的脚手架怎么办？贷款利息怎么办？……后果不堪设想……但是，我一心为洋思的发展添后劲，哪顾个人的得失、安危？千难万难，我也要往前闯……正月初六，我提前到校，一面忙于准备开学；一面忙于建校。当时，我像吃了豹子胆似的，在干谁也不想干、谁也不敢干的事。后来，在泰兴市

泰兴市委书记曹苏民（右二）视察新洋思建设工地

委、市政府的大力支持下，我豁出命来，冒着风险，顶住了各方面的压力。4月8日建校动工，200多亩的工地上沸腾起来了：13个工程队施工，竖起的11个塔吊日夜运转，还有两个工程队同时在筑路、修桥、建校门、砌围墙、铺操场……

我们经受了许多考验，经过了激烈决战，千方百计筹集资金，结果只用了130天的时间，建成了7万多平方米的校舍，筑好了校内大道，给校园内的小河砌了石

坎，架上了石桥，建好了学校南北校门和数千米围墙，铺了几十个篮球场……栽下了数千棵高大的香樟、雪松、广玉兰、桂花等高档的常绿花木，新校区仿佛像百年老校那样环境优美，又像大学校园那样道路宽广，操场、图书馆、实验楼现代化，学校西面靠大河，南面、东面靠大路，北面紧靠街心花园，四周绿树成荫……洋思中学创造了泰兴建筑史上从未有过的工期短、质量高的奇迹，这是许多人万万没有想到的！

2005 年 8 月 22—24 日，我带领部分老师，斗智斗勇，克服了重重困难，处理了各种关系，解决了许多矛盾，终于把洋思中学 200 多名教师、3000 多名学生全部从污染较重的化工开发区搬到了泰兴城区。洋思中学新校区，环境优美，交通方便。"洋思中学"这四个霓虹灯字在 10 层楼上闪闪发光。洋思中学新校区的一草一木，都凝聚着我和大家的心血。就这样，洋思中学沸腾了，飞跃了，使我站得高了，眼光远了，胸怀更开阔了。

洋思中学新校区

泰州市委书记朱龙生（前排中）、泰兴市委书记曹苏民（前排右）、泰兴市副市长顾弘庆（前排左）视察洋思中学新校区

4. 在成功后急流勇退

2006 年 8 月，洋思中学新校区建成整整一年，学校红红火火。我认真地三次向泰兴市委书记书面申请退休，主动让出位置，给年轻人当校长，让洋思中学增添后劲，永远成为中国名校。书记说："要常委会研究……"我说："不必研究了，退休是法律给我的劳动权利，我已推迟退休四年了……"8 月 10 日，我的申请得到批

准。在那退休的时刻，我回首往事，觉得自己靠吃苦，靠自学，成为一名好教师，当了 24 年洋思的校长，一路走来，没有内疚，没有后悔，只有成就感、光荣感。我欣赏自己：我能吃苦，生活简单，个人开支小，养成了俭朴的习惯，保持了艰苦朴素的本色。记得有三位在洋思中学挂职学习一年的苏北校长对记者说："蔡校长住在学生宿舍六楼，宿舍里只有一张双人床，一只盆，毛巾、脚布都有窟窿，就是在我们贫困地区这样的校长也是很难见到的。"原来我一家人挤在两间土坯墙的小屋里。1994 年，左右邻居都盖上了漂亮的楼房，雨天，积水漫进了我家，无法居住，我才借了四万多元，盖了两间两层简易楼房（只是石灰墙、水泥地），楼房里，床、柜、桌椅都是几代人用过的不值钱的破旧家具。有人不敢相信我当了二十几年洋思中学的校长，能投资六千万元建成江苏省示范初中，能投资一亿多元建成洋思中学新校区，退休时却两手空空。其实，我经受住了各种考验，建校时，我的内侄、堂弟找我要求参加建房招标，有的亲戚要搞装潢，有的亲戚要推销建材，有的亲戚要给学校做校服，有的亲戚向我要求进校办超市……我都斩钉截铁地回绝了他们："你们就当我已退休在家吧，别难为我！"我得罪了亲戚，有的亲戚认为我不如外人，甚至数年不进我家门。我从来不抽工程队一支烟，不吃工程队一顿饭，不收工程队一点钱、物。不管

和现任洋思中学校长秦培元（右）合影

哪一个工程队的人员，不管当地老百姓还是学生家长，不管是哪一位领导还是哪一位教师，哪怕是我得罪过的人，都知道我不贪、不沾、不图享乐，一身正气，两袖清风。我比教师多干点，少拿点。这样，在职时，说话才有人听；退休后，才心安理得，平平安安，无忧无虑。我安慰自己：没有什么家产留给三个孩子，但是，我的吃苦精神却影响了他们。他们跟我一样，能吃苦、能自学，成了才，一个成了公司领导，两个赴美留学，都有所成就。想到这一点，我觉得吃苦不仅是自己的福气，而且也是后代的福气。相反，如果自己吃喝玩乐，什么都不学，什么都不好好干，那不仅会害自己，而且会害得子孙不走正路。

党和人民给了我许多荣誉：自己成了中学特级教师、扬州市十佳教师、泰州市建设功臣、泰州市党员标兵、江苏省名校长、江苏省优秀党员；1996年教师节，我参加全国师资工作会议，在全国教师节庆祝大会上，我是由少先队员献花、中央电视台节目主持人贺斌介绍个人事迹的十名全国优秀教师代表中的一员。国家教委主任朱开轩、国家教委副主任柳斌和我们十名优秀教师代表合影；同年，在江苏省师资工作会议上，我是七名受表彰优秀教师中的第一位；2000年5月1日，我被评上全国先进工作者（即全国劳模），在北京表彰会期间，我参加了教育部原部长陈至立主持召开的教育系统二十多名全国先进工作者代表的座谈会；2004年，我是应邀参加新中国成立五十五周年庆祝活动的200名全国劳模中的一个，我参加国宴，和中央领导共进晚餐，还和温家宝同志等国家领导人一起游北海公园；在工人之家，全国人大常委会副委员长王兆国代表总工会向我们敬了酒，至今我还保存着他和我碰杯的珍贵照片。2005年，我被评为全国十大明星校长，《江苏教育》杂志先后以《乡村教育家——蔡林森》《大校长蔡林森》《校长当如蔡林森》为题，多次给我做过人物专题报道，原江苏省教科所所长成尚荣以《蔡林森，一本活的教育学》对我做过综合评价。

我与洋思融为一体，洋思发展我发展。校兴我荣，其乐无穷。

三、和永威一同成功

2006年8月，我应邀赴河南省沁阳市讲学，该市教育局局长魏振江得知我刚刚退休，当场就邀请我加盟永威学校，当时我没有答应。后来，董事长任太平先生几次电话联系，几次从河南到江苏登门聘请，我面对倾注大量心血的洋思中学新校区，面对家属、亲友的苦苦劝阻，有些为难。有几位老领导开导我、支持我，我特地赶到南京，请原省教委周德藩副主任给我指点，他说："教育无省界，你到河南推广江苏的课改成果，也是很有意义的！"86岁的父亲激动地说："你大胆去吧，我在家自力更生，不用你担心。"同时，我被任太平董事长的诚意打动，我想到永威是一所民办学校，有小学、初中、高中，是一个新的发展平台，我若加盟，可以把"先学后教，当堂训练"推广到小学、高中，求得新的突破，实现自己未遂的愿望。最后，我含着泪，带着老伴，告别亲友，来到沁阳……

　　2006 年 10 月 19 日，沁阳永威学校彩门高架、锣鼓喧天、礼炮齐鸣，学校以最高的礼仪，热情欢迎我任永威学校校长。沁阳市委书记、市长、教育局局长在会上讲了话，鼓励我在沁阳发展，多做贡献。任太平董事长明确表态："蔡校长治校，我当好后勤部长，一起办好学校。"最后，我当众郑重承诺："一定推行教书育人责任制，推广'先学后教，当堂训练'教学法，把永威办成中国名校。"从此，我的命运就和永威学校连在了一起，一切从零开始。

2006 年 10 月 19 日，永威学校举行盛大的欢迎仪式
任太平董事长向蔡林森先生授聘书

（一）继续在管理改革中学习管理

　　2006 年，我一进永威学校，就发现教师工资按课时发放，上几节课拿多少工资，干好干坏一个样。我就旗帜鲜明地指出："'包'字到农村，农民富，'包'字进洋思，洋思办得好。'包'字进永威，肯定一'包'就灵。只有依法治校，才能尽快创建名校。"董事长任太平先生完全赞同我的观点，他说，他就是要推广教书育人责任制，办好学校，回报社会。他就向我介绍：1992 年，他当虎子村领导，就提出要像土地承包

给农民那样，把学生包给教师。后来，他与学校校长、教师交谈，调查研究，制定了《教书育人责任制意见》，极大地调动了教师的积极性，一年后按责任制兑现，教师人人有奖，虎子村学校质量全公社第一。听了董事长的话，我就觉得我和董事长志同道合，有共同的语言，在董事长的大力支持下，我立即推行教书育人责任制。

2006年11月初，我写好了教师教书育人责任书，董事长看了满意，但是校委会上难通过，大家七嘴八舌。我重写，还是通不过。有人说要跟外县比，有人说要在校内比，有人说基础太差无法比，反复多次，拖了十几天。在最后一次校委会上，董事长提出"要加大奖励力度，特别好的奖金翻几番，不要封顶"的意见，当场修改，责任书终于通过了。接着，学校举行了永威学校教书育人责任书签字仪式。

三个月后，在沁阳市期末学生学业水平统一测试中，永威初中创造了奇迹，不少科目成绩全市第一，部分科目全市第二，有的科目成绩上升30~50分。核算结果是，多数教师半学期奖金达到6万~7万元。这时有人以为推行责任制出了大问题，说三道四，指手画脚。针对出现的新问题，我与老师们沟通，得到大家的同意，就按照我写的并由教师通过的责任书兑现。老师们都获得了1万元左右的奖金，都很满意。2007年春学期，学校仍采用这种封顶的责任制，教师人人都获得了理想的奖金。

2007年暑假，学校完善教书育人责任制，考核指标沁阳为项项第一，学校把教学质量奖改为绩效工资。从此，教师工资包括基础工资、考核工资、绩效工资三部分。基础工资包括岗位工资、学历工资、教龄工资、职称工资等，基础工资一般情况一年内不变，每月发放。考核工资包括师德、出勤、工作量以及备课、讲课、改作业、辅导等教学工作，班主任及级部主任分管工作等，考核工资也是每月考核、发放。绩效工资是学年末根据学年目标的实现情况考核、兑现。

2008年暑假，我对教师工资发放办法又做了较大的修改，并由教师大会讨论、通过。从此，永威学校小学部、初中部、高中部的工资制、计算方法基本一样，不过，标准有高低。

随着学校办学水平的逐年提高，学校的教书育人责任制逐年完善，积累了经验。我解放思想，坚信依法治校是办好学校必不可少的，管理水平也相应地提高了。2012年5月，我和永威学校董事长任太平合写的《蔡林森：学校管理变革》一书由首都师范大学出版社出版。该书详细介绍了永威学校推行教书育人责任制、管理改革项项一流的成功经验。

我总结永威学校的管理经验写成的《"包"字进校——永威学校管理的10条定理》一文，发表在2011年10月25日《中国教育报》上，这篇文章各段的标题是：定理1：学校承包，一"包"就灵；定理2：目标管理，贯穿始终；定理3：一个好制度，就是一个法宝；定理4：德育为先，提高师生思想素质；定理5：统筹兼顾，协调发展；定理6：以竞赛促发展；定理7：要从管好校长自己开始；定理8：建名校，出名师；定理9：大开放促进大发展；定理10：管理就是不断发现问题、解决问题。

（二）继续在教学改革中学习教学

2006年10月20日，我当上永威学校初中部校长的第一天，就整天听课，检查教案、作业，发现问题异常严重，十分吃惊。我吃不下饭，倒在床上，觉得自己仿佛上了战场，背水作战，毫无退路，有家也难归，仿佛自己掉进大江大河中，风浪逼着我求生存，求发展。怎么拼搏呢？我坚信，"先学后教，当堂训练"是完整的、科学的、便于操作、高效的课堂教学结构，其应用价值是多方面的：能够大面积提高教学质量；能够有效地实施素质教育；能够减轻学生过重的课外负担……要快速提高教学质量，办好永威学校，唯一的选择就是推广"先学后教，当堂训练"。但是，永威学校的情形与洋思中学完全不同，我不能照搬洋思中学的一套，必须闯出一条快速、高效推广的新路，就是坚持常年赛课、评课。

1. 初中闯过难关（2006年10月下旬开始）

第二天，我立即制定讲课制度、评课制度，复印了课改资料，发给教师，并做了讲座。晚上，沁阳市教育局魏局长来校与我联系，准备组织校长进永威培训。当时，有的领导不同意，认为我刚来，学校还没上路，不便开放。但是，我毫不动摇地说："一定要开放，加大压力，大开放才能促进大发展，欢迎沁阳校长进永威培训。"就这样，第三天，沁阳市教育局魏局长带领二十多名校长进校，住学生宿舍，一天24小时在校，接受培训一个月。这一天，我组织初中部教师开始第一轮赛课，局长、校长们也参加。这一轮赛课，是一门功课一门功课地赛，一门赛完了，再赛另一门。这样，赛课教师教同教材，便于比较、归纳。我听一节课，就评一节课，毫不客气地指出"满堂灌"等倾向问题，并提出易行的改进意见，在场的局长和校长们都夸我评得好。但是，有的教师难以接受，哭了，甚至闹情绪，歇了几天才上班。校园里议论纷纷，有人不停地打电话向董事长告状。魏局长和培训校长们旗帜鲜明地支持我，并帮助我做了不少工作。记得一天晚上，魏局长到我宿舍说："你做得很对，教育局支持你，如果哪个教师不干了，我派其他教师来教！"不几天，他就派来了一名初三数学教师和一名初三化学教师进校边培训，边上课。这给了我极大的鼓励，极大的支持。第二轮赛课（从11月下旬开始），第二批沁阳教育局领导和二十多名校长参加。这一次，我仍然听一节、评一节，尖锐地指出教师们课堂上所谓让学生学，都成了形式主义、"花架子"；同时，我详细指导他们如何在课堂上让学生紧张地看书、练习、更正，然后教师如何针对学生存在的问题有序、有效地精讲。第三轮赛课（从12月下旬开始），沁阳教育局第三批局领导和校长们参加。在这轮赛课中，老师们基本上能够运用洋思教学法，让学生有效地自学。我仍然听一节课，评一节课，着重指出教师的形象、情感、艺术等方面的问题，指导如何渗透德育，培养学生良好习惯，实施素质教育。就这样，用了三个多月的时间，组织了三轮赛课，我每天听课、评课七八节，教师们饱尝了酸甜苦辣，艰难地迈出了课改的第一步，提高了课堂效率，使得永威学校初中部的教学质量一下子跃入沁阳市一流。来校培训的三批沁阳教育局的领导和校长们亲身体会到推广"先学后教，当堂训练"是一场教育革命，永威走出困境、创造奇迹是课改的成果，铁的事实教育了大家，促使沁阳掀起教育改革的热潮。三个月的赛课、评课也使我受到了锻炼，受到了教育，提高了教科研水平，密切了我和沁阳教育局领导、校长们的关系，增进了战斗的友谊。

2. 小学走出新路（2007年春开始）

2007年春，我担任执行校长，兼管小学部，我坚信"先学后教，当堂训练"教学法更能在小学推广。于是，我像抓初中那样带领小学老师赛课、评课，一天不停。这年春天，沁阳市局领导和校长们一批接着一批进永威培训，也参加小学、初中赛课、评课，我仍然坚持每天给老师们评课，指出问题，提出解决办法。通过赛课，大家解放思想，相信小学生年龄小，也能自学，逐渐灵活运用"先学后教，当堂训练"教学法。我看到小学数学课本上有"看一看""做一做"，就高兴地说："要用好教材，课上先让学生'看一看'，再'做一做'，然后有错误大家讨论解决，最后当堂完成作业。"就这样，我帮助总结、形成了数学、常识课教学的"四个一"教学法，即看一看（学生看例题）、做一做（学生仿例题，做习题）、议一议（学生更正、讨论，教师点拨、归纳）、练一练（学生当堂完成作业）。其中，"看一看""做一做"即"先学"，"议一议"即"后教","练一练"是"当堂训练"。"四个一"教学法尽管与"先学后教，当堂训练"教学法说法不一样，但实质一样，老师们都说"四个一"好记，学生也喜欢。

根据语文教学目标的多元化，我带领小学老师们总结、形成了"几个比"的教学法，即"比读书""比认字""比写字""比说话""比当堂完成作业"，每一个"比"都是一次"先学后教"。小学低年级教师常采用儿童化的语言揭示教学目标，出示自学指导，学一点、教一点，再学一点、教一点。这样小步走，学生喜欢，效果好。中、高年级适当增加每一个环节的时间，便于集中学，集中议。不同的学科不同的课型，方法也不同，效果特别好。因为小学生好动、好奇、好胜，尤其喜欢自己学，教材的难度不大，容量小，更加便于小学生自学。小学课改很快初见成效，学生爱学习，行为习惯好，小学部质量很快跃为沁阳市优秀级，师生无不叫好。

永威初中、小学推广"先学后教，当堂训练"一年多的实践再次证明，"先学后教，当堂训练"是科学的、高效的。同时，我们在实践中找到了规律。2007年11月，我应邀在《中国教育报》上发表了题为《每节课教师讲几分钟当能硬性规定》的文章，做了总结，强调了课改要依靠科学、遵循规律，着重要处理好五个关系：既解放思想、大胆改革，又坚持科学、实事求是；既要学生紧张学习，又要教师科学引导；既要用好教材，又要走出教材；既要实施知识、能力的学习目标，又要实施情感、态度、价值观的学习目标；既坚持课改，又整体推进。这篇文章阐明了永威学校推广"先学后教，当堂训练"教学法是在科学发展观引领下进行的，也表明我在课改中得到了提高。

3. 高中打破瓶颈（2008年后）

2008年2月，我担任永威学校校长，接管高中，立即收起了所谓挂牌上课的小黑板，停止了每节课75分钟的所谓大课、小课，统一了初中、高中的作息时间表，同时，组织高中教师和初中教师一起赛课、评课。当时，焦作市教育局局长张丙辰带领焦作市中小学校长分三十批进永威培训。他们也参加听课、评课。我仍然听一节、评一节，得到了来宾的好评。高中部有的教师难理解，有情绪，甚至发牢骚，耍态度。但是，我仍然坚定不移地组织赛课，仍然老师们上一节，我就评一节，狠狠地指出存在的问题。经过数年的努力，高中的课改也基本上了路。刚毕业的大学生积极搞课改，教学成绩特别好，老教师也都高高兴兴地用上"先学后教，当堂训练"教学法，也尝到了甜头。大家解放了思想，一致认识到，高中生阅读水平比初中、小学生高，他们能读懂或基本读懂课本，自学的难度不比初中、小学大；老师们发现，高中教材中有不少知识是初中学过的，例如，高一教抗日战争，初三已学过抗日战争，大家注意了高中和初中的联系，学生已懂了的，就不教，这样教材的容量就会大大减少；老师们还注意了学科与学科的联系，例如，高中语文老师教文言文，就不介绍时代背景，因为学生在历史课上已经学过了，这样，高中教学容量大的困难就基本解决了。我校高中部各年级各学科推广"先学后教，当堂训练"教学法，形成了大家都认可的"自主—合作—自主"教学法，很快大幅度地提高了教学质量，期末学业水平测试各科成绩名列焦作前茅。

2008 年 11 月，永威学校举行河南省示范高中挂牌仪式

在永威初中、小学、高中推广"先学后教，当堂训练"的过程中，提高了教师的水平，提高了教学质量，同时，也提高了我自己的教科研水平。2010 年，我根据洋思中学、永威学校的课改实践而写成的《教学革命——蔡林森与先学后教》一书，由首都师范大学出版社出版。该书详细介绍了"先学后教，当堂训练"的应用价值、形成和发展过程、理论基础、操作方法以及普遍推广的问题。2011 年 10 月 11 日，

我写成的长篇课改论文《永威课改的 10 条定理》发表在《中国教育报》上。该文是对永威学校以科学发展观为指导，统筹兼顾，正确处理课改中各种关系的总结，也表明了我的认识、观点。

4. 课改不断深化（2012 年以来）

我校课改取得喜人的成果，吸引了全国各地许多教育工作者赶来参观考察，一般每天接待来宾数百名，他们要看老师赛课，听我评课、做讲座。学校每年都承办全国性的课改研讨会。有的老师还去外地上观摩课。但是，学校课改也出现了新的问题，有的来宾千方百计地以高薪挖走我校好几名教师去他们那儿工作，我们永威学校规模在不断扩大，教师更为紧缺。学校聘请的数名高中教师进校任教，他们摆老资格，课上满堂灌，结果教学质量比教平行班的年轻教师低 20 多分，学生意见大，他们教不下去，都走了。聘请的高中、初中、小学校长也不适应，不久就都走了。

针对实际，近几年，我校重点培养年轻教师，注重引导教师钻研教材，提高点拨水平，引导教师在课堂上注重身教，一言一行给学生良好的影响，渗透德育，培养学生良好的习惯，注重引导教师把信息技术与"先学后教，当堂训练"融合，使"先学后教，当堂训练"的优越性更加充分地显示出来。

就这样，八年来，我组织教师坚持参加常年赛课、评课，教学质量不断提高，我校小学质量为沁阳第一，初中各年级、各学科质量为焦作第一，且遥遥领先，高中各年级总平均分为焦作第一，学校项项一流。2014 年春我校小学生参加焦作市汉字听写大赛，获得团体一等奖，学生李雪莹、刘家辉分别获得焦作市汉字听写大赛冠军、亚军。

同时，我的观念不断更新，文化业务水平也在不断提高。我常年听小学、初中、高中的课，既是课改的老师，又是学生，我对小学、初中、高中教材逐渐熟悉了，根据学校推广"先学后教，当堂训练"的实践，我于 2013 年写的《"先学后教"岂要"学案"支撑》和《课改，亟需科学发展观引领》先后发表在《人民教育》杂志和《中国教育报》上。这两篇文章再次强调课改必须以科学发展观引领，遵循规律，常年赛课、评课，推广"先学后教，当堂训练"教学法才能真正获得成功；如果只凭一夜工夫搞什么颠覆，能大功告成，就难以令人相信；如果时搞时不搞，领导检查、搞活动对外开放就搞，平时不搞，搞搞停停，即使整天空谈教育理论，即使搞包装、宣传，也难成功。如果离开了永威课改的实践，我不可能得到提高，也不可能写出这样的文章。

（三）继续在学校教育中接受教育

我进了永威，就一心要办名校。在推行教书育人责任制、推广"先学后教，当堂训练"的同时，我一直坚持立德树人，努力完成教育的根本任务，在这个过程中，我继续自觉地不断接受教育，提升自己。

1. 管好自己，做好样子

八年来，我在永威学校继续洋思中学的好传统，坚持德育为先，从管好自己、做好样子开始。凡是要师生做到的，我首先做到；凡是要师生不做的，我首先不做。我处处做好表率，给师生良好的影响。我常想：校长的领导就是教育思想的领导，校长的工作就是要一马当先，带头实干。

我能带头学，带头干。早晨5点，闹钟响了，我一骨碌起床，洗漱，看书，思考一天怎么工作。学校起床铃响前，我就走出宿舍，注意公寓里是否静悄悄的，起床铃一响学生是否按时起床。接着，校园里播放《没有教不好的学生》的校歌，学生快速走出公寓。我和全体师生很快集合在田径场上，在雄壮的《解放军进行曲》乐曲声中，开始跑步：队伍整齐，步伐一致，口号响亮，场面壮观，十分动人；早锻结束，同学们回到教室，那琅琅的书声，悦耳动听，令人心情激动，高兴极了；白天，我参加教师赛课、评课，研讨如何有效地教学生学……晚上，我回到宿舍，仿佛从战场上凯旋，还有战斗的欢乐、成功的喜悦。我认真收看《新闻联播》《焦点访谈》《长征》《历史转折中的邓小平》《特种兵之火凤凰》《康熙王朝》《百家讲坛》《企业管理经验介绍》等节目和电视剧，学习治国、治军、各行各业的宝贵经验，思考学校教育如何与时俱进，适应社会需要，为中国梦的实现培养出有用人才。常常洗澡时、睡觉时，心系学校大局或者正在写的文稿，突然有了新路子，心头一亮，万分激动，就立即去查阅书籍，或者动笔记下，以防忘记……有时一觉醒来，想来想去，怎么也睡不着，就起床反复阅读、反复修改文稿。我整天和师生在一起，很少出校门。星期天、节假日我也很少休息，常用来写材料。学校的各种制度、各种合同、各种总结、发表的文章、每周的国旗下讲话、家长会和总结表彰会上的发言稿、学校工作计划等，统统由我自己写成。除此之外，我还写了由首都师范大学出版社出版的《教学革命——蔡林森与先学后教》《蔡林森：学校管理变革》两本专著，还编写了《家长谈永威》《学生谈永威》《教师谈永威》《实话实说——家长、学生谈永威》四本书，每年还汇编了《校本教材》，供教师、学生学习，我写了几十篇教育教学论文，发表在国家、省级报刊上。我每星期天写下周国旗下讲话，几年来国旗下讲话，可以汇编成几本书。即使暑假回江苏老家十多天，我也有任务，如提前修订新学年学部校长、教师的教书育人责任书等。有的老师劝我："蔡校长，你要像象棋中的'帅'，稳坐中央，不要出来，什么事都让别人去干，不必自己去听课、评课……你年纪大了，要好好保重身体。"我当场严肃地说："按你说的当校长，还能把学校办好吗？我一定要坚持靠前指挥，走动式管理……"

进永威八年来，我生活习惯良好，不喝酒、不抽烟，生活俭朴，个人开支很小。但是，我能关心人、体贴人，乐于帮助人，不肯损人利己。我千方百计争取任董事长给教师增加工资、津贴、奖金，我本人也尽力给有困难的师生、员工资助。我个人每年补助参加高考、中考的学生伙食费，至今累计有 10 多万元；我把沁阳市政府奖给我的电动车、笔记本电脑送给了同事，中秋节我把学校发给我的月饼送给了管绿化的临时工；每年春节，我都要买糖、烟、酒给春节在校值班的门岗保卫人员，我对学部校长及其他人员也都尽力帮助；我舍得花钱看望住院教师、恭贺结婚青年、代有困难的学生交学费。我看到一位初二学生买不起校服，就付了 400 元给班主任，让这位学生也穿上校服；我为学校谱写校歌，还自费 1 万元请音乐家录唱片，在学校每天播放……我为大家着想，给大家帮助，不麻烦他人，结果，快乐自己，其乐无穷。

2. 依法治校，规范行为

我在洋思中学以人格治校，严格管理。我进永威之后，仍然如此。我到永威的第三天，学校人力资源部尚育萍带了一位学生家长找到我，说他听说我从洋思到永威来当校长了，就带孩子进永威，准备从洋思转进永威初中插班上学。谁知，家长和孩子在校园里转了一圈后，对我说："不转学了，孩子还是在洋思上吧！"我问："为什么？"他说："这里太脏了，画廊上的灰尘很厚，墙壁脏，出公布榜的小黑板脏得一塌糊涂，厕所进不去，垃圾堆上苍蝇密密麻麻……"我说："没几天就会干干净净，面貌一新。"他怎么也不相信，就带着孩子走了。

为了迅速治理学校脏、乱、差，我立即制定了《永威学校一日常规》《永威师生课堂规则》《师德津贴、班主任津贴发放办法》《考试制度》《课间操制度》《就寝制度》《用餐制度》《教师值日制度》《学生行路制度》《永威学校十条禁止》《纪律、卫生检查制度》等制度，并组织师生反复学习，熟记并坚决落实。例如，学校设了"纪律、卫生检查公布评比栏"，学校办公室主任、副主任每天严格按照标准检查、公布，每周统计，每月累计，全学期总结，并与教师、政教主任、学部校长月考核工资挂钩。开头，高中部有的老教师有意见，说什么"补习班的学生是来学习的，不是来打扫卫生的"，有的说"抓卫生、抓德育会影响学习"。但是，我坚定不移地狠抓德育。早锻时、课间操时、用餐时、进宿舍时，我都给学生讲话，灌输正确的思想，批评不良行为。就这样，学校面貌很快焕然一新。

但是，有的教师、学生不良习惯难改。我不怕得罪人，毫不留情地反对师生中的不良行为，收到立竿见影的效果。

3. 营造氛围，环境育人

我在洋思中学自己动手营造文化氛围，给学生良好的教育环境。进永威后，我也如此。中学餐厅每一层楼、每一个柱子上都有镜子，都有师生节约、不浪费饭菜、养成良好吃饭习惯的标语，教学楼、办公楼墙壁上有标语，走廊上下两层的120根柱子，镶上了120面镜子，每面上头都有我精心设计出来的话。足球场、观礼台中央有八个大字："德育为先，全面发展"，两侧标语分别是："以竞赛促发展，向效率要质量，凭勤奋出成果""生命在于运动，锻炼务必刻苦，坚持就是胜利"。足球场四周围栏上有奥运会冠军的大幅照片及简介，羽乒馆墙上有"每天锻炼一小时，健康生活一辈子"的标语。图书馆门口的"千里马"雕塑旁的柱子上有三个成语："一马当先，万马奔腾，马到成功"。成功亭上有"功到自然成"等警句。校门两侧有连片的画廊，画廊内内容丰富，给人启迪。

我努力让校园里一草一木皆能育人。2013年暑假，我从江苏回永威学校后，发现草坪上的草死了，尽剩杂草，就立即狠狠批评了管绿化的人员，我说："为什么旱得这样，还不浇水？"他们说："浇了水，草会长得更凶。""为什么不拔草？"他们说："拔到过年，也拔不完。"我批评了他们，并且发动大家行动起来：有人修剪月季花、修剪绿篱，各学部生活老师分区铲杂草，补栽草坪，校园面貌很快大变样。记得8月27日天蒙蒙亮，我就巡视校园，检查绿化情况。我到校门口东侧，站到路牙上，低头仔细看（因为天不大亮，看不清楚）：东花池里草有没有铲干净，水有没有浇遍，想不到脚下一滑，我倒进了花池，爬起来脸上流血了，手一擦，手上沾满鲜血，鲜血滴到了衬衫上，滴到了地上……原来我的脸被刚刚剪过的粗粗的月季花枝扎了……保安和其他同志扶着我回宿舍，副校长申芳赶快送我进医院，在医院，医生发现我眉毛上有一个长口子，缝了好几针，包扎好……回校后，我吃过早饭，仍然没有休息，就到实验楼门口，带领实验室人员，补栽草坪……董事长见我这样，很关心我，叫我不要自己去干，不要去管这些事，保重身体要紧……我很感激他，但是我觉得我这样做，是应该的，是有意义的，也是高兴的。今年4月，我支持申校长做了大胆的尝试，把南方的香樟树引进栽到永威校园里。我说："洋思中学新校区的树，都是暑假栽的，只要用心栽好、管好，一定能栽得活。"栽树前，我布置后勤负责人如何精心栽好，想不到栽树时，后勤负责人去干别的事了，栽树的生活老师挖的坑小，树苗放进去后，用大块的土填进去，我见了批评他们不负责任，并且帮助返工，把树苗扶正。此后，我经常观看香樟树，发现主干的顶部出芽、长枝了，心头喜悦，发现主干上有不该长的芽和枝，就动手摘掉，如高处摘不到，就回宿舍拿根木棍把它打掉。就这样，现在香樟树都长得喜人。我发现校园里的广玉兰被风吹歪了，就叫后勤人员把它扶正，后勤人员说有困难，扶不正。我很生气地说："怎么也要扶正，扶不正给师生什么影响？"后来，在我的努力下，全校树木都扶正了，我还亲自动手或指导他人把树枝修剪好，给人一种整洁的感觉。我还安排后勤人员在全校各处安装了一百多个自动喷灌的水龙头，从根本上解决了草坪、花木缺水的问题。如今的校园，绿化上了档次，师生心情愉快，精神抖擞。

永威学校优美的校园环境

4. 建立机制，立德树人

为了永威学校的快速发展，我坚持培训教师，狠抓师德教育。我为永威学校制定了校训、校风、教风、学风。校训："求实 创新 诚信 奉献"。校风："尊师 爱生

团结 互助"。教风："学高 身正 严谨 善诱"。学风："勤学 会学 博学 活用"。

每年寒、暑假，我校都培训教师。培训教师的首要任务是对教师进行师德教育。在培训班上，我引导教师反复学习校训、校风、教风、学风，努力树立优良的风气。

几年来，学校不断探索、完善形成了德育工作考核机制。我制定了各种德育工作制度及考核办法，引导教师扎实地做好德育工作。每学期开学前一个月，我就早早地制订好学校工作计划，学校工作计划中有德育工作的目标，主要工作里都有切实可行的德育工作措施，行事历中有每周国旗下讲话、班会的内容，也有全校性的德育活动。每周的星期天，我都按照计划，根据学校的校情，写好国旗下讲话的讲稿，印发给初中、高中师生。再由学部校长轮流在国旗下讲话，班会课贯彻落实国旗下讲话精神，这样，全校师生统一思想、统一步伐，有利于学校的稳定和学生的健康成长。各学部每周都召开班主任工作例会，总结、指导班主任工作。

周末，班主任利用几分钟时间，带领学生搞插红旗、赛品德活动，学生人人对照规范，做好总结。月月评"文明学生""文明班级"。学期末，评"三好学生"，评出综合素质等级，写好评语。

学校建好学生学籍档案，其中包括学生德育档案。《班主任手册》中有学生品德专页记载，有期末评语，《班主任手册》每学年末交学校存档。学校坚持把学生评语、学生奖惩事项填进学生学籍档案，以备高一级学校、用人单位了解。

就这样，我校坚持立德树人，课内、课外处处渗透德育，校风正，校纪严，学生能够得到健康成长，我和老师们解放了思想，提高了道德水平。

永威学校走出困境，成为名校，先后被授牌为沁阳、焦作、河南、全国教师培训基地，举办培训班数百期。2013年沁阳市教育局先后下发了《沁阳市教育局关于开展向蔡林森校长学习的决定》《沁阳市教育局关于全面推广"教书育人责任制"管理办法的指导意见》《沁阳市教育局关于全面深化实施"先学后教，当堂训练"教学法的指导意见》三个文件，召开各种会议，下真功夫，花大力气，推广永威经验。沁阳市校校学永威，校校成果显著。全国各地出现了许多学永威、推广"先学后教，当堂训练"教学法的先进典型，如山东台儿庄、四川邻水、新疆农二师八一中学等。西藏、海南、黑龙江、内蒙古、上海、北京等地来永威参观考察的教育局领导、校长、教师越来越多。几年来，《中国教育报》先后十几次整版登载"蔡林森在永威"系列报道。

从洋思到永威，情况都变了，但我的教育思想、精神品质没有变，一直坚持一切从实际出发，讲求实效，不停地探索、创新，追求卓越。我的努力赢得了大家的信任和支持。沁阳市委、市政府以及教育局领导对我的关心无微不至，每年春节前，请我参加座谈会，市政府每月给我特殊津贴，教师节奖给我电动车、电脑、摄像机。任太平先生品格高尚，以诚信铸就永威，他观念新，管理经验丰富，给了我许多启发，我从任总身上学到了许多……永威学校的老师任劳任怨，感动着我，沁阳成了我的第二故乡……是我成就了永威，还是永威成就了我？永威给了我继续深化改革、闯出新路、办好学校的大好机会。我十分珍惜，即使多次有人请我去他们学校，即使2014年4月我父亲突发脑梗，不能说话，右半身不遂，宁可请弟弟、妹妹们伺候，我也坚持扎根永威，献身教育，勇往直前……

总之，55年来，我一直在努力当好教师，当好校长，做出了一定贡献，同时，也提高了自己，达到了"双赢"。真是：吃苦是福，其乐无穷！

我的教育思想

在长期的教育实践中，我逐渐确立了"没有教不好的学生"的教育思想，即每个学生都能教好，每个学生都能学好。我常想，教育工作者要向农民学习：农民种庄稼，相信每一棵庄稼都能长好，都会有收成。如果庄稼长不好，农民从来不会怪庄稼，只会怪自己。农民看见庄稼生虫子，不怪庄稼，只怪自己为什么不给庄稼治虫；农民看见庄稼瘦了，不怪庄稼，只怪自己为什么不施肥；农民看见庄稼枯了，不怪庄稼，只怪自己为什么不浇水。同样，我们教育工作者应该相信每个学生都能教好。如果有学生没有教好，就不能只怪学生……

不过，教好每个学生是一个系统的、复杂的综合工程。教好每个学生有多种因素，其中主要的是：必须解放思想、更新观念，确立"没有教不好的学生"的教育思想；必须铸造师魂、苦练本领，打造一支能够教好每个学生的高素质教师队伍；必须依法治校、改革管理，推行能够保障教好每个学生的教书育人责任制；必须依靠科学、遵循规律，运用能够教好每个学生的"先学后教，当堂训练"教学法。如果哪一个方面或者哪一个环节出一点问题，就会影响实现教好每一位学生的梦想。

一、确立"没有教不好的学生"的教育思想

江苏省教委《关于学习洋思初中改革课堂教学模式，全面提高课程实施水平的指导意见》中指出："洋思中学确立'尊重主体、面向全体'的办学思想。'每一个学生都能合格''每一个学生都能学好'，洋思初中的校长和教师都是这么想的，都是这么说的，更是这么做的。他们真心实意尊重学生，关心学生，热爱学生。校长率先垂范，带领教师深入学生，了解学生，研究学生，努力提供适合每一个学生的教育。这是洋思初中取得成功的基础。"

（一）"没有教不好的学生"教育思想的形成过程

30多年前，我就旗帜鲜明地提出"没有教不好的学生"的教育思想。起初，有

人以为是我是在讲官话、讲漂亮话。其实，我的这种教育思想是在实践中悟出来的，说到这里，我就激动起来，想起许多往事。

1. 个人实践的体会

我想到我的三个孩子，他们小时候都在我家乡的一所农村薄弱学校——团结小学读书，他们边上学，边干家务，谁也没有想到他们会有机会升学。他们都没有上过幼儿园。记得大儿子5岁时，还数不到20，而我哥哥家的儿子比他大一个月，却能数到100多。当时我很不高兴，就说了一句："笨的养笨的。"我爱人听了，气得哭了，不吃晚饭。第二天，别人问我儿子："你妈妈为什么哭？"我儿子哭着说："都是我不好，我不识数。"特别是我的第三个孩子——小女儿上小学时，寻草、煮饭，什么家务都干。快毕业时，某个星期天，她跟着我上街，我问她："直径是1厘米的圆，周长是多少？"她怎么也说不出来，气得我说不出话来，想不到她会这么差。她的班主任（我庄上的一位高中毕业生）对我半开玩笑地说："你的孩子是一个不如一个。"据说这位老师还在班上说我女儿是全市最笨的一个。后来，我家庭所在的蒋华镇500多名学生考初中，只有24名没有考取，我女儿是其中一个。我女儿看着两个哥哥到洋思中学读书，成绩很好，就要求也要跟我去洋思中学上学。当时，我父亲不同意，认为她成绩太差，认为我家庭负担太重。想不到我女儿哭了一个晚上，闹着要去洋思中学读书。我心里不是滋味，同情她，只得答应了。进洋思中学读初一后，我一不给她资料，只要她把课本学好就行了；二不给她补课，主要引导她自学。每天中午，我就叫她口述上午学过的例题，口答习题。我问："'－2'减'－7'等于多少？"她说："等于'－9'。"我说："错了。"同时，我在课本上的习题旁画一个记号，即打一个大大的问号，我怎么也不回答。女儿拼命地动脑筋，嘴里不停地问"怎么错了？怎么错了？"急得满头大汗。有的老师见了，怪我怎么忍心不教她。我还是不讲，耐心地等待女儿的回答。等呀，等呀，女儿长时间动脑，回忆课堂上老师讲的内容，终于惊喜地叫起来，说出了正确的答案。我笑着说："对呀！"但是，那个问号怎么也不肯擦去。以后，我和她一起散步时、洗脚时，或在床上没有睡着的时候，都要再问上百道类似的习题，让女儿真正地理解并能熟练地运用。每天晚上，我都让女儿默写英语单词。错了的，让她自己更正，并记下来，反复检查。星期六我和女儿一起回家，一边走，一边问，把本周的每一道错过的习题都练熟了。这样，她慢慢地变巧了。读完初一年级时，我的女儿也和她哥哥一样，成了好学生，学会了学习，因为，她每堂课上都认真学习，课后认真复习，准备迎接我的检查，每周熟记知识点，力争在放学的路上能正确回答我提出的口答题。我女儿越学越好，也考上了华东师范大学，读本科四年后，考上华师大经济系的研究生，当上了华东理工大学老师。之后，她赴美留学。我三个孩子的成绩都远远超过了他们小学的同学。我堂妹的女儿曾对我说："舅舅，在小学里，我的成绩比你小女儿好得多啊，如果我到你那儿上学，也会考上高中、大学。"我女儿也说过："我应该是个打工妹，怎么也没有想到能当上大学老师。"

这时，我想到我自己，记得 1950 年 9 月，我当时 8 岁，眼看着庄上和我同龄的小孩都去上学了，就哭着、闹着，爸爸怎么也不让我上学，因为我家交不起学费。那时我有三个妹妹，还有 83 岁的曾祖父和 60 多岁的奶奶，全家人靠我父母养活。我只得在家寻草、喂猪。第二年，也就是 1951 年的正月十八，已开学两天了，爸爸在庄西修剪树枝，我跟着拾树枝。突然，小学的卜允法老师（我的远房亲戚，我叫他舅爷爷）来做我爸爸的工作，说他代交费，劝我父亲怎么也要让我去上学。第二天，我万分高兴地进了小学校门，插班读一年级下学期。当时，我许多字都不认识，数学题没做过，远远地掉在班里同学的后面，成了一名后进生。怎么办？看到不会的，我就问同学、问老师，大家都高高兴兴地教我。有时我爱打破砂锅问到底，人家说了答案，我还要问一个"为什么"，人家讲了"为什么"，我不理解，还要盯着不停地问"为什么"，纠缠不停。卜允法老师被问急了，朝我发火，责怪我老缠着不放，还给我起了个难听的绰号。但是，我仍然不停地问，一定要弄个明白。我主动地学，主动地问。就这样，我不仅补上了缺的课，赶上班里其他同学，而且成绩冒尖。老师夸奖我，同学选我当班长，我尝到了自学的甜头，信心、劲头更足，进步更快。小学六年级，我被选为学校少先队大队长。不久，妈妈突然高烧四十度，患上伤寒症，卧病不起。秋播时，爸爸下地耕田，病情刚刚好转的妈妈吃了一碗冷米粥（医嘱只能喝没有米的元麦粉粥），突然又发高烧，伤寒病复发了。几天后，妈妈的病有点好转（仍卧病在床），爸爸就同庄上的男劳力一起去苏北凤凰河水利工地了。临走时，爸爸再三叮嘱我，叫我在家要伺候好母亲，要带好弟、妹（弟、妹 4 人，最小的弟弟不到 2 岁），还要喂好两头猪。爸爸走了一个月后的一天中午，风大，雨大，我家的高粱秆草垛被刮倒了；猪屋漏雨，两头小猪被淋得哇哇直叫；过了 11 点，午饭还没烧好，忽然，铁锅上的那个被湿面团塞住的小洞边往下滴水，锅膛里的草湿了，怎么也烧不着，我急得哭喊着："午饭吃不成了！"弟、妹几个也一起哭了，妈妈在床上听了，号啕大哭，悲痛万分……过了半天，瘦得皮包骨头、翻不了身的妈妈又发高烧，病情更严重了，医生说伤寒复症三次，已经病危，要准备后事，就打电话去水利工地……第二天深夜，爸爸回到家（他闻讯冒雨跑了一天一夜），把养猪的小屋拆了，用小屋上的木头给妈妈做棺材……出乎意料，妈妈命大，又活下来了。第二年5月，她终于能下床走路了。这一年，我经常缺课，在家里一边干活，一边自学。例如，我在地里挖胡萝卜，也把书带在身边，挖一会儿，就看一会儿书，边干边思考。晚上，我回到家里，自学、做作业。回校时，我把作业交给老师，老师给我批改，帮我更正，还讲给我听。结果，我的成绩超过了全班同学。第二年，我家门口办起了蒋华初中（距离我家只有一公里）。我参加招生考试，被录取了（我是我们戚家桥小学唯一的被录取的正取生，戚家桥小学还有一个被录取的备取生，名叫陈桂芳），真是喜出望外。村里的人都说我是我们庄子上第一个上中学的人，大家羡慕我，夸我聪明。其实并非如此，我的成绩主要靠自学，自己读书，自己练习，熟了就巧了。

中学开学前，家里无钱交学费、书费，确实没有办法。后来，伯伯带我去蒋华中学报到，代交了10元钱，其中学费6元、书费4元，后来学校给我减免了学费。从此，我这个穷孩子食宿在家，走读初中。我冒着狂风暴雨，赤脚上学，浑身湿透了，也不在乎；大雪天，我没有胶鞋，穿着坏布鞋，脚冻麻了，我也不吭声。晚上，寄宿的同学都在教室上晚自习，唯独我这走读生在家里推磨，因为一家人吃的麦粉以及猪吃的饲料都要靠我磨出来。特别是公社化吃食堂时，每天吃不上半斤杂粮，饿得头昏眼花，走不动路，我也没有被难倒……就这样，我克服了重重困难，努力学好功课，成绩冒尖，记得初一整个年级期末数学考试，成绩满分的只有我和刘泽吾、朱鸿锦三人。

这些事实在我的脑海中引起很大的震动：我的孩子能教好，别人家的孩子为什么不能教好？后进生不是因为脑子笨，而是因为这个那个原因，缺课太多，问题成堆，失去学习的信心和能力而造成的。只要教师爱生如子，坚持每天每周教学生背诵、口答习题，促使学生紧张地自学、不停地补缺，还有哪个不能教好呢？

2. 长期实验的结论

1985年秋学期，我带领洋思中学的老师们，开始了一项"没有教不好的学生"

的教育实验。我把"没有教不好的学生"作为标语写在校园最醒目的地方，并把这一口号落实在日常的教育教学活动中。每年开学前，学校按成绩分班，教师抓阄接班，一直不分快慢班。学校的责任制确保教好每个学生。开学初，学校都举行"没有教不好的学生"的演讲比赛，初一小同学都激动地说："我在小学成绩不怎么好，以为没有希望……想不到一进初中，就有了希望，就有了劲头，很快学好功课，英语满分，数学满分……"初二、初三同学更能以切身的经历证明每个学生都是可以学好的。班级经常以"没有教不好的学生"为主题，让大家讲自己进步的事实，人人增强信心，努力做到成绩优秀。校报、班报均有"没有教不好的学生"的专栏，师生每天都要唱"没有教不好的学生"的校歌，校园处处是"没有教不好的学生"的氛围。学校千方百计地努力教好每个学生。

二十多年的实践都证明："没有教不好的学生"是正确的。这种教育思想使洋思中学这所三流生源的农村薄弱学校走出困境，入学率、及格率、巩固率100％，升学率96％以上，能让家长、社会满意。在洋思，流传着许多"教不好的学生"被"教好"的故事。1997届一位姓凌的学生在原来的学校是公认的"三不"学生——上课不听讲、不做作业、不接受老师教育，"两打"学生——打游戏机、打架。转进洋思一个月后，"三不两打"的恶习全改了，他告诉爷爷，在洋思找不到不学习的学生，想打架找不到打架的人。毕业时，他以610分的高分考入了省重点中学。外地一名家长有一对双胞胎儿子，大儿子成绩尚可，小儿子成绩很差，眼看着小儿子在当地学校已经"无药可救"，便送到洋思来。一学期后，小儿子回家，哥哥期末考试卷上错了的题弟弟都会做，书上不懂的问题，哥哥反过来要向弟弟请教。

3. 普遍推广的成功

"没有教不好的学生"的教育思想是不是有普遍价值？到外省、市是不是能管用？2006年8月，我退休了，加盟河南沁阳永威学校，我把"没有教不好的学生"的教育思想带到了永威。那时，永威学生差得难以想象。沁阳统一学业水平测试，初二英语快班平均50分，及格者只有个位数，慢班平均成绩为24分。初三数学、化学考一字未改的课本上的原题，平均成绩也只有50分。面对现状，我坚信没有教不好的学生，立即取消快慢班，按期中成绩重新分班。那时好多人担心，学期中途重新分班，家长会不同意，会惹来麻烦，引起混乱，甚至成绩好一点的学生会转学……怎么办？我坚定不移地相信不分快慢班符合国家教育法规，是正确的，不分快慢班便于考核，便于竞争，便于教好每个学生。因此，我组织大家连夜分班，教师抓阄接班。第二天早晨，学生起床后，集中在一起，我给大家做了取消快慢班的动员，之后宣布重新分班后各班的学生名单，点到名的学生立即带书包坐到指定的班级。这时，快班的班主任、女教师崔某某倚在教室门框上哭了（她对我说过学校快要倒闭的话），快班学生也跟着哭起来，顿时，校园里一片哭声，有人害怕，慌张起来，问我："怎么办？"但是我毫不动摇，坚决取消快慢班……早饭前，学生都进了新教室上课，校园很快平静了。

从此，同年级各班班底一样，再不会有快班师生麻痹、松劲，慢班师生丧失信心、坐等失败的现象了。平行班出现了激烈的竞赛热潮，例如，初一英语教师停课，从开学第一课学的单词开始，一课一课、一个单词一个单词地背、读，不会的就教，反复背、反复默、反复与遗忘做斗争，让每一位学生对每一个单词都会读、会背、会默，之后再教新课，不折不扣地做到"堂堂清""日日清""周周清"。初二英语教学问题更大，多数学生考初一的英语试卷，也一塌糊涂。怎么办？要实事求是，因材施教。所有初二学生也从初一开始，一课一课、一个单词一个单词地读、默，不会的就教。过关快的学生超前读、背下一个单元的单词，如初一单词都会了，知识点都过关了，就学初二的，教新课，成绩差的学生进度慢，仍学初一的，就这样上了复式课，大家吃"自助餐"，进度不一样。初三也停课一个月，从头抓知识点，理解、背诵过关，如化学，从头一一背熟概念，人人过关，再教新课。

一个月后，初中部召开家长会，家长们都很感动，表示大力支持，谁也没有提出反对意见。三个月后，沁阳市期末学业水平统一测试，初一数学成绩全市第二，初一英语平均成绩95分，为沁阳市第一。初二、初三期末成绩也十分喜人，多数科目平均分为沁阳第一，少数第二，中下游的没有。一年后中考，初三学生升入省示范高中的人数是上一年的23倍。两年后中考，即当时初二非常差的一届学生，远远超过了上一届，优秀率、平均分均为沁阳第一。三年后（2009年）中考，即当年初一的那届学生，各科平均分均为沁阳第一，张晴中考成绩为沁阳市第一，其余4名学生进入沁阳市前10名，优秀学生特别多。

近几年，我们永威学校初一招生每年都有200多名学生入班成绩数学不及格，但是，奋战一年后，初一人人优秀，满分学生很多。焦作市中学期末学业水平测试（同卷、对调监考、统一阅卷），初一、初二绝大多数学生英语成绩满分，有几个班平均成绩满分。2014 年中考，我校优秀率、平均分焦作市第一，遥遥领先。我校有 5 名学生进入沁阳市前 10 名，其中李业惠总分 632，为沁阳市第一名，靳辰辰总分 629 分，为沁阳市第二名。三年前，小学毕业时，比他们二人成绩好得多的某同学，去外校读书，中考成绩却比他们少了近 200 分。我们的小学部学生人人优秀，力争满分。一、二年级语文、数学人人双百分，连 5 岁入学的张森榕、水蓝心也不例外。三年级以上各班每年都有不少外校转来的插班生，插班生基础差，但老师引导他们不断地补差，他们也很快成为优生。高中各年级平均分、优秀率均为焦作、沁阳第一，遥遥领先。

实践使我们永威学校的老师们、家长们都相信"没有教不好的学生"的教育思想是千真万确的。初中部王老师讲："从前，我以为有些学生就是学不好、教不好的。2010 年 11 月，我进永威学校任初一英语教师时，对永威'没有教不好的学生'的教育思想抱怀疑态度。谁知半年后，我的思想发生了很大变化，从心底里相信'没有教不好的学生'的教育思想是正确的。我记得 11 月中旬我中途刚接班的时候，对班里学生情况不熟悉，觉得手足无措，做什么都好像做不好。开始每天看似很忙，但是总觉得效率低，心里就急，就想打退堂鼓，但是，没想到学生对我说：'老师，我们相信您！老师，请您相信我们！'听了他们这些话，我觉得很惭愧，他们这么小都不轻易言败，不轻易放弃，我作为老师怎么能这样呢？成绩不好可以通过努力提高，都还没有尝试怎么就能放弃？经过努力，第一次考试，他们取得了很大的进步，连最后的几名后进生都成绩优秀。成绩出来的时候，他们几乎都跳起来了。我自己也很开心，但是更多的是危机感，因为其他班的成绩都很好，蔡校长经常说要有危机感，不进则退！紧接着元旦后，我接了第二个班，担子更重了，当然知道教一个班轻松，成绩容易抓上去，心里想两个班怎么办啊。心里慌了，想去和学校领导说接不了，但是心里想学校是相信我才让我接第二个班，我不能推脱，我要想方设法把两个班成绩同时教好。经过不断学习和运用'先学后教，当堂训练'模式，使课堂高效，锻炼了学生的解题、讲题能力。'四清'更是教好后进生的法宝。后来我教的两个班的成绩，每次考试优秀率都达 100%，我教初一、初二时，焦作市学业水平测试，我教的一个班常常英语平均成绩满分，另一个班平均成绩接近满分。现在，我对后进生的看法与以前完全不一样。的确，没有教不好的学生！永威锻炼了我，磨炼了我。"

永威学校所在的沁阳市各校老师、学生、家长也逐渐相信"没有教不好的学生"的教育思想，各校大面积提高教学质量，都取得了喜人的成果。

（二）"没有教不好的学生"教育思想的现实意义

有的外地教师不理解"没有教不好的学生"的教育思想，说什么："难道每一个孩子都能上北大、清华吗？"我说："你领会错了。因为，这里的'好'的标准，不是用一把尺子，搞一刀切，要求达到同一标准，根本不是让成绩差的学生也考上北大、清华，而是指经过教育，每个学生都能在原有的基础上有明显的进步。再说，这个'好'既包括学习成绩不断提高，也包括养成良好习惯、提高自身素质等。"有的外地教师怀疑"没有教不好的学生"的教育思想，曾经问我："难道就没有一个例外吗？有了一个，还能证明'没有教不好的学生'的结论是正确的吗？"我回答说："即使有一个学生没能教好，也不能否定'没有教不好的学生'教育思想，不是因为那个学生教不好，而是因为任课教师缺少经验或者努力不够，或者有其他某种特殊原因。"

我认为，确立不确立每个学生都能教好，这是真教育还是假教育的试金石。如果确立了"没有教不好的学生"的教育思想，师生就有了信心，有了力量，有了智慧，就会想方设法地去追求成功，教师就能真心实意地用心血、下真功夫去教育每个学生，尤其不放弃一个后进生，就能够坚持不懈地把温暖送给最困难的孩子，不停地帮助补课，使后进生不断进步，走向成功，真正实施公平教育，让每一位家长满意。坚信并努力教好每个学生，是人民教师的理想，是人民教师一辈子的追求，是人民教师起码的道德，是人民教师应尽的义务和天职，是办好学校的需要，是对应试教育的勇敢挑战，是为高一级学校输送合格学生的需要，是巩固"普九"成果、构建和谐校园的需要，更是实施素质教育、提高全民族素质、实现民族复兴的中国梦的需要。解放前，无数革命前辈为人民谋幸福、为民族谋复兴，抛头颅、洒热血，在所不惜；解放后，广大教育工作者为扫除文盲、普及教育，作出了巨大的贡献；在今天，我们人民教师忠诚于党的教育事业，继承优良传统，弘扬传统文化，努力完成历史使命，还有什么理由不相信、不努力教好每名学生呢？

相反，如果没有确立"没有教不好的学生"的教育思想，教师就会不负责任，教育教学被动应付，搞形式主义，一方面整天埋怨生源差，泼冷水，开口闭口讲"这个不能教好，那个不能教好"，让学生遭受打击、丧失信心；而另一方面又要学生读书、做作业，这样、那样，这种教育岂不是自相矛盾、虚假得很吗？其结果必定把学生搞糊涂了，学生以为自己木已成舟，无法可想，就根本不学，上课做作业也只会被动应付，这样还会有什么效果呢？如果教师对他们撒手不管，甚至连作业也不给批改，那更糟，后进生将会更差，甚至闲则生非，走上邪路，这是一种什么教育呢？

一所学校是不是教好了每个学生，不是凭自夸、谎报、骗人，还是要由家长说了算，要将评判教育品牌的权利还给家长。有人表示相反观点，说什么"家长水平低，教育观念陈旧，家长要的是自己的孩子考高分，家长要的是搞应试教育……"我听了，激动地说："的确，家长都希望自己孩子学习好，能考高分。但是，我可以跟你打赌，你到我校调查一下，我校有 3000 多学生，没有一位家长不希望自己的孩子品行好，即使家长是劳改释放人员，也会对老师讲，孩子到校首先要能成人；没有一位家长不希望自己孩子的身体好，他们关心孩子吃好、睡好、防病、治病；家长见孩子有特长能唱会说就格外高兴。所以我认为家长是真心实意地要全面提高孩子素质的，因为这关系到他孩子的未来。至于素质教育难推进，责任不能全推给家长，主要责任在教育工作者自身：一是图省事，怕麻烦，以为抓质量是硬任务，其他是软任务，就只应付硬的，放松了软的；二是不懂得协调发展，不知道中考、高考的高分是综合因素的结果，仅就教学抓教学。"后来，华东师大一名教授，也发表文章，提出了与我相同的观点：评判学校的权利要还给家长。

为什么呢？是正宗品牌，还是伪劣产品，顾客、用户最清楚、最有发言权，伪劣产品即使广告吹上了天，也没有人买。同样，家长最关注学校、最了解学校，最能大胆地、一针见血地指出学校中的问题，家长的评价是公正的、真实的，甚至是毫不留情的。也许他们没有专家的理论水平高，但其评价的效果不比专家到学校短时间看一看、听一听差什么。推动社会发展的动力是人民群众。同样，推动学校发展的动力是家长，尤其是在市场经济快速发展、竞争十分激烈的今天。学校的教育与家长的要求是一对矛盾，始终存在。这对矛盾解决得越快、越好，教育的发展也就越快、越好。办人民满意的学校，首先要让每一位家长满意。这样服务的宗旨明确了，才可以保证学校求真务实，真正努力教好每一个学生。

多少年来，我一直高度重视家长的意见，因为家长的意见能帮我们尽快地查找到问题，狠抓薄弱环节，即使家长提出的难办到的、太苛刻的甚至使人听了恼火的意见，我也认为很有价值，可以使我们改变思维，探索新路，以适应新的形势。永威学校设了六个校长信箱，欢迎家长随时提出批评改进意见。每个月，学校都要发一份问卷调查给每位家长，征求家长对教师、对教学、对学校的意见和建议，填好的问卷不交给班主任，学生回校时交到门卫处，而大量的统计工作都由校长完成。对家长的建议和批评意见，学校高度重视，尽快接受，坚决纠正。永威学校每学期末都要召开期末总结表彰暨家长会，会前学校给家长发校长讲话稿。会上，教师、学生汇报介绍，立下大干新学期的誓言，最后家长发言，提出宝贵意见。这样家长们都很满意。

我在洋思中学时多次在报刊上发表文章，阐述"没有教不好的学生"的教育思想。我到永威学校不久，又以《没有教不好的学生》为题，为永威学校写了校歌。每天早晨起床后、课间操前，校园里播放校歌，让"没有教不好的学生"的教育思想变为师生的思想，落实在师生的行动上。

2008 年 9 月 26 日，在中国教育学会召开的"蔡林森教育思想研讨会"上，我做了讲座，题目是《当校长就是为了教好每个学生》，该文在《中国教育报》上发表，全面阐述了"没有教不好的学生"的教育思想。

二、造就能够教好每一位学生的高素质教师队伍

为了教好每一位学生，教师必须素质高，能像父母对待子女那样爱学生、那样负责、那样持之以恒地下真功夫……

（一）教好每一位学生，关键在教师

邓小平同志曾指出："一个学校能不能为社会主义建设培养合格的人才，培养德

智体全面发展、有社会主义觉悟的、有文化的劳动者，关键在教师。"

习近平总书记指示："教师重要，就在于教师的工作是塑造灵魂、塑造生命、塑造人的工作。一个人遇到好老师是人生的幸运，一个学校拥有好老师是学校的光荣，一个民族源源不断涌现出一批又一批好老师则是民族的希望。国家繁荣、民族振兴、教育发展，需要我们大力培养造就一支师德高尚、业务精湛、结构合理、充满活力的高素质专业化教师队伍，需要涌现一大批好老师。""百年大计，教育为本。教育大计，教师为本。努力培养造就一大批一流教师，不断提高教师队伍整体素质，是当前和今后一段时间我国教育事业发展的紧迫任务。"邓小平同志和习近平总书记的重要指示都强调了教师的重要性。

1999年江苏省教委《关于学习洋思初中改革课堂教学模式，全面提高课程实施水平的指导意见》的文件指出："洋思初中从校长到教师都爱岗敬业。他们从关怀学生的一生着眼，不畏艰苦条件，认真落实教育法规：坚持不分快慢班，严格执行课程计划，严格控制学生作业量，节假日不集体补课，不乱编乱订复习资料，不体罚和变相体罚学生，而且态度坚决，做得实在。他们从初一年级抓起，从学生学习的起始学科抓起，不忽视学生的每一个闪光点，也不放过每一个学生的弱点，不让一个学生掉队，不让一个学生辍学，终于使所有学生都能在原有基础上得到明显进步。这是洋思初中取得成功的保证。"事实的确如此，洋思中学成为名校，一个重要的原因就是：洋思在长期的艰苦创业、课改实践中造就了一支优秀的教师队伍。

相反，2006年10月，我刚进永威学校时，学校处于困境中，校园脏、乱、差，家长意见大，招生很困难。那时，有的管理者说："我是打工的，打工的怎么管打工的？"学校管理不严，使得教师自由散漫，目无纪律，课内、课外散布落后思想……部分教师行为习惯差，教师办公桌上摆放无序，学生课桌上也摆放无序，教师在办公室吃零食，学生就在教室吃零食；教师浪费饭菜，学生就乱倒饭菜；教师业务能力差，课堂上满堂灌、板书潦草，学生就开小差、作业潦草，成绩差……

面对困境，我清醒地认识到，问题在学生身上，根子在领导、教师身上。教师无小节，一举一动都影响着学生，良好的习惯、品德，能给学生良好的影响，不良的习惯、品德，会给学生不良影响。有什么样的班主任，就有什么样的班级；有什么样的教师，就有什么样的学生。因此，为了教好每个学生，永威学校吸取教训，不惜代价，培养高素质教师。

（二）努力造就高素质的教师队伍

1. 双向选择，挑选高素质的教师

每年，我们永威学校都要到师范大学的人才双向招聘会上或者面向社会招聘优秀毕业生或优秀教师进校任教。学校严格把好进口关，一直坚持挑选高素质教师。

招聘简章明确规定应聘条件：（1）身体健康，品德高尚，行为习惯良好，能给学生良好影响。（2）组织能力、表达能力强，能胜任班主任工作，课上让学生守纪律，紧张学习。（3）具有本科学历以上学历的师范院校优秀毕业生、非师范类特别优秀的毕业生。（4）有工作经验，能胜任毕业班教学的优先录用。

在人才交流会上，我校坚持认真初审，特别注意应聘者的形象、行为习惯、语言表达等方面。对那些染黄发、随随便便、随地吐痰、形象不佳的毕业生，不予通过。初审通过者，当场发应聘教师概况表。学校认真审核应聘教师概况表，把写字特别差的删掉。

此后，学校通知初审通过者进我校面试。面试主要是让应聘者在讲台上简介自己和家庭的概况，并板书。要求书写工整、漂亮，接着，要求应聘者高声唱一首歌，考核应聘者是否具有当一名好教师必不可少的激情、气质、精神、亲和力等。接着，应聘者演讲 5 分钟，话题一般为《我的梦想》等，要求应聘者观点正确，有条理，语句通顺，生动活泼。面试合格后，要进行文化考试，应聘高中教师要考高考试卷，应聘初中教师要考中考试卷。最后，还要备课、进班上课。

我们注重应聘者的综合素质，特别注重品德和能力。如果品德、能力差，即使研究生或已在外校工作多年的教师，我校也不要。

就这样，经过严格的程序，我校招聘的教师综合素质高，经过岗前培训，就能走上讲台，受到学生的欢迎。

2. 岗前培训，师德教育为先

每年暑假，我们都要把刚招聘进的新教师组织起来培训，学校给他们发放《校本教材》，《校本教材》中有《教师行为规范、教师礼仪规范》《禁止教师体罚学生的规定》《注重身教，教好学生》《学校工作计划》等材料。在培训班上，我多次给教师做了师德教育的讲座。例如，给新教师做了《对教师的 15 条建议》的讲座，主要内容是：（1）要从管好自己开始，以身作则比什么都有效。（2）要带头读书。（3）说话算数，有责任心，切忌言行不一。（4）良好的开端，成功的一半。（5）严格而自由。（6）要尊重学生。（7）要及时地表扬、批评，奖优罚劣，刚柔相济。（8）要真诚关心学生。（9）要有责任心。（10）智取为高，要超前谋划，谋后而动。（11）要开展竞赛。（12）每天找问题，解决问题。（13）要笨鸟先飞。（14）要用好干部。（15）要借东风，要依靠上级领导，依靠校内的骨干教师，依靠大家。我还做了题为《坚持言传身教，培养良好习惯》《班主任工作必须耐心细致》《怎样与学生谈话》《怎样转化调皮学生》《怎样抓好课堂纪律》《怎样上好班会课》等讲座，请师德标兵教师做师德介绍，引导新教师讨论为什么"百年大计，教师为本"，为什么教师要严守师德规范，为什么教师要以身作则等问题，召开"争当优秀教师"的誓师会。就这样，注重师德教育，新教师一进校，就规范行为，能够注重身教，给学生良好影响。

在岗前培训时，我还组织教师学习"先学后教，当堂训练"教学法，给他们做课改专题讲座，请老教师给他们上观摩课，组织新教师和老师一起备课、写教案，之后新教师按教案上过关课。如果过不了关，就一遍又一遍地上。两年前，大专毕业的新教师王婉婉任教初中生物，她讲课问题多，一次又一次地上过关课，我连续听了她 8 节课，指出问题，让她不断纠正，终于 9 月 1 日进班上课，受到学生的欢迎，参观来宾还以为她是教了多年的老教师。

2014 年暑假，我校新教师岗前培训，先后用了一个多月的时间。20 多名新教师接受师德教育、练字、上过关课，进步很快，一上岗，很快顶用。

3. 培养教师，师德教育为首

道德是做人的根本，师德是好教师的根本。实践使永威人认识到教育学生，师德为本，因此，学校始终坚持培养教师把师德教育放在首位。

（1）依法治校，促进师德教育

2006 年，我在永威上班的第一个月，就经董事长批准，学校每月给每位师德好的教师发 100 元师德津贴。同时，我制定了《师德津贴发放办法》《永威学校教师行为规范》《教师礼仪规范细则》，引导大家认真学习《中小学教师职业道德规范》和学校关于师德师风的规章制度，并且把师德写进了教书育人责任书。师德好的奖励；

师德不好的一票否决，不得评优评先，还要少发、不发每月的师德津贴以及年终奖励。

学校每天严格检查教师的师德情况，认真记载，平时，教师和学生一道看《新闻联播》，看报纸，关心国家大事。每周日晚上召开教师周前会，会前，给全体教师发下周《国旗下讲话》，会上，公布上周师德考核情况和教师工作情况，提出下一周的工作任务和师德方面的要求，学习下周《国旗下讲话》，每周一上午广播操前，全体教师和学生一起参加升旗仪式，下午，各班围绕《国旗下讲话》，上好主题班会课，形式为学生演讲比赛，班主任、任课教师点评。每月底，教师对照条件，根据自己当月考核情况，自评，认为符合条件的申报，大家评选，最后确定学校当月文明教师。这样，依法治校，每月按考核发放师德津贴、月考核工资，很快规范了教师行为。

每学期末，我都引导班主任写好学生评语，因为期末评语有很强的导向作用。评语必须富有针对性、鼓励性、实效性。写评语也必须搞"先学后教"。民主评定：先由学生自己对照行为规范，总结自己几个主要的优点和缺点；之后小组评议，再由任课老师、生活老师提意见，最后，班主任归纳形成评语。我在永威八年，每学期，我都逐一审阅小学、初中、高中共4000多名学生的评语，从不放过一个。我起早到晚审阅，做好记录，并在教师大会上投影出示典型的评语，给评语写得好的班主任表扬，给评语写得不好的班主任批评，并要求重写。就这样，老师们认识到写好评语的重要性，端正了写好评语的态度，提高了写评语的水平。如今，我们学校多数班主任的评语很快通过，要求重写的教师越来越少。学生、家长对我校班主任的评语都很满意。

老师们自觉提高道德情操，自觉坚守精神家园和人格底线，带头弘扬社会主义道德和中华美德，做以德治校、以德立身的楷模，老师们自觉爱护、尊重、宽容学生，把真情、真心、真诚贯穿于教书育人全过程，自觉成为具有爱心的好老师，做学生的好朋友和贴心人，努力促进学生养成良好习惯、健康成长。

（2）明确目标，坚定理想信念

董事长任太平先生创办永威学校的目标是：创建中国一流、世界知名学校。这是他为了实现民族复兴的美好梦想，也是大家坚定理想信念、实现中国梦的郑重承诺。八年来，我校每学期《学校工作计划》中都写明新学年的奋斗目标。每位教师都明确了自己新学年的奋斗目标，写成决心书，出好《大干新学年，实现新目标》的专栏；每个学生都明确了自己新学年的奋斗目标，写在纸块上，贴在课桌上。全体师生既胸怀大目标，又从小处做起，拼命实现每日、每周、每月项项争先。我校努力让社会主义核心价值观进校园、进课堂、进师生头脑。2014年秋学期开学初，我校集中开展"三个一"活动：①开展社会主义核心价值观齐读共写活动。齐读：在课前一支歌时间，以班为单位组织开展社会主义核心价值观"富强 民主 文明 和谐 自由 平等 公正 法制 爱国 敬业 诚信 友善"24字齐读、齐诵活动。共写：在开学典礼上、班会课上，组织开展集体共写活动，要求书写正确、规范、工整，人人上交共写作品，学校或班级进行集中展示。②开展一次社会主义核心价值观集体宣誓活动。在开学典礼上组织全体教师、学生宣誓。在教师会上、在班会上组织教师、学生再宣誓。通过集体宣誓，凝魂聚气，明确要求，统一思想，使社会主义核心价值观内化为师生的精神追求，外化为师生的自觉行动。③开展社会主义核心价值观视频观看活动。观看三集电视专题片《国魂》、中央电视台《开学第一课》。利用班班通设备组织学生集中观看，记好笔记，写好观后感，以班为单位召开讨论会，畅谈观看心得。

之后，我校逐步建立社会主义核心价值观教育的长效机制，将"三个一"活动常态化、制度化，师生坚持学习、践行社会主义核心价值观，蔚然成风。2014年秋学期，学习、践行的重点是"爱国、敬业、诚实、友善"，尤其在"诚实、友善"四个字上先下了真功夫。

教师践行社会主义核心价值观，自觉肩负起国家使命和社会责任，自觉做中华民族伟大复兴中国梦的传播者，帮助学生筑梦、追梦、圆梦，带头把社会主义核心价值观的要求融入日常工作及与学生的交往中，努力以自己的高尚师德和点滴行为影响学生，让学生成为遵纪守法、实现中国梦的有用人才。

（3）表彰先进，反对不良行为

作为校长我首先从严管好自己，做好样子，以人格的力量治校。我时时严守行为规范。每天早晨5：00起床，洗漱、看书、思考、确定当天工作计划，在起床铃响时，到达公寓，看学生起床情况。每天，我力争在学生课间操时，有针对性地给学生讲话，灌输正确的思想。学校领导成员不吸烟、不喝酒，生活朴素，不打牌、不赌博，什么不良行为都不沾染，扎扎实实做好工作，处处给教师做好样子。学校每年都大力表彰优秀教师。八年来，每年都有几十名教师分别被评为焦作、沁阳优秀教师、优秀班主任。每次评优，严格程序、标准，民主评定，张榜公示，竞争激烈，极大地调动了教师积极性。2014 年，学校高中部评选了 7 名校级优秀教师，他们师德好，教学质量在焦作市遥遥领先；初中部表彰了 21 名教师，他们师德好，在沁阳市遥遥领先；小学部表彰了 17 名教师，他们师德好，教学质量好。学校给评上的优秀教师每月增加基础工资 100～300 元，从 2014 年 9 月发放，以后再不停发。今后每年评校级优秀教师，都要按规定增加每月基础工资。这样，让老师们都努力做师德好的教师。

学校重用师德好、讲课好的年轻教师。小学部邹会老师有激情、有亲和力，课上得好，老师、学生都喜欢她，大家就选她当小学部执行校长。高中部宋肖龙老师师德好，课上得好，教学质量高，就被选为高中部教导主任。各学部每年暑假，都长时间地精心给教师分工，力争能够用其所长，使全校教师的整体水平上了一个台阶，这是学校提高质量的一个重要的措施。

同时，学校坚决反对教师中的不良行为。我校先后开除了三名体罚学生的教师，很快刹住了体罚学生的违法行为，学校对乱收费等违纪教师坚决辞退。这样，学校的师德师风明显好转。

4. 深化课改，提高文化业务素质

永威学校坚持常年赛课、评课，至今整整八年。每天赛课暴露出教师知识功底浅、影响教学质量的问题。课改逼着学校下功夫培训教师，逼着教师提高自己的文化业务水平。

（1）深化课改，促进苦练硬功

赛课中，我发现有的教师板书潦草，有的把笔画写错，有的间架、笔顺有误，有的错字多，甚至连自己的姓、校名都写错。针对问题，我校利用晚上和双休日的时间举办教师写字培训班，培训的方式也是搞"先学后教"：所有参训教师各带来一块小黑板。在培训班上听写同样的字，之后把几十块小黑板都挂起来，让大家评议：谁好谁差，好在哪里，毛病在哪里，最后我小结。集中培训后，教师每天晚上写一张硬笔字，给专人批改，有的每天晚上练粉笔字，重点练第二天课堂上要写的那几个字。这样严格训练，大见成效。目前小学、初中、高中教师板书工整，十分漂亮，特别是陈泽军、张守武、李云龙等老师的硬笔字几乎跟字帖一样。大家尝到了甜头，继续学习书法，不断努力把字写好，这样给了学生良好的影响，全校学生认真写字，进步很快。在赛体育课后，我校针对部分体育教师口令喊不好、动作不到位的问题，就组织体育教师和学生混合编队，一起军训。军训结束时，体育教师代替教官，喊口令，汇报军训成果，接受教官考核。这样，体育教师口令喊得好，动作标准，提高了体育课的水平。赛课中发现，有的教师口头表达能力差，我们就举办教师演讲比赛，音乐教师参加歌咏比赛……就这样，教师苦练基本功，能力强了。

（2）深化课改，促进提高水平

在赛课时，我们发现，教师的知识功底浅，是改革教学、提高质量的最大的障碍，即使有好的教学模式，但教师该讲的不敢讲、不会讲，或讲不到点子上，讲就等于没有讲，使得课堂教学流于形式。因此，学校每年寒、暑假都组织高中全体教师参加文化考试。2013年暑假，我校请沁阳市教培中心给我们出试卷，组织高中教师同时答高考试卷，学校严格监考，当场收卷、密封，送请教培中心领导阅卷，最后公布成绩。成绩好的增加基础工资，成绩差的严肃教育，督促认真学习教材。2013年秋学期末，初中、高中教师和学生一起参加期末考试，老师们坐在考务室考核，学生坐在教室里考试，师生同时收卷，老师试卷单独密封，请教培中心领导阅卷，考后公布成绩，奖优罚劣。这样，促使教师下真功夫吃透教材，要学生背的，教师先背；要学生回答的问题，教师先弄懂；要学生练的题，教师先做。所有高中教师都做完了近三年的高考题，提高了教师的解题能力。

在赛高一作文指导课时，我发现有的语文教师读得少、写得少，在作文指导课上，只会脱离实际，空讲写作常识，或者提供范文，让学生死搬硬套，不会正确指出学生选材、编写提纲等方面存在的问题，更不会提出正确的修改意见，使得学生作文指导课上糊里糊涂，信手乱写。针对这一严重问题，我引导教师反复学习《永威学校关于作文教学的指导意见》，坚持组织教师写下水文，每次作文前，各学部集中语文教师写下水文，专人监考，限时完成，学部统一批改下水文，表扬写得好的，给写得差的指出问题，并要求重写。这样，赛作文指导、作文评讲课时，教师的点拨空话少了，针对性、实效性强了。2014年秋学期，每两周展览一次高中学生作文，针对问题，开会研究，让学生重写，效果明显。课改促使教师提高了水平，胸有成竹，成了明白人，在课堂上才能针对学生的疑难，做出正确的点拨，促进了课改的深化。

（3）深化课改，促进态度勤勉

过去，我校高中部有的教师改作文只打分数、写个日期，病句、错别字一个也不改，该写的眉批、总批，一句也不写，使得学生作文中的问题长期得不到纠正，水平得不到提高。高三学生复习整天做资料上的习题，看资料上的现成答案，轻轻松松，教师批改也不认真。事实说明：态度决定一切。高水平的教师，态度不认真的质量也不理想。因此，学校坚持暑假集体备课，写好一学期的教案，每周星期天修改下周教案。重点补充细节，做好课件，教导处正常检查教案、作业，发现问题列入当月考核，扣考核工资。这些促使教师逐步认真工作，一丝不苟，具有勤勉的态度。

在课改的过程中，老师们逐渐树立终身学习的理念，自觉刻苦钻研，严谨笃学，努力具备扎实的知识功底、过硬的教学能力、勤勉的教学态度、科学的教学方法，不断提高教学质量、努力运用新技术，增强教学设计、教学实施的能力，努力使自己能为学生提供最有效的指导和最好的教育。

永威学校坚持不懈地努力，已经培养出了一批好教师，基本建成了一支好的教师队伍。全校教师爱岗敬业，无一人在校外办班或兼职搞有偿家教，老师们整天在校，一心为着学生。老师们爱学生，多数青年老师住进学生公寓，每一层楼的教师都包这一层楼的同学能按时睡觉，按时起床，友好共处，安全、健康。学生有困难，老师就主动帮助。

老师们严守规范，做好楷模，促进了学生全面发展，也赢得了学生的爱戴。初三（6）班刘屹然在作文中写道："永威处处有爱，早晨起床，有生活老师温柔的呼唤；去到班里，老师早已为我们打开了热水器，使我们即使在寒冷的冬天，也能感到满心的温暖；进入餐厅，打饭师傅也早已备好了饭菜，待我们挑选……记得有一次，我发烧38度，老师得知后，立刻带着我到了医院，老师跑上跑下去为我抓药、接热水。蔡校长说过：'没有教不好的学生。'起初，我根本不相信这种话，有的学生他就是又笨又懒，怎么可能教得好？但在永威这几年的学习中，我终于知道了蔡校长为什么敢这么说。我们永威的学生都养成了紧张学习的好习惯，课堂上，向45分钟要效率，绝不舍得浪费1分钟；课下，老师办公室人来人往，大家都争着抢着去问老师问题。"

初三（3）班闪思雨在《永威的老师像妈妈》一文中写道："我得了重病，每天都要打针，可是家离学校很远，药还得冷藏保存，这可怎么办才好？爸爸妈妈急得团团转。这时，我的班主任刘老师说：'我可以帮你把药放到别的老师宿舍，每天晚自习前，我抽出时间带孩子去打针就行了，你们就别担心了！'从此，刘老师就天天带我去打针。一天下大雪，路上很滑，老师还是坚持带我去打针。到了医院，老师一直在注射室外面等。这时，进来一个护士，她笑眯眯地说：'看你妈妈对你多好，下这么大的雪，还坚持带你来打针……'我低下头，不知为什么没有解释……在永威，我学到了很多，也收获了很多。那母亲般的温暖，会一直存在于我心中的最深处。"

又如，高中部数学教师王艳红能不顾家务，整天在校，关心、帮助后进生，她是课改能手，能灵活运用"先学后教，当堂训练"教学法，每堂课让学生紧张地看书、练习、更正、讨论，她能够针对问题，正确点拨，让学生当堂准确记忆知识，并能灵活运用，当堂完成作业。她多次对外开公开课，均获得好评。她所任教班的数学成绩，一直在焦作遥遥领先，比公办名校平均分高 20 多分，优秀率也一直领先。高中数学教师王艳梅在推行"先学后教，当堂训练"教学法赛课评课中脱颖而出，成为课改能手，教学质量一路领先，在每次焦作统考中优秀率、及格率、平均分都位居首位，超出第二名学校都是 15 分以上。2009 年、2010 年在沁阳教育局组织的高中技能大赛中获得优质课一等奖，2011 年 5 月在"同课异构"优质课活动中获得一等奖，在 2011 年沁阳市第五届教育质量奖评选中被市里表彰获得"十佳教师"称号，2012 年在焦作市教育质量奖中获二等奖，2012 年在第四届全国中学生数理化学科能力展示活动中，被授予"优秀指导教师"荣誉称号。高三理一班班主任薛广录严格落实学校的两项制度：一是"包"字进班级；二是灵活运用"先学后教，当堂训练"教学法。"包"包括班干部包自己的责任范围，任课教师包尖子生成绩优秀，班主任包尖子生平衡发展，生活老师包尖子生休息好等，师生明确个人的义务和责任，共同管理好学生。2014 年高考高三理一班人人上一本，成绩喜人。高中部办得越来越好，学生、家长都很满意。高三学生离校前都激动地说出了心里话。

学生贾报报家庭条件很困难，在三年的永威学校学习生涯中，他最大的感受是校领导、老师和学生很亲近，校长经常和学生面对面沟通。贾报报的父亲说："很感谢任总给孩儿提供这么好的学习机会，永威学校条件很好，老师教得好，宿舍、餐厅条件都很好。孩子上了大学，我就放心了。"

学生马宁远是班里公认的调皮学生，当被问到他对自己老师的评价时，他笑嘻嘻地给每一位老师进行了"画像"："老班"是典型的大叔形象，很有一套"管人"的法子，能把你搞得心服口服，所以我们班里流行一句话"惹谁不敢惹'老班'"；物理老师是"老顽童"，总是在不经意间给我们制造幽默，在这个难免有些压抑的时期，我们很渴望上他的课；生物老师是"知心阿姨"，她的声音很温暖，脾气很柔和，给我们的感觉就如一缕清风，我们都喜欢找她背知识点，她总是耐心地给我们把重点整理好，我们学起来很轻松；英语老师就是一部"活字典"，没有难得倒她的问题，并且总是引进一些新潮的话题；数学老师是"世外仙人"，不管多大的困难，一挑眉毛，一皱眉头，呵呵一笑就过了，我们看到数学老师觉得心里很踏实；语文老师是"江湖老太太"，极爱"唠叨"，我们觉得语文容易学，不太放在心上，可是难抵"老太太"的"唠叨"啊，我们班的好成绩来自她不厌其烦的"唠叨"。马宁远还说："我比较爱说，也能说，老师抓住我这个特点，让我组织班级活动，组织班会，锻炼了我的能力。"

学生陈柳燕说："班主任不住学校，无论春夏秋冬，只要我们在学校，班主任都会出现在我们面前，晚上上完自习后，班主任把我们送到宿舍，他才骑自行车离开。他为我们付出了许多！"陈柳燕的母亲说："我的女儿高考考了好成绩，街坊邻居都夸奖，我为女儿骄傲，我为永威高兴。"

学生赵亚辉的父亲说："永威学校的老师没有'大锅饭'，每个老师都是勤勤恳恳的。我没有怎么管过孩子，学校和老师比我操的心多。快高考时，听亚辉说，班主任薛老师高血压比较厉害，但没有请过一天的假。孩子高考当天发烧，薛老师又领着孩子去打针。我们做家长的不在身边，交给这样的老师我百分之百放心。孩子放在永威我最放心的是，永威学校管得严，孩子放在这儿不会学坏。我感觉是颗种子，在这儿都不会长歪。"

学生张玉牛说："通过与在其他学校念书的好朋友交流中我发现，永威极大的优点除了'先学后教，当堂训练'教学法好，更重要的是老师和学生关系近，老师对我们班上的每一位学生都很负责，不会因为哪个学生成绩差一点就关注少一些。"张玉牛的母亲是一名中学教师，她相信"先学后教，当堂训练"的教学模式，坚决把孩子送到了永威学校，一上就是六年。孩子刚来时成绩并不好，但是在老师的一次次鼓励、引导下，加上孩子本身也很努力，张玉牛的成绩也得到了很大提升，考上了南方科技大学。张玉牛的母亲说："这三年以来，我感到高兴的不仅仅是孩子的成绩，更重要的是孩子的心理越来越强大。我们家是王召乡感化村的，离城里比较远，在城里没有房，三年来，孩子周末都坚持骑自行车往返。虽然在城里上学，周围有钱同学比较多，但是玉牛身上没有一点虚荣心和攀比心。其实这都是学校教育得好。平常我与孩子的交流主要就是在晚饭时间，孩子对每一位老师都赞不绝口。班上外地学生比较多，从孩子口中可以感觉到他们相处得非常融洽，平常会集体组织去野炊。教师既是老师，也是朋友。我们做家长的感觉孩子在这儿可以健康成长，积极向上，以后不管到什么环境我们都比较放心了。"

总之，我校努力造就高素质的教师队伍，保障了提高教学质量，成果喜人。在新形势下，为了实现中国梦，教好每个学生，培养出社会需要的杰出人才，永威学校在各级党和政府以及教育主管部门的领导下，将继续采取切实有效的措施，为建设一流教师队伍创造条件，完善机制。永威学校全体教师一定牢记总书记的嘱托，把全部精力和满腔真情献给教育事业，为中国梦的实现多做贡献。

三、推行能够保障教好每一位学生的教书育人责任制

确立"没有教不好的学生"的教育思想，是教好每一位学生的前提。但是，仅仅确立了"没有教不好的学生"的教育思想还不够，还必须依法治校，推行教书育人责任制，极大地调动教师积极性，让教师拼命工作，教好每一位学生。这样，能够改变教师的态度、习惯、精神、观念，提高教师自身的素质。

（一）教书育人责任制的操作要领

推行教书育人责任制事关大局，事关教师的切身利益。推行教书育人责任制，艰巨复杂，难度大，矛盾多。怎么推行呢？八年来，我们永威学校摸着石头过河，不断探索，终于闯出新路，找到规律，基本掌握了推行教书育人责任制的操作要领。

1. 签订合同的操作要领

（1）明确目的，注重互利双赢

签订合同前，首先要组织教师学习，明确推行教书育人责任制、签订教书育人责任书的目的。目的既是为了尽快地、极大地调动教师积极性，教好每一位学生，办好学校，又是为了让教师多劳多得。要让教师懂得签订教书育人责任书，对学校、教师都大有好处：就学校而言，签订教书育人责任书，能保障教师大干，能教好学生，办好学校，符合学校利益；就教师而言，签订教书育人责任书，符合教师利益，教师多劳动，达到指标，就一定多拿奖金，绝不会白干。这样，教师明白了签订合同的目的，就能够端正态度，积极地参加签订合同。

（2）全面承包，注重协调发展

"包"字进学校，一"包"就灵。不过，如果只包教学质量，那就只会抓质量，搞智育第一，不顾其他方面；如果只包德育、体育，不包教学质量，就会削弱教学，影响教学质量的提高。哪一项不包，哪一项就成弱项；哪一个人不包，哪一个人的工作就会掉队。因此，为了全面贯彻教育方针，全面实施素质教育，确保学生全面发展，必须德、智、体、美、纪律、卫生、校园文化、餐厅、公寓等项项、层层承包，什么都包，缺一不可。我校校长、副校长、学部正副校长、教务处、政教处、学校办公室、财务科所有领导、管理人员以及全体教工人人参加承包。有的方面难包（因为难以量化、考核），例如班主任包学生身体健康。这看起来似乎不合理、不科学，但"包"的效果总比不"包"好。因此难"包"的也要想办法"包"。这样一"包"，教师们就特别关心学生的吃饭、睡觉、安全问题，时刻把学生的冷暖放在心上，注重预防疾病，学生的发病率就会普遍下降。每个教师爱生如子，每个学生在永威学校就会像在家里一样温暖。坚持全面承包，项项、层层承包，使全面实施素质教育、全面提高教学质量、学生全面发展有了保障。

（3）依据校情，注重目标适度

签订合同时，既要依据教育方针、教育法规，又要依据校情，把学校的学年奋斗目标分解到个人，变为教师的个人目标。目标要适度，要让教师尽最大努力能够达到，多劳了拿到应有的奖励，这样学校发展了，教师也得到了实惠。如果目标过高，教师就没有信心，努力不够，结果达不到目标，教书育人责任制成了形式，起不到作用；如果目标过低，教师轻轻松松就能达到目标，结果多发了奖金，也影响学校学年目标的实现。因此在签订合同时，一定要反复地分析、推敲，确定好各项指标，包括统一的一般指标，也包括个别的指标。

一般开学初，签订教书育人责任书前，学校按上学期期末学生的成绩平行分班（绝不能分快慢班），力争各班、各科班底基本一样，并算出班底的差距，以备考核时加减班底的差距，为制订教书育人责任制提供依据。学校的办学水平逐年提高，签订教书育人责任书，确定的指标应该相应地提高，如学校某班某学科因某种特殊原因，教学质量没有平行班高，则教书育人责任制中的指标应当适当地低一点。

到底指标怎样才能适度？要从实际出发，既要考虑大局、整体，又要考虑局部，甚至某一个个别情况，认真分析、研究、讨论、确定，切不可不顾实际，随意而定。

（4）捆绑承包，注重共同提高

签订合同时，学校坚持捆绑承包，确保共同提高。例如，同一年级、同一学科的老师若教学成绩都超过市第二名的学校，则该学科每一位老师就都能获得全年两千元的协作奖，该学科组长就能获得教学质量奖三千元。捆绑承包，使大家的利益一致，个个真心实意地互帮互学，力争共同提高，从而保证了各班质量都一样优秀，即使新教师所教的班级也不例外。此外，年级主任、教导主任、政教主任、学部校长统统捆绑承包，确保学校项项一流。确实，捆绑承包有利于共同提高，更有利于培养团体精神，互帮互学，造就高素质的教师队伍。

（5）依据校情，注重奖金适度

奖金数额要根据学校的经济状况而确定，即在学校经济许可的范围内确定，要把握好一个度。如果过高，学校支付不出，那就会失信于人；如果奖金过低，将影响教师积极性的提高。因此要认真分析、研究怎么确定奖金的数额，既要干好干坏不一样，又要力求公平、合理，要让每个人付出同样多的劳动，有获得相同数额的奖金的机会，不要造成不必要的悬殊。比如，有的学部的教师教学质量全市第一，获得奖金两万元，而有的学部的教师获得全市第一，奖金只有四千元。这就会大大挫伤教师的积极性。刚刚开始推行教书育人责任制时，一般可只奖不罚，要力争人人有奖，不过多少要大不一样。如今，我校各学部内教师年终奖金有多有少，拉大了档次，学部与学部之间也不一样。但这种差距是合理的，大家都能接受。

（6）合同条款，便于操作

签订合同要考虑管理简化，尤其要便于考核、兑现，尽量把定性的评价改成量化评价。例如，要班主任包学生的身体健康，包学生的用眼卫生，就把定性评价改为量化评价，即平时认真检查、记载、统计全学年学生的发病率，开学初，查全班学生的视力，得出近视率，学年末再查视力，再得出近视率，看近视率有没有上升或上升多少。这样根据发病率、近视率的高低来考核、奖罚比较方便，也可以更好地促使班主任关心学生的冷暖和健康成长。再如评定教学质量的高低，如果与外县市比，难以组织联考、评分，数据难以取到，难以评定，容易落空；如果参加所在县市学业水平测试，那就要考虑采取什么切合实际、有效，又能简化、便于考核的方法。如果市里不搞学业水平统一测试，怎样考核？如果合同规定只按期末分数多少发奖，那就会出现试题难了教师都拿不到奖，试卷容易了人人拿大奖的现象。因此，最好是以本校期末的平均分与最先进的学校相比较为考核依据。总之，签订合同要考虑合同的条款便于操作，条款不宜复杂，更不能不好操作。

（7）特殊问题，特殊处理

签订合同时，要考虑特殊问题特殊处理。例如，有人教两个班语文，有人因某种原因照顾工作量只教一个班语文，如果教两个班的一个班教得好，一个班教得差，那就把两个班成绩加起来除以2，得出他的考核分，根据考核分确定奖金。有人只教一个班，则奖金除以2。再如，有的人教不同年级两个班的数学——教一个班初一数学，教一个班初二数学，那就把教一个初一班数学获得的奖金数乘以1/2，再加上教一个初二班数学获得的奖金数乘以1/2。还有，音乐、美术课，不考试，那就改为定性和量化结合，音乐课要考核本学期教的歌学生会唱的比例，有多少特长生获奖情况等。再有，有的教师中途接班该怎么办？特别是小学、初中、高中各科教学质量的基础不一样，也难以确定标准。这就要摸着石头过河，千方百计地找出办法，既要让教师们接受，又能使学校经济承受得了。有时可以搞一校多制，初中常识课的教师教八个班，就把八个班的总平均分除以8，发放奖金。非教学的工作各不一样，应当从实际出发，拿出具体的考核指标。总之，签订合同时，要想办法找到承包标准、考核方法，使人人拼命干，有成绩，都能得到相应的奖金。

（8）民主协商，双方认可

签订合同应该民主协商，让教工乐于接受，如果个别教师因某个特殊原因、个别问题对合同有意见，就一定要民主协商，以达到双方认可。一定要考虑教工的利益，让教工大干之后得到实惠；如果教工大干之后得不到实惠，这种责任制就是失败的。永威学校推行教书育人责任制八年，每年95％以上的教工都高高兴兴拿到较多奖金，只有少数人拿的奖金少。如果兑现合同时教师们都拿到奖金，或拿到较多的奖金，标志着学校办学水平提高了。如果教师都拿不到奖金，就说明教书育人责任制出了问题。

2. 签订合同的一般程序

每学期初，永威学校都与学部领导和全体教工签订合同。签订合同的一般程序如下。

（1）校长写出合同初稿

2006年11月至今，每年学部领导、管理干部、全校教师的教书育人责任书（即合同）均由校长起草，因为校长既能纵观学校的大局，考虑全面，又能兼顾教师利益，写出的合同既能符合方针、政策，体现校长的思想，又能纠正学校存在的问题，保障学校加快发展。例如，2006年刚推行教书育人责任制时，全校的各类人员的教书育人责任书均由我写成初稿，并反复修改，写初稿的过程也是校长在思考、在提高、在想办法的过程，初稿体现了校长的思想，力求符合实际、有效。又如，2014年8月上旬，我在江苏老家休假，坚持挤时间修改上学年的全校教工的教书育人责任书，写成2014—2015学年教书育人责任书初稿，并将初稿发回学校，征求在校的领导、学部校长、部分教师的意见。由于校长写得早、下了功夫，保证了2014—2015学年教书育人责任书签字仪式提前到8月12日。

（2）校委会集体研究通过

每年，校长都把写成的教书育人责任书的初稿发给校委会成员反复看、反复改，以后召开会议，讨论，逐字逐句地推敲，尤其要针对上学年执行教书育人责任书的过程中出现的这样那样的问题，认真研究，拿出办法，写进新的教书育人责任书。2014年8月10日，校委会研究、通过教书育人责任制比较顺利，因为学校推行教书育人责任制，逐年完善，已经上路，也因为责任制制订早，写得好。

（3）董事长把关

每年，校委会通过的教书育人责任制的初稿，要报给董事长，请董事长反复看，反复改。董事长主要是把好经济关，确定奖金的总额，力求合理，既能调动员工的积极性，又能符合校情，学校财力许可。例如，2014年8月上旬，我把教书育人责任书的初稿报给了董事长，他反复看，提出意见，最后，大家很快一致通过。

（4）全体教师会通过

每年，我把校委会、董事会通过的教书育人责任书交全体教师讨论、通过。比如，2014年8月11日，全体教师会通过新学年教书育人责任书。小学、初中教师都投了赞成票，一致通过。但是，高中部少数教师还有意见。当场，大家反复讨论、修改，最后也一致通过了。

（5）董事长批示

每年，教师会一致通过的教书育人责任书，请董事长批示。这样教书育人责任书具有严肃性、权威性，董事长也能约束自己，确保提供必要的用于兑现责任制的资金，免得产生不必要的麻烦。

（6）举行签字仪式

每学年，学校都举行教书育人责任书的签字仪式。2006年11月，学校在幼儿园二楼会议室举行签字仪式，电视台录像。之后几年，在餐厅四楼报告厅召开教师节庆祝会，会上发上学年的年终质量奖，再举行新学年合同的签字仪式。会上董事长、校长、教师一一签字，拍照、录像。2014年8月12日，在综合楼报告厅学校举行2014—2015学年教书育人责任书签字仪式，董事长和大家签字后，学部校长、教师代表郑重承诺。

（7）合同的份数

合同一式三份：一份给学校，一份给教职工本人，一份给财务。

3. 签订合同的一般式样

八年来，永威学校推行教书育人责任制，效果特别好，每学年末，兑现合同后，董事长、校长、学部校长、教师皆大欢喜。由于校长、主任、班主任、教师岗位不一样，人与人的合同书不一样，这一年的同上一年的不一样，因此，合同书的式样就各不相同。

4. 过程管理的操作要领

签订合同后，大家明确了责任，积极地工作，学校管理简化了。但是为了取得推广教书育人责任制的最佳效果，学校还要坚持严格的过程管理，即不断发现、解决问题。否则，就等于没有管理，没有工作。如问题成堆，最后必然难以实现责任制中的学年目标。因此学校领导、教师每天都要狠抓过程管理，每天写工作日志，总结当天工作，找出问题，并想办法解决问题。每月，董事会召开月工作汇报会，引导大家总结经验，找出问题。学校每月请家长、学生测评教师，给学校提宝贵意见，帮助学校改进工作。

过程管理应主要抓好以下几个方面。

（1）目标管理，贯穿始终

目标有着很强的导向作用。八年前，我刚进永威时，就提出了奋斗目标：建成中国名校。八年来，永威学校坚持目标管理，贯穿于推行教书育人责任制的始终。

每学年开学前，我把经校委会集体研究后的学校工作计划，交老师们讨论通过，印成册子发给师生、家长。学校工作计划中明确提出新学年的奋斗目标。学校门口、教学楼大门口、餐厅、公寓等醒目的地方均有宣传学校奋斗目标的标语。开学初，学校召开动员誓师大会，引导师生学习学校工作计划，明确学年奋斗目标，全体师生在"大干新学年，勇争第一"的横幅上签名承诺，每一位学生都把自己的奋斗目标贴在自己的课桌上，作为座右铭，教师写下《大干新学年，实现新目标》的决心书，贴上了墙。

每周日下午2时，学校召开校委会会议，研究确定下周工作安排，晚上召开教师会，将下周工作安排发给教师，让大家知道下周该干什么。

每天校领导、老师有当天工作安排，即今天该干些什么、怎么干、什么时候干，等等。

就这样，学校每年的奋斗目标分解、落实到每一个人、每一月、每一周、每一天。学校严格管理，检查考核，一天不松，一着不让，确保学校学年目标能够不折不扣地实现。

（2）制度管理，贯穿始终

签订责任制后，项项承包，能够调动大家的积极性。但是，要能够保持大家的积极性，确保实现一个个阶段目标，还要靠制订并严格地执行各项有效的、具体的制度来保障。这样使依法治校、依法执教落到实处。永威学校制定了纪律、卫生、用餐、公寓等制度，还制定了《禁止体罚、杜绝流生制度》《关于处理纠纷的制度》《班主任考核办法》《每月师德津贴发放办法》《学生一日常规》《每天锻炼一小时制度》《师生课堂规则》《备、讲、改、辅、考制度》等，所有制度符合法规，符合校情，便于操作。每学年初，学校将制度汇编成册，发给师生，让大家心中有制度，行动有规范。平时，学校严格执行制度，严格考核，奖优罚劣，使教育法规、"没有教不好的学生"的教育思想得到落实，形成了优良的校风，促进了教学质量的提高，保障了每一位学生全面发展。例如，原来高中部公寓4个单元有8个保安24小时守门，但对高中学生晚上出去上网吧、早晨不按时起床怎么也管不住。我接管高中后，立即停用8个保安，当时管理公寓的三位主任（原担任过局长）立即不干了，说他们不能保证学生安全。董事长问我怎么办？我说："出了事故，我负责。"我连夜制定了《公寓开门、关门制度》，即熄灯铃响前10分钟关门，起身铃响后5分钟开门、15分钟关门。白天开门、关门也有严格的规定。从此，老大难的问题再也没有发生，因为学生谁也不敢早晨迟起床，生怕公寓门关了，就出不去了；晚上学生也不敢迟进公寓，生怕公寓门关了，就进不去了。又如，我担任永威学校校长，接管高中时（2008年2月），任太平董事长要把学校南透空围墙改建成四米高的砖围墙，因为高中生晚上翻围墙进网吧，把栅栏都搞坏了。我不同意，董事长说："你能保证高中生不翻围墙吗？"我说："保证！"我立即制定了《禁止学生爬围墙、上网吧制度》，发给全体师生、员工，组织学习，从此坚决执行这个制度，结果，无一高中生翻围墙了。我制订并严格执行了《禁止学生抽烟制度》，学校成了无烟学校。学校坚持不分快慢班，坚持优生、后进生同桌，坚持从起始年级、起始学科抓起，坚持从最后一名后进生抓起，坚持执行《"堂堂清"、"日日清"、"周周清"、"月月清"制度》，大幅度地提高了教学质量。

平时，学校出了问题，根子都在制度上，我就在制度上找原因：是因为没有制度，还是因为制度上有漏洞，或者有制度不执行而被钻了空子。当然，学校的情况在不断地变化，一开始问题严重时，管理一定要靠切实可行、强有力的制度，才能立竿见影，刹住歪风。在管理上了路、出现好的风气时，就要根据新情况，修订制度，采取相应的管理方式，不断提升管理品位，促进校园和谐。

（3）以德治校，贯穿始终

推行教书育人责任制，项项承包，学校搞活了，同时会出现新的矛盾，新的问题，尤其会出现新的思想问题，部分教师、学生思想素质难以适应。因此，在推行教书育人责任制的过程中，我校坚持以德治校贯穿于推行教书育人责任制的始终，强化思想政治工作，排除思想障碍，这是推行教书育人责任制成功的重要保障。

校长、教师做好表率，给学生良好的教育影响，同时，学校坚持项项、时时竞赛，校园处处渗透德育。我校坚持课堂为德育的主阵地，文化课、体、音、美课都渗透德育。同时，注重餐厅、公寓、校园环境处处育人。我校餐厅、公寓不包给校外人，坚持由校内专人承包，学校后勤管理不断改革，使生活成为课程，成为德育的渠道，成为全面实施素质教育的有效突破口，真正做到提高学生素质从最基础、最细小的工作抓起。餐厅承包不断改革。以前，小学部学生吃包伙，中学部餐厅一楼、二楼均有初中、高中学生就餐，这样混在一起，不便管理，有的学生悄悄地倒掉剩饭、剩菜，悄悄地乱花钱，吃零食。针对存在的问题，学校安排初中学生在一楼用餐，高中学生在二楼用餐。这样，小学、初中、高中各学部包本学部学生的文明用餐，不浪费粮食，不乱倒饭菜。同时，学校与餐厅主任签订承包责任书，包学生吃饱吃好。餐厅定期开展问卷调查，征求、统计不同用餐标准的人数，根据学生意见，坚持集体采购，每天核定、公布价格，坚持每天给厨师烧的菜抽样打分、奖励。学校电视台专门制作校园新闻，定期播放，表扬好人好事，批评不良行为。这样进行民主管理，学生对学校的饭菜比较满意，浪费粮食、吃零食的现象不再出现了。公寓管理由原来学校公寓管理中心统一管理，改为包给各学部，由小学、初中、高中学部校长、政教主任承包，各学部教师住进宿舍，贴近学生生活。本学部学生公寓，负责领导、检查、考核本学部生活老师工作。学校校长和督察组领导定期或不定期检查公寓，检查结果列入各学部纪律、卫生评比，也作为对学部校长、政教主任的考核。这样，公寓纪律、卫生达到了一流，学生养成了良好的就寝习惯，确保了白天有充沛的精力学习。

我校坚持挑选优秀教师担任班主任。学校与班主任签订了责任书。班主任包学生德育、智育、体育，还要包学生健康。看起来，包学生健康似乎不合理、不科学，但"包"的效果总比不"包"好。一"包"，老师们就特别关心学生的吃饭、睡觉，时刻把学生的冷暖放在心上，注重预防疾病。学生的发病率普遍下降。每月按考核发放班主任费，学期末根据"包"的情况发放班主任奖金。坚持培训班主任，努力让班主任既注重身教，做好表率，又能耐心、细致地做好教育工作。班主任做到坚持"每天五讲"，即学生排队去餐厅前、去做课间操前、去公寓前，班主任三言两语进行有针对性的教育；坚持"每天说悄悄话"，即主动接近学生，与学生沟通，关心、了解学生的疾苦，给予鼓励、帮助、希望，或针对问题指出危害，提醒改正。班主任做到开好各种例会。坚持上好主题班会课；坚持开好周末班级民主总结会；坚持定期召开班干会，给班干出主意，做指导；定期召开尖子生会议，重点找问题、挖潜力，戒骄戒躁；定期召开后进生会议，肯定优点，指出缺点，鼓励赶上先进；定期召开寝室长会议，教育寝室长扶正压邪，管好寝室，引导大家养成良好习惯；坚持每周带《班主任工作手册》参加学部召开的班主任例会；每学期召开家长会，总结、汇报工作。班主任做到坚持"四个联系"，即与任课教师、生活教师联系，了解情况，配合工作；与家长联系（电话或家访），对家庭、家长等各方面的情况了如指掌，以便教育有针对性；与班干联系，摸清情况，发挥好班干带头、桥梁作用；与学部领导联系，争取支持。班主任坚持做好"各种记载"。在《班主任工作手册》上，有计划地、正常地做如下记载：学生概况表、班级干部分工表；班主任工作计划；学生品德专页记载，分别记载每个学生的成长过程（该生好、差表现，奖、惩情况以及与该生谈话内容）；班会记载（既有教案，又有课上学生演讲的实况记录）；班干会议记载；后进生会议记载；班主任参加学部班主任工作会议的记载；学生评优、评先记载；写好班级日记（记载班级工作、当天的大事等）。各学部定期检查《班主任工作手册》，列入当月考核；每月评选文明班级，期末《班主任工作手册》交学部存档，作为学校德育资料和评选优秀班主任的重要依据。这样，管理严格，班主任工作细致，杜绝了教育方式简单、粗暴以及体罚学生的现象，确保学生养成良好习惯。

强化安全教育。学校根据国家法律、法规和校情，在执行《沁阳市教育局安全目标责任书》的基础上，与各学部校长、政教主任，学部与各班主任签订了《安全目标（"两禁止""两坚持"）补充责任书》，列入教书育人责任制考核、奖惩，坚决兑现，学校坚决禁止携带、使用危险品。学生返校时，严格进行安检，杜绝危险品进校园，从根本上避免伤害事故的发生；学校坚决禁止体罚、变相体罚学生。学校门岗设警务室，有两名以上专职保安，其他保安年轻化；全校教职工都能参与安全教育，确保学生安全，学校坚持每天对安全工作检查、考核。学部设立安全专员负责安全预案和建立安全消防台账，检查结果列入当月考核，列入学期末考核，评优、评先实行一票否决。

加强体育活动。2012年年底，我们反复修订并经教师会通过了《每天锻炼一小时制度》《开足上好体育课制度》。学校坚决执行这两项制度，每天认真检查、考核，确保体育工作扎扎实实，真正能增强学生体质。学校开展体育课赛课，开展每天锻炼一小时评比，开好学校运动会。组织乒乓球、羽毛球、篮球、棋类等各单项竞赛活动，培养兴趣，形成特长。学校坚持健全学校体育工作评估和奖惩机制，坚持以学生体质衡量学校体育工作质量。学校坚持体育教师在职务评聘、评优表彰、工资奖金发放等方面，与文化课教师等同。学校坚持邀请人大代表、政协委员、家长委员会成员深入学校，指导学生课业减负和体育活动的开展。就这样，学校不仅体育工作达到一流，而且体育活动中渗透德育，培养学生良好的习惯，也成了沁阳教育的一个亮点。

学校纪律、卫生也列入教书育人责任制，每天检查、每周统计、每月累计纪律、卫生总分，根据纪律、卫生总分排出名次，发放班主任、学部政教主任、学部校长的津贴。每学年末，根据全学年纪律、卫生总分发放班主任、学部政教主任、学部校长的津贴。学校纪律、卫生一流，得到领导、来宾的好评。

这样，学校狠抓了思想政治工作，师生养成了良好习惯，增强了精神动力，促进了教书育人责任制的顺利推行。

（4）改革开放，贯穿始终

我们永威学校把常年赛课、评课，常年对外开放贯穿于推行教书育人责任制的始终。沁阳市教育局授予永威学校"沁阳校长、教师培训基地"的匾牌，局长亲自带领第一批校长进驻永威学校培训1个月。此后，焦作市教育局也授予永威学校"焦作校长、教师培训基地"牌子。我们先后为沁阳市开办了30多期、焦作市40多期校长培训班。河南省教育厅下发文件，将永威学校定位为"河南省中小学校长培训实践基地"。全省近百县纷纷组织教师到永威学校培训、学习。

全国各地3000多所学校的校长、教师也纷纷来永威考察，每天参观、考察者络绎不绝。

改革开放促进了永威学校的发展。改革开放给了我们压力，参加培训的校长、老师们整天听课、评课，参加各种会议和活动，"逼"着我们更加积极、创造性地工作；改革开放开阔了我们的视野，使我们学到了培训学员的精神和经验；改革开放让我们看到了课改的趋势，加快了教育理念、观念的更新；许多来宾提出这样那样的疑问，让我们不停地思考、解决新问题，把课改推向深入。

（5）解决问题，贯穿始终

在推行教书育人责任制的过程中，我校坚持每天要发现问题、解决问题。如果不能发现问题、解决问题，就等于没有工作，没有管理。学校领导、教师每天写工作日记，总结当前工作，找出存在问题。每周学部、班级开总结会，总结经验，寻找问题，研究对策。每月董事会召开月工作汇报会，总结经验，找出问题；学校召开学生总结大会，表彰、奖励先进，也请学生、家长测评教师，向学校提出宝贵意见；学部召开教师总结会，肯定成绩，找出问题，研究改正的办法。每学期末，学校召开学生总结表彰暨家长大会，召开教师总结会，认真总结经验、教训，作为改进工作的依据。

5. 兑现合同的操作要领

（1）年终考核，杜绝作弊

期末、学年末考核结果是合同兑现的重要依据，因此一定要抓好期末、学期末考核，例如，期末、学年末考试要严格科学地组织监考、阅卷、登分、统计，杜绝作弊。如果有人作弊，合同将难以兑现。

（2）认真结算，不错一分

根据考核结果，各学部认真核算，学校财务科要一一复查，确保核算十分准确，不错一分，因为这关系到教师的利益，关系到正确的评价。

（3）张榜公布，公平公正

核算后要张榜公布，让每个教师清楚自己考核结算的结果，也清楚其他老师考核结算的结果，进行比较，同时，也能清楚学校考核是否公平、公正。如发现差错或者其他问题，就立即向学校反映。

（4）特殊问题，特殊处理

张榜公布后，发现特殊问题，必须特殊处理。比如，合同里没有写明，中途接班，班底没有别的班好，怎么评价、核算年终奖金，那就承认班底，加上班底低的分数，再参加考评。再如，有的教师生病了，工作量不足，如何打折扣发放年终奖金。还有，因工作需要，有的多教一个班，超工作量，如何发放年终奖金，等等。特殊问题特殊处理，个别问题个别处理，既维护学校大局，确保稳定推行责任制，又保障了教师应有的利益。

（5）说话算数，足额发放

每学年末，学校根据合同计算出全体教师的年终绩效工资，不管在什么情况下，董事长都如数兑现。2010—2011 学年末，小学、初中、高中教学质量特别好，学校该发年终奖金 155.43 万元，奖金最高的人应该获得 2 万元。董事长说话算数，足额发放，不少一分。此外，董事长对困难职工还给予补助，给大家温暖。如果董事长说话不算数，学校推行教书育人责任制就难以坚持下去。

（6）兑现合同，促进大干

学校严格地按合同认真考核，如数发放年终质量奖，教师们尝到了大干后的甜头，觉得苦中有乐，特别是获得奖金最多的，不觉得吃亏，不觉得累，将迸发出巨大的力量，争取下学年干得更好。有的教师拿的奖金少一些，或者个别教师没有获得奖金，他们觉得没面子，不光彩，一定会吸取教训，下学期卧薪尝胆，争取最好。因此认真兑现合同，既是教书育人责任制管理的重要内容，也是一种教育，更是做好下学年工作思想动员的保障。

（二）教书育人责任制的启示、设想

当今，公办学校的管理还是计划经济的管理模式，滞后于经济领域的改革，不适应市场经济的形势，不利于培养适应市场经济需要的全面发展人才。尽管近几年，政府发放绩效工资，目的是希望改变这种现状，但是不少公办学校基本上还是平均发放，没有什么差距。因此公办学校还是在搞"平均主义"，教师还是过着计划经济的日子，捧着"铁饭碗"，吃着"大锅饭"，无忧无虑，轻轻松松，积极性就难以调动。这必然影响着学校的发展。

当今的民办学校，尽管是社会力量办学，是董事长包学校，但是民办学校的校长、教师基本上还是采用公办学校的管理方法和教学方法，学校常常按课时发工资，干好干坏与教师本人关系不太大。这样的民办学校也不适应市场经济的浪潮的冲击，有的倒闭了，有的不景气。

教书育人责任制就与公办学校的管理体制，与许多民办学校的管理体制完全不同，它有独特的优越性。推行教书育人责任制，就是在依法治校。

1. 教书育人责任制对当下学校管理改革的启示

（1）怎样"包"好，就怎样"包"，不能千篇一律

邓小平同志讲，不管白猫黑猫，抓到老鼠就是好猫。承包就是要"抓老鼠"，能"抓到老鼠"就是承包成功。因此推广教书育人责任制时，应该怎样"包"好，就怎样"包"，不可千篇一律。

　　永威学校推行教书育人责任制，从校长到员工，岗位不同，要求不一样。小学、初中、高中教师任教的科目不一样，学生的基础不一样，因此各人"包"的内容、标准、方式也就不一样。另外，学校办学水平不断提高，要求不断提高，每年承包的合同都要改了又改，都不一样。只要发现合同中有不科学的、不适应形势的就改掉。

　　如何推广教书育人责任制，怎么"包"？各校情况也不完全一样，有的学校在城市，有的学校在乡村；有的学校在发达地区，有的学校在欠发达地区；有的学校生源好，有的学校生源差；有的学校师资基础好，有的学校师资基础差；同一学校内部领导、教工情况也不一样。因此推广教书育人责任制，要根据校情，从实际出发，实事求是，灵活多样，如果照搬永威的合同，不合乎校情，效果就不理想。

　　（2）既要以教学为中心，又要统筹兼顾

　　学校的中心任务是教学，学生的中心任务是学好文化知识。学校推行教书育人责任制时，要突出包教学质量，质量是生命。包教学质量很复杂，因为基础不一样，学生不一样，很难包得合理、科学，但是包总比不包好。因此要根据校情，制订好包的标准，以及考核方式。

　　不过，要统筹兼顾，"包"德育、"包"体育、"包"卫生，项项承包，这样才能项项一流，学生全面发展。

　　（3）管理简化，考核必严

　　推行教书育人责任制后，简化了管理，但是管理简化，不等于不要管理。承包后会有许多新问题、新矛盾，加之有的教工怕吃苦，缺少持之以恒的态度，有的教工有这样那样的不足，因此学校要制定相应的制度，并坚决执行，每月严格考核、记载，月底统计，根据考核统计结果，发放当月师德津贴和当月考核工资，学年末，根据全年考核记载，发放年终绩效工资。严格考核是推行教书育人责任制必不可少的环节。

　　（4）说话算数，公平、公正、公开

　　推行教书育人责任制时，一定要公平、公正、公开。民办学校里有的员工是领导的亲戚、朋友；有的员工忠厚老实；有的员工摆老资格，骄傲自大。学校在考核、兑现的过程中，绝不能欺软怕硬，一定要一视同仁。永威学校在搞承包的过程中，做到了领导有情，制度无情，坚决执行制度，敢于碰硬，该奖则奖，该罚则罚，该辞退的辞退，从不手软。

每月发月考核津贴、交保险，每年发绩效工资，统统说话算数，即使学校出现暂时经济困难也不例外。

2. 教书育人责任制推广的设想

推行教书育人责任制，也许是学校管理体制的一场革命，可能越来越多的学校都会"包"，都会由计划经济的管理模式转为市场经济的管理模式，从而适应中国、世界的形势。但也会有一个长期的过程。可能办得差的民办学校先"包"，穷则思变；办得好的民办学校后"包"；薄弱的公办学校会主动先"包"；办得好的公办学校会最后"包"或不"包"，因为他们有办学历史悠久、地理位置好、生源、师资好等优势。

（1）民办学校推广的设想

中国现有的民办中、小学一般是在改革开放中私人投资建起来的。董事长实际上就是学校的承包人，学校的管理体制应该不比公办学校落后，但是由于创办的时间不长，发展的空间小（因为许多地方公办学校已经办得很好），在生源、师资、招生等方面比较困难。面临严峻的形势，民办学校唯一的出路就是让"包"字进校，推行教书育人责任制。

①董事长兼校长的民办学校怎么推广。有的民办学校，董事长兼校长。董事长自己办学校，自己当校长，自己就是承包者，似乎学校已经由他一人"包"起来了，但是这样的民办学校属于家族式管理，整个学校管理就是一张关系网。董事长兼校长，一人说了算，一人挑重担，责任大。学校的中层干部和教师多数是董事长的亲戚、朋友，不少是退休的国家干部或退休的公办教师，中层干部的管理方法和教师的教学方法都是学公办学校的一套。董事长让他们工作是对他们照顾，让他们退休时候有事干，对他们十分尊重，十分信任，很讲情面，更不肯得罪他们。他们对董事长也十分感激，亲亲热热，尽力而为。学校以礼治校，以关系代替管理，大家凭良心过日子，你好、我好、大家好，就像一个温暖的大家庭，家长说了算，吃苦头，而若干个儿女跟着吃大锅饭，过好日子。这样的学校实际上还没有真正地"包"下去，还是在走公办学校的路子，还是在搞计划经济的模式，大家轻轻松松，怎么能适应市场经济的形势，怎么能在市场经济的浪潮中获胜呢？

董事长兼校长的民办学校如果要推行教书育人责任制，就必须由董事长兼校长一人承包，变为全员项项承包。江苏省张家港常青藤实验学校秦力董事长兼校长，带领一班人来永威考察后就是这样搞的，她搞层层承包，给中层干部和教师重奖重罚。她与校内所有人员签订合同，让他们都有明确的岗位，明确的责任，明确的标准，都知道干得好多拿奖金，干得一般不拿奖金，干得不达标准则罚，甚至辞退。这样她以法治校，既极大地调动了每一位教工的积极性、创造性，也为打造学校品牌、创造教育奇迹奠定了基础。

②董事长聘请校长的民办学校怎么推广。有的民办学校董事长是企业家，聘请校长及其他人员管理学校。董事长常年不在学校，对学校不够了解，指导不够及时。因此，董事长尤其要下决心把学校包给校长，要与校长签订合同，让校长有经营权，负总责，"包"学校每年达到什么奋斗目标，达到标准，拿多少奖金，超过标准，多拿多少奖金，如果达不到标准，怎么罚。校长再把总目标层层分解给全体教工。同时，要捆绑承包，便于大家互相关心、帮助，求得总目标的实现。这样，全员包起来，学校就越办越好。江苏省淮安一所民办学校，校长组织教师两次进永威学习，逐步搞项项、层层承包，效果明显。

有些名校办的附属民办学校，例如，某名牌大学附属中学××省分校××校区，牌子大，有吸引力，实行尖子生不交费，甚至还有高额的补助，普通生高收费。这样的学校也潜伏着危机，常常抓了尖子生创牌子，而对靠赚收入的大多数后进生却抓得松，质量差，家长不满意。为了加快学校的发展，打造教育品牌，这些名校也要把附属的民办学校包给民办学校的校长，签订合同后，由校长包，校长再层层承包给全体教工。

总之，民办学校是市场经济的产物，民办学校在市场经济浪潮的冲击中求生存、发展，力争超过公办学校，成为品牌学校。要达到这个目标，民办学校就要抢抓机遇，千方百计地推行教书育人责任制，项项、层层承包。

（2）公办学校推广的设想

有的公办学校没有在学年初认真制定好年终发放绩效工资的办法。结果，学年末发放绩效工资时，求稳怕乱，基本平均发放，教师的积极性也就没有极大地调动起来。

当下，公办学校推行教书育人责任制，就是要在发放绩效工资上做文章。

怎样发好绩效工资呢？江苏省泰兴市洋思中学是一所公办学校，他们每年从绩效工资中拿出 40％作为月考核工资，拿出 60％作为年终工作绩效奖励工资。具体方案在学期初由学校研究，拿出初步方案，交教师讨论、修改，几上几下，最后一致通过，并上报教育主管部门批准，形成具有权威性的学校发放绩效工资的办法。

每月怎么发放月考核工资呢？月考核工资（即绩效工资的 40％）可以分两项：第一项师德：要包师德达到什么标准，达不到的这部分不发，或少发；第二项工作：当月该干什么，结果怎样，如完成或者完成得特别好的，各发多少，如不能完成，则不发。

怎样发年终绩效工资（即绩效工资的 60％）？年初全员承包，明确每人全年工作的实绩要达到什么标准，教学质量可以量化，有些不可量化的想办法量化，实在不能量化的，定性考核。项项、层层承包，签订合同，全程考核，学年末，根据"包"的结果，发放绩效工资。这样，既可以减少不必要的矛盾、纠纷，又可以调动教师的积极性，努力办好学校。

总之，我坚信，越来越多的学校，一定会依法治校，推行教书育人责任制，极大地调动教师积极性，努力教好每一位学生，办人民满意的学校。

四、运用能够教好每一位学生的 "先学后教，当堂训练"教学法

"先学后教，当堂训练"教学法获得了 2014 年国家级教学成果一等奖。这种教学法是我带领洋思中学教师经过长期实践创立起来的。早在 1994 年，《江苏教育报》《中国教育报》相继发表的长篇通讯《洋思之路》中就对"先学后教，当堂训练"做了详细介绍。1999 年，泰州市人民政府、江苏省教委先后发文推广这种教学模式。江苏省教委在文件中肯定，洋思中学"创立以'先学后教，当堂训练'为基本结构，以学生自主学习为中心的课堂教学模式……实现了从教师'满堂灌'学生被动学习的注入式教学模式到以学生为主体、教师为主导的启发式教学模式的根本性转变，极大地调动了学生主动学习的积极性，大幅度减少了教师的无效劳动……显著提高了学生自主学习的能力和各方面的基本素质。这是洋思中学取得成功的关键。"中央

教科所原副所长滕纯、中国教育学会原会长顾明远、中国教育学会常务副会长郭振有以及江苏省教育厅原副厅长、江苏省教育学会原会长周德藩都发表文章给"先学后教，当堂训练"高度评价，肯定"先学后教，当堂训练"是科学、高效的教学法。洋思中学的长期实践，河南省沁阳永威学校坚持八年赛课、评课，推广"先学后教，当堂训练"的实践及其成果、河南沁阳各校课改成功的事实都充分证明："先学后教，当堂训练"教学法能够极大地调动学生学习积极性，让学生在课堂上紧张地自学，用脑、用口、用手，在实践中更容易理解、记忆、运用新知识，提高学习效率和综合素质。"先学后教，当堂训练"教学法是能够教好每一位学生的高效、科学的教学方法。

（一）"先学后教，当堂训练"的操作方法

"先学后教，当堂训练"的教学法有共同的规律，基本的原则，但是，不同的年级、不同的学科、不同的课型，操作方法有所不同，主要有以下三种：第一，一般操作方法（即一节课搞一次"先学后教"，最后"当堂训练"，常用于中小学数学、理化生、政史地学科）；第二，特殊操作方法（即一节课搞几次"先学后教"，最后"当堂训练"，常用于中小学语文、英语学科）；第三，课外操作方法（即课外教育活动搞几次"先学后教"）。下面对这三种操作方法分别举例说明，供大家在实践中寻找规律，灵活运用。

1. 一般操作方法（一节课搞一次"先学后教"，最后"当堂训练"）

"先学后教，当堂训练"一般操作方法有三个主要环节：第一，"先学"，即学生看书（读书）、检测；第二，"后教"，即学生更正、学生讨论，最后教师点拨；第三，"当堂训练"，即当堂完成作业。在这三个主要环节之前，有一个辅助环节（1分钟左右）。辅助环节包括：板书课题、出示目标、自学指导。辅助环节就像高速公路旁的"引桥"，主要环节好像高速公路。课堂上，教师引导学生很快通过"引桥"，奔驰在自学的快车道上，学生自己开车，教师既当导航仪，当路标，又当维修工，发现毛病，及时指出，帮助解决，让学生有效地自主、合作、探究性学习。

"先学后教，当堂训练"的一般操作方法（课堂教学结构）示意图如下：

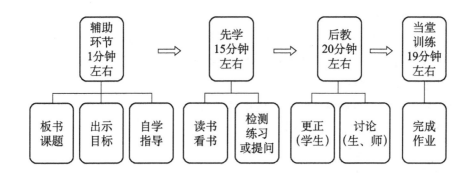

"先学后教，当堂训练"课堂结构的实质是："自主学习"（先学）——"合作学习"（后教）——"自主学习"（当堂训练），全过程探究性学习。

（1）中学数学课上的运用

①板书课题

上课开始，教师满怀激情地走上讲台，慢慢地用生动有趣的三言两语（不可扯远）或以屏幕出示动画图片激发学生兴趣，导入新课，板书课题（但不能喧宾夺主，更不必配音乐）；或教师一句话也不讲，边读边板书课题。

②出示目标（半分钟左右）

出示学习目标的目的是让学生明确本节课的学习目标，能围绕目标紧张、高效地学习。

操作要领

出示目标的方式。可用白板出示。只要让学生看一下，不必师生朗读目标。

出示目标的内容。数学课主要是理解知识、准确记忆、培养能力方面的，至于情感、价值观等方面的教学目标应由教师把握，靠教师的形象、教师的气质、教师的情感等渗透进行，一般不作为出示的内容。

出示目标的要求。要具体、准确，要对知识的理解、记忆、运用有明确的要求，既不降低，也不拔高，更不能搞偏。因为目标有导向作用，例如，教"有理数加法"，目标应该定为"理解并运用"，就应该要求学生当堂不仅理解知识，准确记忆，而且一定要当堂完成作业，通过限时、独立训练形成能力。如果降低要求，教学目标仅仅定为"知道""理解""记忆"，就必然会只求听懂而不能当堂完成作业、达到培养能力的目标；也不能仅仅用"学习"这样不明确的词语代替"理解""记忆""掌握""运用"等不同层次的具体要求；目标要简明扼要，通俗易懂。

出示目标的时间（半分钟左右）要恰当，既不能过短，急于切换，让学生没看清楚，又不能过长，节奏太慢，浪费时间。

出示目标时，教师要讲究艺术，注重情感投入，诱导学生认真看，明确要求，但不宜节外生枝，做闲事，说闲话。

③自学指导（半分钟左右）

出示目标后，教师要鼓励、指导学生自学。出示自学指导的方式为：常用白板出示，让学生达到四个明确：自学内容、自学方法、自学时间、自学要求（即自学后如何检测）。这样，便于学生紧张、高效地自学。

操作要领

自学内容。应引导学生着重看新知识的重点部分。例如，学习列方程解应用题时，引导学生重点看例题中列方程部分，对解方程部分不要求看，因为解方程的方法已学过。

自学方法。例如，看书是默读还是小声读；是边看课本边找出答案、做好记号，还是边看课本边找答案、边记忆，怎样干好，就怎样干。一般先要让学生独立看书、思考、记忆，不宜边看边讨论。不过，如碰到不懂的知识，可问同学或举手问老师。

自学时间。时间要恰当，要限时，既不能过长，不利于学生紧张、快节奏地完成自学任务，又不能过短，让学生自学、走过场。因为看书是练习、更正、讨论、当堂完成作业的前提，一定要讲究实效，学生看书时间可长一些。

自学要求。即告诉学生自学几分钟后如何检测：是能回答并举例说明思考题，还是口述法则，及推导过程，还是解释"关键词"，说出"为什么"，还是直接模仿例题，按步骤做对类似习题。这样使学生自学变成了检测前的准备，从而促使学生紧张地自学。

教师要流露出关心、信任学生的情感。注意使用鼓励性的语言，引导学生认真按自学指导看书，但语言要简洁（尽可能不讲一句废话），有条理，不可让学生听无关的音乐，看无关的录像。

④先学

"先学"这个环节一般包括学生看书和检测自学效果两个小环节。

看书

"看书"是指在"自学指导"后，学生按照自学指导认真地阅读课本、思考，准备参加检测。这样，学生紧张地看书而获得知识，代替老师直接灌输、传授知识。

操作要领

学生看书时，教师不能袖手旁观，教师就是要用目光巡视每个学生，关注并确保每个学生专心读书，紧张思考、记忆；教师不宜多走来走去，不宜主动辅导后进生，如有学生举手质疑，教师可悄悄地给予回答；教师不宜在黑板上写字，不能走出教室，不能东张西望；教师对认真学的同学表示满意的神情，对不够专心的后进生，可以说上一两句悄悄话；教师的话不宜多，以免分散学生的注意力，浪费学生的时间。

看书的时间一般 7 分钟左右，如情况特殊、内容多，学生在规定时间确实看不完，时间可延长一点。如学生很快全部看完，可提前结束。

检测（检查读书的效果）

操作要领

学生看书结束后，教师过渡语："看完的，请举手，没有疑问的，请举手"，如大家没有疑问，可用一句话总结学生自学的态度，并讲出"能不能运用刚学到的知识呢？下面，要检测，比谁能正确运用刚学到的知识正确回答问题或做对检测题"之类的话。

检测的时间（一般 7 分钟左右）：时间一到，就立即检测学生看书的效果。

检测的形式：

提问。如概念多，难理解且要求准确记忆的，可先用很短的时间提问，检测是否能正确理解，准确记忆概念。可解释概念中的关键词，说出"为什么"（推导公式或定理的证明过程）。提问的方式不是指名背概念，而是运用概念口答简单的习题。例如，教"单项式"，不是教学生背什么叫单项式，什么是单项式的系数、指数，而是要叫学生口答："下列各式中，哪些是单项式？如是单项式，请指出其系数、指数。"又如，教"乘方"，可出示 a^n，指名学生说出 a^n 的底数是什么，指数是什么，幂是什么……这样，理论联系实际，减少难度，学生易懂。

一次性的板演（书面练习）

这种形式（不搞两次板演）检测对概念的理解和运用，屏幕出示检测题，让学生在座位上练习，并指 2～3 名（人数太少会影响效果；人数过多后教时会增加麻烦，耗时多）后进生板演，因为后进生暴露出来的问题最多，便于课堂教学有针对性地解决问题。

板演的内容为做与例题类似的课本上的练习题，一般为 1～2 道题，练习题不宜过多，不宜过难，只要有代表性，如果检测题没有代表性，有的类型题没有练到，就不能暴露问题，当堂解决，切不可不练课本上的基本题而练课外资料上的特别难的题，使得学生不会做难题，讨论很麻烦，干扰重点、难点突破，结果欲速则不达，基础知识难理解、难记忆、难熟练运用。

学生板演练习时，教师不要辅导后进生，即使发现后进生错了，也不辅导，把他的问题留到"后教"环节一并解决。这样有利于培养后进生独立学习的习惯，也不会干扰全班同学独立思考、紧张练习。

教师要巡视，搜集学生中的错误，并及时分类：哪些属于新知识方面的，这是要解决的主要矛盾；哪些属于旧知识遗忘或粗心大意的，这是次要矛盾。把"新知""主要方面的"问题、错误梳理、归类，确定学生讨论、教师点拨的重点、方法及顺序，为"后教"做好准备，这实际上是在修改课前写好的教案，进行第二次备课。

⑤后教

学生读书、检测后，就进入了"后教"的环节。

后教不是指老师教，不是指老师讲，而是指"兵教兵"，通过学生人人参与，更正、讨论，会的学生教不会的学生，学生与学生互动，教师与学生互动，也就是教师补充、更正、帮助学生理解知识、形成能力。

这一环节的任务是解决疑难问题，既是在"补差"，又是在"培尖"。尖子生在给后进生更正并讲出"为什么"的过程中，自己加深理解知识，增强能力，培养团队合作精神。

"后教"一般包括更正、讨论两个小环节，即学生板演后，就进行更正、讨论两个小环节。

更正

操作要领

"更正"前，教师要注重引导学生运用刚学到的概念、法则来判定板演的习题有无错误。教师可问："根据刚学到的新知识，发现练习中的错误的，请举手"，这样既可以促使全体同学依据新知识学会判定，认真找出错误，还可以了解学情。

指名后进生上讲台给做错的题进行更正，或者对屏幕上出示的错题更正。后进生更正错了或者没有指出错误，教师要耐心等待，不能轻易表态，要依次让中等生、较好的学生、好学生更正，这样有利于促使每个学生都在紧张地思维；绝不可先让好学生更正，让大多数学生袖手旁观。

讨论

要尽可能让大家畅所欲言，必要时让大家争论。教师切不可一人回答了，不管对否，就迫不及待滔滔不绝地讲，以免学生不动脑，讨论流于形式，课堂气氛不活跃。

讨论的内容。要抓住重点，突破难点，对非重点、学生做对了的那几步，可不讨论，或一掠而过。例如，教"分式的混合运算"时，对列式、对计算可以从略，对学生错了的那道题，或某题做错的那一步，要重点引导大家根据新知识讨论，要重点解决"顺序"方面存在的问题。这样，能够有力地突破重点、难点，解决学生的疑难问题，大大节约了时间，达到了事半功倍的效果。

讨论的顺序。讨论前，教师要提示学生运用刚学到的概念来判定：符合概念的是对的，不符合的是错的；不能一题一题地讨论（即一题讨论完了再讨论另一题，因为这样会重复、浪费时间、不便归纳，不利于培养学生的逻辑思维能力），应该同时看几位同学做的同一道题的第一步，运用概念判定对错（并把座位上同学的有关这一步的错误并入一起讨论），再看几位同学同时做的同一道题的第二步，讨论："这一步对不对，为什么？""提示根据刚学的概念认真判定"，学生归纳，教师板书……

如教"单项式"，学生板演后，教师的过渡语是："启发学生运用刚学到的知识，判定板演的习题找出的单项式对不对？单项式的系数、指数对不对？为什么呢？"之后，引导学生运用刚学的概念判定先找出的单项式对不对，说出为什么，打出"√""×"，再运用刚学的概念判定找出的系数对不对，说出为什么，打出"√""×"，之后运用概念说出指数对不对，为什么，打出"√""×"，最后启发在座位上练习的同学同桌互改，说出自己有什么错误，老师小结。这样，一类一类地按逻辑顺序，根据新知识，讨论具体的习题，由个别到一般，找到规律，上升理论，指导实践。

教师的板书要与学生的讨论密切结合，学生讨论哪一点，说对了老师板书这个要点，再讨论另一点，老师再板书另一要点，切不可等学生讨论完了，教师再边讲边板书，这样重复、费时，理论与实际脱离，影响学习效果。

教师该讲则讲。教师要做到两个明确：明确讲的内容。对学生通过自学已经掌握的，坚决不讲；若后进生做对了，说明全班学生都会了，老师就不要再讲了；若后进生做错或说错了，就引导中等偏上的学生发言，如中等以上的学生讲对了，教师表示肯定，并做适当的板书或屏幕出示结论；对个别或极少数学生知识回生的问题，可以课外个别补救，课上也不讲。

教师讲的内容是什么呢？就是学生自学后还不能掌握的内容，也就是学生自学后暴露出来的疑难问题或练习中的错误，全班学生无一人会讲或讲不全的内容。这样，教师几乎成了哑巴，该讲的内容很少，讲的时间一般不超过六分钟。教师不能就题讲题、只找答案，而是要引导学生寻找出规律，真正让学生知其所以然，并要帮助学生归纳，上升为理论，指导学生预防运用时可能出现的错误，这就是在理论与实践之间架起一座桥梁，以免学生走弯路，教师还要严格要求、训练学生规范答题，培养学生严谨的习惯。

⑥当堂训练

"当堂训练"是在"先学""后教"两个主要环节后进行的，是指当堂完成课堂作业，其目的有四个：一是检测每个学生是否当堂达到了教学目标，做到"堂堂清"；二是引导学生通过练习把知识转化为解决实际问题的能力；三是减轻学生过重的课外负担；四是加快反馈信息，便于教师课外及时辅导。

"当堂训练"对于巩固学生所学的知识、发展学生的思维能力、培养学生的独立意识和良好的学习习惯、做到作业的"堂堂清"以及减轻学生过重的课外负担都是极为有利的。

教师针对学生当堂完成的作业反馈的准确信息，了解哪些学生当堂已经达到了教学目标，哪些学生课后还需要个别辅导，并针对学生作业中出现的问题，做好课外辅导，确保"日日清"。

操作要领

课堂作业的时间不少于 15 分钟。

练习的形式有两种：一是口头练习，组织学生背诵知识点（自背、互背、抽背），开展速算比赛（比谁能运用刚学到的新知识快速口答绝对值不大的若干道简易题），强化训练，巩固所学新知识，增强能力，熟能生巧。这样加大密度，有利于学生紧张、高效学习。如果时间不充分，可以取消口头练习。二是书面练习，主要是完成课本中的练习和习题，让学生运用本节课所学的知识解决实际的问题，要注意练习题要有代表性，适度和适量，确保能在下课之前完成，交作业本。

要让学生像考试那样独立完成课堂书面作业，教师不得辅导学生，不干扰学生，学生之间不讨论，确保学生聚精会神地做作业。教师如发现学生作业中的错误，不要随时指出，要留到课外辅导。

学生做课堂作业时，如少数学生做得快，完成了，可以让他看书、背概念或做其他作业。

要注意矫正学生坐姿、握笔姿势，保证眼睛与书本距离一尺，培养他们的综合素质。

下课铃响了，学生交作业，老师宣布下课，把作业本带回办公室。

"先学后教"与"当堂训练"相互促进：只有在"先学""后教"环节学生学习高效，节省了时间，才能保障当堂训练；只有"当堂训练"才能促进学生在"先学""后教"环节中学得紧张、高效。

中学数学期末复习课常采用大"先学后教"，即几节课一循环，具体方法见特殊操作方法（6）。

（2）小学数学课上的运用

永威小学数学教师推广"先学后教，当堂训练"，形成了口语化的小学"四个一"教学法，主要环节"看一看""做一做"就是"先学"；"议一议"就是"后教"，"练一练"就是"当堂训练"。结构示意图如下：

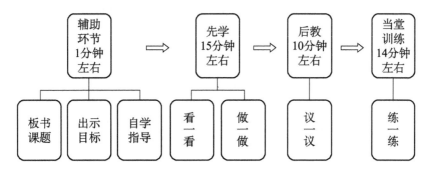

①板书课题

上课开始，教师三言两语导入新课（语速要慢，不可东拉西扯，离题远）激发学生学习兴趣，并板书课题；或者通过屏幕显示课题（可配有陪衬的画面，但不能喧宾夺主，更不必配音乐）；或者教师直接一边慢慢读题，一边板书课题。小学一年级一般教师边读边板书课题，学生跟着唱笔画，课题写在黑板中上方，字不宜小，不能潦草，笔画、笔顺不能错。怎样效果好，就用什么方式板书课题。

②出示目标

板书课题后，教师要通过投影（或口述）出示学习目标，让学生明确本节课的学习目标，提高学习效率。小学低年级一般以教师口述为宜。

操作要领

为了让学生看清教学目标，屏幕上的字要工整，不要太小，屏幕上不要配鲜艳的画面。

学习目标的内容主要是理解知识、培养能力，至于情感、态度、价值观等方面的教学目标应由教师把握，靠教师的形象、情感、态度等进行渗透，一般不作为向学生揭示教学目标的内容。

学习目标要准确，根据教材和课程标准，既不降低，该"会运用"的，就要能当堂运用，不能人为地降低到"知道"的程度上；也不拔高，该"知道""了解"的，不能要求"运用"。

学习目标要具体，简明扼要，通俗易懂，富有鼓励性，比如"比谁能……"

不要急于切换投影，使教学目标一闪而过，要让学生看清、记住。

揭示学习目标时，教师要注意情感投入，诱导学生尽快明确目标，教师不宜节外生枝，说闲话。

③自学指导

揭示教学目标后，教师要有效地指导学生自学。自学指导的方式通过白板出示，可以节省时间，学生容易看得明白。小学一、二年级一般以口述为主。自学指导的目的是让学生达到四个明确：自学的内容、方法、时间、要求（即自学后如何检测）。

操作要领

自学内容。一般教材中有不少是旧知识，因此，自学的内容要突出重点，如教"分数的混合运算"时，要让学生着重看例题中的"运算顺序"。

要精心出好思考题，因为思考题直接关系到学生自学的路子和效果。自学指导中常有思考题。思考题以课本上的提示语为主，不宜太多，不能大而空，要明确具体，富有启发性，便于学生理解新知识，找到规律，能够运用新知识解决实际问题。例如，教"分数的混合运算"时，要围绕"顺序"出好思考题。

自学的方法。怎样学得好，就怎样学。一般要让学生独立看书、思考，可在课本上圈圈画画，做上记号，可质疑问难，但不宜边看书边讨论。小学低年级可在白板上出示课本中的例题及括号，教师引导学生边看边在括号里填数字。例如，小学二年级教"7的乘法口诀"，让学生看图，由"7+7"填出和"14"，并在"7×2""2×7"后的方格中填上"14"，归纳出"7×2"的口诀……这样让学生边看课本，边填空，逐一得出7乘以2、3、4、5、6、7的乘法口诀，并当堂背诵。

自学的时间。安排自学的时间不宜过长（一般6分钟左右），要让学生紧张、快节奏地完成自学任务；时间也不宜过短，让学生有认真看书、思考的时间，切不可走过场，因为看书是练习、更正、讨论、当堂完成作业的前提，一定要讲究实效。

自学的要求。要鼓励学生认真看书，比谁看书后能做对检测题（但检测题在自学指导中不能出现，一定要在看书结束后出示，否则会影响学生专心看书）。这样使自学变成了检测前的准备，使学生看书能够紧张地思维。

教师要满怀激情，精神抖擞，稳重端庄（不可用力拍手、敲桌子、敲黑板），语言要简洁（切不可随便讲一句废话），要有条理，语调抑扬顿挫，能流露出关心、信任学生的情感。

④看一看（看书：例题、图文）

出示自学指导后，进入"看一看"这个环节。

按照自学指导，学生认真看例题（代替老师讲例题、传授知识），老师还要注重引导学生理解例题的解题方法和步骤，并思考如何运用，能做对与例题类似的习题。

操作要领

学生看书时，教师不能袖手旁观，教师的任务就是要用目光巡视每个学生，关注并确保每个学生专心读书，紧张思维。教师不宜多走来走去，不能在黑板上抄题

（例如，抄下一个环节要用的检测题），不能走出教室，不能东张西望，不能辅导学生。教师对认真自学的同学流露出满意的神情，对不够专心的后进生可以说上一两句悄悄话，但不宜讲话过多，切切不可分散学生的注意力，低年级老师还要引导学生一步步地看书，一个括号一个括号地填上数字。

⑤做一做（检测：一般有口头检测和笔头检测）

操作要领

学生看书一结束，教师讲过渡语，比谁能用学到的新知识正确解题。如果"先学"的内容有难度，学生看书后，围绕自学指导中的思考题，指名后进生回答，了解学情，如后进生有困难，再指名中等以上学生回答。

如果"先学"的内容难度不大，学生看书后就直接进行笔头检测。教师先公布检测题，让同学们在座位上练习，再指2～3名后进生板演（板演人数太少会影响效果；人数过多后教时麻烦、耗时多），叫后进生是因为后进生暴露出来的问题最多，最具有典型性，能够发现问题，才能解决问题，才能上好课；如果让优生板演，不能发现问题，就不能解决问题，就不能上好课。

一般采用一次性板演练习的形式，如板演两次、三次，就会重复、费时，一般不采用提问的形式，因为书面练习最容易暴露理解、运用知识方面存在的问题。这些存在的问题就是下一个环节"后教"的内容（因为"后教"不是教课本，而是教学生解决存在的问题）。

板演的内容是做与例题类似的习题。练习题要有代表性。例如，教小学数学"一个数除以小数"时，检测题中要有"除数是一位小数"的习题，要有"除数是二位小数"的习题，要有"除数是三位小数"的习题，还要有"被除数小数部分的位数不够移位，要添零"的习题。又如，教"分数混合运算"时，学生板演的两道检测题都应既有乘除，又有加减，还要有括号。这样，练习题有代表性，才能全面检测出学生对概念、对例题的理解情况，如概念有一点不理解，就会暴露出来，如检测题都做对了，就说明学生对今天所学知识都理解了，如哪一题、哪一步错了，就说明哪一方面不理解。能检测出学生对例题的理解情况，检测题做对了，就说明学生对例题理解了，如检测题哪一步错了，就说明对哪一点不理解。

学生板演练习时，教师要巡视，关注每个学生，尤其是后进生，要搜集学生中的错误并分类板书，思考学生中的错误哪些属于新知识方面的，这是要解决的主要矛盾；哪些属于旧知识遗忘或粗心大意的，这是次要矛盾。思考如何"后教"，这实际上是在进行第二次备课。

教师不宜辅导后进生，因为这既不利于培养后进生独立学习的习惯，也会影响全班同学独立思考、紧张练习。

⑥议一议（后教）

学生读书、检测例题后，就进入"议一议"的环节。"议一议"不是指教师讲，而是"兵教兵"，合作学习，学生与学生合作，会的学生教不会的学生，最后教师与学生合作。通过"议一议"这个环节，让学生能解决自学中碰到的疑难问题，达到加深理解知识，并能运用知识，形成能力的目的。

"议一议"一般分两个环节。

更正

教师要引导学生找出板演习题中的错误，并鼓励学生上讲台用红色粉笔更正写出不同的答案（不要擦去原来学生写的）。如学生更正错了，鼓励其他同学更正，如果再出错，继续让学生更正，尽可以让较多的学生一次又一次地更正。教师不要轻易表态，不能让更正变成教师唱"独角戏"。

讨论

引导大家讨论，弄懂"为什么"。

讨论的内容。要抓住重点，突破难点，对非重点的那几步应一掠而过，如没有问题，可以不讨论。教师绝对不能信口搞"满堂问"。例如，教"用三位数乘两位数"时，学生板演4道题，应该这样讨论：第一步，问："4道题写的积的位置对不对？"如对则结束，或要学生归纳一下，因为"用两位数乘两位数"时已学过。第二步，如第一步全对，则问："用十位上的数乘被乘数，这一步对不对？"如学生都说对，则指名归纳。如第一步有错，则问："这一步错在哪里？为什么？"第三步，如第二步全对，则问："用十位上的数乘被乘数，这一步对不对？"如学生都说对，则指名归纳。如第一步有错，则问："这一步错在哪里？为什么？"第四步，问："积相加对不对？"这样，节省时间，突破重点、难点，事半功倍。讨论时千万不能4道题每乘一步，都指名学生口算，读出口诀，讲着怎么进位，什么都问，什么都讲，即使学生做对的，教师也反复讲。这样，费时太多，效率太低，结果是挤掉了当堂完成作业的时间。

　　讨论时，教师要面向全体学生（这时教师目光要巡视每个学生，不要盯住课本，或只看少数学生），应先提出讨论题，让全班同学思考，个个准备回答，之后再指名回答；不能先指名（或指定××组同学），再提出问题，让全班学生袖手旁观；要问："会的请举手"，然后教师从举手的学生中选成绩最差的学生回答，不要问"对不对"，让全班齐声回答（因为齐答使学生不动脑，谁会谁不会搞不清楚），要让较多的同学畅所欲言，说个够（发言面力争 100%）。切切不可一人回答了，不管对否，教师就迫不及待地滔滔不绝地讲，使得学生讨论流于形式。

　　讨论的顺序。不能一题一题地讨论（即一题讨论完了再讨论另一题，因为这样会重复、无条理，不利于培养学生的逻辑思维能力），应该同时看几位同学做的同一道题的第一步（并把座位上同学的有关这一步的错误并入一起讨论），问："知道这一步对的请举手""说说为什么"。大家归纳，教师板书（板书要点，字体工整，不宜太小）；同时再看几位同学做的同一道题的第二步，讨论："这一步对不对，为什么？"学生归纳，教师板书……这样，一类一类地按逻辑顺序讨论，由个别到一般，找到规律，上升理论，指导实践。教师的板书要与学生的讨论密切结合，学生讨论哪一点，说对了老师板书这个要点，再讨论另一点，老师再板书另一要点。切不可等学生讨论完了，教师再边讲边板书，这样重复、费时，理论与实际脱离，影响学习效果。

　　教师该讲则讲，而且要讲好。教师讲的内容应该是全班同学通过更正讨论，还不会的地方，即大家都说错了的或都说得不完整的。教师讲时不能就题讲题、只找答案，应该引导学生寻找出规律，知其所以然，帮助学生归纳上升为理论，指导学生预防运用时可能出现的错误。

　　教师不该讲的坚决不讲。对学生通过自学，就已经掌握的，坚决不讲；若部分学生做错了，经优生帮助更正，能正确讲出"为什么"的，已经解决的问题，也坚决不教；切不可学生讲一句，教师跟着重复一句，学生讲一遍，教师重复一遍。对极少数学生知识回生的个别问题，也可以不讲（待课外个别辅导）。

　　教师要全身心投入，善于动脑，发现问题、解决问题，要能够驾驭课堂。对学生要严格要求，确保学生用好三角板、圆规，画图准确，书写工整，解题规范。教师要用好教棒（不可用三角板代替教棒），千方百计让学生紧张地思维，解决疑难问题。

⑦ "练一练"

"议一议"结束，进入"练一练"，即"当堂训练"，是指当堂完成作业，其目的有三个：一是严格训练，培养学生运用新知识的能力；二是检测每位学生是否都当堂达到了教学目标，做到"堂堂清"；三是便于教师准确地了解学生实际，课外能有针对性地引导学生更正，进行必要的辅导。

操作要领

课堂作业的时间不少于 14 分钟，必须在下课之前完成作业，交作业本。

"当堂训练"可分两种：一是口头练习：背诵知识点、速算比赛等，强化训练，增强能力；二是书面练习。课堂作业主要是完成课本上的练习和习题，练习题要有代表性，要适度和适量，要低起点，多层次。

学生课堂作业时，教师要巡视，要注意矫正学生坐姿，培养他们的综合素质，确保学生像考试那样独立按时完成作业。

教师不得辅导学生（如有错误，待课外辅导）。如少数学生做得快，已完成，教师可以让他完成别的学习任务。

以上六个环节是"先学后教，当堂训练"在小学数学教学中的基本教学程序。在应用时，不要生搬硬套，必须领会精神实质，灵活运用，教师要认真钻研教材，把握重点、难点，当好节目主持人，以饱满的热情和富有亲和力的教态，用恰切精彩的过渡语，承上启下，用精当准确的指导语，用充满鼓舞性的评价语，去感染激励学生，引领学生紧张、高效地学习，只有这样，才能打造出高效的课堂。

针对学生年龄小的特点，根据教材内容的不同，教学程序可以灵活变动。

期末综合性复习，常按单元分类，一次复习一个或两个单元，或者按类型一类一类复习。小学教学期末复习常采大"先学后教"，见特殊操作方法（6）。

（3）中学物理、化学、生物课上的运用

中学物理、化学、生物课与数学课一样，一般搞一次性的"先学后教"，最后"当堂训练"。

①概念与例题应用型教学

板书课题

物理、化学、生物课要注意尽量由生活、生产实际（以动画、图片，或以生动的、有趣的问题）引入新课。

出示目标

操作要领与数学基本相同。

自学指导

揭示教学目标后，教师要有效地指导学生自学。自学指导的方式通过白板出示，可以节省时间，学生容易看得明白。

要引导学生重点看新知识的部分，自学指导中的思考题不宜太多，不能大而空，要明确具体，富有启发性，便于学生理解新知识，找到规律，能够运用新知识解决实际问题。

自学的方法。一般要让学生独立看书、思考，可在课本上圈圈画画，做上记号，可质疑问难，但不宜边看书边讨论。

自学的时间。安排自学的时间不宜过长（一般8分钟左右），要让学生紧张、快节奏地完成自学任务；时间也不宜过短，让学生有认真看书、思考的时间，切不可走过场，因为，看书是练习、更正、讨论、当堂完成作业的前提，一定要讲究实效。

自学的要求。要鼓励学生认真看书，比谁自学效果好，能做对检测题。这样使自学变成了检测前的准备，使学生看书时能够紧张地思维。

教师要满怀激情，精神抖擞，稳重端庄（不可用力拍手、敲桌子、敲黑板）。语言要简洁，声音要响亮，有条理，语调抑扬顿挫，能流露出关心、信任学生的情感。

先学

看书、找答案。看概念、看例题，代替老师传授知识。要引导学生理解例题的解题方法和步骤，并思考如何运用，做对与例题类似的习题。

操作要领

学生看书时，教师不能袖手旁观，教师的任务就是要用目光巡视每个学生，关注并确保每个学生专心读书，紧张思维。教师不宜多走来走去，不能在黑板上抄题（抄下一个环节要用的检测题），不能走出教室，不能东张西望，不能辅导学生。教师对认真自学的同学流露出满意的神情，对不够专心的后进生可以说上一两句悄悄话，但不宜讲话过多，分散学生的注意力；学生读书的时间不宜过少，也不宜过多，要把握好一个度。

检测（板演）

学生看书结束，就检测学生看书的效果，一般采用一次性板演、练习的形式

（不采用提问的形式），因为书面练习最容易暴露理解、运用知识方面存在的问题。

操作要领

学生看书结束，教师讲过渡语，并且在黑板上画定学生板演的位置供学生板演；教师先公布检测题，让同学们在座位上练习，再指定 2～3 名后进生板演，因为后进生暴露出来的问题最多，最具有典型性，能够发现问题，解决问题，才能上好课；如果让优生板演，不能发现问题，就不能解决问题，就不能上好课。板演的内容是与例题类似的习题。检测题要有代表性，能检测出学生对例题的理解情况，检测题做对了，就说明学生对例题理解了，如果检测题哪一步错了，就说明对哪一点不理解；学生板演练习时，教师要巡视，关注每个学生，尤其是后进生，要搜集学生中的错误并分类板书，思考学生中的错误哪些属于新知识方面的，这是要解决的主要矛盾；哪些属于旧知识遗忘或粗心大意的，这是次要矛盾。思考如何"后教"，这实际上是在进行第二次备课；教师不宜辅导后进生，因为这既不利于培养后进生独立学习的习惯，也会影响全班同学独立思考、紧张练习。

后教

"后教"一般分为两个环节：

更正。教师要引导学生找出板演中的错误，并鼓励学生上讲台用红色粉笔更正，写出不同的答案（不要擦去原来学生写的）。如学生更正错了，再鼓励别的同学更正，若又更正错了，再让另外的同学更正，尽可能让较多的学生一次又一次地更正。教师不要轻易表态，不能使更正变成教师唱"独角戏"。

讨论。引导大家讨论，弄懂"为什么"。

讨论时，教师要面向全体学生（目光盯住每个学生，不要盯住课本，不要只看少数学生），应先提出讨论题，让全班同学思考，个个准备回答，然后再指名回答；不能先指名，再提出问题，让全班学生袖手旁观；要问："会的请举手"，之后教师从举手的学生中先让成绩最差的学生回答，不要问"对不对"，让全班齐声回答（因为齐答使学生不动脑，谁会谁不会搞不清楚），要让较多的同学畅所欲言，说个够（发言面力争 100%）。切不可一人回答了，不管对否，教师就迫不及待地滔滔不绝地讲，使得学生讨论流于形式。

讨论的内容。要抓住重点，突破难点，对非重点的几步应一掠而过，如没有问题，可以不讨论。教师绝对不能信口搞"满堂问"。

讨论的顺序。不能一题一题地讨论，应该同时看几位同学做的同一道题的第一步（并把座位上同学的有关这一步的错误并入一起讨论），问："知道这一步对不对的请举手""说说为什么"。大家归纳，教师板书；再看几位同学同时做的同一道题的第二步，讨论："这一步对不对，为什么?"学生归纳，教师板书⋯⋯这样，按逻辑顺序一类一类地讨论，由个别到一般，找到规律，上升理论，指导实践。教师的板书要与学生的讨论密切结合，学生讨论哪一点，说对了老师板书这个要点，再讨论另一点，老师再板书另一要点。切不可等学生讨论完了，教师再边讲边板书，这样重复、费时，理论与实际脱离，影响学习效果。

教师该讲则讲，而且要讲好。教师讲的内容应该是全班同学通过更正讨论还不会的地方，即大家都说错了的或不完整的。教师讲时不能就题讲题、只找答案，应该引导学生寻找出规律，知其所以然，帮助学生归纳上升为理论，指导学生预防运用时可能出现的错误。

教师不该讲的坚决不讲。对学生通过自学就已经掌握的，坚决不教；若部分学生做错了，但优生帮助更正，能正确讲出"为什么"的，已经解决的问题，也坚决不教；切不可学生讲一句，教师跟着重复一句，学生讲一遍，教师重复一遍。对极少数学生知识回生的个别问题，也可以不教（待课外个别辅导）。

教师要全身心投入，善于动脑，发现问题、解决问题，要能够驾驭课堂。对学生要严格要求，确保学生用好三角板，画图准确，书写工整，解题规范。教师要用好教鞭（不可用三角板代替教鞭），千方百计让学生紧张地思维，解决疑难问题。

当堂训练

"后教"结束，进入"当堂训练"。"当堂训练"是指当堂完成作业，其目的有三个：一是严格训练，培养学生运用新知识的能力。二是检测每位学生是否都当堂达到了教学目标，做到"堂堂清"，也便于教师针对学生作业中出现的问题，课外引导学生更正、做必要的辅导。三是便于教师准确地了解学生实际，课外有针对性地引导学生更正，进行必要的辅导。

操作要领

课堂作业的时间不少于 15 分钟，必须在下课之前完成作业，交作业本。

"当堂训练"可分为两步：先自背、互背、抽背知识点；后书面练习。课堂作业主要是完成课本上的练习和习题，练习题要有代表性，要适度和适量。

学生做课堂作业时，教师要巡视，要注意矫正学生坐姿，培养他们的综合素质，确保学生像考试那样按时独立完成作业；教师不得辅导学生（如有错误，待课外辅导）。如少数学生做得快，已完成，教师可以叫他完成别的学习任务。

②概念规律与实验验证探究性课

这类课又分两种：一种是先认识概念，再引导学生通过实验进行验证。如"光的反射""质量"等，其一般的教学环节有如下六个。

板书课题

出示目标

知道通过实验验证什么规律；明确做好本次实验要掌握哪些实验操作技能，知道实验得出的结论有哪些重要的应用。

自学指导

让学生明确自学的内容、时间、方法（边看书边做实验，还是看完整个步骤后独立完成实验）、要求（自学后如何检测）。

先学

学生做实验。根据实验结果归纳结论（有数据的要分析数据），完成对所学概念的实验验证过程；学生书面练习：可运用实验知识解答1～2道练习题，也可运用实验结论解决1～2个实验问题。

后教

学生更正；学生讨论，教师补充。

当堂训练

完成课堂作业。

另一种是通过实验探索自主建构新的概念或总结物理规律，并能运用新建构的概念或规律解决简单的实际问题。如"阿基米德原理""焦耳定律""功的原理"等。这类课一般可分六步完成。下面以"阿基米德原理"这个实验为例。

板书课题

出示目标

自学指导

布置学生自学实验1的内容，了解实验的基本过程及需要探究的内容，要求几分钟后能正确的做实验1。

先学

学生完成实验1，探究浸入水中的石块受到的浮力跟它排开水重的关系；学生实验时，教师进行操作技能指导与纠错。例如，怎样往溢水杯中倒满水；石块浸入水中后要注意不能碰到容器底或壁；称小桶重力时要把桶中的水倒干净；实事求是地记录实验数据等。

学生完成实验2，探究浮在水面上的木块受到的浮力跟它排开水重的关系；引导学生完成实验1、2的探究过程和结果，自行总结归纳出阿基米德原理的内容。

指名板演与例题1和2类似的题。

后教

针对板演出现的问题，引导学生更正、讨论；教师评点。

当堂训练

完成作业。

③学生实验课

实验课大致可分为下述几种类型：基本仪器的使用、测量性实验、验证性实验、观察和描绘类实验、探究类实验、演示实验、创新性实验等。

学生实验课一般有以下六个环节。

板书课题

实验的任务。

出示目标

明确实验要求。

自学指导

指导学生认真阅读实验教材，思考预习自学指导中的问题；熟悉实验的目的、原理、器材、步骤和要研究的问题；设计好记录实验数据的表格等。其中最重要的就是理解实验目的，熟悉实验方案和实验中的注意事项；突出仪器使用规则、操作规程、预防人身伤害和仪器损坏的注意事项。如测开水温度的实验中，倒开水时要特别小心，防止开水溅出烧杯发生烫伤事故；学生使用电源前应把控制输出电压的旋钮调至零值，实验时不接触电源插头的金属部分；记录数据要尊重事实，不可随意改动数据等。

先学

学生根据自学指导看课本，了解实验的操作过程及注意事项。

后教

指名学生上讲台演示实验，教师注视，演示的学生一步做对了，教师要求其他学生也做第一步，演示学生做下一步，做对了，其他学生也做下一步。如哪一步有错误，引导大家讨论、纠正，演示的学生重做，其他学生也同步做实验。这样每一步都把好关，讨论，说出操作中的错误，并说出"为什么错"，最后，讨论实验的结论。

当堂训练，完成实验报告

学生在对实验现象和测得的数据进行分析后，完成实验报告。教师要结合具体情况指导学生总结实验成功的经验或失败的教训，进行与本次实验有关的科学方法和科学规范的教育。

④习题课

习题课教学一般有如下六个环节。

板书课题

出示目标

使学生明白本节课将练习运用什么知识来解决什么问题，重点要学会哪些方法等。

自学指导

指导学生看例题的解题过程，重点看解题思路和方法，让学生真正明确自学的内容、方法、时间、要求。

先学

学生看例题，找规律；检测：板演、练习，教师可把巡视中发现的问题写在黑板上。

后教

学生更正，找出错在哪儿；讨论，说说为什么错，归纳解题注意点，老师同步板书要点，引导学生分析和纠错。

当堂训练

主要训练学生运用概念和公式进行解题的能力，进行解题规范化的训练。当堂训练的习题主要来自课本，要有典型性、针对性、启发性和实用性，要能够使学生举一反三，触类旁通。习题既有基本题，又有提高题，基本题为主，提高题为辅，基本题为全体学生必做题，提高题供学有余力者选做，以保证各类学生在物理习题课教学中得到发展和提高。

⑤复习课

复习课一般有几种类型，各类复习课结构如下。

检测—评点—练习复习课

适用于单元归类复习。采用这种方法容易发现学生中存在的问题，有利于激发学生参与复习的兴趣，课堂气氛也比较活跃。

一般教学环节为：

板书课题：复习的内容。

出示目标：复习的要求。

先学：检测。检测题多采用填空题或选择题等，规定时间让学生完成。

后教：学生互改检测题。

讨论：哪里错，为什么错。

教师针对大家都不能理解的问题（尤其是典型的或共性的问题）做有效的评点（不要讲得多）。

当堂训练（练习）：针对实际综合训练，培养灵活运用的能力。

组合实验复习课

这种方法适用于光学、电学的实验复习。可以把课本中有相互联系的演示实验、学生实验有机地进行组合。如电学部分的所有学生实验和大部分演示实验就可以组合在同一块教板上进行复习，操作方法如下：

板书课题：复习的内容。

出示目标：明确复习的要求。

自学指导：指导学生进行自我归类整理（一般安排在实验复习前）。从书本上查找本阶段共学过哪些实验，实验目的、原理、器材、装置图各是什么，它们之间的联系与区别又是什么。

学生实验：学生分别上讲台进行操作表演，在同一示教板上做出几个不同的电学实验。如利用伏安法测电阻的装置，就可完成电学部分的好几个实验。一个同学在讲台上演示，其他学生就认真观察、思考。

讨论：实验步骤是否正确，操作是否规范，结果是否正确，必要时还要分析实验的成败原因。

学生讨论小结：组合实验中涉及哪些概念、方法和原理？实验中使用的核心装置和主要元件的作用是什么？还可提供其他一些有深度的问题，让学生进行更深层次的探索。

课堂作业：实验总结，学生用文字整理出组合实验中形成的实验知识和方法体系。

典型习题为中心的复习课

利用典型练习题进行变式复习，重点引导学生进行一题多变、一题多解的练习与讨论。这种模式适用于对规律和原理应用的复习，如浮力计算、热量计算、电功率计算等。

其教学环节一般为如下六点。

板书课题：复习的内容。

出示目标：本节课复习的要求。

自学指导：（略）

先学：整理出表达原理、规律的公式和解决问题的一般思路与方法。如复习浮力时，可先复习计算浮力的几种方法；复习电功、电功率时，先写出所有计算电功、电功率的公式。

出示典型题，学生进行变式训练。教师给出题目主干或中心，学生由简到繁提出问题并解答。通过增减条件或改变条件形成新的问题。

后教：引导学生将这一系列问题的解决过程进行比较分析，找出一类问题的解题思路和方法。

教师评点：针对学生在训练中出现的问题进行点拨。

当堂训练：自己提出命题，进行变式和解答训练。

中学物理、化学、生物课期末复习课搞大"先学后教"，详见特殊操作方法（6）。

物理、化学、生物课与数学课的基本教学结构一样，都是搞一次"先学后教"，最后"当堂完成作业"，但是也有不同，不同点是物理、化学、生物课增加了做实验。要把实验穿插到课堂教学的始终。要努力让学生做到演示实验、分组实验，要注意引导学生同步做实验，每做一步，有错即纠，最后让学生得出实验结论。结论应该从学生嘴里出来，不应该由教师灌输。

　　物理、化学、生物课的课堂作业，以书面为主，让学生灵活运用概念解题，培养能力。但是，做书面练习题前要有学生自背、互背、教师抽背这种口头练习，努力达到人人正确理解、准确记忆概念。

　　（4）中学政治、历史、地理课上的运用

　　"先学后教，当堂训练"教学法在政治、历史、地理教学中一般也是采用一次"先学后教"，最后"当堂训练"。

　　政治、历史、地理课新授课各个环节操作要领与数学课基本一样，但因政治、历史、地理课与数学课教学内容有所不同，教学方法也该略做变动。

　　①板书课题

　　②出示目标

　　操作要领与数学课基本相同，但要注意：学习目标要准确。不能偏，不能把政治、历史、地理课的教学目标变成语文课的教学目标，把政治、历史、地理课上成语文课；不能降低，该准确记忆的、"会运用"的，就要能当堂运用，不能确定为"知道""理解"的目标；也不能拔高，该仅"知道""了解"的，不能随意加高要求，使得课上随意拓展、漫无边际地讲，课堂成了"百家讲坛"课。

　　③自学指导

　　自学指导的方式通过白板出示，可以节省时间，让学生容易看得明白。自学指导包括：自学的内容、方法、时间、要求。要精心出好思考题。因为思考题直接关系到学生自学的路子和效果。思考题不宜太多（一般 3～5 题），不能大而空，要明确具体，富有启发性，便于学生理解新知识，找到规律，能够运用新知识解决实际问题。

　　自学的方法。一般要让学生独立看书（大字部分精读慢读，小字部分快读，知道说明的观点），逐个找出思考题的答案，学会在课本上做记号，即在答案下画横线，重点词语加着重号，难点、疑点划双线或打问号，可举手向老师质疑问难，也可问同桌。

　　自学的时间。安排自学的时间不宜过长（一般 6～8 分钟），要让学生紧张、快节奏地完成自学任务；时间也不宜过短，让学生有认真看书、思考的时间，切不可走过场，因为看书是练习更正、讨论、当堂完成作业的前提，一定要讲究实效。

　　自学的要求。要鼓励学生认真看书，快速找准答案，准确记忆，当堂正确回答、默写。教师要满怀激情，精神抖擞，稳重端庄（不可用力拍手、敲桌子、敲黑板），语言要简洁，有条理，语调抑扬顿挫，能流露出关心、信任学生的情感。

④先学（看书、找答案）

出示自学指导后，进入"先学"这个环节，"先学"包括"看书"和"检测"两个环节。

按照自学指导，学生带着思考题读课文（看地图），认真思考，找出答案（地理课上可搭建知识框架图），同时，记忆。如教学内容不多，答案要点少，也可像数学课那样，看书后板演（书面练习）、默写，容易暴露问题，但用时多，一般高中少用。

⑤后教（讨论、对答案）

政治、历史、地理课上"后教"一般不分更正、讨论两步，常常看书结束后逐条提问，让学生对答案，政治课上要注重举例说明"为什么"。这样节奏快、效果好，不过，条理要清楚。要求答案要点要准，不能少一个，答题要规范，句子要完整，用词要准确，并能说出关键词的含义。例如，历史课上讨论"开凿大运河的意义"一题，要求学生说出"对以后的农业生产和交通有深远的意义"一句中的"以后"一词如何理解，是指隋朝还是指唐朝，还是指清朝，还是指至今……政治课要注重引导学生理解知识，能说出"为什么"，并能联系实际，举例说明。地理课上引导学生回答问题时，要尽量利用图说明。

如学生说对，教师可板书关键词或答案要点，如学生说不完整或不对，教师启发他人补充或更正，如大家都不能解决问题，则教师讲，并板书要点或关键词。

地理课上教师要帮助板图、板画、板书（关键词），做到讲、写、画同步进行。板图、板画可课前准备，课堂展示，但更要重视教师现场板书。有些知识点，可让学生上讲台指着挂图讲，再让学生在板图上填注，教师适当指导，如讲授"我国主要铁路干线"，检测时教师出示"我国铁路干线分布图"，指名分"南北干线"和"东西干线"上讲台指图讲，学生每讲一条，教师画一条形成板图，座位上的同学则填注地理填充图册。

⑥当堂训练

当堂训练的时间不少于15分钟。

当堂训练的形式：第一，口头练习：要求学生自己背、自己读，同桌互背，老师抽背，确保当堂准确记忆。第二，书面练习。练习题要有代表性，形式多样，要难易适度，题量不宜过大。书面练习注重联系实际，让学生灵活运用。

教师要巡视，要注意矫正学生坐姿，培养他们的综合素质，确保学生像考试那样独立按时完成作业；教师不得辅导学生（如有错误，待课外辅导）。如少数学生做得快，已完成，教师可以叫他再读书、背书，或完成别的学习任务。

书面作业，必须当堂完成，下课前交作业本，让老师带回办公室。

政治、历史、地理课与数学课基本教学结构一样，都是一堂课搞一次"先学后教"，最后"当堂训练"。但是也有不同，主要是：数学课，"先学"分"看书""检测"（书面练习）两个小环节，而政治、历史、地理课"先学"仅仅"看书""思考"一个小环节；"后教"数学课上分"更正""讨论"两个小环节，而政治、历史、地理课上则只有提问、讨论一个小环节，即讨论、对答案；数学课上"当堂训练"以书面理解为主，有时，书面练习前用很短时间背诵、记忆概念，但政治、历史、地理课上"当堂训练"不仅有书面练习，而且在书面练习前有较长时间自背、互背、老师抽背思考题的答案，确保当堂准确记忆。具体该怎么运用，教师应该从实际出发、讲求实效而确定。

要注意语文学科与政治、历史、地理学科的联系。因为中学生具有一定的语文阅读能力，基本上能读懂政治、历史、地理课本，所以，政治、历史、地理课上，要大胆地让学生自己认真阅读课本，从课本中找到答案，使语文为政治、历史、地理教学服务。同时，要注意引导学生认识生字（如生物、历史教材中不常用的汉字），在学习政治、历史、地理课过程中，增强阅读写作能力，促进语文教学。

政治、历史、地理的期末复习课搞大"先学后教"，即几节课搞一次"先学后教"，具体方法见特殊操作方法（6）。

2. 特殊操作方法

即一节课搞几次"先学后教"，最后"当堂训练"或几节课搞一次"先学后教"＋"当堂训练"。

（1）中学语文课上的运用

中学生已基本解决识字问题，并有一定的阅读能力，对他们来说，一般课文都能读，大致意思也能理解，他们也能查阅资料，使用工具书。因此，中学语文教学中，运用"先学后教，当堂训练"教学法，引导学生读书、思考、练习，必定学生喜欢，效果明显。

语文教学目标不是单一的，而是多元化的，既有会读课文的要求，又有对文章中心思想、写作特色的理解、运用等的要求。因此语文课堂教学常常一节课要搞几次"先学后教"，最后"当堂训练"。课堂结构示意图如下：

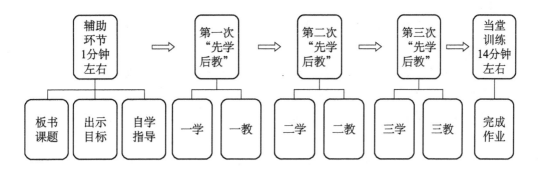

运用一节课搞几次"先学后教"＋"当堂训练"操作方法时，可灵活仿用一般操作方法的操作要领，因为规律、原则是基本一样的。

语文课堂教学要从学生读书（自读或导读）开始，教师做到"四不"：不介绍时代背景（因为学生学过了历史，待学生读懂课文后，启发学生联系历史课上学到的知识讨论主题）；不介绍作者（因为课题下注释有），不解题（待学生读懂课文后，启发学生自己解题，或者教师提出设问，让学生读课文时思考：本课如何扣题写的）；不范读课文（把教师范读课文，改为让学生自己读，既能发现问题，又能培养学生能力，如课文是名篇，可放录音，让学生提高朗读、欣赏水平）。

不过，课型不同，应用还要有所变动。现举例介绍如下。

①"文言文"教学

一般采取三次或四次"先学后教"，最后"当堂训练"。

板书课题

教师三言两语（速度要慢，不可东拉西扯，离题远），讲出本单元的教学目标，导入新课，激发学生的学习兴趣，并板书课题；或者通过白板出示图片及课题（可配有陪衬的画面，但不能喧宾夺主，更不必配音乐）；或者教师直接一边慢慢读题，一边板书课题。什么方式好，就用什么方式。课题写在黑板中上方，字不宜小，不能潦草，笔画、笔顺不能错，一般不介绍时代背景，只要学生学过历史。

出示目标

板书课题后，教师要通过白板出示学习目标，让学生明确本节课的学习目标，以便提高学习效率。

操作要领

为了让学生看清教学目标，屏幕上的字要工整，不要太小，屏幕上不要配鲜艳的画面。

学习目标的内容主要是需要理解的知识、培养的能力以及情感、态度、价值观方面的教学目标（即学习本文应接受的教育）。

学习目标要准确，具体，简明扼要，通俗易懂。目标不能偏、错，如学习说明文的目标，不是要求学生像在常识课上那样理解什么常识，而是要求理解并运用抓住什么特征，按照什么说明顺序，用什么方法说明事物的知识。又如，教学议论文，目标不能定为政治课上的目标，否则将会盲目地提问、讨论，达不到语文教学目标（即阅读、写作方面的要求），却把语文课上成政治课。该"会运用"的，不能人为地降低到"知道"的程度上而当堂练习，影响培养阅读、写作能力的目标，也不要随意拔高，该"知道""了解"的，却要求"运用"。

揭示学习目标时，不要急于切换投影，使教学目标一闪而过，学生看不清楚，教师要注意情感投入，诱导学生尽快明确目标，不宜节外生枝，说闲话。

注意：语文课上的自学指导不是集中在出示学习目标之后，而是分散在几次"先学"之前，分别出示。

第一次"先学后教"：扫除生字词。

自学指导

自学指导的方式通过白板出示。主要是指导学生认真听录音，给生字注音，要求学生明确听录音后要比谁能正确朗读课文，能够读准字音，声音响亮，停顿正确。

先学

指名学生轮流朗读课文。尽可能让后进生读，让多数同学都有读的机会，每人读一点。

后教

其他同学认真听，及时指出并更正读错的字音，教师仅仅帮助板书准确的正音，不可插话过多，尤其不能讲空话、废话、多余的话，更不能节外生枝，搞费时、低效的加分评比，干扰读书；如学生读错了，其他学生都不能纠正，教师才帮助正音。

在第一次"先学后教"中，"先学"与"后教"穿插进行，读一点，有错就纠，再读一点，有错再纠，边"学"，边"教"；轮读课文结束后，齐读难以读准的字词或听朗读课文的录音。

第二次"先学后教"：译讲课文。

自学指导

屏幕出示自学指导后，要求学生边默读课文，边运用课文上的注释解释重点词，并练习译讲课文。如有疑问，可举手问老师、同学，5分钟之后比谁能正确地译讲课文。

先学

学生看课文，准备译讲。

后教

译讲前，出示译讲方法。译讲时，白板出示图像和文字，如教《狼》《咏雪》《小石潭记》《岳阳楼记》等课，均边出示图像，边指名译讲有关的句子。初中可让后进生逐句译讲，并解释重点词（每人译讲一两句，尽可能让多数同学有译讲的机会），其他同学认真听，及时指出并更正译讲中的错误，教师板书关键词，但不必重复讲，如学生译讲错了，其他学生都不能纠正，教师才针对问题，准确讲解，并板书关键词。译讲一层后，让学生概括大意，教师板书层意。

高中译讲课文可用初中逐字逐词译讲的方法，也可逐层提问："这一层，有不懂的词、句吗？请举手"，如这一层大家都会，则考考大家，指名解释几个难度大的关键词，翻译几个难度大的重点句，严防学生有不会译讲的地方而不质疑。如学生把重点词、重点句都讲对了，则指明学生用自己的话说出这一层的大意；如学生有不会译讲的句子、不会解释的词语，则指名尖子生讲，如尖子生不会讲，老师一定要抓紧时间讲好真正落实，并板书关键词，不可浪费时间，走过场。译讲结束后，可鼓励学生质疑问难，叫学生回答问题，或说出层意，教师板书小标题，也可让学生朗读译讲过的课文。

总之，从实际出发，有效地启发学生，紧张学习达到目标。

第三次"先学后教"：背诵课文。

自学指导

引导学生分层背诵，不熟的地方做记号，反复读，熟了再背下一层……几分钟后，比谁能准确背诵，正确默写。

先学

学生读书，练习背诵。

后教

自背、互背、指名背诵。

第四次"先学后教"：理解文章中心和写作方法。

自学指导

要求学生看全文，联系时代背景等，思考课文后的习题，主要是文章的中心、写作特色等。强调答案要点全，表述准，有条理，无病句。

先学

学生看书，思考，教师巡视。

后教

学生讨论。

讨论时，教师要面向全体学生（目光巡视每个学生，不要盯住课本，不要只看少数学生），应先提出讨论题，让全班同学思考，个个准备回答，然后再指名回答；不能先指名（或指定××组同学），再提出问题，让全班学生袖手旁观；要问："会的请举手"，然后教师先让举手的学生中最差的学生回答。不要问"对不对"，让全班齐声回答（因为齐答会使学生不动脑，谁会谁不会搞不清楚）。要让较多的同学畅所欲言，切不可在一人回答之后，不管对否，教师就迫不及待地滔滔不绝地讲，使得学生讨论流于形式。

讨论的内容。要抓住重点，突破难点。讨论时，教师不可信口问这问那，东拉西扯，搞"满堂问"。

讨论的顺序。后进生先回答，优生补充，归纳，教师板书。这样，一类一类地按逻辑顺序讨论，由个别到一般，找到规律，上升为理论，指导实践。教师的板书要与学生的讨论密切结合，学生讨论哪一点，说对了老师板书这个要点，再讨论另一点，老师再板书另一要点。切不可等学生讨论完了，教师再边讲边板书，这样重复、费时，理论与实际脱离，影响学习效果。

教师不该讲的，坚决不讲。对学生通过自学，就已经掌握的知识点，坚决不教；若部分学生做错了的，让优生帮助更正，能正确讲出"为什么"的，已经解决的问题，也坚决不教；切不可学生讲一句，教师重复一句，学生讲一遍，教师重复一遍。对极少数学生知识回生的个别问题，也可以不教（待课外个别辅导）。

教师该讲则讲，而且要讲好。教师讲的内容应该是全班同学通过更正讨论，还不会的地方，即大家都说错了的或都说得不完整的。教师不能就题讲题，只找答案，应该抓紧时间正确地、有效地讲，引导学生找出规律，知其所以然，上升为理论，并能运用、增强阅读、写作能力。

教师要全身心投入，善于动脑，发现问题、解决问题，要能够驾驭课堂。对学生要严格要求，确保学生坐姿端正，书写工整，解题规范。教师要用好教棒，千方百计让学生紧张地思考，解决疑难问题。

当堂训练

当堂训练就是在教师指导下的练习。

练习的形式：一是口头练习，主要是背诵，5 分钟左右。二是书面练习，10 分钟左右，书面练习以课文后的练习题为主，也可默写课文、解词、翻译句子，或练习其他灵活的习题。

书面练习一定要按时、独立完成，学生下课前交作业本，让老师把作业本带进办公室。这样，使课堂教学密度大，节奏快，确保教学质量高。

文言文（短篇）教学一般采用三次或四次"先学后教"，一课时完成。如果课文较长，那么第一课时可以搞三次"先学后教"，即第一次"先学后教"，能准确地读全文。第二次"先学后教"，译讲课文或者第一段或第一、二段。第三次"先学后教"，背诵、默写第一、二段。第二课时继续译讲、背诵或讨论课文后面的思考题。如课文特别长，可以第二课时只继续译讲课文后部分、背诵课文后部分。第三课时讨论主题和写作方法等问题。总之，不管用几课时教完，每一个环节都是让学生"先学"（发现问题），"后教"（"兵教兵"，合作学习，解决问题），反复进行，最后当堂训练，完成作业。要求按时独立完成。

②记叙文、小说教学

教这类体裁的课文，也像教文言文那样，常用几次"先学后教"，最后"当堂训练"的教学程序。不过，体裁不同，须稍作变动。

板书课题（略）

出示目标（略）

自学指导（略）

第一次"先学后教"：学生自由读书或指名读书，扫除生字词。

第二次"先学后教"：学生读书，理清文章结构。

自学指导，要求学生边读书边分段，写出大意，几分钟之后比谁的正确。

学生读书，分段写大意（先学）。

讨论（后教）。

讨论顺序为：分段哪里不同？要引导学生注意某一节或某几节该属上一段还是下一段，并说出"为什么"，大意归纳得是否准确、简洁；段与段之间有什么联系，理清写作顺序（文章的线索），举一反三，并能运用。

如课文难度特别大，可先"分"：让学生读第一部分，接着讨论解词、说修饰方法、回答这一部分中的思考题、概述这部分的大意，教师板书小标题，之后让学生读第二部分，看白板出示的图，思考、回答第二部分中的思考题，概述这部分的大意，教师板书小标题……这样一部分一部分地读完课文，回答完各部分的问题，写好各部分的大意，最后"总"：讨论全文分几段，按什么顺序写……不过，必须注意面向全体，千方百计让学生人人参与讨论，防止一人读，一人说，多数人闲着。到底选择什么方法分段，要根据学情而定。

第三次"先学后教"：理解文章中心或人物描写或环境描写、直接描写、间接描写等写作特色。

自学指导

指导学生读书，思考课文后面的习题或教师出的思考题；学生读书，思考；学生回答问题、讨论。强调答案要点全，表述准，有条理，无病句，教师要做精彩的点拨，引导学生真正领悟，并会举一反三。

当堂训练

要学生书面练习，认真完成课文后谈体会等综合题，或仿写或灵活练习，培养学生思维分析、写作能力，为作文打下基础。要求按时独立完成。

③说明文教学

板书课题（略）

出示目标（略）

自学指导（略）

第一次"先学后教"：自由读课文，扫除生字词。

第二次"先学后教"：理清文章结构。

自学指导，要求学生边读书，边思考：本文说明的对象是什么，是抓住什么特征按什么顺序说明的。几分钟之后，比谁能够正确分段，写出大意；学生读书，分段写大意（先学）。

讨论（后教）。

讨论顺序为：本文说明的对象是什么？分段对不对？说出"为什么"。特别是要引导学生注意某一节或几节该属上一段还是下一段，段意归纳得是否准确、简洁；全文段与段之间有什么联系，说说本文是按什么顺序说明的，该如何应用。

第三次"先学后教"：理解说明的方法等。

自学指导

指导学生读书，思考课文后面的习题或教师出的思考题；学生读书，思考；学生回答问题；讨论。

当堂训练

以课文后的练习为主，尤其要让学生书面练习，认真完成课文后谈体会等综合题，或仿写片段或灵活练习。要求按时独立完成。

④议论文教学

板书课题（略）

出示目标（略）

自学指导（略）

第一次"先学后教"：自由读课文，扫除生字词。

第二次"先学后教"：学生读书，找中心论点，划分段落，写出大意。

第三次"先学后教"：学习论证的方法等。

自学指导

指导学生读书，思考课文后面的习题或教师出的思考题；学生读书，思考、讨论问题。

当堂训练

以课文后的练习为主，尤其要认真完成课文后谈体会等综合题，或仿写片段，要求学生观点正确，条理清楚，努力为作文打下基础。要求按时独立完成。

⑤诗歌教学

板书课题（略）

出示目标（略）

自学指导（略）

第一次"先学后教"：听录音，或学生自由读课文，或指名读课文，扫除生字词。

第二次"先学后教"：学生读书、思考，能解词、说大意，注意诗歌的跳跃、省略、次序的变化，能读懂课文。

第三次"先学后教"：背诵。

第四次"先学后教"：诗歌表达的情感、写作特色。

自学指导

指导学生读书，思考诗句的含义以及课文后面的习题或教师出的思考题；学生读书，思考，回答问题。

当堂训练

默写诗歌或其他书面练习，要求按时独立完成。

总之，运用"先学后教，当堂训练"教学法，教不同体裁的课文，一般都要搞几次"先学后教"，最后"当堂训练"，程序基本一样。不过，教学每一步，教师都应该正确引导学生学什么，怎么学，并帮助学生解决疑难。根据课文，教学时间可以为一课时，或两课时，或三课时。每课时均搞几次"先学后教"，直到教完达标。教师要从实际出发，讲求实效，灵活运用，努力达标。

在阅读教学中，教师应高度重视课文后的练习题，要把课文后的练习题作为学生课堂上自学的载体，让学生围绕课文后的习题，读书、思考、找答案或进行书面练习。要根据每节课的教学目标，有计划地把课文后面的练习题安排在课堂教学中，顺序一般为先练课文后面的小问题，后练文章中心思想写作特色的大问题（一般不按课文后面习题的顺序，因为课文后常常第一题是综合大题），也可让学生逐段读课文，讨论教师提出该理解的词句、修辞等问题。

如教学自读课文，常用一课时，要真正上成以训练为主的自读、作业课，可搞一次"先学后教"，即让学生独立运用从精读课文中学到的基础知识，自读课文、分析课文，书面练习课文后的习题，之后交流，教师公布答案，学生各自找出存在的问题。也可搞两次"先学后教"，即读书、思考、练习、讨论，再读书、思考、练习、讨论。

⑥作文教学

要处理好阅读课与作文课的关系，讲读课上，让学生学习范文，获得阅读、写作基础知识，培养阅读、写作能力；作文课上，让学生运用讲读课上学到的写作知识，仿写类似的文章，训练写作能力。作文课是讲读课之后的实践课，作文是讲读课后的综合作业。

根据新课标，初中以记叙文为主，高中以议论文为主。要明确所教年级学生的作文写作要求，制订全学期作文教学计划。每次作文，都要根据讲读课上学到的知识而获得的写作基础知识，确定教学目标，即训练的重点、具体的要求。作文指导课就是引导学生达到这个目标；作文批改就是评价学生哪里达到、哪里没有达到这个目标；作文评讲就是讨论哪些学生、哪些地方达到目标，哪些学生、哪些地方没有达到目标，是什么原因。学生总结，教师补充，归纳拓展。

作前指导

作前指导要灵活运用"先学后教，当堂训练"教学法，让学生紧张、高效学习，一般程序如下。

板书文题，出示写作要求（时间0.5分钟），让学生明确写作的目的、要求，思考怎样确定中心、选取材料和怎样分段等。

先学

仿课文，或灵活运用讲读课上学到的知识，独立编提纲（学生板演，练习，5分钟左右）。

要求简洁、明了，只要理清思路，不要求写详细。

定中心（议论文确定中心论点，记叙文确定中心思想，说明文确定说明特征）。

选材料（议论文要选能证明中心论点的典型的事实论据和道理论据——名言；

记叙文要根据中心思想选有代表性的事情；说明文……注明详、略）。

定结构（灵活地模仿课文，安排材料，写明作文纲目，即各段小标题和每段几小层的层意）。

后教

引导学生根据编提纲的要求，讨论修改提纲。如写议论文，可问：中心论点（中心思想）是否正确？要不要修改？其他同学还有什么不同的论点？是否正确？所选材料（事实、道理论据）是否能够证明中心论点或所选事情能否表达中心？要不要改？怎么改？其他同学还有哪些不同的选材，是否能证明论点（表现中心）？如有问题该怎么改？结构安排是否恰当？如议论文怎样提出论点？怎么论证（分几小层，摆事实，讲道理）？怎样结尾（写结论，结合实际怎么办）？该怎么改？

如记叙文，写一件事怎样分段，写几件事怎样分段？怎样开头？怎样结尾……问其他同学编的提纲还有什么不同的结构。教师补充、拓展，如何仿写课文，写出有新意、让人爱读、受到启发的好文章。

当堂训练（学生写草稿，时间 30～35 分钟），要求按时独立完成。

作文批改

作文批改要从教师愚公移山式的单一的"精批细改"中解放出来，变为学生自改、互改，教师把关，根据教学目标，抓住重点倾向问题，有针对性地批改。

学生自改：教师要高度重视，根据写作要求，认真批改草稿、正文，培养修改文章的习惯和能力。

学生互改：可小组互改，由写作水平较高的学生任组长，执笔帮助后进生修改草稿（主要改错别字、病句），也可由同桌水平高的帮助水平低的改。

教师批改：

一般步骤。第一遍浏览全文，初改，同时，在错字右上方打"×"，在别字右上方打"√"，同时在该行末打"囗"，供学生更正（待学生更正对了，教师就加一横，封口）；第二遍边读边细改：改病句，删去多余的话，写眉批（对写得特别好或有突出问题处加眉批，便于学生理解）；第三遍看作文，查疏漏（包括用错的标点），写出总批；打分。根据立意、选材、构思，先在作文题右边打分（100 分制）。然后再减去扣的分。如先打 85，再减去 6（2 个错别字扣 1 分，4 个标点扣 1 分，一个病句扣 2 分，不整洁及书写马虎扣 2 分），最后得 79 分。

批改要领。多保留，少删改。可改可不改的不改，可删可不删的不删，可添可不添的不添，不要把批改变成教师的代作；批语要注重思想性、针对性、实效性，要求语言准确、明确、具体、一针见血地指出问题（杜绝空话、套话），让学生能够理解，复作成绩会提高 10 分以上；教师用红水笔改，书写要工整，无病句；对冒尖生、对后进生多面批（每篇不少于 1/3 学生），教师边改边批，当面指出问题。

按时完成。必须在三天之内改完（当天晚上要改一半；第二、第三天分别改 1/4），改迟了就会低效或无效；批改日期写在总批的下面。

分类记载。教师一定要做好批改记载（可分审题立意、选材、结构、病句、错别字等几大项），为作文评讲提供资料。

作后练习

教师改完作文，就要把作文本发给学生，让学生看。优秀习作可在班内张贴或誊印成册传阅，供学校展览或给登上《校报》。

作后评讲

每次作文评讲都必须有具体的教学目标。每次作文评讲都要根据作文指导课上提出的作文教学目标以及学生作文中存在的倾向问题、作文批改记录提供资料从而确定具体的作文评讲教学目标。

作文评讲的一般程序如下。

先学

屏幕出示或发放复印的好、差典型材料，或指明学生读自己的典型片段。引导学生思考：运用课文中学到的写作知识，分析作文好、差在何处，如何修改？

后教

讨论上述问题；教师总结，帮助学生找到规律，提高水平。

注意：作文评讲要能解决问题，使错了的字不再错，类似的病句、不当的写法不再有。评讲课上要以学生评讲为主，让学生即席演讲，教师当场做恰当、有效的评点；常用对比法（指名朗读或屏幕显示优秀习作和问题作文，让学生们讨论、归纳、教师板书、小结）；作文评讲要与讲读结合（对照课文，评如何运用已学的写作知识），一般一次一个中心，解决一个倾向问题，不要面面俱到，个别问题可以个别解决；评讲后学生作业（写的作文或练习），要复阅；每两周一次大作文，都必须认真评讲。每周一篇小作文，评讲课从简。

课外阅读、写作

语文老师可鼓励学生利用午饭前后、晚饭前后或双休日的时间，进图书馆阅读与课文类似体裁的文章，寻找这一类文章的写作规律；可鼓励学生学会精读、细读，一星期读一本书；也可鼓励学生快速粗读，一小时读一本书，学观念，找规律；可鼓励学生写日记，写随笔；可鼓励学生看《新闻联播》，处处留心观察，自己命题，独立思考、立意、构思（每天打一篇文章的腹稿），写真人、真事，写身边的人、事，培养观察能力，培养快速写作的能力，切不可让学生不负责任地写脱离实际的、过时的作文题；可每周搞一次学生演讲比赛或故事会，培养学生口头表达能力。

教师要带头爱读书、爱写作。

语文教师一定要爱读书。语文教师要坚持进阅览室阅读报纸、杂志，阅读图书，尤其要阅读与课文类似的文章，并善于思考，寻找写作的规律；要认真阅读所教的课文，领会作者的写作意图，达到仿佛课文就是自己写的程度，准备以一桶水倒一杯水；语文教师一定要爱写作。语文教师要善于举一反三，模仿课文，灵活运用写作方法，写好下水文，获得实践经验，提高作文指导、批改、评讲的水平。否则，教师只能纸上谈兵，盲目地东讲西讲，学生就难写出好文章。

语文教学很复杂。教师要阅读、写作能力强，课文仿佛是自己写作，处处理解透彻，并且会写文章，才能教学得心应手，事半功倍。

语文复习课常采用加一种特殊操作方法，搞大"先学后教"，即几节课搞一次"先学后教"，详见特殊操作方法（6）。

（2）小学语文课上的运用（搞几次"比"，最后"当堂训练"）

小学生有学习语文的自学能力，即使一年级的小学生在入学前已学会说话，也认得一定数量的常用字，依靠拼音基本能读出课文，说出大致的意思。因此，"先学后教，当堂训练"教学法在小学语文教学中完全能够适用。但是，小学一年级教师要了解学生入学前在幼儿园是不是学会了拼音，已学会多少生字，注意一年级教学与幼儿园衔接，这样有利于从实际出发，有效地应用"先学后教，当堂训练"教学法。

永威小学老师，把"先学后教，当堂训练"的三个主要环节改为"几个比"，即"比读书""比写字""比默写""比说话"，最后，比"当堂完成作业"，一节课不论"几次比"，每一次"比"都为一次"先学后教"。这样把学生的学习活动变成了竞赛活动，每一次学生竞赛后，老师都组织点评，但是，教材不同，课型不同，应用时还要有所改动。小学语文运用"先学后教，当堂训练"教学法，形成的"几个比"

的操作方法，与中学语文搞几次"先学后教"，最后"当堂训练"的操作方法是一致的，其示意图如下。

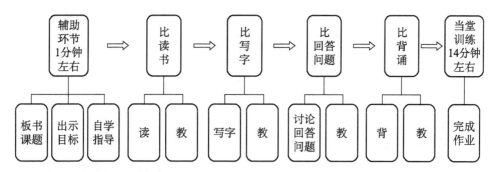

①"精读"课上的运用

板书课题

上课开始，教师三言两语（语速要慢，不可东拉西扯，离题远），以激情或制造悬念等导入新课，板书课题，或者教师直接一边慢慢读题，一边板书课题。小学低年级一般为学生边唱笔顺，教师边板书课题，学生听得懂、记得住。课题写在黑板中上方，字不宜小，不能潦草，笔画、笔顺不能错。怎么效果好，就用什么方式板书课题。

出示目标

板书课题后，教师要通过白板出示学习目标，让学生明确本节课的学习目标，提高学习效率。小学低年级以教师口述为宜。

操作要领

为了让学生看清教学目标，屏幕上的字要工整，不要太小，屏幕上不要配鲜艳的装饰画面。

学习目标的内容包括理解知识、培养能力，以及情感、价值观方面的教学目标（即学习课文，受到什么教育）。

学习目标要准确。根据教材和课程标准，既不降低，该"会运用"的，就要能当堂运用，不能人为地降低到"知道"的程度上；也不拔高，该"知道""了解"的，不能要求"运用"，更不能搞错。

学习目标要具体，要简明扼要，通俗易懂，富有鼓励性，比如"比谁能……"

不要急于切换投影，使教学目标一闪而过，学生看不清楚。

揭示学习目标时，教师要注意情感投入，诱导学生尽快明确目标，教师不宜节外生枝，说闲话。

自学指导

揭示教学目标后，教师要有效地指导学生自学。自学指导的方式通过白板出示，可以节省时间，学生容易看得明白；小学低年级常以教师口述为主。自学指导的目的是让学生达到四个明确：自学的内容、方法、时间、要求（即自学后如何检测）。

操作要领

语文课往往需要搞几次"比"，即几次"先学后教"，因此，"自学指导"不是集中在"学习目标"后出示，而是分散在几次"先学"前出示，每次"自学指导"时间不长，要简明扼要，针对性要强。下面介绍的"自学指导的操作要领"是指几次"自学指导"应注意的方面。

自学的内容应引导学生根据重点看新知识。

要紧扣学习目标精心出好思考题，因为思考题直接关系到学生自学的路子和效果。自学指导中常有思考题，一般采用课文后面的问题，也可补充，尤其要让学生逐段、逐部分读。思考题不宜太多（一节课两三题），多了就成了"满堂问"。思考题不能大而空，要明确具体，富有启发性，便于学生理解课文，理解新知识，找到规律，能够运用新知识解决实际问题。

自学的方法。怎样学得好，就怎样学。一般要让学生独立看书、思考，可在课本上圈圈画画，做上记号，可质疑问难，但不宜边看书边讨论。

自学的时间。安排自学的时间不宜过长，要让学生紧张、快节奏地完成自学任务；时间也不宜过短，要让学生有认真看书、思考的时间，切不可走过场，因为看书是练习更正、讨论、当堂完成作业的前提，一定要讲究实效。

自学的要求。要鼓励学生认真看书，比谁自学效果好，能做对检测题（但检测题在自学指导中不能出现，一定要在看书结束后出示，否则会影响学生专心看书）。这样使自学变成了检测前的准备，使学生看书能够紧张地思维。

教师要满怀激情，精神抖擞，稳重端庄（不可用力拍手、敲桌子、敲黑板），语言要简洁（尽可能不讲一句废话），有条理，语调抑扬顿挫，能流露出关心、信任学生的情感。

比读书（第一次"先学后教"）

先学

听录音，或指名后进生轮流朗读课文，让多数同学都有机会读，每人读一点，不要一人读一大段，多数学生闲着。

后教

教师引导其他同学认真听，发现读错的字，帮助纠正，教师仅仅帮助板书正确字音。

如学生读错了，其他学生都不能纠正，教师再做解答。

教师可检测重点词语，指名回答，学生评议纠正。

要注意音、形、义结合，要引导学生结合上下文，在语境中去理解词语，切不可死记硬背。

比写字（第二次"先学后教"）

白板出示课文后的生字，引导学生分析字形。

学生写字。

听写。

比分段（第三次"先学后教"）

方法一：要求学生根据自学指导边读课文边分段，写出段意，或者中年级学生学习结构较复杂的课文，老师可以出示段意，让学生根据段意给课文分段，几分钟之后，讨论：第一，分段对不对？如有几种分法，请学生各抒己见，说出"为什么"，段意归纳得"对不对"（准确、简洁）。第二，全文段与段之间有什么联系，理清文章顺序，先写什么，后写什么，并举一反三，说说如何运用。

方法二：指名学生读一段课文，看白板上出示的画面，启发大家解释这一段的关键词、句，说出修辞方法，或回答关于这一段的思考题，之后启发大家归纳这一段的大意；接着，指名学生读下一段课文，看白板上出示的画面，启发大家解释关键词、句，说出修辞方法，或回答关于这一段的思考题，之后启发大家归纳这一段的大意……这样，逐段读、议、归纳大意，直到大家基本读懂全文后，再讨论全文怎么分段、按什么顺序写、段与段之间有什么联系。这样，由"分"到"总"，便于学生理解。如果课文比较长，让学生读几节后讨论，再读几节后再讨论……

小学，尤其中年级阅读教学的过程中，指导分段，应考虑学生的实际，可采用中学的给全文分段、分段意的方法，也可先分后总，即分别读各段，读一段，归纳一段大意，最后，总结全文结构，这样由部分到整体，便于学生理解。小学一、二、三年级课文短，自然段少，可以不分段。

不管采用什么方法，分段都要在学生读懂课文的基础上进行。如果在第一课时学生听完录音、对课文还不够理解时，就引导学生给全文分段，吃夹生饭，效果就不理想。

比说话（第四次"先学后教"：理解课文内容及写作特色）

方法：学生读书，思考，准备，之后学生回答问题，讨论，教师点拨。

操作要领

讨论的内容要抓住重点，突破难点，教师要精心设计好比说话的问题。不管是逐段读、议、归纳段意，还是阅读全文，回答问题时，教师都要精心设计好思考题。例如，教《花钟》一课的第二课时，让学生读、议第一段，应该只用五六分钟，问三个问题，让学生讨论：一、说说9种花开放的句子含义（什么花什么时候开）；二、说说运用什么修辞方法（拟人、排比）？有什么作用？（生动、形象）；三、齐读第一段后，说说第一段大意（不同的花不同的时候开）。教师不可信口问这问那，东扯西扯，随意提问许多问题而浪费时间，效果不佳。

讨论的顺序。要一类一类地按逻辑顺序讨论，并由个别到一般，再指导实践。

教师讲的内容。学生会了的，教师坚决不讲；学生都不会的地方，教师应该立即讲好，不能不讲或讲不好。

比背诵（第五次"先学后教"）

自背、互背、抽背，不熟的地方反复读熟。

比当堂完成作业

默写生字或完成课文后的练习。

一般情况下，上述的前两次"先学后教"为第一课时，之后几次"先学后教"为第二课时。如果课文篇幅长，生字、词语或其他知识点较多，需要两课时完成的，第一课时可重点解决字、词，把课文读流利，默写生字，第二课时进行第三次和第四次"先学后教"的内容……

总之，不管用几课时教完，每一个环节都应让学生"先学""后教"，反复进行，最后"当堂训练"。语文教学应当重视读，每一个"比"都要让学生认真读书后进行。

②"略读"课上的运用

语文略读课重在考查学生在精读课中所学的阅读知识与技能的运用能力，一般一个课时完成，教师要充分体现一个"放"字，即充分让学生自读、自思、自练、自议。

板书课题（略）

出示目标（略）

比读书

指名读书，大家帮助正音。

比回答问题

学生认真读课文，看白板上出示的画面，思考后讨论：文章写了一件什么事，先写什么，后写什么（理清文章层次）；你最喜欢课文的哪一部分？为什么？文章用了哪些写作方法和修辞手法？我们在作文时如何运用？（内容供参考，根据需要设定）

先学：学生边读书，边思考，找出答案。

后教：学生回答问题（一题一题进行），讨论，教师点拨。

比背诵精彩的段落

当堂训练

紧扣教材，根据知识点设计训练题，或做《练习册》中的训练题。

③低年级"识字课"上的运用

对于低年级的"识字课"，可以采用"几个比"的教学方法。

板书课题

出示目标（用通俗易懂、富有激励性的语言口述）

自学指导（用简单明了、富有激励性的语言分别在每个环节之前口述，告诉学生自学的内容、方法、时间和要求）

比读课文（第一次"先学后教"）

先学：指名读，一人读一句或两句，让尽可能多的学生读。

后教：其他同学认真听，发现错误，及时更正读音；教师板书正确字音。解决板书的错音字（兵教兵→指名读），教师仅仅帮助板书准确的正音，不可插话过多，尤其不能讲空话、废话、多余的话，更不能节外生枝，搞费时、低效的加分评比，干扰读书；指名读一两个自然段后，投影出示部分要求"会认字"（以词语出现），学生借助拼音读一读（结合课文识字，为"认一认"打基础）。

比流利朗读课文（第二次"先学后教"）

先学：自由读课文，要求读得正确、流利。

后教：指名展示读。读不流利的句子，同学帮助，如有难读的句子或段落，教师可范读，然后重点让学生练读。

比写（第三次"先学后教"）

先学：学生认真观察课文后田字格中的生字，看白板出示的放大后的田字格中的生字，注意笔画、间架，然后临摹。最后展示2～3人的作品。

后教：师生评议；学生写不好的字由教师在田字格中范写。

比当堂完成作业

学生在练习本上认真练写。如果要求会写字较多，第一课时写字可以只写两三个，剩余的可放在第二课时练习。

操作要领：要注重指导学生既要写对，又要写好。笔顺、笔画正确，间架结构匀称，大小适中。

在小学语文课上，多数采用"几个比"的操作方案，但也有的课还是搞一次性的"先学后教"，即"集中学""集中教"，最后"当堂训练"。

小学高年级作文指导课：板书课题；指导学生自看"语文园地"中的"习作"提示，明确习作的内容与要求；学生自选材料、自编提纲；之后交流提纲。指名读提纲（或投示出来），"兵教兵"评议，教师点拨指导，纠正选材、构思方面的倾向性问题；最后当堂完成作业，誊写作文。

小学中高年级作文评讲课：导入、点明评讲议题；出示典型（特别好的、特别差的）习作片段或全文；学生看，思考，准备发言；引导学生讨论（比较、归纳）；教师总结；理出方法，指导实践；完成作后作业（修改作文或片段练笔等）。

小学低年级说写指导课：

板书课题

内容："语文园地"里的"口语交际"；发生在自己身边的事；观察"人""物""景""图"；创设情景（学生表演或播放情景小剧）等。

说话指导：让学生明白内容、方法和要求。

例如，"同学们，我们先来看一个小表演，要求大家边看，边听，边想，看完后把表演的小故事完整地讲给大家听，还要讲出你的看法和想法，然后呢，我们还要把它写下来。"

说前准备：学生观察（听、看、想）或回忆（身边事）等。

说话（演讲）比赛：要求学生说得具体、清楚、有序，让别人听明白。

指导学生评议：哪一点说得好，哪一点说得不好，为什么？应该怎么说？

写话。写前指导：要求把说的话写下来，要写得通顺、具体、完整，把字写端正，不写错别字，不会写的字可以问同学，问老师，也可以用拼音代替，会用简单的标点符号等。

小学低年级写话评讲课：

导入，提出评议内容及要求；白板展示（或指学生读）具有典型性（好、差）的学生习作，引导学生从句子通顺、意思清楚、内容完整、具体以及写字正确、字体工整以及标点符号等方面一一进行评议；教师总结，归纳方法；学生修改习作或进行相关片段练习。

不管是"几学几教"，都必须充分体现"学生自主、合作、探究性学习"的原则，教师必须当好导演，做好主持人，以饱满的热情和富有亲和力的教态，用恰当的过渡语、指导语、评价语，去激励学生，引领学生紧张、快节奏地学习。

为了提高语文教学质量，还必须十分重视学生的课外阅读。小学低年级语文教学注重识字，尽可能地让学生多识汉字，力争一年级学生能识1000多个汉字，二年级学生能识2000多个汉字。

每周，可利用一节语文课的时间，让学生进阅览室，在老师指导下，阅读名著或其他书籍。每个班都有图书角，学生利用课余时间也可以自由阅读。同时，学生人人写成长日记、读书心得，努力提高写作水平。

小学语文期末复习课常用几节课一次"先学后教"，详见特殊操作方法（6）。

（3）中小学英语一堂课上的运用

英语学科使用"先学后教，当堂训练"教学法要从实际出发。如学生没有学过英语，教师在给他们上第一节英语课时，就不能搞"先学后教"，应该以老师教为主，范读、领读，把学生引进门。只要部分学生会了的，就可以让会的学生教不会的学生；学生学英语有了一定的自学能力，学会了国际音标，就应该让他们先学，暴露问题后合作学习。教师运用"先学后教，当堂训练"教学法，一定要从实际出发，实事求是，要考虑学生的基础，要在学生能学的前提下，让学生看书、练习。

中小学英语教学和语文教学一样，教学目标多元化，因此使用"先学后教，当堂训练"教学法时，一般一节课使用几次"先学后教"，最后"当堂训练"。下面介绍"先学后教，当堂训练"教学法在英语几种课型中的应用。

①在英语单词教学中的运用

一般采取两次或三次"先学后教"，最后"当堂训练"。

板书课题

上课开始，教师三言两语引入话题，并板书本节课的课题。课题要写清单词所涉及的单元序号，字体要规范，不潦草。

出示目标

正确认读本单元（本话题）中所学的单词；结合汉语意思，熟记所学单词。操作要领：目标的表述：准确、正确、具体、简洁，通过一节课的教学活动可以实现；目标出示的方式：用多媒体显示；口述。为了节省时间一般用投影显示，但切换时间不要太快，要让学生看清；目标出示的时间：板书课题后；目标设计的数量：一般出示1～2个，不要多；目标要有鼓励性，比如比谁能熟练背诵……目标的表述以英文表述为主，边出示边阅读，有时要略加说明，让学生理解、弄懂。情感、态度、价值观这些目标不要求设计，通过教师的一言一行、一举一动，点滴渗透在教学中。

自学指导

出示目标后，教师要有效地指导学生进行自学，让学生自学时能够达到四个明确，即内容、方式、时间、要求。

第一次"先学后教"：认读词汇、校正发音。

自学指导

教师指导学生对×单元中×话题中的单词进行认读，几分钟后，检测大家的认读情况。比比看，谁读对的单词多，谁的发音最准确。

先学

学生根据自己所掌握的语音知识，认读英语单词；学生听单词录音，画出自己读错的或不会读的单词。

后教

教师播放单词录音，学生跟读，校正自己的发音；教师播放录音时要关注每一个学生，不要只看录音机。

第二次"先学后教"：学生自读单词，教师检查单词发音。

自学指导

教师指导学生自读单词，做到四个明确（略）。

先学

学生自读单词，教师巡视，即时解决学生的读音问题；教师在屏幕上呈现单词，学生合上课本自我检查，然后同桌互查，教师最后抽查。

后教

教师在抽查中，要侧重后进生，若后进生发音有问题，由优生帮忙。对于某些多音节词或含有难发的辅音字母组合的词汇，教师统一示范领读。

第三次"先学后教"： 联系汉语意思，加强记忆。

自学指导

教师指导学生结合汉语意思，加强记忆，做到四个明确（略）。

先学

学生在教师的指导下，记忆单词；同桌互提；小组互提；教师出示图片、实物等直观教具让学生产生联想，说出单词。

后教

对于难以记忆的单词，教师引导学生根据字母组合、发音要领寻找规律，进行记忆。

当堂训练

一般进行单词默写训练。教师指导学生默写出本节课所学的单词。

操作要领

学生要独立完成，不得抄袭；时间一般控制在 15 分钟左右；写在作业本上，字体规范，下课后上交。

英语词汇学习一般采取单元或话题内词汇集中学习的方式。以上所谈的仅是一种操作方法，围绕"先学后教，当堂训练"这一教学法，还可以有多种操作方式，不必拘泥一种。这种词汇学习方法同样适合高中英语词汇教学。

②在英语对话课教学中的运用

一般采取两次或三次"先学后教"，最后"当堂训练"。

板书课题

上课开始，教师运用与教材内容相关的图片、实物、音像资料或启发性用语导入新课，并板书课题。课题要写清某单元、主要标题、某话题、某小节，字体要规范、不潦草。教师要有激情，面部表情丰富，态度端正；用语不多，一般直扑主题，不东拉西扯。

出示目标

学习目标是一节课的归宿和任务。主要目的是理解知识，掌握知识，运用知识，培养能力。目标的表述要准确、正确、具体、简洁，通过一节课的教学活动可以实现。一般常用的关键词有：to know, to learn, to understand, to grasp, to master, to practice, to remember, 等等。教师要反复钻研教材，根据课标要求和教材内容来确定目标；目标出示的方式：用多媒体显示；口述，语速适中，要让学生明白意思。为了节省时间一般用多媒体显示，但切换时间不要太快，要让学生看清；目标出示的时间：板书课题后；目标设计的数量：根据课标和教材内容要求，一般出示 1～2 个，不要多；目标要有鼓励性，比如比谁能……（同单词教学）。

自学指导

出示目标后，教师要有效地指导学生进行自学，自学时要注意以下问题：明确自学的内容，如读文中插图、读对话内容、分析图表等；明确自学的方式，如听录音、朗读、默读、跟读、分角色读、边读边在不懂的地方做记号等；明确自学的时间，时间安排要根据教材的内容和学生实际自学能力核定，要体现紧张、快节奏的特点；明确自学的要求，即自学后怎样检测（回答问题或判断正误）。这样自学就有了压力，学生就会格外认真，并紧张地思维。

第一次"先学后教"：读图、感知对话内容。

现行英语教材图文并茂，插图是为了更好地直观了解语言材料，因此教师要首先指导学生读图、分析图，培养学生的读图、识图、看图说话的能力，读图前要设计好问题，如：How many people are there in the picture? What are they talking about?

自学指导（略）

先学（学生读图，教师提问）

后教

对于学生的问题，教师通过启发诱导的方式解决；如果没有配图，这个环节就可以省略。

第二次"先学后教"：听录音，理解大意。

自学指导

教师指导学生通过听课文录音，理解课文大意，并回答理解性问题。

先学

即教师组织学生听对话录音。

两种听的方式：学生合上课本听，培养学生专心致志听的习惯和理解课文大意的能力；学生打开课本听，边听边分析语音、语调的特征和说话人的态度，理解句意，可以边听边读，在自己易读错的地方划上记号。要求：学生要端正坐姿，独立、耐心地听，不允许交流；教师要边操作录音机边关注全体学生，不做其他事情。

检测学生听的情况。教师要鼓励学生大胆地回答问题。尽量找后进生回答，后进生难以回答的可以找优生帮忙。要求：设计问题不要多，1～2个即可，最多3个；要控制难度，因为听力理解本身就难；回答问题时，不要让一个学生把问题回答完，别的学生无事干，要让更多的同学参与到活动中来。

后教

对于学生都难以回答的问题，通过集体讨论仍解决不了的教师可以通过启发诱导的方式来解决。

第三次"先学后教"：学生读书，发现问题，解决问题。

自学指导（略）

教师指导学生自读对话内容（朗读、默读），理解对话的深层含义，做到四个明确。

先学

学生自读对话内容（朗读、默读），理解对话的深层含义，并把不懂的语言点、句子结构、语法现象做上标记，要求学生反复阅读教材内容，努力弄懂每一句话。教师在学生阅读的过程中，要密切关注每一个学生的读书情况，适时进行行间巡视，鼓励学生质疑问难。

后教

指导学生分小组进行讨论、交流、合作学习（根据学情调查结果，决定是否讨论）。教师指导学生对不懂的知识点进行讨论，采取"兵教兵"的方式，解决问题；对于学生经过讨论，仍不懂的地方，教师可启发、诱导、举例，并板书要点。切记：学生都会了的，不讲；都不会的，要讲，且要讲好。

当堂训练

一般分口头和笔头训练两种形式。

口头训练：学生在理解对话内容的基础上，进行分角色表演，并围绕新句型进行口头表达训练；分角色表演要关注全体学生，让后进生也有锻炼的机会；分角色表演要给学生适当的时间准备；教师要给学生创造一定的语言环境，鼓励学生大胆地进行演练，培养学生的演说技能；学生在口语训练中所出现的问题，教师要及时加以纠正，同时，评价学生表演的等级。

笔头训练：重要句型和词汇的运用，学生背、记过的知识点，并进行笔头训练；课文或文中重要句子默写。当堂训练题目设计的要求：紧紧围绕本节课学习目标，不能与教学内容无关；量要适中，不要少，也不要太多；所设计的题目不要过难，要有代表性，与本节课的任务相吻合；当堂训练的时间一般控制在10~15分钟；笔头练习要求学生独立完成，不得抄袭、看书。在高中英语对话教学中也适用。

③在阅读课教学中的运用

一般采取两次或三次"先学后教"，最后"当堂训练"。

板书课题（略）

出示目标（略）

阅读课的教学目标主要是培养学生良好的阅读习惯，熟练阅读技巧，正确理解文章大意的能力。

自学指导

出示目标后，教师要有效地指导学生进行自学，自学时要注意以下问题：明确自学的内容，如本节所学的课文；明确自学的方式，如听课文录音、朗读、默读等；明确自学的时间，时间安排要恰当，不要长，也不要短，要体现课堂紧张、节奏感强的特点；明确自学的要求，即自学后要回答对课文大意理解的问题。

第一次"先学后教"：听录音，理解课文大意。

自学指导（略）

体现"四个明确"。

先学

学生听录音，并回答浅层次问题（1~3个），根据学情，确定听的遍数，每听一遍都要收到效果。

后教

教师指导学生回答问题。积极鼓励后进生回答，出现问题学生更正；难度较大且通过讨论仍解决不了的问题，教师通过启发诱导进行点拨解决。

第二次"先学后教"：学生读课文，深层次理解课文大意。

自学指导

教师指导学生限时读课文（朗读、默读、轮读，不要齐读），读后回答问题。

先学

学生读书。教师密切关注学生的自读情况，进行行间巡视，鼓励质疑问难。

后教

学生自学后回答理解性问题。教师要一个题目一个题目问，不要让一个同学回答多个问题。要鼓励所有的学生积极准备，尽可能让后进生来回答，其他同学要认真听，并判断回答的答案正确与否，一个问题要让多个不同层次的学生回答；对于学生都不会的，要通过启发诱导的方式让学生理解。

第三次"先学后教"：学生细读文章，划出不懂的语言点。

自学指导

指导学生细读课文，划出不懂的语言点、表达方式和语法现象。

先学

学生细读文章，找出不懂的知识点，同时标上记号。

后教

自学结束后，教师指导学生两人或四人一组（每一个组内都要有后进生和优生，以便相互帮助）对自学过程中不懂的地方进行讨论，学生可查阅资料、看课后注释；组与组之间也可相互交流，解决共同存在的问题；对于学生们讨论后仍解决不了的问题，如难以理解的短语、句型或语言点，教师做必要的、适当的点拨、举例、归纳等，并板书要点。切忌盲目地大讲特讲，点拨要点以不脱离教材为根本，不增加学生的负担。

当堂训练

一般分为口头训练和笔头训练。

口头训练：口头复述课文或背诵文中重要的句子，采取自查、互查、抽查等方式进行调查。

笔头练习：对文章中的重要知识点的基本运用；重要句子默写；题目设计的要求（略）（同对话课）。

阅读教学中的先学部分不必完全按照以上顺序，可根据实际情况进行调整。这种教学法同样适合于高中英语阅读教学，尽管高中英语阅读材料篇幅较长、词汇较多，课标提出的基本要求和达到要求的途径是一致的。

④在语法教学中的运用

板书课题（略）

出示目标（要求略）

自学指导

教师呈现符合所教语法内容的语言现象，有两种方式：第一，教师通过现场演示，边叙述边呈现。学生通过观察、思考，理解所教的语法基本特征。如讲解动词的"正在进行时态"，教师可以边演示边呈现含有"动词正在进行时态"的句子，学生通过观察、思考、分析，加深对正在进行时态的基本特征的理解。第二，教师在黑板上或投影屏幕上呈现所教语法项目的句子，学生仔细观察这些句子，寻找规律。

教师指导学生发现规律，揭示语法特点。学生通过观察、讨论，揭示语法特点。

后教

对于学生在观察语言现象中所遇到的问题，教师通过点拨加以指导，并板书要点；教师出示典型性练习题，引导学生进行深层练习。对于在练习中存在的问题，教师进行关键性点拨。

当堂训练

围绕本节所讲的语法项目，设计当堂训练题目。

基本要求（同对话课）：语法教学采用"先学后教，当堂训练"教学法，把学生观察、分析、理解语法特点放在第一位，从而让学生在体验和感悟中学习语法，运用语法解决问题。

⑤在复习课教学中的运用

板书课题

只板书单元序号。

出示目标

目标应涉及听力训练、单词、句子的正确拼读，熟记基本的语言要点，并正确运用。

自学指导

针对教材内容分类提出复习要求。

先学（学生自主复习）

教师指导学生围绕复习目标对教材内容进行自主复习。在学生自主复习的过程中，教师要进行巡视，并鼓励学生质疑；检测学生自主复习的效果，教师发检测题，学生独立完成。检测时间为15～20分钟。

后教

教师公布答案；学生同桌互改；教师统计结果；学生分组讨论错题，互相解决疑难。教师巡视；教师根据检测中的倾向性问题适时点拨、归纳，并板书要点。

当堂训练

学生巩固记忆基本语言点，通过自查、互查和抽查，达到"堂堂清"。

⑥在英语习题讲评课中的运用

板书课题（略）

出示目标（略）

教师分发改过的试卷；学生更正错题。

讨论、更正错题

鼓励学生分组讨论纠正错误；教师巡视关注学生们的讨论情况。

共同探究，解决问题

试卷中的一般性问题，采用"兵教兵"的方式解决；大家都不会的、有倾向性的问题，教师要点拨、归纳。

当堂训练

学生背记更正后的题目，教师通过自查、互查、抽查的方式，检查背记情况，保证学生人人弄懂记住，最后整理错题。

中小学英语期末复习搞大"先学后教"，详见特殊操作方法（6）。

（4）小学、初中、高中体、音、美课也常常一堂课搞几次"先学后教"，最后"当堂训练"

①小学音乐教学中的操作方法

传统的小学音乐教学，都是老师唱一句，学生跟着唱一句，是一种模仿、注入式的教学法。运用"先学后教，当堂训练"教学法后，课上让学生先唱、先练、先演，学生每学一步，教师都针对存在的问题，引导大家讨论，最后老师指导。

小学音乐课，运用"先学后教，当堂训练"教学法的一般程序如下。

导入新课

一上课，老师弹琴或放录音，营造愉快的、和谐的氛围，让学生做好心理准备。一般低年级可用趣味性导入，高年级可用简单话语导入。

出示目标

教师通过多媒体或用歌曲片段导入新课后，提出教学要求：学唱什么，达到什么要求。

第一次"先学后教"：新歌赏听（播放音乐或教师范唱）。

学生说感受，体会歌曲的情绪，教师简单介绍歌曲寓意、曲式、结构。

第二次"先学后教"：节奏训练。

自学指导：出示"自学指导"要体现四个明确：自学的内容、方法、时间、要求（即自学后如何检测）。

节奏练习（先学）：出示乐曲中的重点节奏谱，学生在"自学指导"的指导下练习节奏，教师巡听、发现问题，确定后教的内容。

检测更正（后教）：学生击打节奏，兵教兵，分析纠错。学生解决不了的共性问题由教师后教，演示、讲解后进行充分练习。

学唱乐谱，高年级可跟琴慢慢唱，低年级可跟着老师学唱。

第三次"先学后教"：学唱歌曲。

自学指导：出示"自学指导"要体现四个明确：自学的内容、方法、时间、要求（即自学后如何检测）。

播放歌曲，学生边听边打节拍，同时跟音乐哼唱歌曲3～4遍。

跟琴演唱：教师伴奏，学生练唱，同时教师要发现学生的不足，确定后教的内容。

学唱检测（后教）：指名单独演唱，学生纠错，正音；对学生不易把握的乐句，教师要反复弹奏，让学生听唱或教师范唱，达到准确演唱歌曲的目标。

当堂训练

教师引导学生分析歌曲的风格和情绪，指导学生有感情地演唱歌曲；通过丰富多彩的演唱形式（小组竞赛或表演唱）让学生有表现力地熟练演唱歌曲。

②小学美术教学中的操作方法

运用"先学后教，当堂训练"教学模式，课上引导学生观察、思考、模仿、想象、创作，循序渐进地引导学生去分析、理解，进行创造性实践活动。

导入新课

教师一般采用直接导入或图片导入的形式，让学生快速地知道本节课所要学习的内容，并板书课题。

出示目标

教师通过多媒体或口述的形式出示学习目标，让学生明确本节课的学习目标，提高学习效率（可配插图，活跃学生视觉思维）。

第一次"先学后教"：观察、思考、交流。

先学

观察图片（或视频）：找结构；找特征（学生可用几何图形来概括）。

后教

指生回答，他生补充。引导归纳小结。

第二次"先学后教"：模仿画、质疑问难、讨论交流。

先学

尝试画（让学生发现难点，暴露问题）。

后教

学生发现难点、暴露问题后进入后教环节。即"兵教兵"、生生互动。最后，教师再与学生探讨解决学生解决不了的问题。

第三次"先学后教"：观察、想象。

先学

观察、欣赏优秀儿童作品：你喜欢哪幅作品，为什么？你要怎样画？

后教（讨论、交流）

讨论时，教师要面向全体学生，提出讨论问题，学生回答，要让学生畅所欲言。教师切不可滔滔不绝，使讨论流于形式。

讨论的内容：要抓住重点，突破难点，对非重点的可以一带而过，没有问题可以不讨论。

第四次"先学后教"：当堂训练——作品创作、作后评议。

先学

教师出示练习要求，学生根据本节课学习的内容当堂完成作业。

后教

作业展评。学生完成作品后进行民主评析，找出优点与不足，教师点拨。

③小学体育教学中的操作方法

"先学后教，当堂训练"的教学结构在小学体育与健康教学中一般有六个环节，即口述课题、出示目标、自学指导、先学（先自练）、后教、当堂训练（多层次的练习）。其中前三个环节为辅助环节，后三个环节为主要环节。

口述课题

上课开始，教师言简意赅导入新课（语速要适中，不可东扯西扯远离主题），激发学生兴趣。

出示目标

教师通过口述学习目标（语速要慢），让学生明白学习目标，或向学生提供挂图，或提供相关运动短片等，激发学生的学习兴趣。

自学指导

教师通过口述方式，有效地组织学生自学。自学指导要让学生达到四个明确：自学的内容、方法、时间、要求（让学生知道检测）。

先自学

"练一练"初步知道运动的内容。按自学指导，学生认真对找学习卡片或挂图或教师示范，学生自己先练一练，边练边认真思考，找出动作要领。教师查看学生动作，或学生相互观察，发现学生存在的问题，记录典型的错误动作，适时表扬主动认真练习的学生。

检测。学生练习结束后，就检测学生的练习效果，一般采用请学生示范动作、学生评价的形式，暴露练习中存在的问题。这些存在的问题就是"后教"环节的内容（后教就是教学生解决存在的问题）。有时也可采用"提问"的形式，教师要注重实效，灵活选用。

后教

学生练习、检测后，就进入"后教"环节。"后教"不是老师讲，一般采用"兵教兵"形式组织小组学习。会的学生教不会的学生，困难大的教师与学生合作。"后教"这个环节，让学生能解决自学中碰到的疑难问题，加深理解动作，掌握正确的方法，并能灵活运用，形成动作技能。

"后教"一般分成两个环节：

纠正错误动作。教师引导学生观察正在示范的学生动作，鼓励学生上前纠正错误动作，尽可能让较多的学生纠错，教师不要轻易表态。

讨论。引导大家讨论，弄懂"怎么做"。讨论时，教师要面向全体学生，先提出讨论题，让全班同学个个认真思考，准备回答问题，然后老师指名回答，要问"会的请举手"。学生回答后不要齐问全班同学"对不对"，因为全班齐声回答不能反映真实的学情。要让较多的学生畅所欲言，否则讨论就会流于形式。

讨论的内容。要抓住重点，突破难点，对非重点的可以一带而过，没有问题可以不讨论。

讨论的顺序。学生讨论归纳时让中等生发表意见，教师帮助学生找到规律，上升理论，从而更好地指导实践。

教师只讲该讲的，不该讲的坚决不讲。教师讲的应该是全班讨论更正后，说错了或者说得不完整的。教师引导学生归纳上升为理论，指导学生预防练习时可能出现的错误。对学生已会的，坚决不讲，学生通过合作学习能解决的问题，也坚决不讲，对个别后进生重点关注，及时指导，当堂达标，做到"堂堂清"。

（5）幼儿园也运用一堂课搞几次"先学后教"的方法，让幼儿在活动中学习

教师引导幼儿看动画、看图片、做游戏、动手数数，让学生参加各种活动，在活动中引导同学说，如说错了，大家帮助，教师点拨，再让大家动手、说话，如有错大家纠正，教师点拨。比如，幼儿扫地，让他自己干，如扫的不干净，大家帮助，教师指点，幼儿学刷牙，自己干，如不对，大家帮助……

（6）复习课上的运用（几节课搞一次"先学后教"＋"当堂训练"）

什么叫复习？复习不是教师从零开始重讲一遍，而是教师引导学生自查补缺，不熟的要读熟（能准确记忆基础知识），不懂的问教师、同学。这样查漏补缺，解决存在问题，强化训练，增强能力。复习的依据是学情，因此要对症下药，即先查后补，先考后教。

中小学各科期末复习课一般搞大"先学后教"，即几节课搞一次"先学后教"，最后"当堂训练"，主要有以下四种课型。

　　第一种课型：一节课为背书、读书（准备）课——一节或两节课为考试课——一节课为评讲试卷、考后练习课，共四节课一个循环——"先学后教，当堂训练"。

　　背书、读书课，可用一节课（或两节课），因学生学情不一样，教师布置读的任务不要一刀切，要让学生吃自助餐，自选读书内容，紧张地看课本，看资料上的同步知识点（可一个单元或几个单元，也可以全册书的某一项或某一类），给不理解的地方做记号，质疑问难，对不熟的地方要反复读、反复背，互背、抽查，达到准确记忆。

　　考试课。利用一节课或两节课的时间，像高考那样限时、独立、快速完成（试卷由教师出），进行严格的、快速的、综合的、灵活的、高难度的训练，不可课前或前一天就发试卷，让有的学生考前就做过，在考场上轻轻松松、拖拖拉拉，不可不按时收卷（即使做得慢的也要准时收卷）。

　　评讲试卷课。评讲试卷课的目的是纠错，解决存在问题，而不是一道题一道题地重讲一遍，要求教师课前必须改完试卷。课上让学生更正错题，老师当堂批阅，也可学生质疑问难，同学、老师帮助解决。教师要讲好。讲的内容：对学生都做对的题或都会更正的题，则学生不讨论，老师不讲；对少数学生做错并且自己不会更正的题，要让会的同学帮助更正、讨论；对全体学生都不会的题，老师一定要讲，而且要讲好。讲的要求：由个别到一般，找出规律，指导运用，尤其注意对同类问题，要从不同侧面分析、整合，让学生融会贯通，体会题目中的思想方法，注重对细节的把握，记好笔记（记上要点），以便课后巩固、领悟、消化，灵活运用，避免做错的题再错。

　　第二种课型：搞大"先考后教"课：用一节课或两节课时间考试，再用一节课评讲试卷。

　　第三种课型：第一堂课"先学"（先考、先练），第二堂课"后教"（更正、讨论、老师总结、归纳），第三堂课"当堂训练"，针对问题讲解，三课时一循环——"先学后教，当堂训练"。

　　第四种课型：两课时一个循环，第一课时"先学"（先考、练习），第二课时"后教"（更正试卷、讨论、纠错、老师总结），最后"当堂训练"。

　　第五种课型："先考后教"课，常用于小学低年级或对外上复习公开课。教师要在课前精选试题，印好试卷，这种课的教学过程如下。

先考：一般用 20 分钟的时间考试（课上发试卷，限时、独立完成，达到严格训练）。

后教：屏幕公布答案及评分标准。答题要求：要点准确，不能多答、少答，不能表述不清，含含糊糊；不能无序、颠三倒四；学生对照标准逐题或逐项评对错，边给分（教师要严格要求，严格训练，严格评改，让学生能抓住要点，有序地解答，能增强思维能力、表述能力、解题能力）。

教师逐项或逐题问："这一项或这一题做错的请举手。"如没有学生做错，则继续逐题逐项提问："做错的请举手。"如仍没有学生错，则继续逐项逐题问，如有人举手，说出错误答案，则让尖子生（或会的学生）纠错，讲出"为什么"。千万不能让做错的同学本人讲"为什么错"，因为做错的同学难以讲出"为什么错"，会浪费时间，优生闲在那里，学生不紧张，课堂气氛不活跃。

对大家都不会的题，教师要讲，归纳出解一类题的方法、规律，让学生融会贯通，举一反三。

最后，让学生当堂完成课后作业。

例如，语文期末复习，可按单元分类，一次复习一个或两个单元；或者按体裁分类，一类一类复习；或者按阅读写作分类，一类一类复习。这样的复习一般也采用大"先学后教"的方式，一次大"先学后教"为三课时。

第一课时：检测（先学）。

目的

摸清学生对本专题哪些掌握了，还有哪些没掌握。

操作要领

让学生做精选的检测题。检测题要依据新课程标准，围绕本专题的主干知识命题，要有代表性；教师要巡视，确保学生按时独立完成检测练习，要纠正学生做题时的不良习惯。

第二课时：纠正检测中的错误（后教）。

目的

引导学生纠错，更正一题，学会一类，吸取教训，避免下次重复出现类似错误。

步骤

学生对照答案互改；学生自己更正检测中的错题；出示典型的错误解法。请学生指出错误并说明原因，然后更正；引导学生总结规律，讨论注意点。

操作要领

要尽可能地让学生自己更正，自己不能解决的问题，让同学们讨论，老师只讲大家都不会的；不能就题讲题，要由一题讲出一个规律，让学生能够触类旁通。

第三课时：针对实际，综合练习（当堂训练）。

目的

在前两节课查漏补缺的基础上，适当拓展，综合训练，逐步形成知识网络，培养学生综合运用的能力。

操作要领

让学生做有针对性的拓展练习题；教师巡视，摸清有哪些倾向性的问题；课后及时批改并引导学生更正。

这类课型也可四课时一循环：第一课时前加一节课，让学生读书、背书，质疑问难，之后一课时检测，一课时纠错，还有一课时拓展练习。也可以两课时一循环，或一课时一循环。

不论几课时一循环，都要"先考"，发现问题，"后教"（纠错）；复习的主要方式是多读、多练、多问。千万不能把复习课上成新授课，更不能使复习课变成老师重讲一遍课本。

3．课外操作方法

"先学后教，当堂训练"体现一种信任、依靠学生、民主、平等的教育思想。这种教学法不仅能够在各年级、各学科、各种课型的课堂上运用，效果喜人，而且在课外的各种教育、教学中也可以灵活运用，效果也很明显。

（1）用"先学后教，当堂训练"教学法与学生谈话

谈话前，要备好课，选定谈话的最佳时间、最佳地点、最佳场合，确定好谈话的中心、目的，设计好运用"先学后教，当堂训练"教学法谈话的方案。老师要尊重学生，让学生坐下，营造谈话的和谐氛围，再以平等的心态跟学生交谈。

谈话时，一般采用"先学后教"的方式，搞几次"先学后教"，即老师提出问题，让学生先谈，老师认真听，一个问题学生说对了，老师就表扬，再让学生说另一个问题，如学生又说对了，老师再表扬，最后，老师鼓励。例如，某学生作业潦草，老师找他谈话，程序如下：

第一次"先学后教"弄清情况。老师把该学生的作业本摊开，放到该生面前，心平气和地问："××同学，你写的字怎么样？"如该生不回答，老师不着急，就把班上其他同学的作业本也摊到他面前，让他比较，还要他回答："自己的作业书写怎么样？"最后，该生一定会说："我写的字潦草。"老师听了，就表扬他，说："你实事求是，找到了问题，很好！"

第二次"先学后教"分析危害。叫学生说说："你认为书写潦草会带来好处还是害处？"学生说对了，老师表扬。

第三次"先学后教"分析原因。叫学生说说："你为什么会书写潦草？""是身体病了吗？""是没有时间吗？""是不是有什么特殊原因？"最后，学生一定会如实说出自己的不是，老师听了点头。

第四次"先学后教"谈今后打算。叫学生说说："今后怎么办？"学生说对了，老师表扬他，鼓励他，期待他今后把字写好。

又如，发现一学生写的情书，知道他要与别人谈恋爱，就找该生谈话。谈话时，也运用"先学后教"的方法，先问清情况，引导分析："如对方收到情书，拒绝了，你会有什么后果？""对方不拒绝，你会有什么后果？""别人知道了，你会有什么后果？""现在谈了，将来断了，会有什么后果？"这样，引导学生自己分析，自己选择，学生说对了，老师表扬、鼓励。

同样，如学生迟到，或打架，或乱扔废纸，或熄灯后讲话……老师找他们谈话，也可以采用上述"先学后教"的方法，不过，要学生回答的问题可以少一两个，详略、时间由老师把握，原则是老师诱导，学生自己谈清情况，认真分析，做出选择。

学生取得了喜人成绩时，老师要及时地找他谈话，也运用"先学后教"的方法，启发他自己在成绩面前找问题，挖潜力，再上台阶。学生说对了，老师肯定、称赞、提醒反骄破满。如学生病了，或者成绩退步了，或者家里发生了不幸的事情，老师就要主动找学生谈话，也运用"先学后教"的方法，启发学生振奋精神，满怀信心地去克服困难，老师给予肯定、关心、帮助。

总之，教师找学生谈话，如运用"先学后教"的方法，就会尊重学生，和风细雨，有民主、平等、和谐的气氛，容易沟通，有针对性地解决问题，循序渐进，以柔克刚，比训斥、强迫好。如果谈话尽是教师不停地灌输、训斥，把自己的观念强加给学生，强迫学生这样那样，东扯西扯，结果学生产生逆反心理，顶撞老师，效果就不理想。

（2）用"先学后教，当堂训练"教学法"补差"

我校不仅课堂上运用"先学后教，当堂训练"教学法补差，达到"堂堂清"，而且课外运用"先学后教，当堂训练"的方法，达到"日日清""周周清""月月清"。

"日日清"就是每天课外让学生自学，即自背当日各科学到的基础知识，不熟的反复读，同学互背，老师抽查，发现问题，帮助解决。

"周周清"就是运用"先学后教，当堂训练"的方法，每周五学生自查、互查本周所学知识点，发现问题自己解决，老师抽查，帮助解决并教育。

"月月清"也是运用"先学后教，当堂训练"的方法，让学生自查、互查本月所学的知识，发现问题，解决问题，达到当月所学的单词、基础知识人人满分。

就这样，运用"先学后教，当堂训练"的方法，坚持"四清"，让全体学生自查、互查，发现问题，及时解决，扎扎实实地学好基础知识，这确实是"培尖""补差"，大面积提高质量的好方法。这完全体现了信任学生、依靠学生、民主平等的教育思想。

（3）用"先学后教，当堂训练"教学法开校会

我校每月召开一次校会，期末召开总结表彰会。会上，都尽可能地让成功的学生介绍经验，让后进的学生找出教训，最后，老师、校长总结，提出今后大干的意见。这样的会议也是在运用"先学后教，当堂训练"。

（4）用"先学后教，当堂训练"教学法开好班会课

班会课也要搞"先学后教"：班主任满怀激情地板书班会主题，启发学生准备三四分钟。之后，进行演讲比赛或者争辩。最后，大家统一认识，老师补充、肯定，并要求大家落实到行动上。例如，以"考试作弊光荣不光荣"为话题，让学生摆事实，讲道理，进行演讲比赛。突然，一女生说："考试作弊光荣，如果高考作弊，考上北大、清华，大家都夸奖，该多么荣耀啊！"接着，其他同学登台演讲，与她争辩，最后老师总结，大家统一了认识。

每周末各班开展插红旗品德赛。时间为10分钟左右，每个学生对照规范，如本星期纪律、卫生项项没有问题，就举手申报，大家评审，达到标准的插上红旗，达不到标准的或者没有申报的都不得插上红旗。没有插上红旗的同学，要在班上自我

批评，老师、同学给予帮助、教育，这也是"先学后教"的一种形式。

（5）用"先学后教，当堂训练"教学法开教师会

我校常用"先学后教，当堂训练"的方法召开教师会。例如，每学年开学前，学校将自下而上反复修改制订的学校工作计划发给老师，让大家认真阅读、思考：学校的奋斗目标是什么？主要措施有哪些？看了学校工作计划，你的新学年目标是什么？你大干的措施是什么？老师们阅读，思考20分钟，准备演讲比赛，要比哪一个学部的老师讲得好。20分钟后，进行演讲比赛，老师们一个个登台演讲，树雄心，立壮志，苦干巧干，勇争第一。在老师们演讲的过程中，校长点评、总结，最后，老师们在奋战新学期的横幅上郑重承诺签名。会后，老师们写好大干新学期的决心书，在办公室出好教师专栏，很快实现了新学期开门红。

（6）用"先学后教，当堂训练"教学法培训教师

我校培训教师，也运用"先学后教，当堂训练"的方法。一般先考，发现问题，再共同解决问题，这比脱离实际、做报告、高谈阔论、拼命灌输的效果好得多。

（7）用"先学后教，当堂训练"教学法写好评语

我到永威学校八年，每一年期末写评语都坚持用"先学后教"的方法。写评语前，学校都把《永威学校写评语的意见》和《学生期末品德鉴定表》发给全体学生，让学生对照《学生行为守则》《学生行为规范》写好自我总结，如实地肯定自己的优点，写出自己的缺点，接着，各班小组通过，提出小组意见，也要肯定优点、指出缺点，生活教师、任课教师以及家长都要在《学生期末品德鉴定表》上的相关栏目填好意见。在此基础上，班主任综合大家的意见以及班主任平时的记载，写出班主任评语，最后，学校校长审阅后，在教师会上表扬写得好的学部、班主任，用屏幕出示写得不够好的学部、班主任的评语，让大家讨论、修改，要求重写。这样，写评语的过程也是一种"先学后教"的过程，班主任的评语写得越来越好，学生、家长比较满意。

"先学后教，当堂训练"在课外教育教学中普遍运用，提高了教育教学效率，促进了校园和谐，师生关系融洽，收到了事半功倍的效果。

综上所述，"先学后教，当堂训练"操作方法主要有三种：一般操作方法、特殊操作方法和课外操作方法。不管运用哪种方法都要力求高效，高效的标志是学生紧张学习。

4. 高效的关键在于教师

在课堂上，要全过程让学生像考试那样紧张、高效地自学，就像小孩子学走路那样，要大胆地让他走，跌倒了，别把他扶起来，让他自己爬起来，自己走，如果爬不起来，别人就给予帮助；如果又跌倒了，再扶起来；再跌倒了，再扶起来……不管学什么都靠自己干，在"干"中学，别人针对问题教。但是，学生的自学每一步都离不开教师高效的引导和帮助。如果教师主导作用发挥得好，善于引导，正确地帮助解决疑难，学生就一定学得好；如果教师不讲或讲错，或者不会引导，或者引导错了，甚至对学生撒手不管，放任自流，学生就不会自学，就学得不理想。因此，教师要充分发挥主导作用，特别要在有效地引导学生自学、帮助学生解决疑难两方面下真功夫。

（1）科学地引导学生自学

①灵活运用，精心设计。小学、初中、高中不同学科、不同教材、不同课型，学生的水平、自学的能力也不一样，灵活运用"先学后教，当堂训练"的方法，看似容易却艰辛。教师要针对实际，既遵循规律，又要大胆创新，注重灵活运用。首先，课前要下真功夫钻研教材和参考资料，准确把握教材的重点、难点，预测学生自学后可能出现的错误。其次要从实际出发，灵活运用"先学后教，当堂训练"教学法，精心设计，备好课：要真正明确学习目标（尤其要努力培养思维、计算、阅读、写作能力以及良好习惯）；要认真设计好自学指导、自学后的检测以及当堂训练的书面练习题；要从实际出发，精心安排最佳的课堂教学结构，特别要认真研究并形成帮助学生解决疑难问题的最佳方法。这样，从宏观上保障了学生在课堂上紧张、高效地学习，当堂达标，减轻课外负担，真正不向课前、课后延伸。

②讲好过渡语，当好导航仪。有的教师过渡语几乎每节课、每个环节都是一样的几个字："下面请看""下面开始练习""下面开始更正""下面开始讨论""下面开始做作业"。这样的过渡语干巴巴的，缺少激情，缺少鼓动性，不利于调动学生的积极性，不利于学生愉快地学习，使得课堂教学的过程缺少系统性、逻辑性。教师的过渡语不能过快，不能无节奏，不能声音小，不能啰唆、讲空话和废话，要十分简洁，只用一两句话，像导航仪那样，引导学生一步一步去自学，达到目标。一进课堂，教师满怀激情，过渡语要能引导大家投入战斗；板书课题后，教师的过渡语要引导大家明确目标，懂得达到目标的重要性、必要性，激发学习积极性；出示目标

后，教师的过渡语重点鼓励学生根据自学指导，运用科学的方法，紧张、高效地看书、思考，追求目标；学生读书时，教师要巡视、关注，必要时说一两句有针对性的鼓励语；看书后、检测前，教师的过渡语要承上启下，特别要强调理解获得知识后能够正确运用，要比谁运用新知识解题又对又快；检测结束后，教师的过渡语主要为引导学生运用刚获得的新知识，判定解题是否有错，为什么错，让学生思考、分析、判定、纠正；更正、讨论结束后，教师的过渡语主要是做总结，强调重点、难点，并要求学生在课堂作业中灵活运用，避免错误。教师的过渡语既要有系统性、逻辑性，又要有艺术性、鼓动性、号召力。能激发学生、启发学生紧张自学。教师仿佛成了战场上的指挥员，或者是节目主持人。

③引导守规矩，培养好习惯。教师的形象、衣着、语言、神态、情感、一举一动都要给学生良好的影响。教师的形象应该端庄、稳重、举止优雅，站直、抬头、挺胸，精神抖擞，充满着自信和力量，教师不能无精打采，不能东倒西歪、心不在焉，不能坐着，不能倚着黑板，好像生了病似的；教师的衣着要朴素大方，不穿拖鞋，不穿奇装异服，不要过分鲜艳、花花绿绿；教师不要染黄发、留长发，不要戴首饰，不要化妆（面色苍黄、憔悴者淡妆除外）；教师要神情愉快，露出微笑，给学生温暖，并表示满意；教师板书要工整、漂亮、速度快，为学生的楷模；教师要普通话流利，声音响亮（绝不能声音小，好像说不动话似的，这样会使学生发言声音也小），要抑扬顿挫，有条理，无病句，语气、语调友好、诚恳，不能使用蔑视、讥笑、谩骂、讨厌、憎恨的语气，不得大喊大叫，教师要多用敬语"请"；教师要运用尊敬的手势（手势的基本要求是手指伸直并拢，并与前臂形成一条直线，肘关节自然弯曲，掌心向斜上方，禁止用食指指向学生，这是对学生的不尊重）；教师要认真耐心听学生的发言，中途不得打断；下课时，教师要与学生礼貌告别，保持愉快心境，不得拖堂；学生施礼时，教师不得埋头收拾自己的东西或匆匆离开教室。总之，教师要注重身教，影响学生，特别要引导学生守纪律、讲规矩，养成良好习惯，努力实现情感、态度、价值观的教学目标，确保秩序良好，课堂高效。千万不能太"任性"，允许学生打手机、喝水……使得学生自由散漫，无心学习。

④面向全体，关心后进生。教师在课堂上，要目光关注每一位学生，不能眼睛盯着天花板，盯着课本，盯着教案，目中无人，看不到全体学生，看不到后进生，看不到学生的眼神、表情，这样，不仅不能清楚学生学习的情绪、态度、疑难，不

能有针对性地教学，而且抓不好纪律，学生开小差，影响学习效果。因此，教师从上课至下课都要精力集中，关注全体学生，确保每一位学生紧张学习，尤其要关心后进生，鼓励后进生质疑问难；提问、板演、讨论均后进生优先；后进生的问题，就是课堂教学中要解决的问题，课堂成为"补差"的主阵地，确保每一位学生都学得好。尤其是学生读书、回答问题时，绝不能让一人长时间发言，教师就接着讲，应该让学生你一言，我一语，大家读，大家议，一人错了大家评，这样，全体学生参与，大家紧张学习，气氛活跃，教师就可以少讲了。

（2）有效地帮助学生解决疑难

课堂上教师要引导学生围绕重点看书、思考、练习，尤其在讨论时，更要注重重点、难点。比如，讲"有理数的混合运算顺序"。板书课题、出示的教学目标、出示的自学指导都要能突出"顺序"这个重点，看书后的检测题绝对值不要大，但要能够检测学生对"顺序"的理解、掌握情况。讨论时，要引导学生运用"顺序"这一新知识来分步判定对错。老师要提高点拨水平，点拨更能针对错误，正确地解决问题，突破重点、难点。老师切切不可抓不住重点、难点，糊里糊涂地让学生学这、学那，说这、说那，练这、练那。

（二）"先学后教，当堂训练"的应用价值

实践是检验真理的唯一标准。一种教学法的优劣主要看教学的效果。长期的实践证明："先学后教，当堂训练"是简便的、高效的教学法。以下从四个方面分别说明。

1. 能够大面积提高教学质量，让每个学生会学、学好

提高质量是教育改革发展的核心任务。有人以为要实施素质教育，就是走向另一个极端，以为不要教学质量——学生上讲台，整堂课讨论。这是在搞乱教育，搞乱课堂教学改革，危害十分严重。不仅害了学生，而且害得有些教师糊涂起来了，不知道该怎样搞课改，不敢搞新课程改革，担心搞了课改会影响教学质量，甚至说"新课程改革的障碍就是高考、中考，不废除中考、高考，课改就难搞"。听到这类话，我都旗帜鲜明地指出，搞"先学后教，当堂训练"就一定能够提高课堂效率，提高教学质量，实施好素质教育。改革就是发展生产力，否则还要什么改革呢？

事实胜于雄辩，许多案例都证明"先学后教，当堂训练"能够大面积提高教学

质量，让每个学生会学习、学得好。1997 年 3 月中旬，我带 6 名老师到张家港给全市初中老师上公开课，教的内容是我们到张家港后，由张家港教育局基教科的领导临时确定的，学生是张家港一中的。第二天，6 名教师同时上"先学后教，当堂训练"的课后，听课的学生都当堂检测。试卷是张家港教研室事先出好的，结果，6 个班的成绩都好得惊人，数学全班平均分达到了 99 分，学生学得愉快，生动活泼，张家港的老师们都激动地喊好。后来，我带老师们到全国各地数百所学校上课，学生都能当堂理解、准确记忆基础知识，当堂完成作业。洋思中学老师灵活运用了"先学后教，当堂训练"教学法，教学质量多年一流。

2006 年 10 月，我加盟沁阳永威学校，坚持八年赛课、评课，推广"先学后教，当堂训练"教学法，很快见效，使得小学部、初中部、高中部教学质量都在全市领先。

为什么灵活运用这个教学法能够如此大幅度地提高教学质量呢？

（1）运用"先学后教，当堂训练"教学法能够极大地调动学生积极性，从上课至下课，全过程都像考试那样紧张地学习。例如在数学课上，开始学生就紧张地看课本，紧张地思考、记忆，准备迎接第一场考试——提问、板演（书面练习），五六分钟后，检测（板演练习）——限时、独立进行的考试。接着，进行第二场考试——口试，即学生更正、讨论，老师评点。最后，进行第三场长时间（20 分钟左右）限时、独立书面练习，下课前交作业。这样，课堂教学的全过程，除了开头学生用五六分钟的时间看书迎接考试外，其余时间（30 多分钟）学生都在考试，处于最紧张的状态，同学们成了学习的主人，都有了责任感，能够解放自己内在的求知欲，能够极大地调动自己学习的积极性，迸发出巨大的动力，都能像考试、像竞赛那样高效学习，再也不会有学生开小差，东张西望，消磨时间。同时，学生运用"先学后教，当堂训练"科学的学习方法，在实践中学，在干中学，动脑、动手、动口、用眼，体现了实践—认识的认知规律，循序渐进，课堂上有动（有序地更正、讨论）有静（静下心来、埋下头来静悄悄地看书、思考、当堂完成作业），静中有动（紧张地动脑、学习），学习效率就特别高。洋思、永威的实践证明，运用"先学后教，当堂训练"教学法，学生紧张、高效地学习，就一定能够大面积提高教学质量。相反，如果"满堂灌"，学生思想开小差，或者课堂上尽在展示，从上课至下课，教室里没有静，都在动，看起来热热闹闹，学生轻轻松松，其实学生不动脑，学习效果就谈不上。

（2）运用这种教学法，能够及时、准确反馈信息，当堂发现问题、解决问题，即学生读书后，进行检测，检测就暴露出了问题，通过后教（学生更正、讨论，教师有针对性地精讲）能当堂解决学生自学中暴露的问题。如果课上展示所谓的成果（从上课至下课，尽让学生读课前准备好的讲稿），不能发现问题、解决问题，就是课堂教学最大的问题。

（3）通过当堂完成学习任务，达到"堂堂清"，学生不仅理解了知识，当堂完成了作业，而且达到了多元的教学目标。如果不能当堂达标，学习任务还要拖到课外去完成，学习效果就必然大打折扣。

（4）能够"培尖""补差"：优生通过自己看书、练习，做对检测题，完成学习任务后，就当小老师，帮助别人学习，优生就会对知识进一步理解，融会贯通，灵活运用，真正地培了"尖"；同时，后进生的问题能够当堂解决，当堂达标，一个也不掉队，就真正地补了"差"。这样每个学生都在原有的基础上得到了提高。

（5）学生当堂完成作业，能够当堂准确地检测一节课的教学效果，便于教师下课后及时批改作业，准确地发现问题，有针对性地引导学生更正，进行必要的个别辅导，达到"日日清"，即"今日事，今日毕"。

（6）"先学后教，当堂训练"教学法使学生在课堂上学会了学习，这是提高教学质量最根本的法宝。学生不仅要学会知识，还要学会动手，学会动脑，学会做事，学会生存，学会与别人共同生活，这是整个教育和教学改革的内容。运用"先学后教，当堂训练"教学法，就能够使学生逐渐学会学习，逐步达到教师不教。

总之，灵活应用这种教学法，就能大面积提高教学质量，让每个学生学得好，确保教育均衡发展，实现教育公平。

2. 能够有效地实施素质教育，让每个学生的全面素质得到提高

课堂是素质教育的主阵地。怎样在课堂上有效地实施素质教育呢？

课堂上实施素质教育不是用口号喊出来的，也不是贴标签，说几句实施素质教育的空话，装潢门面，更不是自吹出来的，而是要以学习知识为载体，用具体、有效的科学方法来实施、来有机地渗透。

毛泽东同志说："我们不但要提出任务，而且要解决完成任务的方法问题。我们的任务是过河，但是没有桥或没有船就不能过。不解决船和桥的问题，过河就是一

句空话。不解决方法问题，任务也只是瞎说一顿。"经过长期探索，洋思"先学后教，当堂训练"教学法于1996年形成，1999年江苏省教委发文推广，新课程改革后，不断完善，已经成熟，它解决了课堂上实施素质教育的船和桥问题。灵活运用这个教学法，就能够有效地实施素质教育。

早在1998年，《人民教育》发表的题为《优化课堂教学，实施素质教育》的长篇文章，就肯定"先学后教，当堂训练"是素质教育的课堂教学结构。这篇文章分三大部分：第一部分"素质教育的课堂教学目标"，第二部分"素质教育的课堂教学结构"，第三部分"素质教育的课堂教学评估标准"。该文第二部分结尾处说："采用'先学后教，当堂训练'的课堂教学结构，发挥了学生的主体作用和教师的主导作用，为素质教育的实施提供了良好的载体。"

2005年《中国教育报》发表的长篇文章《洋思现象解读》中肯定"先学后教，当堂训练"教学法有七大作用，其中一点就是能够培养学生的创新精神、思想品质和好的学习习惯，全面提高学生素质。《教育研究》杂志发表了总编高宝立先生和中央教科所课题处处长华国栋先生合写的长篇论文《优化课堂教学，提高教学质量》，也肯定"先学后教，当堂训练"教学法不仅能够提高教学质量，而且能够有效地实施素质教育。

我在湖北沙市讲学刚结束，中央教科所原副所长滕纯先生就在会上肯定"先学后教，当堂训练"是素质教育的课堂教学法，运用这个教学法，就能有效地实施素质教育，特别是能够实施创新教育，因为学生由旧知到新知，自己学习，自己探索，这就是创新。我在浙江台州讲学时，教育部基础教育司领导也这么肯定。北京十一学校原校长李金初先生在洋思中学听课后说："这样的课，才是真正的实实在在的素质教育课。"

永威学校运用"先学后教，当堂训练"教学法，进一步证明，确实能有效地实施素质教育。校风很快好转，如今学校纪律、卫生方面焕然一新，学生表达能力强，精神面貌好。2009年高中毕业班的学生，在高考前一天，还在认真做广播操，来宾见了十分感动，情不自禁录像。学生综合素质的提高与老师们灵活运用"先学后教，当堂训练"教学法，使课堂真正成为素质教育的主阵地分不开。

为什么运用"先学后教，当堂训练"教学法能够有效地实施素质教育呢？

（1）运用这种教学法，能让学生紧张高效学习，增强能力，提高素质。课堂上，学生改变了学习方式，由过去听老师讲变成自己学，学生内在的积极性被极大地调动起来，紧张地看书、练习、更正、讨论、听老师点拨，最后当堂完成作业，达到教学目标，谁也不开小差，谁也不轻轻松松。在这紧张高效的学习过程中，同学们不仅能够当堂正确理解、准确记忆所学知识，并且能够当堂正确运用，培养了读书、思维、说话、自学、自我反省、自我纠错等各种能力。如今，永威学校80%以上的学生靠自己读书、思考，就能模仿例题，做对习题，当堂达标，而且能够主动教做错的、不会的同学，少数后进生通过自学一般能完成80%的学习任务，剩下的疑难问题靠同学帮助也能基本解决，每一位学生都能当堂达到教学目标。这是实施素质教育、提高学生素质的重要成果。

相反，某些典型学校课堂上教师放任自流，不讲规矩，允许学生喝水、打手机……把教师的"满堂灌"改为少数学生上讲台"满堂灌"，即让尖子生上讲台，读课前写好的演讲稿，作"表演"，大多数学生在课堂上看戏、听说书，美其名曰"展示成果"，从上课至下课乱哄哄，不让学生静下心来看书、思考、练习，不能发现问题、解决问题，这种做法怎么能提高质量、培养出爱读书、能吃苦、肯动脑、会学习的学生呢？

（2）运用这种教学法，能有机地渗透德育，提高学生思想素质。学生在紧张地自学、当堂达标的过程中，不知不觉地养成了坚持不懈、锲而不舍、紧张、快节奏、耐心做事、一丝不苟、严守纪律的习惯，培养了自信心、责任感、独立自强的竞争意识和合作精神，获得了自信、尊严和战斗的欢乐、成功的喜悦。学生靠自己学，由旧知而获得新知，这是在培养自己敢于摸索、大胆创新的精神。由于几千年的习惯势力影响，中国不少家长溺爱孩子，什么都包办，使孩子缺少独立精神和自信心，胆小怕事。因此，运用"先学后教，当堂训练"教学法，培养学生创新精神，也是社会发展的需要，也是培养有创新精神的一流人才的需要。学生在紧张、高效的学习过程中，必然提高了自己的综合素质。

相反，有的学校搞假课改，做假宣传，晚上"满堂灌"，白天课上学生读写好的讲稿，说假话，这样的课改只会教学生不讲规矩，不讲诚信，乐于空谈，华而不实，游手好闲，哪里能有效地实施素质教育教人求真，培养出诚信守法的公民呢？

（3）运用"先学后教，当堂训练"教学法，能够减轻学生过重的课外负担，让学生有足够的睡眠时间和休息时间，能够每天锻炼一小时，有时间培养兴趣、爱好，培养特长，这是实施好素质教育必不可少的。相反，有的学校课堂上学生轻轻松松，似乎是在快乐学习，其实，课堂上的任务完不成，压到课外，负担沉重，不利于学生健康成长，这样的课堂教学改革怎么谈得上是在实施素质教育呢？

有人没有到过洋思，没有听过洋思的课，不理解"先学后教，当堂训练"教学法，就大发议论，夸夸其谈，说"先学后教，当堂训练"只是提高了质量，只能"育才"，不能实施素质教育，不能"育人"，甚至说洋思教学模式形成早，远在新课改前，是课改进化的"猿人"，而把他浮夸、包装的某校，凭想象一夜间把课改搞偏，搞成"极端化"的所谓素质教育硕果，自夸是"现代意义的人""超越洋思"……我说："错了，大错而特错了，完全违背科学发展观了！恰恰相反，经过长期实践，证明'先学后教，当堂训练'是实事求是，遵循规律，统筹兼顾，经过长期实践完善的、有效的、正确的教学法。正确的东西是有生命力的，它的正确性也是不会以人的意志而改变的；不正确的东西，怎么装潢，怎么鼓吹，怎么骗人，都是短命的。不信，总有一天会纠偏。"

课堂上搞好课改，难在哪里？难在缺少正确的指导思想。弄虚作假，上假课，搞假宣传，谋私利，这样的课改只能毒害学生，怎能谈得上实施素质教育、培养出德才兼备的高素质的人才呢？

3. 能够从根本上减轻学生过重的课外负担

教育部和各级教育行政部门多次下发减轻学生课外过重负担的文件，可是，学生的负担怎么也降不下来，为什么呢？因为学校课堂上还是以老师讲为主，不是"满堂灌"就是"满堂问"，搞形式主义、花架子，课堂上浪费时间高达50％以上，教学效率低。课堂上教学效率低，不能达到教学目标，必然会带来学生课外负担过重的后果。

洋思中学、永威学校极大地提高了教学质量，学生课外不用做作业，负担不重，学生的睡眠、休息和活动的时间都得到了保证。为什么能够做到高质量、轻负担呢？因为两所学校都运用的是"先学后教，当堂训练"教学法。

"先学后教，当堂训练"教学法，为什么能够减轻学生过重的课外负担呢？主要原因有两个：

（1）不向课后延伸。"先学后教，当堂训练"教学法规定，每节课当堂训练的时间不少于15分钟。运用这种教学法，学生从上课到下课都像考试那样紧张；学生看书等于在看试卷，在找规律，准备解答类似的习题；学生检测是第一场考试；学生更正（做改错题）是第二场考试；学生讨论是口试，是第三场考试；学生当堂完成作业，更是考试。这样，同学们学得紧张，老师讲得少。学生能够快节奏地当堂独立完成作业，就从根本上保证了课后不做作业，这是能够减轻学生课外过重负担的原因之一。

（2）不向课前延伸。运用"先学后教，当堂训练"教学法，课堂教学从学生读书开始，即学生在课堂上先读书、思考，再完成检测练习，之后更正讨论，最后当堂完成作业。运用"先学后教，当堂训练"教学法，不强求学生课前预习，更不强求学生在课前做长时间的预习作业。洋思中学、永威学校教师到外地上课，从不要求借班上课的学生做预习作业。这是运用"先学后教，当堂训练"教学法能够减轻学生课外负担的原因之二。

有些课改名校向课前延伸，要学生在课前花大量的时间参与备课，做预习作业（完成一张试卷），准备课堂发言稿，常常超过一小时。一天有六七节课，如果每节课都这样，哪来那么多时间？结果他们就一天上十二节课，夜自习也上课，晨读也上课，晚上教师"满堂灌"，白天学生课上"表演"，这样学生负担将加重到何种程度！这还叫什么规范办学？这样的课改能长久吗？

的确，减负的根本出路就在于课堂的高效。要减轻学生课外过重负担，就要使学生课内的负担到位，每节课要让学生像竞赛那样紧张地学习。运用"先学后教，当堂训练"教学法就能够达到这一点，既不向课前延伸，又不向课后延伸（把作业推到课后），真正地减轻了学生课外过重负担，实现了良性循环，保障了学生全面发展。相反，每堂课都要学生花大量的时间预习，准备讲稿，作业又要压到课后，说能够减负，是骗人的。这样的课改注定是坚持不了的，是要失败的。

4. 有普遍的应用价值

"先学后教，当堂训练"教学法，有普遍的推广价值。不论是小学、初中还是高中，不论是沿海地区还是内陆地区，不论是农村还是城市，到处都可以应用"先学后教，当堂训练"教学法，并且都能够取得喜人的成果。

2006年10月20日，我到永威学校上班后的第三天，沁阳市教育局就下发文件，授予永威学校"沁阳校长、教师培训基地"的匾牌。沁阳市教育局局长亲自带领第一批校长，进驻永威学校培训，而且一驻就是一个月。从2006年到2007年，我们为沁阳市培训了十几期校长。同时，沁阳教育局每天都安排数十名本地教师进到永威学校听随堂课，这样的培训长年不断。2010 年秋学期，永威学校为沁阳举办了 10 期校长培训班。全市的校长、副校长再一次集中到这里，每天从早到晚跟着我巡视校园、听课、评课，参加各种会议和活动，亲眼看见、亲耳听到、亲身体验，接受"影子培训"。2011 年春学期，又为沁阳培训骨干教师 10 期，每期 60 多人。每期培训班结束，学员人人参加结业考试，写下心得体会。几千篇、数百万字培训心得都登上了沁阳教育网，成为一地教师交流、学习的新平台。沁阳市 121 名校长已前来进行过 1290 人次的"跟班学习"，4459 名教师已有 17000 人次先后到永威学校开展封闭培训。2015 年春学期沁阳市教育局派两批校长每批 10 名，进永威学校挂职学习一个月，整天听课。他们回到自己的学校后，也坚持不懈地常年赛课、评课，推广"先学后教，当堂训练"教学法，均获得成功。全市义务教育均衡发展的局面形成，沁阳市教育质量一跃升至焦作第一。沁阳教育局领导说，沁阳市校长、老师的教育观念前进了十年到二十年。

2007 年 4 月，沁阳所在的焦作市教育局局长亲自带领全市校长来永威学校培训，而且每天跟着我起早、进班、听教师赛课。一周后，焦作市教育局授予永威学校"焦作校长、教师培训基地"。永威学校继而为焦作市开办了 40 多期校长培训班。之后，焦作大市各县（各区）校长带领教师陆续进永威学校跟班培训，各校掀起了学习推广"先学后教，当堂训练"教学法的热潮。

2009 年 10 月，永威学校被授予"河南省教育名片"称号。两个月后，省教育厅下发文件，将永威学校定位为"河南省中小学校长培训实践基地"。河南省教科所在永威学校召开全省中小学教育改革成果永威经验现场展示会，所展示的公开课全获成功。河南省的新密、驻马店、新乡、南阳、安阳、鹤壁、济源、洛阳、三门峡、开封、商丘、漯河、许昌、平顶山、周口等近百县市纷纷组织教师，进永威学校培训、学习。

几年来，中国教育学会、中国教育报刊社在永威学校多次召开了蔡林森教育管理思想研讨会、同课异构观摩会等，来自全国各地的教育工作者参加了会议。会上，学校高中、小学和初中部的教师一起上"先学后教，当堂训练"公开课，得到了与会领导和代表的高度评价。永威学校每天都要接待数百名前来参观、考察、听课的教师。他们抱着认真诚恳的态度学习永威经验，回到自己的教学岗位都取得了喜人的成果。至今，已有四川、江苏、山西、陕西、黑龙江、宁夏、青海、内蒙古、新疆、广西、云南、江西、湖北、山东、河北等全国各地 3000 多所学校的校长、教师来永威接受培训。

从 2009 年 4 月开始，山东省枣庄市台儿庄区教育局局长亲自带队，先后 5 次组织中小学校长、骨干教师、教研员 300 余人赴永威学习，每次学习一周时间。局长全程参与，做好表率，台儿庄的教师与永威教师一一结对，全天、全方位跟踪学习，听课、评课，对口交流，借班上课。台儿庄课改的经验曾在山东省素质教育论坛上介绍，得到了该省教研室领导的高度评价。

2010 年 11—12 月，山东聊城市东阿县教育局党委研究决定，由局党委成员带队，教研室具体组织，分期分批赴沁阳永威学校学习。第一期派出 50 名中小学主管业务校长，第二期来的是 50 名中小学校长，第三期是班主任、学科组长等各级各类学校教师共计 500 多人。学习期间，所有培训学习人员全部食宿在校，全程参与永威学校的一切教育教学实践活动，"先学后教，当堂训练"教学法给所有学员以极大的触动。此后，全县校长亲临一线指导、参与研讨，迅速掀起了轰轰烈烈的课改热潮，涌现出一大批先进典型。东阿教育局李存河局长领导召开了全县为期两天的"学永威，见行动"现场会，交流经验，展示成果。

2010 年 4 月，四川省广安市邻水县教育局购买 6000 本《教学革命——蔡林森与先学后教》，给全市教育系统机关干部、学校校长、老师人手一册，并组织他们学习、讨论，进行了一次全县教育系统的通识性培训。半年后，邻水县派出 58 人赴永威学校"蹲点"学习一周。通过全方位的听公开课、随堂课，分年级、分学科与永威学校骨干教师"一对一结对"研讨，上汇报课、小组交流，全方位地学习、感知、体验了"先学后教、当堂训练"的课堂教学法。回去后，他们真抓实干，学员们上观摩课 148 节，举办"先学后教，当堂训练"专题讲座 62 场，8000 余人次参与。他山之石攻破了邻水课堂教学的"瓶颈"。通过一年的探索，邻水的课堂效率提高了，课后作业减少了，学生负担减轻了。

距离更为遥远的新疆农二师八一中学，先后 25 次组织教师进永威学校学习、培训，每次一周，每学期派 3 名教师进永威挂职学习，他们把"先学后教，当堂训练"教学法远道"带回"新疆，八一中学取得了显著成果，中考成绩创历史最高，高考成绩大大提升。

　　此外，遥远的黑龙江、海南、西藏等地的教育工作者也纷纷涌进永威参观、学习，"先学后教，当堂训练"教学法影响全国，得到了广大教育工作者的认可。

（三）"先学后教，当堂训练"的理论基础

　　"先学后教，当堂训练"是科学、高效的教学法。1999年，江苏省教委《关于学习洋思初中改革课堂教学模式，全面提高课堂实施水平的指导意见》中指出："洋思中学创立以'先学后教，当堂训练'为基本结构，以学生自主学习为中心的课堂教学模式。洋思初中紧紧抓住课堂教学这个主阵地，从限制教师单向讲授时间入手，实现了从教师'满堂灌'、学生被动学习的注入式教学模式到以学生为主体、教师为主导的启发式教学模式的根本性转变，极大地调动了学生主动学习的积极性，大幅度减少了教师的无效劳动。在此基础上，逐步建立并不断完善指导学生主动学习的有效措施，进而把课前学习、课堂学习和课后学习有机结合起来，使所有的学生都能做到'堂堂清、天天清、周周清'，显著提高了学生自主学习的能力和各方面的基本素质。这是洋思初中取得成功的关键。"

　　中国教育学会原会长顾明远、中国教育学会常务副会长郭振有、中央教科所原副所长滕纯等全国著名的教育家曾在《人民教育》《中国教育报》《教育研究》等报刊发表论文，充分肯定"先学后教，当堂训练"教学法是科学、高效的教学法。全国目标教学、尝试教学、成功教育、和谐教育等各个教学流派的专家也这样评价，他们都聘请我当他们教学流派的副理事长，并且请我在他们活动时做讲座。江苏省教育厅原副厅长周德藩编著了《洋思：一个朴素的教育奇迹》一书，发表了《论"先学后教"》等文章，旗帜鲜明地肯定"先学后教，当堂训练"是科学、高效的教学法，并一直坚决支持，促进其发展。

　　南京师范大学博士生导师杨启亮先生曾撰写《以自主学习为根本的教学改革》一文，也高度评价"先学后教，当堂训练"教学法。他说："洋思中学自主学习的教学改革之路，是从执着的信念和实践的经验中走出来的，称得上是中国基础教育改革中有自力更生特色的原创性的道路。他们以活生生的全体学生的全面素质发展，深刻地诠释着现代教育理念，却找不出些许模仿或因袭的痕迹；他们的成功包括成功自创的课堂教学模式，尽管没有经过多少形式包装，也堪与国内外诸多优秀范例

相媲美，同时却又与它们绝不雷同；他们起步的时候条件相当艰苦，但却终以其卓越的教育精神、教师精神、自强不息的精神创造出了奇迹，这是自信、自然、自主、自生的奇迹。洋思中学的经验是创生的，它启迪人们思考与探究，更启迪人们以这样的精神去研究自己的实践，开辟自己而不是洋思的创新之路。我看重的，正是这种精神。"

的确，"先学后教，当堂训练"教学法看起来不复杂，很简单，便于操作，实际上使用效果特别好。为什么呢？因为"先学后教，当堂训练"教学法既改变了传统的教学方法，又符合科学，遵循规律，不管从哪个角度分析，它都是正确的。它有先进的、坚实的理论基础。现从几个主要方面分析、阐述如下。

1. 教学论基础

"先学后教，当堂训练"教学法以现代教学论为理论基础，它体现了学生主体、因材施教、分层教学、循序渐进等原则。

（1）体现学生主体原则

①"先学后教，当堂训练"是对传统教学的一场革命

1998 年 11 月，江苏省盐城师范学院院长考察洋思中学时感慨地这样说。的确，"先学后教，当堂训练"教学法的实质是课堂教学的全过程都让学生学，从而改变了传统的教学模式，真正确立了学生的主体地位。

"先学后教，当堂训练"教学法改变了"教"与"学"的顺序。多少年来都是先"教"，后"学"，即老师讲了之后，再让学生去练，而"先学后教，当堂训练"教学法就明确地规定要先"学"（看书并检测看书的效果），之后"教"（解决"学"中暴露出来的问题）。

"先学后教，当堂训练"教学法改变了"教"与"学"的主次。传统的教学法是以"教"为主，"学"为次。"先学后教，当堂训练"教学法，却把"学"放在开头，即以"学"为首，以"学"为主，也就是以自主学习为主，而"教"为次，合作学习为次。再从时间的分配上讲，课上 30 多分钟的时间是自主学习（包括先学、看书练习、检测及当堂完成作业），教的时间不足 15 分钟，其中还包括"兵教兵"，学生与学生合作学习。这样教师教的时间就更少了，所以这个教学法就决定了学生的"学"为主，教师的"教"为次。

"先学后教，当堂训练"教学法摆正了"学"与"教"的关系。即"以学定教"，

根据"先学"的"学情"来确定"后教"的内容和方法;"以教促学","教"(后教)帮助学生解决自学中的疑难,促进学生举一反三,继续自学,完成作业。

"先学后教,当堂训练"教学法摆正了教师与学生的关系。传统的教学,课堂上以教师讲、传授知识为主,学生始终在听,接受知识,处于被动状态。而运用"先学后教,当堂训练"教学法后,课堂教学的全过程都让学生学(看书、检测、更正、讨论、作业),这样,学生自己发现问题、解决问题,真正发挥了主体作用。教师的角色变了,变成了节目主持人,也真正发挥了主导作用。尽管教师讲的少了,但学生学习的每一步都要靠老师引导,尤其需要教师课前谋划好学生自学的策略。教师在课堂上的形象、感情都要给学生良好的印象。这样,教师就能发挥主导作用。

②"先学后教,当堂训练"就是自主、合作、探究性学习

搞新课程改革,就是要改变学习方式,变过去教师讲学生听为学生自主、合作、探究性学习。怎样让学生自主、合作、探究性学习呢?怎样把自主、合作、探究性学习的原则落实下来,变为课堂教学结构、变为具体的操作方法呢?上海市人民政府督导室主任带领各区教育局领导考察洋思中学时说:"'先学后教,当堂训练'教学法就是能把自主、合作、探究性学习落实下来,变为教学结构,变为可操作的方法。"

"先学后教,当堂训练"就是自主、合作、探究性学习。"先学"(学生看书、检测)和"当堂训练"(当堂完成作业)都是自主学习,"后教"(学生更正、讨论)是合作学习,"先学后教,当堂训练"的全过程都是探究性学习。的确,"先学后教,当堂训练"是符合并体现了自主学习、合作学习、探究性学习原则的教学法。

③"先学后教,当堂训练"能够处理好自主、合作、探究性学习三者之间的关系

运用这个教学法,课堂上,先让学生自主学习(先学——读书、检测),暴露出疑难问题,若个人不能解决,再让学生合作学习(后教——学生更正、讨论),这时,合作学习就有了必要性(就像渴了要喝水,饿了要吃饭一样。如果一上课就合作学习,搞同桌讨论、小组讨论,学生就会轻轻松松,因为还没有碰到疑难问题,没有必要),也有了合作的内容(自主学习中出现的疑难问题)、合作的目的(解决存在的疑难问题)、合作的方式(更正讨论)、合作的人(做对的学生帮助做错的学生更正,懂的学生教不懂的学生)。这样的合作学习(后教)解决了个人不能解决的

疑难问题，最后，还是自主学习（当堂完成作业）。

如果没有开头的自主学习（"先学"）这个基础，一上课就合作学习，让学生同桌、小组讨论，似乎学生动起来了，其实是外面动，里面不动（学生不动脑），就会使合作学习流于形式。

④"先学后教，当堂训练"能够处理好知识与能力的关系

"先学后教"与"当堂训练"是相辅相成的。只有做到了"先学后教"，学生学习、理解新知识的时间缩短了，才能留出足够的时间"当堂训练"，来运用知识，形成能力；只有"当堂训练"，才能使"先学后教"紧张、高效（即促进学生有责任感、紧迫感，能紧张地看书，理解知识）。有人以为"当堂训练"不重要，可有可无，就忽视甚至取消"当堂训练"这个环节，那课堂上势必教师、学生轻松，势必浪费时间、效果不理想。其实，"当堂训练"这个环节是必不可少的。1982年，洋思中学搞课改就是从"当堂训练"起步的。迈出了这一步，课堂教学就发生了根本的变化。如今，能不能"当堂训练"也是衡量学生能不能运用新知识、形成能力，能不能当堂达到教学目标的标志，也是课堂教学改革到了什么水平的标志。

⑤"先学后教，当堂训练"能正确地运用教材

搞新课程改革，用的教材多数是国家编的，也有地方编的。学校对这些教材必须从实际出发，增、减变成校本教材。怎样才能变成校本教材呢？"先学后教，当堂训练"教学法有效地解决了这个难题。运用"先学后教，当堂训练"教学法时，让学生先学（读书或看书，并检测效果），这是一种调查，它弄清了课本上哪些是学生会的，哪些是不会的（暴露出疑难问题或错误）。会了的，就删去不教；不会的，就成了校本教材，课堂上就是要教这样的校本教材（学生不会的）。

因此，运用"先学后教，当堂训练"教学法能够解决新课程改革中的一大难题，有效地把国家课程转为校本课程，既利用好教材，又只教学生不会的，当堂达标。

（2）体现因材施教原则

我在山西太原讲学时，有位女校长递了个条子问："学生水平有高低，怎么可以让他们在课堂上一起学，怎么体现因材施教的原则？"我随即回答："先学后教，当堂训练"教学法最能体现因材施教的原则。尽管学生水平有高低，但课堂上优生、后进生都可以同时看书，再同时完成检测练习。结果优生做对了，基本完成学习任务，后进生可能做错了。以后，优生就当老师，帮助后进生更正，还要讲出"为什

么"。这样，不仅后进生的疑难问题基本解决了，达到真正"补差"，而且优生在帮助后进生改错、给后进生讲清"为什么"的过程中，自己也加深了对知识的理解，增强了口头表达能力和思维能力，培养了合作精神，等等，达到"培优"。总之，在运用"先学后教，当堂训练"教学法的时候，所有学生都能在原有水平上得到提高，这体现了因材施教的原则。

（3）体现分层教学原则

学生有差异，必须分层教学。怎么分层呢？有人以为养鸡要按大小分圈饲养，种庄稼要按品种（种水稻、大豆）分类种；只有分了快慢班才是分层教学。其实不然，即使分了快慢班，差异仍然存在，快班中每个学生绝不是一样的，他们还有差异，有人这门功课好，有人那门功课好，学生思想、习惯各不一样。慢班更是如此。再说，随着时间的推移，快班、慢班都在不断变化，差异不仅存在，而且在不断变化。如果以为分了快慢班，就万事大吉了，再也没有什么差异了，就是不顾实际，搞"一刀切"、简单化、单一化的教学。例如，快班搞"三高"：高起点、高难度、高速度，导致不少学生掉队，教学质量不理想；教师以为慢班学生都是一样差，就撒手不管，放任自流，结果学生会更差。显然，分快慢班不等于分层教学。

那么怎样分层教学呢？灵活应用"先学后教，当堂训练"，就是最好的分层教学。"先学"，学生看书、检测，一部分做对了，一部分做错了，这就是符合实际、准确的分层。分层后怎么教学呢？"兵教兵"，即合作学习，让做对的同学给做错的同学更正，让懂了的同学讲出"为什么"，最后老师点拨，共同教会不懂的学生。

因此，永威学校和洋思中学一样，尽管不分快慢班，但运用了"先学后教，当堂训练"教学法，课堂上就能有效地进行分层教学。

（4）体现循序渐进原则

有一次，我在外讲学时，有人询问："课堂上老师不讲，就让学生学，让学生练，怎么循序渐进？"我当场回答：课堂上学生看书，初步了解知识，浅层次理解知识。接着，学生模仿例题做类似的习题，就在运用中加深了对知识的理解。错了，大家更正、讨论，老师评点，最后当堂完成作业，步步由浅入深，各个环节不可颠倒。因此，运用"先学后教，当堂训练"教学法是符合循序渐进原则的。

（5）体现反馈矫正原则

运用"先学后教，当堂训练"教学法，有一个特点，即课堂教学的全过程都在发现问题、解决问题，这是一根主线。有人说："'先学后教，当堂训练'有局限性，洋思课堂上'疑问'是教师设置出来的。"错了！运用"先学后教，当堂训练"教学法，课上学生看书有思考题，思考题的作用是引导学生如何看书。自学后学生会出现什么疑问呢？就要通过读书后的检测（考一考）来发现。学生对新知识有什么疑问，哪里练错了，就是哪里不懂。检测暴露出来的问题，不是教师主观确定的，不是学生自学前就可以"自设"的，而是客观存在的（学生自学后清清楚楚地暴露出来的）。"先学后教"四个字的前两个字"先学"就是暴露问题，输出信息、反馈信息；后两个字"后教"是及时矫正。所以，"先学后教"本身就是反馈、矫正的过程。再说"当堂训练"也是在输出信息、反馈信息，便于课外及时矫正，即学生更正，教师辅导，及时"补缺"。

2. 哲学基础

"先学后教，当堂训练"教学法的哲学理论基础主要是辩证唯物主义的认识论。教学工作必须遵循"实践第一""实践—认识—再实践—再认识"的认识规律。

"实践—认识—再实践—再认识"这一认识规律是人人皆知的，然而往往容易被人忽视，有人常常会违反这个规律，吃了苦头。我有一个教训：某年8月下旬，我连续几天在建湖、合肥、宁波等地讲学。出发前，副校长叫炊事员小蒋借了一部手机放在我包里（当时，我还没有手机），小蒋再三对我讲，要怎样充电，我听了一遍又一遍，不耐烦地说："知道了。"谁知，我到了建湖宾馆，手机没电了，充了一个晚上，还是没有电。这事引起了我的思考：为什么我不会充电？是因为我脑子笨吗？不是。是因为小蒋没有教我吗？不是。原因是小蒋教的方法不当，他搞的"满堂灌"，即脱离实际，反复对我讲，我当时知道，但很快就忘记了。如果小蒋搞"先学后教"，即叫我先练习充一下电，如有问题随时指出，这样我在实践中留下了深刻的印象，就怎么也忘不了。这一事实说明：学习不能违反认识规律。的确，学骑自行车，也一定要骑，在骑的过程中才能领悟力的平衡；如果不实践，即使学了日光灯知识，恐怕也不敢安装日光灯（生怕触电）。

无数事实证明，认识从实践开始，要在实践中学，在干中学。"先学后教，当堂训练"教学法体现了"实践—认识—再实践—再认识"的认识规律。所谓"先学"，就是指学生实践（看书、练习）形成初步的认识。所谓"后教"，即"兵教兵"，也是学生实践，加深认识。所谓"当堂完成作业"，还是学生实践，让学生在作业中举一反三，进一步认识。这样，每一步都让学生实践，从中形成认识，全过程都让学生实践，逐步加深对知识的理解，同时形成能力，全面提高素质。所以"先学后教，当堂训练"的过程，就是"实践—认识—再实践—再认识"的过程。

唯物辩证法认为，内因是事物变化发展的根据，外因是事物变化的条件，外因只有通过内因才起作用。提高教学质量，学生的学是内因，教师的教是外因。归根到底，教师的教只有通过学生的学才能起作用。"先学后教，当堂训练"教学法很好地摆正了内因和外因的关系，强调内因——学生的学是第一位的，是根本，外因——教师的教是第二位的，是为了使内因起作用的条件。教学质量的高低，主要是看学生运用知识解决实际问题的能力的高低。而能力的提高，主要是靠学生学、思、知、行紧密结合练出来的，悟出来的。这一点，教师的教绝对代替不了。教师教得好不好，衡量的标准主要是能不能充分调动学生的内在积极性，让学生爱学、勤学、苦练，让学生不仅学到知识，而且学会如何自学，学会如何创新，探索新的知识领域。"先学后教，当堂训练"教学法突出内因的重要性，但并不否定外因——后教的重要性，并且强调后教一定要教好。

3. 心理学基础

"先学后教，当堂训练"教学法的心理学基础是"迁移规律"和"最近发展区理论"的运用。全国著名教育家邱学华先生说："所谓'迁移'，是已经学得的东西在新情境中的应用，也就是已有的经验对新课题学习的影响。"例如，学会"等式的性质"，就会自学"移项"。按知识结构的理论来分析，迁移过程一般使先前的知识结构，结合新学得的知识，重新组合，形成能容纳新知识的更高一级的新的知识结构。"先学后教，当堂训练"教学法的程序，也可以说是知识迁移的过程。

此外，"先学后教，当堂训练"教学法还符合自主创新、素质教育的要求。"先学"时，学生运用旧知识看书，获得新知识是"创新"，学生看书后完成检测练习，是开始运用新知识，也是"创新"，学生自己纠错、学生讨论、自己弄懂为什么，最后当堂训练，灵活运用知识，解决各种问题都是创新。全过程学生自主学习就是自主创新，就是在培养自主创新的意识和能力。

"先学后教，当堂训练"是符合实际、符合规律、符合科学的教学法。江苏省教育厅原副厅长周德藩主编的《一个朴素的奇迹》，我和邱学华先生合写的《中国当代著名教学流派：蔡林森与洋思经验》以及我写的《中国当代著名教学流派：教学革命——蔡林森与先学后教》这三本书以及我发表的多篇课改论文都阐明了"先学后教，当堂训练"教学法的科学性、实效性。

例如，1998 年，我写成了《优化课堂教学，实施素质教育》一文，发表在《人民教育》1998 年第 7、8 期合刊上（这期合刊是当时召开的全国素质教育工作会议上的书面交流材料），该文旗帜鲜明地指出，要从实际出发，讲求实效，尤其是提出了评课标准以重形式转为重效果，效果应该是多元化的，不仅要有知识方面的，而且还要有综合素质方面的目标。这篇文章，至今仍有现实意义。《优化课堂教学，实施素质教育》一文如下：

优化课堂教学，实施素质教育

优化课堂教学，我们主要着力于三方面的工作：

一、 明确素质教育的课堂教学目标

课堂教学是学校教育教学活动的基本组织形式，按国家的要求开齐课堂，开足课堂，上好每节课，是全面实施素质教育的基本保证，在课堂教学中，教学目标具有很强的导向作用。要在课堂教学中实施素质教育，教师必须首先明确每章、每节乃至每堂课的素质教育目标。

1. 明确并追求培养能力的目标。过去，不少教师以为教学目标就是传授知识，因此从上课讲到下课，以为把书教完了，学生听懂了，就万事大吉。其实，学生听懂了，理解了，但没有动手，能力没有得到培养，就如同仅仅理解游泳知识与会游泳是两回事，因此，我校教师在制定课堂教学目标时冲破了单纯"认知"的圈子，明确学生能力的培养应达到什么要求。这样，教师在课堂教学中大大压缩传授知识的内容：保证不超纲、不超教材；练习册、复习资料一律不用：不加大教学难度，还对教材中凡学生通过自学就能学会的，大胆不教，从而把节省出来的大量时间、精力放在让学生动脑、动口、动手上。教学侧重"行"，培养学生能力的目标就可能当堂达到。

2. 明确并追求德育、健康卫生教育等目标。教师在制定课堂教学目标时，考虑如何渗透德育，明确转变学生思想，规范学生的行为，培养学生的良好习惯等方面的要求。例如，在课堂教学中如何有机地通过组织竞赛、检查、评比

等方式严格训练、培养学生的竞争意识、顽强意志、高度负责的精神等，如何规范学生的行为，培养良好的写字、用眼、读书、发音等习惯，以使学生的全面素质得到应有的提高。

二、 探索素质教育的课堂教学结构

课堂教学是实现教学目标的载体。素质教育的课堂教学目标必须落实到课堂教学的全过程，直至化解到每一个教学环节。经过多年探索，我校冲破了传统的课堂教学结构，抛弃了课堂上"满堂灌"，教师讲，学生听，把"练"压到课外的做法，普遍地灵活运用了"先学后教，当堂训练"的教学模式，即各年级、各学科的教师在课堂上先揭示教学目标，指导学生自学，暴露问题后，帮助解决疑难，最后让学生当堂完成作业，进行严格训练，形成能力。例如，数学课上，先引导学生看例题、找规律，再让学生做与例题类似的习题，然后教师帮助解决学生的疑难问题，最后让学生当堂完成作业。作文指导课上，先让学生独立审题、立意、选材、编写纲目，同时，教师巡视，发现问题，及时点拨，很快解决作文中的主要倾向性问题，最后再让学生独立作文。理化课上教师先引导学生自己做实验、写实验报告、归纳结论，教师只帮助解决疑难问题。政治、历史、地理课，均以指导学生带着问题看书、讨论为主，教师补充、更正为辅。这样，各年级、各学科都实行"先学后教，当堂训练"的教学结构，使学生从压抑的状态中解放出来，获得了主体地位，课堂教学过程变成了学生动脑、动手学习的过程，变成了全面实施素质教育的过程。

当然，在"先学后教，当堂训练"的教学过程中，每一步都离不开教师。这如同汽车进入高架公路，如没有引桥就上不去；如没有路标，就可能上岔路。教师就要当"引桥"、当"路标"。教师的引导作用主要体现在：

1.揭示课堂教学目标。开始上课时，教师三言两语，如同调度员给驾驶员下达任务那样，准确地揭示教学目标，激发学生学习动机，调动学生学习的积极性。

2.进行自学前的指导。在揭示教学目标、学生自学之前，教师要提出明确的自学要求，即自学什么内容，用多长时间，届时如何检测。还要教给学生自学的方法、如何看书，是独立围绕考题看书，找答案，还是边看书，边讨论，边解决疑难问题，等等。

3. 加强督查。在学生自学时，教师主要"导"在两个方面：（1）督促学生按照老师要求的方法自学，确保完成自学任务。可及时表扬速度快、效果好的学生；可给后进生说几句悄悄话，帮助其端正自学态度。但教师讲话不宜多，以免分散学生自学时的注意力。（2）通过行间巡视、个别询问、板演、提问、讨论等形式进行调查，最大限度地暴露学生自学中的疑难问题，并认真分析带有倾向性的问题，进行梳理、归类，为"后教"做好准备，这实际上是教师在进行"第二次备课"。

4. 帮助学生解决疑难问题。学生自学之后，即进入"后教"的环节。这时，教师的主导作用主要表现在：（1）明确教的内容。教的内容应该是学生自学后还不能掌握的地方，即自学中暴露出来的主要的倾向性疑难问题，对学生通过自学已掌握的，一律不教。如数学课上，教学"解分式方程"，学生看例题，做与例题类似的题目后，教师发现学生只在去分母及检验这两步有错误，就只讲这两步，其余几步就不讲。（2）明确教的要求。教师不能就题讲题，只找出答案，而要寻找出规律，真正让学生知其所以然。还要引导学生预防运用时可能出现的毛病，这样就从理论到实践架起了一座桥梁，以免学生走弯路。（3）明确教的方式。让已掌握的学生先讲（即使倾向性问题，也可能有人会），如学生讲对了，教师肯定，不必重复；讲得不完整，达不到深度的，教师要补充；讲错了的，教师则要更正。这样，教师讲的时间就很少，一般不超过10分钟，但能通过补充、更正的方式达到解决疑难问题的目的。

5. 当堂检测。帮助学生解决疑难问题后，教师就引导学生当堂完成作业，进行严格的训练，在这个环节中，教师的主导作用是：（1）保证训练的时间不少于15分钟，确保能够把刚学到的知识转化为能力。（2）训练的内容重在能力的培养，不搞死记硬背。（3）训练的形式像考试那样完全独立地、快节奏地按时完成。教师不做辅导，学生不得抄袭。这样的课堂作业实际上是高强度的训练，它对全面提高学生的素质（如发展学生的思维，磨炼学生的意志，增强竞争意识、独立意识，培养雷厉风行的作风、严谨的态度，等等）很有作用。它能够检测课堂教学的效果，能及时反馈出准确的信息，便于教师进行补缺，学生在课堂教学的全过程中高度紧张地学习、取得事半功倍的效果，减轻了课外负担。

总之，采用"先学后教，当堂训练"的课堂教学结构，发挥了学生的主体作用和教师的主导作用，为素质教育的实施提供了良好的载体。

三、 建立素质教育的课堂教学评估标准

为了在课堂教学中有效地实施素质教育，我们在实践中建立和完善了课堂教学的评估标准，着重抓了三个"转向"。

1. 评估目标，从"单一"转向"多元"。从单一的评传授知识的情况，转向不仅评怎样传授知识，而且评在课堂教学的全过程中，怎样有机地渗透德育、健康卫生教育等，看学生的精神面貌、心型状态、行为习惯等表现有了哪些提高；评教师是如何全面提高学生素质的。通过评价这一手段，促使教师认真研究课堂教学目标按照"先学后教，当堂训练"的教学结构，对学生进行严格训练，注意能力的培养，使学生会学、爱学、乐学。

2. 评估主体，从"重教"转向"重学"。从评优课主要评教师怎样教（教态、语言、板书、现代化教学手段等）转向重点评学生怎样学、看学生自学的情绪，是否紧张地动脑、动口、动手，自学的效果。对教师的"教"，则通过教师指导后，学生是否紧张地学习，效果如何来评价。这样，评估主体由"重教"转向"重学"，促使教师把备课、讲课的功夫花在引导学生学习这方面来，不仅让学生获得知识，而且学会学习。

3. 评估重点，从"形式"转向"效果"。教师讲的时间根据疑难问题的多少而定，疑难问题多，讲的时间就多一点，疑难问题少，讲的时间就少一点。我校课堂教学的结构——"三段式"（先学、后教、当堂训练）的运用视实际而定。尽管政治、历史、地理、生物以及单一的数学例题课，是分三段教学（集中学、集中教、集中练），但其中的每一步，也常常不一样，多数课还是学生学一点，教师教一点；学生再学一点，教师再教一点……分散学，分散教，分散练；或者分散学，分散教，最后练。不同年级、不同科目、不同课型，"先学后教"的方法并不雷同。

由此，就涉及评课的标准问题。实践是检验真理的唯一标准，同样，效果也应该是检验课堂教学的标准。课堂上能实现素质教育的目标，能最有效地提高学生的素质就是好课。相反，教师讲得再好、形式再美也不应算是好课。这一标准确定后，我们要求教师备课、讲课从实际出发、讲究实效，杜绝形式主

义、花架子。1997年3月，我校教师应邀到张家港市一中上观摩课，一位数学教师在备初一的"列方程组解百分比应用题"的课时，认真研究了张家港学生的实际。课上，学生先自学关于人口增长的例题，3分钟后做与例题类似的关于浓度、利率的两道题，教师实事求是地把学生存在的倾向性问题抓到手，列在黑板上，引导学生更正，教师再做补充，揭示解这类题找等量关系的一般规律。这堂课，教师讲的时间加起来不足7分钟，但对学生进行检测时，却效果显著：51名学生，每人练两道题，结果102道题中对了101道。

在运用素质教育的课堂教学评估标准时，我们还采取了阶段性评价（即过程评价）和终结性评价相结合的方法。所谓阶段性评价，如对教师在学生自学前指导的评价，关注学生是不是紧张地自学，效果好不好。对学生自学阶段的评价，由教师通过巡视、提问、板演、练习等检测方式来进行，看学生通过自学，解决了多少问题，收获多少。对"后教"这一环节中教师"教"的评价，则看学生自学后存在的疑难问题是不是彻底解决，能否真正理解、运用。所谓终结性评价，主要通过当堂完成作业这种检测方式来评价一堂课的效果。如当堂完成作业，正确率高，就说明效果好，否则就不然。对学生思想、行为、习惯等方面的评价，则在阶段性评价和终结性评价中结合进行。

多年来，学校认真抓好起始年级，做到从后进生抓起，从进校的第一天抓起，严格训练，持之以恒，使不同层次的学生都能得到不同程度的提高，增强了学生持续发展的能力，形成学习的基本素质，为学生今后的发展提供了坚实丰厚的生长点。

（四）"先学后教，当堂训练"的推广

1998年，《人民教育》杂志第7、8期合刊发表了介绍"先学后教，当堂训练"教学法的长篇文章。1999年泰州市委、市政府发文推广洋思经验，其中重要的一条就是"先学后教，当堂训练"教学法。1999年11月下旬，江苏省教育厅召开全省中小学教学工作会议，并下发文件，要求全省推广这种教学法。各地出现了推广"先学后教，当堂训练"教学法的热潮，小学、初中、高中的校长纷纷涌进洋思中学听课。

但是，有的学校教师担心推广"先学后教，当堂训练"教学法，会影响中考、

高考，就口头上推广，行动上仍走老路；有的学校搞一阵子，就停一阵子，不能坚持；有的学校应付检查，搞搞活动，装装门面；有的学校生搬硬套，硬性规定每节课教师只讲几分钟，否则就罚；有的似乎创造性地推广了，却违背规律，走偏了路，把"先学后教"改成"先学生预习，后教师讲"，或者改成"先学生预习，后满堂问"，或者增加内容：强求学生课前预习，完成讲学稿，导学稿，做大量的预习作业，课上展示，加重了学生的课外负担，或者延长课堂教学的时间（把每节课45分钟改成每节课70分钟）来保证能够当堂训练……其结果是，尽管推广得轰轰烈烈，课堂上热热闹闹，但是，效果不太理想。

2006年10月，我退休后，受聘到河南省沁阳市永威学校任职，加入了推广"先学后教，当堂训练"教学法的行列，成了"先学后教，当堂训练"教学法的推广者。我在永威学校推广"先学后教，当堂训练"教学法，结果怎么样呢？好得很！永威学校在很短的时间里，小学、初中、高中各年级、各学科教师都能灵活运用"先学后教，当堂训练"教学法，大幅度提高了教学质量，减轻了学生负担。这引起了全国各地的教育工作者的高度重视。大家纷纷赶到永威学校考察，称赞永威学校是第二个洋思中学。

永威学校推广"先学后教，当堂训练"教学法成功的奥秘是什么？各地学校应该如何推广"先学后教，当堂训练"教学法呢？下面，从几个主要方面回答这两个问题。

1. 要有正确的指导思想

推广"先学后教，当堂训练"教学法，首先必须有正确的指导思想。永威学校老师们确立了"没有教不好的学生"的思想，相信每一位学生都会自学，都能学得好，大家有了信心，有了力量，有了智慧，都努力实施平等教育，依靠科学，遵循规律，有效地推广"先学后教，当堂训练"教学法，让学生课上能够高效地自学。

相反，如果没有确立"没有教不好的学生"的教育思想，教师整天埋怨生源差，开口闭口"这个不能教好，那个不能教好"，或者推广"先学后教，当堂训练"仅是为了顺潮流，装门面，应付检查，或者为了搞活动而推广"先学后教，当堂训练"，必然热一阵子，冷一阵子，浮在上面，怎么能够信任学生，引导学生进而获得成功呢？

2. 要长期实践创新

有的学校搞课改说得多，做得少，只说不干，等于不说。学校教研的课题是什么？我认为，学校教研不能脱离实际，只图做哪一级的课题，重复专家的论述，说空话，唱高调，学校的教研应该研究学校教改中的问题，坚持实践创新。学校教研的原则是什么？要坚持理论联系实际，就是要把专家的理论成果应用到学校的教育教学中，解决存在的问题。学校教研的成果是什么？就是能够提高质量，教好学生。我认为，搞课改，贵在坚持实践。因此，九年来，我带领全校老师制订计划，坚持常年赛课、评课，老老实实地推广"先学后教，当堂训练"教学法，每天发现问题，研究、解决问题，并按责任制奖优罚劣，逐渐闯出新路，提高了质量，办好了学校。相反，如果不坚持长期实践创新，仅靠一夜的工夫搞"颠覆"，又怎么能够成功呢？

3. 要讲求实效

2006年10月，我加盟河南沁阳永威学校。为什么在一个基础比较差的学校，搞"先学后教，当堂训练"教学法的效果却十分喜人呢？根本的原因就是推广"先学后教，当堂训练"教学法能够从实际出发，讲求实效。

永威学校制定了正确的评价标准。因为评价标准有导向作用，它关系到课改的方向和成败。传统的评课就注重评"教"，评知识，评形式，搞得教师不知怎样教才好。比如，评课时，这个说还有什么没有教，那个说还有什么该讲，这个说要用什么方法教，那个说要用什么方法教，结果，评来评去，评得大家糊里糊涂，都觉得上课难，上好课更难。

永威学校推广"先学后教，当堂训练"教学法时，评课的标准是什么呢？效果是衡量课的唯一标准。课堂上能达到学习目标，有效地提高素质就是好课。相反，教师讲得再好、形式再美也不应算是好课。

这个评课标准对吗？对。因为实践是检验真理的唯一标准。邓小平同志讲：不管黑猫白猫，抓到老鼠就是好猫。改革就是要讲效果。农村改革，搞家庭联产承包责任制，抛弃了那种轰轰烈烈的集体生产形式，让农民自主经营种好土地，很快解决温饱问题就是好的改革。工业体制改革，很快扭亏为盈就是好的改革。在市场经济的浪潮中，产品竞争激烈，哪个产品好，哪个产品差，都看它的使用效果。药品只要能最快地治好病，没有副作用，即使价格很便宜，就是好药。相反，不管多贵，不管多难买到，不管多复杂的药，治不好病，也不能说好药。搞课改，也是一种改革，也是为了有效果，毫无疑问，效果好的课才是好课，效果不好的课就不是好课。效果是衡量课的唯一标准是正确的。我在洋思中学当校长24年，一直用这个标准评课，能够从根本上保证课改成功，教学质量提高。我到永威学校，坚持常年赛课、评课，使用"效果"这一评课标准也获得了成功。

确立效果是衡量课的唯一标准后，备课、讲课会从实际出发，讲究实效，杜绝形式主义、花架子。"效果"指什么呢？按内容分类，"效果"应该是"多元"的，包括知识方面，包括能力方面，包括情感、态度、价值观等方面。以效果衡量课就是指不仅要看知识方面的效果，还要评其他方面的效果。效果分阶段性的"效果"（就是课堂教学中每一个环节的效果）和终结性的"效果"（就是一堂课结束，当堂达到学习目标，看课堂作业有没有完成，正确率如何）。所以评课的时候，既要注意评一节课结束是不是达标，还要评每个环节的效果如何。终结性效果好，不等于每个环节的效果都好，哪一个环节不够好，就必须改进，改进了效果会更好。终结性效果不好，也不等于每一个环节的效果都不好。查每一个环节，发现某个环节好，还可以肯定。

我认为，有的学校课改效果不明显，就是因为课堂教学改革在搞形式主义，表面上轰轰烈烈，实际上装潢门面、骗骗人。有的课改典型本就是包装起来的，凭想象塑造出来的，怎么能符合实际，有实效呢？

4. 要依靠科学，遵循规律

搞课改，要创新，绝不能违背规律蛮干，绝不能由一个极端到另一个极端，顾此失彼，只顾标新立异。永威学校推广"先学后教，当堂训练"教学法，坚持依靠科学，遵循规律。我根据永威学校推广"先学后教，当堂训练"教学法的实践写成的发表在国家级报刊上的许多文章都详细介绍了永威学校依靠科学，遵循规律，获得成功的经验，在全国影响很大。

例如，我于2007年11月写成并发表在《中国教育报》上的《每节课教师讲几分钟岂能硬性规定》长篇论文，阐明了搞课改必须依靠科学，遵循规律。《中国教育报》做了按语：如何借鉴名校的经验，是绝大多数校长都面临的一个现实问题。每个学校都有其特殊的校情，名校之所以成功，并不在于它外显的教育形式，而在于对外显的教育形式背后的教育教学规律的深层次探究。因此，在学习名校时，校长万不可被表面的"枝枝叶叶"迷住了双眼，而应静下心来，多问几个"为什么"，对其之所以成功进行深层次追问。只有这样，才能悟出名校成功的真谛，才能取到"真经"。《每节课教师讲几分钟岂能硬性规定》全文如下：

每节课教师讲几分钟岂能硬性规定

早在几年前发表在《中国教育报》上的《每堂课教师只讲 4 分钟——洋思中学经验给我们的启示》一文，介绍了江苏省洋思中学"先学后教、当堂训练"的教学模式，引起了教育界的关注。据该文作者天津市教科院基础教育研究所所长王敏勤教授说，之所以以"每节课教师只讲 4 分钟"为题，就是为了让洋思中学"先学后教，当堂训练"的教学模式更加引人注目。十多年来，全国各地数百万领导、校长和教师涌进洋思中学听课，特别注意每节课教师讲课的时间。有的学校大力推广洋思中学"先学后教、当堂训练"的教学结构，硬性规定每节课教师讲的时间。2002 年，我到某地讲学时，一位校长拿出一份学校推广"先学后教，当堂训练"教学模式的决定给我看，上面写着："每节课教师只准讲 10 分钟……"他还笑着问我："蔡校长，你说一节讲几分钟最好？"我笑了，难以回答，觉得他们搞偏了，怎么能硬性规定每节课教师讲几分钟呢？如此形式化、简单化，课改怎么能坚持，怎么能有效呢？

2006 年 10 月，我退休后，受聘到河南省沁阳市永威学校任职，仅用了一年时间，永威学校初中部各年级、各学科教师都能灵活运用"先学后教，当堂训练"的教学结构，取得了喜人的成果，教学质量大幅度提高，本市和外省、市的校长们也纷纷起来听课，并给予高度评价。

为什么永威学校推广"先学后教，当堂训练"的教学结构能够很快见效呢？主要是因为我当过 24 年洋思中学的校长，能真正透彻理解自己带领教师们所创的洋思经验，能够抓住根本，不断引导教师们解放思想，更新观念，依靠科学，遵循规律，从永威学校实际出发，讲究实效，注重灵活运用教学结构，真正把理论落实到教改实践中去。在这个过程中，我们特别注意处理好如下几种关系——

既解放思想、大胆改革，又坚持科学、实事求是

2006 年 10 月 20 日，我到永威学校上班，连续听了两天的课，发现教师讲课"满堂灌"，课堂效率低，教学质量差。面对与洋思中学完全不同的现实，我吃不下饭，躺在床上思考着：怎么求生存？怎样才能走出困境？经过反复思考，我鼓起勇气，冲破阻力，决定立即组织全体教师扎扎实实地搞新课程改革。我连夜制定了《讲课制度》，指导教师课堂上如何引导学生学习，帮助学生解决疑难问题；又制定了《评课标准》，明确指出：第一，评效果（不单是知识）。效果是衡量课讲得好不好的标准，效果好就是好课；第二，看标志。效果好的标志是学生紧张地学习；第三，做分析。学生学得好要靠教师引导，要分析教师引导得如何。到永威学校任职的第三天，我就大胆地组织全体教师赛课、评课，边学教育理论，边研究解决实际问题，寻找规律。这一轮赛课，主要解决"满堂灌"的问题。12月下旬，进行了第二轮赛课，与上次不同的是，每节课都有十几名外校来这里培训的校长、教师参加，还有几十名同学科的外校教师参加，开课的大教室常常被挤得水泄不通。评课的方法是先让赛课教师自己评，外校校长接着评，最后我总评。赛课中努力解决生搬硬套、放任自流、该讲的不讲等形式主义的倾向性问题。寒假前，进行了第三轮赛课，使课改基本上了轨道。2007年暑假教师赛课和10月份第五轮赛课，继续研究如何提高课改的实效性。平时，领导坚持听随堂课，新老教师相互听课，几乎每天听课、评课，从实际出发，努力解决课改中的问题。就这样，经过一年不间断的探索，教师们逐步找到了规律，尝到了甜头。

既抓知识、能力学习，又抓情感、态度、价值观培养

搞新课程改革，要实施多元化的学习目标。文化课上既有知识、能力的学习目标，又有情感、态度、价值观的学习目标。知识、能力的学习目标是主要的，但又不能忽视情感、态度、价值观的学习目标。

怎样实施情感、态度、价值观的学习目标呢？我认为，不在于教师在课堂上讲什么情感、态度、价值观的空话，不在于贴什么标签，而在于以学习知识为载体渗透德育，在于教师用良好的形象和恰当的举动潜移默化地影响学生。

教师微笑着走进教室，走上讲台，信任、尊重、关爱每个学生，特别能把温暖送给后进生，让后进生优先读书，优先板演，优先更正、讨论……教师满意的目光、微微的点头、真诚的称赞都是情感，学生见了也就有了情感。教师在课堂上一丝不苟，全身心地投入，板书工整，讲话有力，声音洪亮，抑扬顿挫，以姿势助说话，必定能激发学生端正学习态度，刻苦学习。教师在努力实

现着人生的价值，也必定能培养学生正确的价值观。总之，教师的素质直接关系到课堂教学目标的实现。

因此，我校在组织教师赛课、进行各项基本功大比武的同时，加强了师德教育，努力提高教师的思想素质，使之能适应新课程改革的要求。

既要坚持课程改革，又要整体推进

课堂教学改革是一项复杂的综合工程。搞新课程改革，必然涉及管理、教育、后勤等方方面面，许多人对此还很不习惯，难以推进，难以坚持。因此，必须整体推进。

严格的管理。首先要制定各种规章制度。2006年，我一到永威学校，就根据实际和新课改的要求起草了各项制度，经全体教师讨论和修改后定稿。每项制度都有很强的操作性，也便于领导检查。其次，狠抓制度执行。执行和落实制度很难，制度的执行关键在于领导带头。校长给班子成员做表率，班子成员给教师做表率，教师给学生做表率，层层带动，人人照章行事。再次，制度落实的关键是检查、考核。如我们按照制度，周周查教案，重点查教案中如何引导学生紧张地学，如何引导学生解决自学后存在的问题，并根据要求准确记录，到学期末，按责任奖优罚劣。这样，严格的教学过程管理，有力地保证了新课程改革的顺利进行。

搞好"堂堂清、日日清、周周清、月月清"。所谓"堂堂清"，就是要学生在课堂上像考试那样紧张地学习，当堂能理解、记忆知识，当堂完成作业，力争不把问题留到课后。所谓"日日清"，就是指今日事今日毕。当天学的知识，该背的都会背，该运用的都做对，做错了的都更正。"周周清"就是普查本周所学知识，一一过关。"月月清"就是指月月调查学习质量，查漏补缺。"四清"之间关系密切，相互促进："堂堂清"是"日日清""周周清""月月清"的基础；抓"日日清""周周清""月月清"就能促进学生在课堂上紧张地学习，提高效率，达到"堂堂清"。总之，我们扎扎实实抓好"四清"，让学生打好了基础，学生学习能力强了，在课堂上就能学得更好、更活，课堂教学改革就会比较顺利。

坚决执行各种教育法令、法规，排除各种干扰，为新课改提供良好的环境。教育的法令、法规是科学，依法治校就是要坚决执行教育法令、法规。例如，学校贯彻教育方针，按国家课程计划开全开足课程，加强德育，尤其是加强养成教育，重视课堂教学中渗透德育。同学们有了良好的习惯，有了精神动力，才能在课堂上学得紧张。又如，学校控制学生活动总量，确保了学生休息时间，学生在课堂上才会精力充沛。同样，不加班加点，不延长学生在校时间，才会逼着教师集中精力搞课改，向45分钟课堂要质量。

总之，我从江苏省洋思中学来到河南省永威学校，学校变了，一切都变了。我既坚持正确的教育思想，又从永威的实际出发，讲究实效，灵活地、创造性地推广"先学后教，当堂训练"的教学结构，迈开了可喜的一步。如今，永威的教师们正在总结经验教训，坚持改革开放，力求自主创新，依靠科学，提高质量，为办好人民满意的学校做出应有的贡献。

既要用好教材，又要走出教材

今年春天，我在山东潍坊参加全国目标教学研究会。有位小学教师告诉我，他上课时都叫学生把课本放在抽屉里。我问他为什么，他说，学生一看就会了，就不听我讲了，我在课堂上无法讲。我说："如学生会了你就不讲，就让学生自己练习，自己更正、讨论……"

如今在永威学校的课堂上，师生都能用好教材。首先，学生用好教材。课堂教学从学生读书开始（语文课读书，数学课看书）。学生读书后，再检测效果，学生模仿例题做类似的习题，或口头回答问题；检测后，学生依据课本更正、讨论，教师归纳，最后学生当堂背诵，当堂完成作业。全过程学生都离不开课本，逐步养成读书的习惯。其次，教师用好教材。教师虽然不教书（教材）了，不讲例题了，但仍要用好教材。教师要钻研教材，根据教材制定学习目标，引导学生如何看书，出好学生看书时的思考题、检测题（一般选自课本：语文课以课文后边的练习为主；数理化、政史地生课常用云图中的思考题或练习题），当堂训练的内容也是以课本中的练习题为主。

教师不仅引导学生走进教材，而且引导学生走出教材。例如，语文讲读课上，教师要指导学生如何运用课文中学到的知识，去阅读课外书籍，去写作文；数学课上，指导学生运用刚学到的书本知识，解决实际问题。学校还开设了课外阅读课。这样，学生走出教材，知识拓宽、延伸了，能力变强了。

既要学生紧张学习，又要教师科学引导

在一年的实践中，永威学校的教师们逐步解放了思想，相信每个学生都能

学得好，作业都能当堂完成，大胆地放手让学生像考试那样紧张地自学。学生的学习不是蛮干、死练，而是有效的、符合科学的。

符合自主学习、合作学习、探究性学习的原则。"先学"（看书、练习）是"自主学习"，"后教"（学生更正、讨论，教师评点）是"合作学习"，"当堂训练"仍是"自主学习"，全过程都是"探究性学习"。这样"先学后教，当堂训练"的教学结构很好地处理了"自主学习""合作学习""探究性学习"之间的关系。例如，开头的"自主学习"（"先学"，即看书、检测）后出现了疑难问题而学生个人不能解决，这使后来的"合作学习"（"后教"，即更正、讨论）有了必要性，也有了明确的内容和恰当的形式。这种开头的"自主学习"是后来"合作学习"的基础，很有必要，如果没有这种基础，一上课就"合作学习"（让学生小组讨论）就会流于形式。因此，"先学后教，当堂训练"就是体现自主学习、合作学习、探究性学习原则的课堂教学结构。

符合"循序渐进"的原则。"先学"时，"看书"是初步接触、了解新知识，"检测练习"是模仿例题开始运用新知识；"后教"时，"学生更正"是从反面进一步理解新知识，"学生讨论"是努力弄懂"为什么"，教师的补充与更正是帮助学生解决疑难，让学生真正弄懂新知识并知道怎样运用。"当堂训练"是让学生运用新知识，形成能力。

符合"因材施教"的原则。"先学"时，优生、后进生同样看书、练习，结果有的会了、对了，有的不会、错了；"后教"时，"兵教兵"，即会了的、对了的学生帮助不会的、错了的学生，并且讲清"为什么"。这样不会的、错了的学生的问题就基本得到解决。同时，优生在帮助后进生解决疑难问题的过程中，也加深了理解，增强了能力，达到了"培优"。

符合"实践—认识—再实践—再认识"的认识规律。"先学"时，"看书"是实践，获得认识，再实践（练习），"后教"时，"更正"是实践，讨论弄懂"为什么"，上升理论是"认识"，"当堂训练"是"再实践"。

符合自主创新、素质教育的要求。"先学"时，学生运用旧知识看书，获得新知识是"创新"；学生看书后完成检测练习，是开始运用新知识，也是"创新"；学生自己纠正问题、学生讨论、自己弄懂为什么，最后当堂训练，灵活运用知识，解决各种问题也都是创新。全过程学生自主、探究性学习就是自主创新，就是在培养自主创新的意识和能力。

总之，学生像考试那样紧张学习，不仅获得了知识，而且增强了思维、自学等能力，培养了合作的精神、刻苦学习的精神，全面素质得到了提高。

不过，学生紧张地自学，还要靠教师的正确引导。首先，课前，教师们备好课，精心设计好学生学习的方案（准备锦囊妙计）。其次，课堂上，教师们要像电视主持人那样，讲好激动人心的过渡语，一步一步地激发、引导学生看书、练习、更正、讨论、当堂完成作业。最后，该讲的要讲好。通过"兵教兵"（学生更正、讨论自学检测中存在的问题），学生会了的，就不讲；学生错了的、不会的，都不能解决的疑难问题，教师一定要讲，一定要讲得有序，讲得好，不是就题讲题，一题一题地讲，而是要一类题一类题地讲，由个别（这道题）到一般（归纳理论知识），再指导学生如何运用理论知识解决实际问题。

每节课，教师该讲几分钟？要根据学情而定，即根据出现问题的多少、难易的程度而定。如问题少，易懂，就可以少讲；如问题多，难懂，就一定要多讲。不同的科目、不同的班级，情况各不相同，教师在课堂上，指导的方法、讲的时间也就各不相同，应该随机应变。再说，不同的学校，不同的校情，不同的课改现状，教师讲的时间更应该各不相同。我知道，现在洋思中学的教师在课堂上讲得很少，一般只有几分钟，但这是随着课改的深入、学生自学能力的增强、教师引导水平的提高而逐步减少的。我在永威学校推广"先学后教，当堂训练"的教学结构至今，并没有硬性规定教师每节课讲多长时间。

又如，2010年2月，我写了《教学革命——蔡林森与先学后教》一书，由首都师范大学出版社出版，该书由中国教育学会原会长顾明远、中国教育学会原常务副会长郭振有做了序。该书的开篇是成长经历，第一章是"先学后教，当堂训练"教学法的应用价值，第二章是"先学后教，当堂训练"教学法的形成与发展，第三章是"先学后教，当堂训练"教学法的理论基础及思想细节，第四章是"先学后教，当堂训练"教学法的操作方法，第五章是"先学后教，当堂训练"教学法的普遍推广。该书在全国影响很大。

又如，2011年10月11日，我写的课改论文《永威课改的10条定理》发表在《中国教育报》上，文章阐述课改要以科学发展观为引导，依靠科学，遵循规律，处理好各种关系，不能由一个极端到另一个极端，不能顾此失彼。该文前，《中国教育报》加了【编者按】：

　　一所原本落后的学校，仅仅在数年之间，就跃升为当地教育界的领头雁，其秘密何在？

　　河南沁阳永威学校的回答是：义无反顾地进行教改。

　　他们的教改是朴素的、现实的，他们只是实实在在地改变课堂，改变教师。他们把"教—学"变成了"学—教"，把学生的"学"作为"教"的出发点和落脚点。教学模式因此而发生革命性变化，教师真正彻底成为学生成长的引导者、促进者。

　　他们拒绝追赶时髦，并时刻警惕那些美好教育口号后面隐藏着的应试教育变种。他们不过是把自己摸索到的教育规律，以一往无前的勇气转化为实践。他们把教育的使命看得比泰山还重：让每个孩子都健康成长——教改是从关心最后进的学生开始。

　　这是植根于中国土壤的教改样本。

> 　　感谢任太平董事长给了我永威——课改的试验田，让我实现了在小学、初中、高中推广"先学后教，当堂训练"的愿望。实践证明课改的成功不在于空谈理论或者只图形式，做表面文章，而在于老老实实地应用理论，遵循规律，长期探索，不断打假，力求高效。
>
> 　　　　　　　　　　　　　　　　　　　　　　　——蔡林森

永威课改的10条定理

　　如今，河南沁阳永威学校已成为引领一方教育水平高飞的头雁，慕名赶来的取经者，每天络绎不绝。永威学校成功的奥秘是什么？主要是因为学校坚持常年赛课、评课，每天求实打假，发现并解决问题。5年来，终于形成了永威课改的十大特色。

不向课前延伸——课堂从上课铃开始

永威学校小学、初中、高中各年级、各学科，运用"先学后教，当堂训练"教学法时，课堂教学都从学生在老师指导下读（看）书开始。"先学"（学生看书及看书后的检测练习）这个环节一直都在课堂上进行，从不移到课前。永威的实践证明，这样不仅大大节省了师生课前的宝贵时间，而且有利于学生在课堂上能够紧张、高效地学习，当堂达标。许多同行都认为这样好。有的学校以课改的名义，课前教师忙于编印预习题、练习题，要学生做预习作业，参与备课，似乎这是课改的创新。其实，把课堂教学、课堂上的学习任务向课前延伸是一种违背教育规律的做法，因为教育部规定教师要备自己所教的一两门功课（教师有备课的时间和能力），却没有规定学生要备自己所学的那么多课（学生没有备课的时间和能力），如果要学生课前参与备课，做预习作业，准备发言稿，学生备 1 节课常常要费时 1 个小时左右。学生一天要上 7 节课，哪里再有 7 个小时的备课时间？学生的课外负担会加重到何等程度？这可能吗？能坚持吗？这样还能规范办学行为吗？再说，这样把学习的主要任务放到了课前，本末倒置，课堂上必然学生轻轻松松，学习效率不高，良好的学习态度、精神、品质难以形成。

不向课后延伸——保证学生的课余自由

运用"先学后教，当堂训练"教学法，解放了学习力，极大地调动了学生的积极性，学生从上课到下课都紧张、高效地看书，完成看书后的检测练习，更正，讨论，听老师帮助解难。该理解、记忆的，当堂弄懂、背诵；该运用的，当堂训练（每节课有 20 分钟左右的时间让学生把课本上的练习题统统完成），形成能力。政、史、地、生课是这样，语、数、外也是这样；小学、初中是这样，高中非毕业班、毕业班也是这样；新授课是这样，复习课也是这样。每节课学生学懂了，学会了，练习了，巩固了，不向课后延伸，就从根本上保证了课外负担大大减轻，学生课外不做作业，有时间更正自己做错的题、自由阅读课外书籍、参加课外活动。许多学校至今仍不能当堂完成作业，有的甚至以为课上当堂完成作业是应试教育，不属于素质教育，这些学校课上学生漫无边际地东扯西扯，你讲他评，结果把课堂作业压到课后，如果每节课都这样，必然加重了学生的课外负担。

自主学习为主，合作学习为辅——充分释放学生的学习力

运用"先学后教，当堂训练"教学模式，教学过程是先自主学习（看书、

检测，发现、暴露自主学习中出现的疑难问题），再合作学习（更正、讨论，解决自主学习中个人不能解决的问题），最后还是自主学习（当堂完成作业，严格训练，形成能力），全过程都在探究性学习。这样课堂教学以自主学习为主（一般30分钟左右），充分发挥每个学生的内因作用，培养学生独立思考、学习的能力和习惯，同时暴露出疑难问题，使合作学习有了明确的目的、内容；以合作学习为辅（一般15分钟左右，包括"兵教兵"，即学生讨论，也包括教师的评点），重点解决自主学习中碰到的个人不能解决的疑难问题。自主学习与合作学习相辅相成，相互促进。有的学校课堂上取消学生自主学习，尽搞合作学习——小组讨论、同桌讨论，一人发言，大家评，从上课至下课，教室里热热闹闹，学生不能静下心来独立地、专心地、紧张地看书、练习，完成课堂作业，怎么能培养独立思考、刻苦学习的习惯和精神呢？

先走进教材，后走出教材——弄懂什么是"校本教材"

新教材是新课程改革的成果。现在中小学使用的教材多数是国家编的，也有地方编的。学校对这些教材必须从实际出发，增、减变成校本教材。怎样才能变成校本教材呢？"先学后教，当堂训练"教学法有效地解决了这个难题。运用"先学后教，当堂训练"教学法时，让学生"先学"，走进教材，学习教材（读教材或看教材，并检测看教材后的效果，检测题也是来自课本）。"先学"是一种调查，它弄清了教材上哪些是学生会的，哪些是不会的（暴露出疑难问题或错误）。会了的，就删去不教；不会的，就成了校本教材，课堂上就是要教这样的校本教材（学生不会的）。教的方法是让学生更正、讨论，教师点拨，拓宽延伸。最后让学生当堂记忆、完成课堂作业（作业题也以课本上的练习题为主），举一反三。因此，运用"先学后教，当堂训练"教学法，能够有效地引导学生用好国家课程，并且，能把国家课程转化为校本课程（学生自学中的疑难问题），这样，教师就是要教校本教材，帮助学生解决学生自学中碰到的疑难问题。

有的学校课堂上丢开教材，始终不让学生看书，甚至上公开课时，学生都不带着课本进课堂，两手空空，结果教师把课上成了评讲试卷课或者展示课。

学生的自学，靠教师的引导——没有导，就没有学

有的学校由一个极端到另一个极端，唱着"不要教师束缚学生学习"的高调，取消教师的指导，让学生自定学习目标，或没有学习目标，想学什么就学什么，想怎么学就怎么学，结果课堂上放任自流，浪费时间，学习效率不高。

永威学校却不是这样，课堂教学的全过程都让学生自己学（看书、检测、更正、讨论、作业），发现问题、解决问题，真正发挥了主体作用。

但是，学生自学的每一步，教师都要做出正确的引导。课前，教师要备好课，谋划好学生自学的策略，或叫设计好自学的方案，课堂上，教师像节目主持人那样，一步一步地引导学生学得最佳。例如，要学生复述课文或回答问题或者板演或者作业，教师首先提出明确的要求。学生会了的，教师就不讲；学生错了的、不会的，通过"兵教兵"都不能解决的疑难问题，老师一定要讲，要有序地讲好，不要就题讲题、一题一题地讲，而要一类一类地讲，由个别（这道题）到一般（归纳理论知识），再指导学生如何应用理论知识解决实际问题。

此外，教师的形象、感情努力给学生良好的影响，确保情感、态度、价值观的教学目标也能当堂达到。

以学好知识为载体，　有机渗透素质教育——课改要贴近地面

有人讲课堂上要实施素质教育，教学生做人，不是要看学了多少知识，不要学习目标，更不要当堂完成作业，当堂达标。这样把素质教育与学习知识对立起来，其结果必然是既降低了教学质量，又不能有效地实施素质教育。

永威学校运用"先学后教，当堂训练"教学模式，以引导学生紧张地学好知识为载体，有效地实施了素质教育。为什么呢？

（1）学生在课堂上紧张地看书、练习、更正、讨论，听老师点拨，当堂完成作业，当堂达标，全过程学生都在实践，在"做"上学，"干"中学，这样就培养了学生各方面的能力，如读书的能力，思维的能力，说话的能力，自学的能力，自我反省、自我纠错的能力，等等。如今，永威学校80％以上的学生靠自己读书、思考，就能模仿例题，做对习题，当堂达标，而且能够主动教做错的、不会的同学，少数后进生通过自学一般能完成80％的学习任务，剩下的疑难问题靠同学帮助也能基本解决。如果只空喊课堂实施素质教育的口号，课堂上不让学生独立地、紧张地自学，就难以培养出上述的各种能力，因为游泳的本领是在水中实践获得的，学生的能力是靠自己紧张学习而形成的。

（2）在永威学生紧张地学习的过程中，有机地渗透了德育。因为只有紧张地学习，才能不知不觉地培养学生紧张快节奏的习惯和一丝不苟、耐心做事的态度，培养学生的自信心、责任感、独立自强的竞争意识、合作精神、严守纪律等品质，还能培养学生敢于摸索、大胆创新的精神。有的学校晚上教师"满堂灌"，学生先学一遍，白天课上展示、表演，这样的课堂教学，还能有效地实施素质教育吗？

（3）永威学生当堂完成作业，减轻了过重的课外负担，就有足够的睡眠时间和休息时间，能够每天锻炼 1 小时，就有时间培养兴趣、爱好，培养特长，促进全面素质的提高。

注重效果，不图形式——课改不能中看不中用

有的学校推广"先学后教，当堂训练"教学法，偏重形式，搞文字游戏，或以时髦名字另立新模式，其结果是使课堂教学复杂化，没有系统性，教师看不懂，不知怎样上课；有的学校把"先学后教，当堂训练"改成"先练后讲"，有的改成"先学后讲"，有的改成"先学后交"，有的去掉"当堂训练"，等等，这样不实践，凭想象，改来改去，却没有什么新的突破。

永威学校推广"先学后教，当堂训练"，并没有标新立异，打出什么新的旗号，出现什么新的名字，也没有搞什么别的新课题，更没有搞什么形式主义、花架子，只是老老实实地在灵活运用"先学后教，当堂训练"教学法，让学生在紧张高效的学习上下了真功夫。学校始终坚持以效果作为衡量课的唯一标准。如果课堂上能达到学习目标，有效地提高学生素质，就是好课；相反，教师讲得再好，形式再美，也不算好课。学校坚持效果第一的标准，遵循规律，统筹兼顾，数年如一日地"磨"，终于"磨"上了注重效果、不图形式的正确轨道。

"先学后教，当堂训练"这个教学模式的确很简单，不复杂，但是老师们操作起来却异常困难，能够灵活运用，提高质量，就更不简单了。现在大家尝到了甜头，更新了观念，增强了信心，提高了课改的自觉性，学校课改这盘棋就下活了。

常年赛课，不断打假——课改要真刀真枪

好多学校课改不能坚持，难以真搞。例如，有的学校走"捷径"，搞突击，一夜工夫就形成模式，以为大功告成；有的学校搞课改时紧时松，时搞时不搞，甚至平时上"满堂灌"课，领导检查或搞活动时才上新课改的课；晚上上"满堂灌"的课，先给学生讲一遍，白天再上展示、表演的公开课。

永威学校却不这样，他们坚持不懈地常年赛课、评课，不断打假，纠正自己课改中的这样那样的问题。每学期初，学校制订赛课计划，统筹兼顾，确保赛课安排与总日课表不冲突，不影响正常秩序；制定赛课制度，加强检查考核，严明纪律；加强对课改的领导，每位学部校长任所在学部的赛课组长，每月各学部按计划独立搞一轮赛课，每天老师参加赛课、评课，研究解决问题，同时赛课与教研活动，与教师基本功培训结合，每星期三晚上，学校组织课上得好的教师向全校二百多名教师上观摩课，当场评分、评课。学校赛课不搞假象，均对外开放，欢迎来宾参加听课、评课，相互交流，共同提高。

永威学校坚持常年赛课、评课，不断打假，解决存在问题的做法，已在沁阳市各校普遍推广，沁阳市的课改已成为先进的区域典型。

校长带头，全员参战——课改是"人民战争"

课改是长期的、艰巨的、复杂的综合工程。我亲自上阵，当好课改的排头兵。5年来，我从小学到初、高中各门学科轮番地听、评，几乎一天不停，全年听课1000节以上。我的做法是，一门课一门课、一节课一节课、一个老师一个老师、一个问题一个问题地磨。我评课不讲情面，就事论事，讲究击中要害、一针见血。

校长有了课改的指挥权，成了学校课改的总指挥。全体教师踊跃参战，打了一场课改的"人民战争"。经过5年教学革命的风暴，经过战斗的洗礼，永威学校已经建成了一支年轻的优秀的教师队伍。如今，小学、初中、高中两百多名教师个个都是讲课能手，都能引导学生紧张高效地学习，当堂达标。新教师变化、成长特别快，令人难以相信。

课改也要"承包"——让每个人都有使命感

工业要"包"，农业要"包"，教育也要"包"，课改也要"包"。永威学校坚持把搞课改列入教师教书育人责任制，奖优罚劣。对课上得好的教师，每月增加考核工资，学年末增加年终质量奖励工资；对课上得不好的学校重点帮助，限期上好合格课，否则辞退。这样"承包"，调动了教师课改的积极性，保证了课改不断地深化。

上述十大特色，已在永威学校所在的沁阳市得到普遍推广，沁阳教育局局长史曙光一方面帮助永威学校总结、完善、提高，另一方面引导沁阳市中小学灵活运用永威学校的教案，上"先学后教，当堂训练"的课，使课改不断深入。如今，沁阳市中小学教学质量跃为焦作之首。焦作市委书记路国贤考察永威时激动地说："永威学校是教育的典范。"沁阳市委书记陈敬如在教师节表彰大会上授予永威学校"沁阳市教育教学标兵单位""沁阳市示范学校"的匾牌，他多次肯定："永威是沁阳的教育品牌，是沁阳对外开放的窗口。"

的确，课改之花遍地开放，有些花似乎很美，但不结果，或者结的是小果、苦果；有些花不中看，却中用，能结果，结大果，结甜果。我们广大教育工作者必须忠于教育事业，对学生高度负责，要有正确的指导思想和教育理念，哪一种课改模式能提高质量、减轻负担，就选择学哪一种课改模式。在学习、推广先进教学模式的过程中，要从实际出发，注重实效，要践行科学发展观，依靠科学、遵循规律，不断地打假，即不断发现、解决问题，纠正错误，不断深化。改到深处，必出高效。切切不可盲目地今天学这样，明天学那样，浮而不实，做做表面文章。

现实是最好的教育。好的教育品牌必定有生命力，伪劣的东西必定会失败，必定会被抛弃，这是不以人的意志为转移的。课改一定要打假，努力改到深处。这是我们广大教育工作者长期的追求。

又如，2013年12月4日，我写的课改论文《课改，亟需科学发展观引路》发表在《中国教育报》上，《中国教育报》加了【编者按】：

课改需要定力。

蔡林森是有定力的。30多年前在江苏洋思，他就探索并实践了"先学后教，当堂训练"。30多年过去了，他仍在永威学校坚持并丰富着自己的这一教育思想、教学模式，不断创造着美妙的教育风景。

因为他以教育、以课改为终身之事业。如此，他的课改就是真课改，他的教育理念就是真正化入血液、付诸教育实践的活理念。

中国基础教育改革，缺的就是这样的执着和定力。

课改，亟需科学发展观引路

河南省沁阳永威学校是任太平先生投资创办的一所民办学校。2006 年我加盟永威学校。7 年多来，学校走出困境，成为河南乃至全国知名的学校，参观者络绎不绝。我谈谈个人的体会。

一、 要认真研究， 正确理解 "先学后教，当堂训练" 的教学模式

有人问我："有的学校推广'先学后教，当堂训练'，效果不够理想，你在永威为什么推广这个教学模式，能够创造奇迹呢？"我想，只有正确理解"先学后教，当堂训练"教学模式的科学性、实效性、完整性，才能正确地灵活运用这个教学模式。

"先学后教，当堂训练"的教学模式准确的表述是什么呢？它包括三个主要环节：1. "先学"，即学生看书（读书）、检测；2. "后教"，即学生更正、学生讨论，最后教师点拨；3. "当堂训练"，即当堂完成作业。在这三个主要环节之前，有三个辅助环节（1 分钟左右）：板书课题、出示目标、自学指导。

其中的"辅助环节"就像高速公路旁的"引桥"，"主要环节"就好像"高速公路"。老师运用这个教学模式，就能够引导学生很快通过"引桥"，奔驰在自学的快车道上。"先学"（学生看书、检测）、"后教"（更正、讨论）、"当堂训练"（当堂完成作业）三个主要环节系统性、逻辑性很强，三者是相互联系、密不可分的。"先学"与"后教"改变了传统的"教"与"学"的顺序，强调了"学"在前，即先自主学习（看书、检测），"教"在后，即后合作学习；强调了"学"与"教"的主次，"学"为主，即以自主学习为主，"教"为次，即以合作学习为次；还摆正了"学"与"教"的关系：即"以学定教"，根据"先学"的"学情"来确定"后教"的内容和方法；"先学"学生看书、检测，一部分做对了，一部分做错了，这就是准确的分层（便于"后教"），"以教促学"，"教"（后教）就是让做对的给做错的更正，老师点拨，帮助学生解决自学中的疑难，促进学生举一反三，继续自学，完成作业，这就是分层教学。"当堂训练"这个环节强调当堂完成作业，当堂达标。这一个环节就从根本上促进了学生在"先学""后教"这两个环节时学得紧张、高效。"先学后教"扎实、高效，节约了时间，让学生真正理解了，有了能力，才能保证做到当堂训练，即当堂完成作业。"先学后教"与"当堂训练"二者也是相互促进、不可缺少的。"先学后教，当堂训练"确实是完整的教学结构，教学环节不可随意改变顺序，也不可随意增加或减少或改动某一环节。

"先学后教，当堂训练"是科学的教学结构，它遵循了实践—认识—再实践—再认识的规律，体现了循序渐进、因材施教、反馈矫正以及以学生为主体等原则，也体现了自主、合作、探究性学习的原则。即先自主学习（先学），再合作学习（后教），最后还是自主学习（当堂训练），全过程探究性学习。这种教学模式特别规定"先学"在课堂上，不必强求学生课前参与备课，做大量的预习作业，还规定"当堂达标"即当堂完成作业，不向课外延伸，确保减轻课外负担。

"先学后教，当堂训练"是高效的教学结构，它能够提高教学质量，减轻学生课外过重负担，能够有效实施素质教育，能够在小学、初中、高中普遍推广。

二、 要常年赛课， 灵活运用 "先学后教， 当堂训练" 的教学模式

"先学后教，当堂训练"的形成是洋思人十多年实践创新的成果，其推广也要坚持长期实践创新。课改看起来容易，说起来容易，搞一阵子容易，做表面文章容易，要能长期坚持并获得成功却很难。永威学校能够坚持课改，获得成功的秘诀就是每天赛课、评课。

2006年10月，我担任永威学校初中部校长。我到任的第三天，就坚持每天组织教师赛课、评课，推广"先学后教，当堂训练"，坚持以效果作为衡量课的唯一标准，如果课堂上能达到学习目标，有效地提高学生素质，就是好课；相反，教师讲得再好，形式再美，也不算好课。第一个月赛课，主要废除"满堂灌"，开始运用"先学后教，当堂训练"教学法，老师们很不习惯；第二个月赛课，主要反对形式主义；第三个月赛课，努力提高老师的引导水平。赛课三个月，教学质量大幅度提高，家长学生无不高兴。

第二年春天，我担任永威学校执行校长，兼管小学。小学也常年赛课、评

课，一天不停，大家解放思想，相信小学生年龄小也能自学，大家逐渐能灵活运用"先学后教，当堂训练"教学法，根据数学、科学课教材实际，探索、总结，形成了"四个一"的教学模式，即"看一看、做一做、议一议、练一练"，其中"看一看""做一做"即"先学"，"议一议"是"后教"，"练一练"是"当堂训练"。根据语文教学目标多元化，从而形成了"几个比"的教学模式，即"比读书、比认字、比写字、比背诵、比回答问题"。小学低年级教师常采用儿童化的语言揭示教学目标，出示自学指导，学一点、教一点，再学一点、再教一点。这样小步走，学生喜欢，效果好。中、高年级每一个环节的时间适当增加，便于集中学，集中议。不同的学科、不同的课型，方法也不同，效果特别好，因为小学生好动、好奇、好胜，尤其喜欢自己学，教材的难度不大，容量小，更加便于小学生自学。

2008 年 2 月，我接管永威学校高中，立即组织高中教师和初中教师一起赛课、评课。当时，个别教师表示很难理解。我带领大家坚定不移地推进课改。坚持数年，高中课改上了路，刚毕业的大学生积极搞课改，教学成绩特别好，老教师也都高高兴兴地用上"先学后教，当堂训练"教学法，尝到了甜头。通过课改，高中老师也解放了思想，一致认识到，高中生阅读水平比初中、小学生高，他们能读懂或基本读懂课本，自学的难度不比初中、小学大；老师们发现，高中教材中有不少知识是初中学过的，例如，高一学抗日战争，初三也学过抗日战争，大家注意了高中和初中的联系，对教材中学生已懂了的知识，就不教，这样教材的容量就大大减少；老师们还注意了学科与学科的联系，例如，高中语文老师教文言文，就不介绍时代背景，因为学生在历史课上已经学过了。这样，高中教学容量大的困难就基本解决了。

永威学校坚持常年赛课、评课，推广"先学后教，当堂训练"，有一个不断深化的过程：开头变"满堂灌"为学生自主学习，重点反对课堂教学中的形式主义，努力让学生学好。

近两年，我们注重引导教师钻研教材，研究教法，努力提高引导、点拨的水平。全校教师下真功夫吃透教材，要学生背的，教师先背；要学生回答的问题，教师先弄懂；要学生练的题，教师先做。这样，教师胸有成竹，成了明白人，在课堂上才能针对学生的疑难，做出正确、精彩的点拨。否则，尽管教学模式（课堂结构）好，但教师不敢讲或讲不到点子上，结果讲等于没有讲，使得课堂教学流于形式。同时，我们努力提高教师的教学艺术，教师力争语言抑扬顿挫，仪表端庄，情感丰富，态度认真，一言一行给学生良好影响，努力实现情感、态度、价值观的课堂教学目标，让学生养成良好的习惯，提高综合素质。

目前，我校的课改进入了"深水区"，在攻坚克难。为了深化课改，我校连续几年利用寒暑假备好新学期的课，写好教案。今年七月份，我校小学、初中、高中各年级各学科教师都集体备课，对上学年的教案认真修改，编写出 2013 年秋学期的教案，这次修改的重点是：教师如何针对学情讲好，补充、拓展（由个别到一般，拓展延伸，并指导如何灵活运用，防止错误）。开学后，每周星期天修改下周要使用的教案，主要是补充细节，做课件，增加每天尖子生选作的难题以及单元综合测试题。

开学后，我们坚持赛难上的课。例如，赛语文阅读分析课（让学生讨论、研究文章中心、篇章结构等写作方法，培养学生阅读分析能力）；赛作文指导课、作文评讲课（培养学生先认真审题、立意、认真选材、认真构思，后写作的能力和习惯，培养学生认真修改作文的能力和习惯）；全校赛复习课。复习课搞大"先学后教"，几节课一个循环，即"先学"（用一两节课考试），"后教"（评讲试卷，更正），评讲试卷课上也是让学生自己更正，不懂问同学、问老师，教师给先更正好的同学复阅，多数学生不会的，让学习先进生讲，全班都不会的，老师才讲，力争讲好。学校注重引导教师在课堂上以身作则，做礼仪的楷模，在课堂上就让素质教育开花、结果。

我深深地体会到：只有坚持遵循规律，常年赛课、评课，推广、应用"先学后教，当堂训练"教学模式才能成功。

三、要不受干扰，正确推广"先学后教，当堂训练"的教学模式

当下，全国各地都在搞课改，教学模式各种各样，众说纷纭。我们要学会选择，不受干扰，这是我在永威课改成功的另一个重要原因。几年来，我们坚持赛课、评课，发现问题，解决问题，旗帜鲜明地反对课改中的形式主义、花架子。我校推广"先学后教，当堂训练"教学模式，排除了各种干扰，主要有以下三种。

1．坚持不用"学案"，不把"先学"移到课前

我担任洋思中学校长 24 年，推行"先学后教，当堂训练"，一直不用"学案"。我担任永威学校校长 7 年多来，学校小学、初中、高中各年级、各学科老师都搞"先学后教，当堂训练"，但谁也不让学生参加备课，搞什么"学案"。沁阳市校校推广"先学后教，当堂训练"，每一所学校都搞"先学后教"，都不搞"学案"，大家都尝到甜头，都说这样好。

为什么我们搞"先学后教"，不搞"学案"呢？原因是多方面的。

（1）根据学情不必多此一举。洋思、永威多年的实践证明学生都具有读书的能力，能阅读相应的课本，课上学生看几分钟书，就能初步理解知识，模仿例题，基本做对习题，然后更正、讨论，教师点拨，当堂完成作业。既然如此，根本无须"学案"。

（2）节约纸张，降低成本。

（3）节省师生的宝贵时间，让学生课外集中精力读书，与遗忘做斗争，力争准确记忆知识，并且走出教材，强化训练，形成能力。

（4）确保学生在课堂上养成紧张、快节奏、一丝不苟的习惯，全面提高素质。

（5）规范办学行为，确保学校统筹兼顾，协调发展，秩序良好。

如果不搞"先学后教"，而推行"学案"，结果会怎么样呢？2013 年第 3 期《课程·教材·教法》杂志上发表的《"先学后教"教学模式：学理分析、价值透视及实践反思》一文中说："现在的问题是，这些'衍生'出的各式'学案'对教师而言，会不会增加其工作负荷……对学生而言，是否也存在着增加课余负担的可能？譬如，许多学校把'导学案'以预习作业的形式发下去，为完成各学科多篇幅的'导学案'，学生只顾'昏天黑地'地填写。然而更为严峻的是，当这些由教科书这一核心教学文本衍生出的各式'学案'充斥课堂之际，学生基本上就是围绕'学案'做题，而那个本源的、基础的教科书却常常被搁置、消解。比照学案'衍生'与教科书的'弃用'，这是不是本末倒置？对于那些充盈着丰富的人文教育因子的学科，如语文、历史等，这种本末倒置带来的后果可能是相当严重的。"这是中肯之论。

我一直旗帜鲜明地表示：尽管"学案"名词时髦，但古今中外从未有过；尽管学生课前参加备课，也可以学到一点知识，可以减轻课堂上学习的难度，

但它必然加重学生课外负担，会把学校教育搞乱，弊大于利，得不偿失。如今，有的学校跟着搞"学案"吃了亏，已在转轨。

洋思中学、永威学校搞"先学后教"，但绝不搞"学案"；相反，搞"学案"的学校，并不搞"先学后教"。如果硬要把"先学后教"与"学案"扯在一起，并将别人搞"学案"的后果推给"先学后教"，这样张冠李戴就会混淆是非。

2. 坚持不把"当堂训练"移到课后

永威学校推广、应用"先学后教，当堂训练"教学模式，一直坚持"当堂训练"，让学生当堂完成作业，绝不能把"当堂训练"移到课后。每次赛课、评课，都把能"当堂训练"即学生能当堂做对作业作为衡量课的重要标志，如果课上作业时间少了或者学生未能当堂完成作业，都要分析原因，找到解决的办法。就这样，永威老师努力做到每节课以15分钟的时间让学生"当堂训练"，训练的内容是课本上的练习题，教师不辅导，学生不讨论，这样能让学生巩固新知识，并运用新知识，形成能力，达到教学目标。如果没有"当堂训练"，不当堂完成作业，就谈不上能达到训练能力的目标。

可是，有的学校以为当堂完成作业是应试教育，他们把"当堂训练"移到课后，让学生课外完成作业。这样，不仅加重了课外的负担，而且影响了课堂教学改革，使课堂教学松松垮垮、学生轻轻松松，教学目标的实现大打折扣，既不能提高质量，又不能养成学生紧张、快节奏学习的习惯。

3. 坚持不把"后教"改成汇报、展示

"先学后教，当堂训练"中的"后教"是指在学生看书、检测后的更正、讨论，主要任务就是解决学生自学中的疑难问题，"后教"的时间只有10多分钟，"后教"的过程中学生十分紧张，"后教"的形式以班集体为单位，人人参与，这样便于教师准确、及时了解学情，并有的放矢地给予指导。

有的学校把"后教"上成汇报、展示课，课上只见汇报课前自学的成果，却不见存在的疑难问题，更不见如何解决疑难问题；汇报、展示的时间是从上课至下课；在汇报、展示的过程中，学生浮躁、轻松；汇报、展示常常分组讨论，不便老师了解全班的学情、准确指导。

总之，推广"先学后教，当堂训练"，一定要注重实效，求真务实，切不可糊里糊涂地搞花架子，随意把"先学"移到课前，把"当堂训练"移到课后，把课上的"后教"改成汇报、展示，切不可糊里糊涂地今天学这家，明天学那家，结果迷失方向，难以上路。

四、 科学发展观是深化课改的法宝

7年多来，永威学校坚持赛课、评课，推广"先学后教，当堂训练"，提高了教学质量，有效地实施了素质教育，减轻了学生过重的课外负担，同时，探索了新路，找到了规律，积累了经验。我曾在《中国教育报》（2011年10月11日）发表长篇课改论文《永威课改的10条定理》，对课改规律做了一点小结，近年来又有新的收获，现对永威课改的10条定理略加补充说明。

1. 关于"定理1"（不向课前延伸——课堂从上课铃开始）、"定理2"（不向课后延伸——保证学生的课余自由）

补充说明：这两条主要讲要摆正"课内"与"课外"的关系。例如，烧红烧肉要一次性高温煮熟（不熟、半熟都不行），以后只要保温。"课内""课外"的关系也是这样：课堂是主阵地（教学以课堂为中心），课堂上要力争不折不扣地达到目标，该背诵的要熟记，该运用的要形成能力。课外呢？要读书、温习、巩固、记忆课堂上所学的基础知识，确保不遗忘，还要更正错题，强化训练，举一反三。"课外"是"课堂"的继续、延伸，而不是"课堂"是"课外"的继续、延伸。这是教学的辩证法，课上紧张了，效率高，当堂达标，课外就轻松了，负担就轻了。如果课上不紧张，课外就一定紧张，课前搞什么导学案，让学生备课，把课堂上的作业压到课后去做，课外学生就没有温习、巩固、提高的时间。

2. 关于"定理3"（自主学习为主，合作学习为辅——充分释放学生的学习力）

补充说明：这主要讲"自主学习"与"合作学习"的关系。课堂上先自主学习，再合作学习，最后还是自主学习（完成当堂作业），自主学习为主、合作学习为辅，不能取消自主学习，只搞合作学习，不能为合作学习而合作学习。教师要把握好一个度，处理好二者的关系。

3. 关于"定理4"（先走进教材，后走出教材——弄懂什么是"校本教材"）

补充说明：这主要讲"走进教材"与"走出教材"的关系。课堂上学生的自学要以课本为本，让学生理解、识记课本知识，并练习课本上的练习题、习题，在此基础上，学生在课外走出教材，举一反三。切不可课堂上就丢开课本，去搞讨论、展示，进行所谓的素质教育。

4. 关于"定理5"（学生的自学，靠教师的引导——没有导，就没有学）

补充说明：这主要讲"自学"与"教"的关系。课堂上既不能满堂灌，不让学生学，又不能只让学生学，教师放任自流，该讲的不讲。

5. 关于"定理6"（以学好知识为载体，有机渗透素质教育——课改要贴近地面）

补充说明：这主要讲"学知识"与"素质教育"的关系，二者不是对立的，而是统一的。一定要让学生在课堂上紧张地自学，当堂学好知识，完成作业。这样，全程实施素质教育，必然使学生有了各种能力，有了良好的学习态度和行为习惯，能够全面提高素质。如果丢开学习知识，去搞什么素质教育，其结果必然是既学不到知识，素质教育也会落空。

6. 关于"定理7"（注重效果，不图形式——课改不能中看不中用）

补充说明：这主要讲"效果"与"形式"的关系。课改一定要讲究实效，怎样好就怎样干，绝不可不顾效果，搞形式主义。

7. 关于"定理8"（常年赛课，不断打假——课改要真刀真枪）

补充说明：这主要讲课改必须既打歼灭战、速决战，又打持久战。要坚持长期实践创新。每天赛课，发现问题，狠狠地解决问题，又要长期坚持，滴水穿石，才能找到规律，获得成功。课改绝不会一夜的工夫，就大功告成。

8. 关于"定理9"（校长带头，全员参战——课改是"人民战争"）。

补充说明：这主要讲校长和全体教师的关系。既要校长带头，又要全员参加，二者缺一不可。

9. 关于"定理10"（课改也要"承包"——让每个人都有使命感）

补充说明：这主要讲要改变传统的教法很难，不仅要宣传教育，也要制度保证。"包"就是搞好课改的保障。

现在，教学改革之花遍地开放，有些花不中看，却中用，能结果，结大果，结甜果。不过，有些花似乎很美，但不结果，或者结的是小果、苦果。我们广大教育工作者应该忠于教育事业，对学生高度负责，要有正确的指导思想和教育理念，哪一种改革模式能提高质量、减轻负担，就选择学哪一种；在学习、推广的过程中，要依靠科学、遵循规律，从实际出发，注重实效，不可急功近利，图虚名，搞花架子。

走进课堂　教育实践

一、教学实况录

解放"学习力"

——"先学后教，当堂训练"教学方式解读

赖配根

2006年，河南省沁阳市永威学校（以下简称永威）正迅速"沉沦"。

学校管理松散，教师上课满堂灌，教学质量急剧下降，有的学科期末考试全班竟然没有一个学生及格！

学生厌学，有能力的家长想方设法把孩子转走。学校前途堪忧。当年10月，刚从江苏省洋思中学退下来的蔡林森加盟永威。

不到3年，永威判若"两人"：学生（绝大部分是三流生源）成绩稳居当地一流，甚至有的学生转读永威时两科成绩之和只有半百，1年后却考上了重点高中；学校面貌焕然一新，原来满地纸屑变为窗明几净，课间操由稀稀拉拉变为沁阳的一道风景线（5000多人做得整整齐齐）。曾经转到别的学校的学生恳求父母把自己转回永威，各地家长纷纷把孩子送来，小学部急剧扩张，初中部新生比3年前翻了一番，高中部生源越来越好。永威成了河南省的品牌学校！到永威取经的人络绎不绝。

蔡林森靠什么改变了永威？他的一个重要法宝，就是"先学后教，当堂训练"。

一节没有任何"花样"的课

这是永威的一节普通课。八年级数学。执教的是年轻的刘老师。

上午8点，上课铃响过，准时开始。

没有任何的"热身"，直接进入主题。"同学们，今天我们一起来学习教材第15章的'同底数幂的乘法'。"老师边说边板书课题。

"请看本节课的学习目标——"多媒体出示："1. 理解同底数幂的乘法性质；2. 能够准确地运用同底数幂的乘法性质进行计算。"

确认每个学生都看完之后，刘老师没有开讲，而是请大家自学："为了使大家更

好地理解同底数幂的乘法性质，请大家按照自学指导，立即紧张地自学。"多媒体出示自学指导：看课本第 141 页至第 142 页练习前内容，解答第 141 页"探究"中的问题，理解同底数幂乘法的性质，思考"例 1"是如何运用这个性质的。6 分钟后，检测大家运用这个性质的能力。

学生全神贯注地看书。老师轻轻地、慢慢地巡视，偶尔俯身轻声督促个别学生。

大约过了 5 分钟，自学结束。

老师还是没有讲，而是要"考"大家：做课本第 142 页的 4 道"练习"——

（1）$b^5 \cdot b$；（2）$10 \times 10^2 \times 10^3$；（3）$-a^2 \cdot a^6$；（4）$y^{2n} \cdot y^{n+1}$。

两个学生（均为后进生）板演，其他学生在练习本上完成。教师巡视，发现学生练习中的错误。

这时"检测"，检测学生是否理解了同底数幂的乘法性质，检测自学的效果。

果不其然，板演的一个学生暴露了问题：$-a^2 \cdot a^6 = -a^{2+6} = a^8$。

刘老师也发现其他学生关于这道题的答案五花八门，有的甚至是 a^4！她什么也没有说。

所有的学生都做完了。她还是什么也不讲："同学们，我们一起来看一下黑板上板演的题。这两名学生运用同底数幂的乘法性质，正确吗？如有不正确的地方，请大家帮助他们更正。"

大家更正的都是第 3 道题。

一个学生直接写上答案 $-a^8$。

另一个学生觉得不完全对，进行了补充：$-a^2 \cdot a^6 = -a^{2+6} = -a^8$。

在他们进行更正的时候，老师不做判断，而是鼓动大家："请同学们积极动脑思考，这两个同学更正得是否正确，他们更正的依据是什么？还有没有不同的答案？"

又一个学生上黑板更正：$-a^2 \cdot a^6 = a^{-2+6} = a^4$。

再也没有人要更正了。

刘老师引导大家对比观察，讨论两个板演学生每道题的每一个解题步骤是否正确，为什么。

讨论的焦点在第 3 题。

"这 3 个答案，到底哪个是对的？"刘老师还是没有讲，而是分别请几名学生回答什么是自己认为正确的答案，为什么。

一个学生说："正确答案是$-a^8$。因为$-a^2$与a^2的相反数相等，所以$-a^2$与a^6的底数相同，因此可以运用同底数幂相乘的性质。"

教师在答案$-a^8$的后边批个"√"。

答案是a^4的学生很快就认识到了自己的错误。"那么谁能纠正答案是a^8同学的错误呢？"

很简单。一个学生说："$-a^2 \neq (-a)^2 \neq a^2$，$-a^2 \cdot a^6 = -(a^2) \cdot a^6 = -a^8 \neq -a^8$。"

老师引导到一个被孩子们忽略的问题："第4小题的指数与前3道题的指数有什么不同？"

"最后一道题的指数是多项式，而前边几道题的指数是单项式。""很好。我们来看下面这道题。"

这是道引申题：$(a+b)^2 \cdot (a+b)^3 = ?$

"谁会做这道题？请举手。"

老师叫了一个后进生："$a^5 + 1$。"

"有不同答案的吗？"

一个学生道："应该是$(a+b)^5$。""同意的同学请举手。"所有同学都举起了手。"为什么？"

"$(a+b)$是一个整体，所以它的底数是$(a+b)$。"刚才应答的学生解释。

"同意的同学请举手。"小手如林。

刘老师放心了：如果这个变式绝大部分学生都会了，那说明他们对同底数幂的乘法的性质理解到位了。

离下课还有15分钟。她立刻转入最后一个环节——当堂训练。"同学们，通过本节课的学习，你们会运用同底数幂的乘法性质吗？好，下面检测大家准确运用这个性质的情况。比一比，谁的作业得满分。"

必做题：第1至第17题。

选做题：第18题。

要求：书写工整，独立完成。

没有一个人交头接耳，每个人都专心致志做自己的作业。教师轻轻走过每个学生，只看，不说。

下课铃响，所有学生都把作业本交给老师，课结束。

期待教学跌宕起伏、峰回路转、高潮迭起的人要失望了。

渴望课堂活泼热闹、激情四溢、动人心弦的人要叹气了。

这是一堂没有任何"花样"的课：多媒体只是简单地出示文字内容，教师的语言和教学行为减少到最低程度，绝大多数时间，都是学生静悄悄地看书、做练习。常见的小组讨论不见踪影，学生学习紧贴课本而没有任何其他"探险"。没有热闹，没有激动。课堂似乎平静如水。

这只是永威课堂的一个缩影——从小学到高中，从文科到理科，课堂的结构、程序与刘老师这节课基本相似。而正是这样的课堂，改变了永威，创造了奇迹。

它的奥妙在哪里？

课堂头 1 分钟里的"玄机"

刘老师及其他永威老师的课，颠覆了我们对课堂和教学惯常的认识。

我们认为，课堂是要讲的，没有老师的讲就没有学生的学。

不！永威人说：课堂要尽量减少老师的讲，只有老师不讲学生才可能真正地学。

我们认为，先有老师的教，才有学生的学，教是课堂的主旋律。

不！永威人说：先有学生的学，才有老师的教，学是主导课堂的一切。

我们认为，教是为了不教，教在我们心中根深蒂固，永远不放心学生成了我们的心结。

不！永威人说：不教才是教，永远坚信学生学的自觉和能力，时刻警惕老师的教变成越俎代庖，这才是教育的真智慧。

我们认为，课堂主要是让学生去理解知识，至于运用、练习更多的是课堂之外的事。

不！永威人说：理解和运用知识都是课堂必须完成的教学任务。没有相当的练习，就很难说理解得多好，更谈不上形成能力。没有运用，教学就是失败的。

刘老师这节课忠实地体现了这些"教育信条"。45 分钟里，她的讲解只有六七分钟，她把时间都留给了学生自学、练习。课堂的起点不是老师的教，而是学生的自学。学生的理解、练习产生错误时，首先不是老师解疑释惑，而是请别的学生更正、讨论。她留给学生大量的时间做练习，一节课下来，每个学生至少独立做了 21 道题，其中有 4 道还经过全班讨论。

老师不过是课堂的影子，而且是自我极度克制的影子。

　　这就是永威人的教学革命。这就是"先学后教，当堂训练"教学模式所呈现的"另类"课堂风景。

　　什么是"先学后教，当堂训练"？

　　不是字面上的学生先学，教师后教。具体说来，它一节课的经典模式大概分为4个模块8个小环节：辅助环节（约1分钟，包括板书课题、出示学习目标、出示自学指导）→先学（约15分钟，包括读书看书、检测练习或提问）→后教（约10分钟，学生相互更正，兵教兵，师生讨论）→当堂训练（约20分钟，即完成作业）。

　　因学段、学科、课型的不同，经典模式有变通。比如小学，是"四个一"：看一看（即自学）、做一做（即检测）、议一议（即后教）、练一练（即当堂训练）。再如语文和英语，因为教学目标与理科相比更为多元，就变为"分散学、分散教"，即学一点、教一点，再学一点、教一点。一节课一般要进行3轮"先学后教"，最后才"当堂训练"。复习课，采取的则是大循环的"先学后教，当堂训练"：第一节课读书（即自学），第二节课考（即检测），第三节课更正、讨论（即后教）。但不管怎么变通，都没有超出这一模式的基本架构、理念。

　　上课就是让学生自习，就是让学生做作业，还要教师干什么？个中门道，必须钻到每个环节的细节后面才能看清楚。

　　"辅助环节"，不要小看这1分钟。永威的课堂之所以能够留给学生大量时间自主学习，就是因为在这里做足了文章。

　　通常的教学，这一环节至少要花五六分钟乃至十几分钟。比如语文，一上课，老师先要介绍课文时代背景、题解、作者生平、范读课文等，一下子十几分钟就没了，学生就是坐在那里听。"这是浪费。"蔡林森说。

　　对课堂时间浪费1秒钟都深恶痛绝的蔡林森，决绝地把这些环节一刀砍去。"一上课，就直接引入课题，出示目标，自学指导，大大节约时间。"

　　这里最重要的是确定好"学习目标"。许多老师并不懂如何准确制定目标，只是"糊里糊涂上课"。怎样才能制定好"学习目标"？

　　第一，不能偏离学科方向。"比如教说明文《蜘蛛》，有的老师把目标定为让学生'知道蜘蛛的生活习性、身体结构等'。这是常识课的目标，不是语文课的。语文课的目标，应该是让学生学习文章怎么抓住蜘蛛的特征以什么样的顺序进行说明。然而许多老师恰恰弄反了。又如议论文，应该让学生明白文章用什么论据如何论证中心论点，而不是把主要精力花在让学生知道什么政治道理上。"

第二，不能降低要求。"中国有 80% 的老师都不知不觉把教学目标降低了，他们的教学根本没有达到目标。这就是我们教学质量不高的根源所在。"蔡林森说："比如用加减法解二元一次方程组，教学目标应该是理解用加减法解二元一次方程组的方法，而且还要能正确运用。但是许多老师最多只达到了一半：理解。他们从上课讲到下课，就只是讲了例题。你讲得再好，只能说让孩子理解了知识。没有动手，就谈不上正确、熟练地运用。如果目标是培养运用能力，那么 70% 的时间就要花在运用上。""先学后教，当堂训练"要用 20 分钟做作业，而且"先学"中六七分钟的检测，实际上也是做练习。也就是说，整堂课有二十六七分钟都是在让学生动手"做"，其目的，就是要在课堂上真正培养学生正确、熟练运用所学知识的能力，同时在运用过程中加深对知识的理解。"可是，大多数的老师，都是把应该在课堂上完成的作业留到了课外。"这就是学生课外学习负担难以减轻的根本原因。

第三，不能拔高要求。文言文，把课本释义弄懂了，课文大致读懂了，自己去读、领悟，就算基本过关了。诗歌，能读出感情就不错了。"可是，有的老师不得了，旁征博引，讲时代背景，讲微言大义，像教大学生一样去教初中生。这就是拔高，就是脱离实际。"蔡林森说："很多人教学质量不好，就是目标偏高。一偏高，基本目标就达不到。老师讲得再好，但是孩子们接受不了，有什么用！"

第四，辩证看待目标多元化。学生看到的"学习目标"，只有"两维"：知识目标和能力目标，即理解和运用。这并不意味着忽视情感态度与价值观。情感态度与价值观是每堂课都要有的，由老师心中把握即可，没有必要出示。"教师情感到位了，学生情感就能到位。"更重要的是，在他们看来，理解、运用知识才是课堂学习的核心目标。"只有文化知识的目标达到了，德育才容易上去。"如果这个目标没达到，情感态度与价值观终究是空中楼阁。"学生有本事学好知识，当堂训练形成能力，不仅说明他达到了知识和能力目标，也标志着他的态度、精神达到了一个新境界。"学生只有学习成功，才能在学校生活中获得基本的尊严。

"自学指导"要做到四个明确：明确看什么；明确自学方法；明确自学时间；明确自学要求。一要确定自学重点。自学时间短，只能用在"刀刃"上。这"刀刃"就是重点目标，即新知识及运用新知识可能犯错的地方。比如用去分母的方法解一元一次方程，重点自学例题中去分母一步，思考为什么去分母要用最小公倍数去乘，为什么不能漏乘一项，为什么分子是多项式时要添括号。这三个问题自学好了，其他就迎刃而解了。二要确定好自学后的检测内容。这其实是给予学生自学方向，因为有什么样的检测，就有什么样的自学。"有的老师在自学之后提问，比如什么是一元一次方程？结果就把看书变成了背概念，学生不动脑筋，名为自学，实为死学。"蔡林森说："除了一些文科课堂，我们坚决反对提问，而是做习题。把习题做会了，说明对概念就理解了。习题毕竟与例题不同，学生就要创新，就要举一反三，这就是知识迁移。'力的三要素'，我要求学生边看课文，边做实验，5分钟后登台表演，边演示边解说边回答问题。他拿着钳子敲别的物体，要说明哪个是受力器，哪个是施力器，为什么。这样这个知识对他来说就是活的了。"一句话，自学指导重在引导学生运用知识。

不让每个大脑偷懒

"辅助环节"之后，立即进入课堂的前奏曲——"先学"，即学生看书、自学及检测。

蔡林森曾提倡"课前预习"。"后来我们发现，课前预习学生不自觉，效果没有保障，往往是徒费功夫。最大的问题，是科科要预习，学生哪有那么多时间？结果就是加重学习负担。"把"课前预习"移到课上，这就是"自学"。

自学，是整堂课的基础。"这一步没有搞好，后面的检测错误率就高，出现的问题就多，教学难度就加大。"虽然只有五六分钟，"但搞好了，效果要超过老师讲半个小时"。因此，教师的唯一任务是"让学生静下心来、埋下头来，钻进书本，理解知识"。

这就需要教师"退居二线"。第一，不能走出教室。"老师在场与不在场，整个氛围完全不一样。你走了，学生就以为教师对自己漠不关心。"第二，不能板书，尤其不能板书即将要检测的题目。"你一抄题，孩子马上就不读书。"第三，不能东张西望、打手机等，尤其不能辅导学生。第四，要用满意的神情对认真学的同学表示鼓励，对个别不够专心的说上一两句悄悄话，督促他认真自学。

自学完毕，教师一个字不讲，立即转入"检测"：模仿例题做习题。

有人会问：学生能看懂教材吗？老师不讲他们能理解得了吗？

这种担心是多余的。

实际上，每节课的内容，80%是旧知识，新知识只占20%左右。比如解一元一次方程，只有移项是新知识，其他都是旧知识。"有 80％多的内容学生一看就懂，不用教。只有不到 20％的内容学生看了例题还有部分不懂、不理解。"这就需要通过"检测"，让学生发现自己理解的偏差、错误。

"检测"的目的，一是培养学生运用新知识的能力；二是调查学生自学的效果。因此，其重点就不是展示学生学得多么好，而是要充分暴露问题。

"检测"中的运用还是初步的、简单的。其题目不能太难，主要是课本上的习题；量不能太多，一般为 2～3 道。不能叫学习好的学生，而要叫 2～3 名后进生板演——因为他们暴露的问题最多，最有典型性。其他学生在座位上独自练习。

"老师要巡视，收集学生出现的问题并归类，特别要注意后进生有哪些问题，哪些是主要的，哪些是次要的，哪些是倾向性的，哪些是个别的。千万不能辅导。"蔡林森说："有的老师一看有的学生做错了，就着急，忍不住辅导，一辅导整个课堂气氛就变了，学生就不紧张了。"而这个教学模式的精义，就是要让学生高度紧张地学习，"让他们动脑，动得紧张得不得了"。

有些题目，可以只做其中的几步甚至一步。比如解一元一次方程，移项是教学的重点，"我们就只要求移好项，其他步骤都省了。这就节约了时间，本来只能做 1 道，现在可以做 2 道了"。

这里最大的挑战，是教师要根据学生暴露的问题调整教案，"进行第二次备课"。"检测"是"后教"直接而根本的依据。无论老师如何精心备课、预设，都无法准确测知学情。只有通过"检测"，每个学生的真实情况才一目了然，才可能真正做到"以学定教"。直到这时，教室里基本上听不到老师的声音，但老师的大脑应该在高速运转：学生的哪些问题是接下来要重点讨论的，叫哪些学生上台更正才更具有代表性，还有哪些内容是要教师加以突出、引导的……

于是进入一堂课的高潮：后教。即更正、讨论"先学"中暴露的问题。

名为"后教"，其实主角仍然是学生。教学形式主要是学生教学生，所谓"兵教兵"。"老师只是做节目主持人，说'你来''你来'。"

"老师要引导学生找出板演习题中的错误，鼓励学生上台用红色粉笔更正写出不同答案。"蔡林森说："要尽可能让学生自己去更正、纠错，同一个问题可以让 3 个人乃至 4 个人以上更正，这个更正错了，那个来。"这最能激发学生思维，培养他们独立思考的能力。同时，这也是合作学习，是更深层次的合作学习：每个人都在动脑，都在思想深处互相"对话"。

"不能边更正边讨论，否则容易重复，浪费时间。"更正完了才组织讨论。

讨论，是为了弄懂"为什么"，所以不能就题论题，而要找出规律。"首先是要有序。不要一道题一道题地讨论，而要一类一类地讨论。比如 3 个人做了同样的两道题，不是一个人一个人地讨论，而是先对比看 3 个人第一道题的第一步，对不对，为什么。如是第二步、第三步直到最后一道题的最后一步。这样就有比较，学生对知识的理解就深刻。"蔡林森还特别指出："学生的讨论与老师的教要结合。"所谓"教"，主要是指学生讨论得出一个正确结论后，老师要板书，"老师不要下结论，而要让学生自己讨论出来"。只有当所有学生都不会时才简要指点几句，而且"不能就题讲题，要就板演的习题，把错误归类，由个别到一般，得出规律，使学生触类旁通、学会运用"。或者抛出被学生忽略的问题，引导学生讨论得出正确的结论。

每个学生都是平等的。"讨论要面向全体学生。每一类问题都要吸纳后进生、成绩好的学生参与，但要先请前者发言。"否则，课堂就会变成尖子生的表演。

这样的讨论才是深入的、有效的，它刺激每个学生的神经，它扎实地纠正每个人理解上的偏见、错误。

"当堂训练"是一节课的点睛之笔。这一笔不点，知识于学生就还是"死"的、是"夹生饭"，教学就是不合格的。

必须留足时间让学生紧张地练习。

"训练的题目不能偏、怪，要掌握好度。"永威坚决反对题海战术。"还要注意题目的层次性，有必做题，有选做题"，以满足不同学生的需求。每个学生都是独立做，绝对不许抄袭。最重要的是，"老师不要当场批改作业，一批改就影响其他同学，一定要保证每个学生都有 20 分钟左右的时间安心做作业"。批改的任务放到课外，如有错误，要让学生当天就纠正。

这 44 分钟，每个学生都高度紧张：不停地思考，不停地动手，不停地接受和运用新的知识，不停地向知识的高峰攀登。

这 44 分钟，胜于一般课堂的 100 分钟。

它的唯一秘诀，就是坚决不让每个大脑偷懒！

给孩子主动求知、自我发展的自由

"先学后教，当堂训练"把传统的讲授式教学模式彻底推翻。它无处不在坚守一个真谛：教育是唤醒每个学生自我改变、主动发展的意识，是解放每个学生内在的求知渴望、学习力量。

它以极大的耐心和智慧培育学生的自我反省、自我纠错的能力，它带给学生巨大的独立思考、探索知识、克服困难内在的思维快乐，它使每个孩子包括后进生获得自信和尊严。

什么是理想的教育？"能给学生自学、创新、锻炼的机会或环境、平台的教育，才是好的教育。"蔡林森说："教育工作者不是要去塑造学生，而是提供条件。比如母鸡孵蛋，我们只能给它提供适宜的温度，而不好代替它孵。同样的，我们也不好代替学生学。世界上唯有学习是不好代替的。教育只是提供外因，学生自己才是内因。外因要有利于内因的发挥，要顺其自然。我们要根据内因的需要，提供最优质的服务、最好的条件。"

"我们许多老师，不是在教孩子，而是在'喂'孩子。不厌其烦地讲，或者满堂问，或者把本应该紧张的课堂变得松松垮垮。能学到什么本领？"

"1984 年，我女儿小学毕业。问直径为 1 厘米的圆周长是多少，她都不知道。"怎么辅导？蔡林森一不为她订复习资料，二不给她补课。"只采取了一个简单的办法"，就是"口答练习"。

"学了有理数加法，我就用一张纸，把例题抄上，如 $-2+5=$？口答，会了，就下一道。我不讲，只是叫她口答例题。例题完了，又让她口答课本习题，比如 $-2-$（-3）$=$？她说等于 -5，我就说错了，在这道题旁打个大大的'？'，也不讲为什么。她就会想：怎么错的呢？她怎么看我，我都不讲。等到她答对了，我就说对了，但是这个'？'我一个学期都不擦去。有些同事替我着急：给她讲讲吧。我就是不讲。我一讲她就不动脑筋。学习最重要的就是要动脑筋。现在学生的学习质量不高，就是因为不动脑筋。之后，我利用散步、洗脚、在床上没有睡着的时候，再问几十道类似的题目，让她真正理解并能运用。等到周末回家，还一边走一边问，把本周的错题再检查一遍，错了，再更正。就这样，她把课本上的每道习题都搞熟了，就变巧了。"

"就是用这个方法，1 年后她成绩排到了班里第 12 名，后来考上了华东师范大学教育系，本科毕业后，又考取华东师范大学经济系研究生。经济系是理科，要考高等数学，而教育系是文科，没有高等数学的课程。她完全是靠我初中教她的方法，自学、做题，最后顺利过关。可见自学多么重要！"

的确，把孩子内在的向上发展的欲求激发出来，把学习的主动权（比如独立思考、动手试错、自我纠正等）完全交还给孩子，把孩子扔到知识的海洋中让他自己去吸纳、去搏斗，一句话，就是给学生主动求知、自我发展的自由，还会有教不好的学生吗？

这就是"先学后教，当堂训练"的真义。

经受过这一教学模式熏陶的学生，就再也不愿回到传统的课堂中去了。

"我们以前上课有 15 分钟的时间注意力集中就不错了，老师改变教学模式后，我们注意力集中的时间大大加长，都在 30 分钟以上。"高中学生王亚涛说。

"现在我们的课堂都是学生的读书声，而不是老师的讲课声。"高中老师肖品修说："就是老师想讲，学生也不让。再难的内容，学生都说，先让我们自己学一学。"

"一上课老师就开始教，满堂灌，哪里有时间学！一堂课下来，都不知道重点在哪儿。""老师就是讲，作业还没有做呢，就又开始讲了。""学生都是跟着老师的步骤走，他没有讲的你也许就不会了。""我很愉快。现在我每节课都学得很紧张，很有收获，很有信心。"学生们说。

是的，学生自我主动发展的欲望一旦被解放出来，他们就会勇敢地去捍卫自主学习的"自由空间"，就再也不愿意被束缚、被压抑。

这就是"先学后教，当堂训练"释放出来的教育力量。

附记：他为教育而生

蔡林森，他是为教育而生的。

他的生命与学校联结在一起。他住在学校，只要没有特别的应酬、事务，他从不迈出校门一步。"校长必须整天在学校。吃在学校，睡在学校。如果把学校比作一台机器，那么我就是整天守在这台机器旁边的看护人，哪个螺丝松了我就把它拧紧，哪里声音有问题我就找到原因马上修好。"

他从不坐在办公室里。从早到晚，他不停地从一个教室走到另一个教室，"我就是要到'前线去'。我跟老师们打成一片，有了感情。我的工作习惯、态度、精神，就不知不觉带出了好的校风。"

他每天与学生待在一起。早上 5 点起床，沐浴、读书、思考一天的工作。5：50，准时站在学生公寓门口，迎接每个学生早锻炼，"要让学生每天第一时间能见到我"。6：10，他和全校学生一起跑步，边跑步边和学生交流，"三言两语称赞学生，也指出一些不良行为"。他把名片发给每个学生，"他们有什么困难、意见随时可以给我发信息"，每个意见他都很重视，有什么问题立即处理。

——原载《人民教育》2009 年第 21 期，有删节

二、例案——中小学教案

小学四年级语文教案

课题：《长城》（第一课时）

沁阳永威学校小学四年级语文备课组

【学习目标】

1. 能正确、流利地朗读课文。

2. 能正确书写本课生字，并能当堂听写词语。

【学习过程】

一、板书课题

（出示长城的图片，让学生欣赏。）这是什么？【长城】长城建于什么时期？为什么闻名世界？今天我们来学习第 17 课《长城》就知道了。本节课要求大家……（出示目标）

二、出示目标

1. 能正确、流利地朗读课文。

2. 能正确书写本课生字，并能当堂听写词语。

同学们，为了顺利达到这两个目标，我们要参加三场比赛。

三、一比：比正确、流利地朗读课文

先学

1. 听录音。

比赛前，请同学们认真听录音，之后模仿录音读，请大家坐姿端正、听准字音，

快速给不认识的字注音。

（生听录音，师目光巡视，提醒不认真听的同学。）

2. 自由练读【如有不认识的字，问同桌或举手问老师，并识记字形】。

师：马上指名模仿录音读，赶快练习读，做好准备吧！

（师巡视，指导学生识字。）

后教

（1）朗读比赛。

（2）指名读。

（3）理解重要的词语【读完第一段时，出示崇山峻岭、蜿蜒盘旋】。

字音读得真准，那"崇山峻岭、蜿蜒盘旋"的意思谁知道？指名回答【出示图及句子，引导学生分析】。

崇山峻岭：崇：高大。峻：险而陡。高大而险峻的山岭。

蜿蜒盘旋：蜿蜒：像蛇（龙）一样弯弯曲曲地爬行。盘旋：旋转，像龙一样弯弯曲曲地延伸。

（4）有错则板书，他人正音【不必齐读，如是生字可齐读】。

4. 分组齐读课文。

师：你们能把课文读流利吗？（能）那我们继续比赛吧！

指名读【逐段读】——小组赛读——男、女赛读——齐读。

师：课文大家读得既正确又流利，接下来我们就比赛写字。请看第二场比赛。

四、二比：比正确书写本课生字

先学

1. 出示田字格的生字，生观察。

2. 引导学生分析字的间架结构【左右结构、上下结构……】。

交流书写时应注意什么。

【崇　旋　嘉　砖　屯　堡　垒　仗　扶　隔　智　慧　魄】

3. 根据大家的提醒，在练习纸上各临摹一个。

后教

实物投影仪展示标准生字及学生作业，师生共评。

（1）比一比哪个字与标准字一个样，或差不多？

（2）看一看哪个字与标准字相比大不一样，如何改？

（3）自改【请根据大家的讨论，订正自己的错误】。

师：全对的和订正好的同学，请默读课文识记生字词，准备听写。

五、三比：比正确听写生字词

当堂训练

1. 自己识记生字词【师出示生字词，生练习】。

师：想一想怎样记住这些字词，自己觉得难记的多写几遍。

2. 听写：嘉奖　城砖　屯兵　打仗

　　　　　扶着　相隔　智慧　堡垒

　　　　　蜿蜒盘旋　气魄雄伟　崇山峻岭

小学四年级语文教案

课题：《长城》（第二课时）

沁阳永威学校小学四年级语文备课组

【学习目标】

1. 懂得长城是世界上一个伟大的奇迹，并能有感情地朗读课文。

2. 学习按从远到近的顺序说明长城的方法。

3. 背诵课文第 3、4 自然段。

【学习过程】

一、板书课题

过渡语：同学们，下面我们继续学习第 17 课。（板书：17. 长城）

二、出示目标

过渡语：这节课的目标是什么呢？请看。（出示目标）

三、学习第 1 自然段

指名读第 1 自然段。

1. "远看"是什么意思？

学生回答【从远处看】。（板书：远）

2. 长城像什么？请读出这句话。（板书：长龙）

指名回答【这里运用了比喻的修辞手法写出了长城的气势】。

3. 这一段主要写长城的什么特点？

指名回答。

出示地图，让学生感受了解长城长的特点。（板书：一万三千多里）

齐读，要求读出长城的气势。

四、学习第 2 自然段

过渡语：下面读第 2 自然段。

1. 怎样说明长城宽的？

指名回答【本段用了做比较、举例子的说明方法，出示插图，指着图说像很宽的马路，五六匹马可以并行，让读者清楚长城有多宽】。

2. 在插图上指出垛子、瞭望口、射口、城台，提问：它们的作用是什么？【保家卫国】

3. 这一段主要写长城的什么特点？

指名回答。（板书：高大坚固）

齐读，感受长城高大坚固的特点。

五、学习第 3、4 自然段

过渡语：下面我们来学习第 3 自然段。

1. 齐读第 3 自然段，读后，回答下面问题：

下面的句子中加点的词语用得真好，我们来体会体会。

站在长城上，踏着脚下的方砖，扶着墙上的条石，很自然地想起古代修筑长城的劳动人民来。

单看这数不清的条石，一块有两三千斤重。那时候没有火车、汽车，没有起重机，就靠着无数的肩膀无数的手，一步一步地抬上这陡峭的山岭。

多少劳动人民的血汗和智慧，才凝结成这前不见头、后不见尾的万里长城。

2. 组织讨论、交流

第一句："站""踏""扶"三个动词用得怎么好？用词很准确，说明作者已经登上了长城，触景生情，"自然"用得怎么好？想起了修筑长城的人。（板书：想起、人）

第二句：① "单看""数不清"用得怎么好？

②在没有火车、汽车、起重机的情况下，他们是怎么修筑长城的？让我们观看

短片后回答。（板书：艰难）

③看短片。

④回答问题：在没有火车、汽车、起重机的情况下，他们是怎么修筑长城的？

第三句：学生齐读第3句"多少""才"用得怎么好？第3句是议论、抒情，写长城凝结了血汗和智慧。（板书：凝结）

3. 齐读最后一段。

讨论：为什么说长城是世界历史上一个伟大的奇迹？

小结：长城是中华民族的根，是中华民族的魂，是中华儿女的骄傲。

六、总结课文

1. 课文是按照什么顺序介绍长城的？【指着板书归纳：由"远看"到"近看"再到"想起"的顺序，用箭头表示】

2. 用了哪些说明方法说明长城的特点？【做比较、列数字、举例子】

3. 我们在写一种建筑的时候，可以模仿课文来写。

七、当堂训练

1. 背诵课文第3、4自然段。

2. 默写课文警句。

初一语文教案

课题：《紫藤萝瀑布》（第一课时）

沁阳永威学校初一语文备课组

【学习目标】

1. 能正确朗读课文，默写课后生字词。

2. 能赏析景物描写的方法，背诵第2～6自然段。

【教学过程】

一、板题，示标

展示紫藤萝瀑布图。

过渡语：同学们，你们知道这是什么花吗？像不像瀑布？本节课我们来学习《紫藤萝瀑布》，板书课题、作者。

本节课的学习目标是：（投影显示，以盛开的紫藤萝花为背景，渲染气氛）

1. 能正确朗读课文，默写课后生字词。

2. 学习景物描写的方法，背诵第 2～6 自然段。

过渡语：为了顺利达标，我们要进行两次先学后教。

二、第一次"先学后教"：比正确朗读课文

（一）出示：第一次"先学后教"：比正确朗读。

1. 听录音，注意语速、停顿，要给生字注音。

2. 朗读比赛，比谁能模仿录音，声音响亮，读准字音。

（二）听录音。

过渡语：先听录音，听完后，模仿录音朗读课文。

（师放录音，目光巡视，提醒不认真听的同学。）

（三）指名读、齐读课文。

过渡语：同学们，接着，模仿录音朗读比赛，比谁能声音响亮，读准字音。

1. 指名读。××你先读，其余同学认真听，发现读错的，请及时举手帮助纠正。师板书生读错的重点字于黑板左侧，并及时表扬读音正确、声音响亮的同学（非重点字只纠正不板书）。

2. 齐读课文。

过渡语：分组比赛好吗？

小组赛读——男女赛读——指名读——全班齐读。

三、第二次"先学后教"：比准确说出写景的妙处

（一）自学指导。

请朗读课文第 1～6 段，边读边揣摩语句，说出写景的妙处。

1. 出示紫藤萝及瀑布图，提问：作者为什么停住了脚步？这样写有什么作用？

（生可能回答：被美丽的紫藤萝花吸引了。这样写设置悬念，引起下文，侧面衬托出紫藤萝花的美丽。）

2. 图片旁出示写景句：从未见过开得这样盛的藤萝，只见一片辉煌的淡紫色，像一条瀑布，从空中垂下，不见其发端，也不见其终极。指名读。

①提问："从未"是什么意思？"从未"是从来没有的意思，说明此时的藤萝美丽得罕见。"一片"说明了什么？"一片"说明花多，开得茂盛。

②指名读"像瀑布"一句，提问：这里是用什么修辞手法？有何作用？（比喻，显得气势非凡，生动地表现了紫藤萝花旺盛的生命力。）

③提问：本句还有别的修辞方法吗？（从空中垂下，不见其发端，也不见其终极。运用了夸张的修辞手法。）

④过渡语：让我们齐读这句，体会藤蔓旺盛的生命力。

3. 再出示写景句：只是深深浅浅的紫，仿佛在流动，在欢笑，在不停地生长。指名读。

①提问：这一句写景妙在何处？（用"流动""欢笑""生长"等动词，使静态的花色跃动起来，表现出花的生机盎然。）

②"仿佛"是好像的意思，这是作者的想象，流动照应前文的"像一条瀑布"，有动态美。

4. 出示图和写景句：紫色的大条幅上，泛着点点银光，就像迸溅的水花。仔细看时，才知道那是每一朵紫花中最浅淡的部分，在和阳光互相挑逗。指名读。

①提问："银光"和"水花"都是白的，闪闪发光。（教师指着图中浅亮的部分。）

②提问：（指图）"银光"和"水花"比喻什么？花朵。运用比喻有什么妙处？写出了每一朵花不同部位的深浅，富有动感、情趣。

③提问："挑逗"在此处是什么意思？挑逗是逗引、招惹，谁和谁在挑逗？是阳光和紫花中最浅淡的部分在挑逗，有什么妙处？体现了一种动感，使句子显得活泼。

（三）朗读第3～5节。

1. 齐读第3自然段。

出示图片和写景句：花朵儿一串挨着一串，一朵接着一朵，彼此推着挤着，好不活泼热闹！指名读。指图赏析这句话（运用拟人的手法，生动地表现出花的勃勃生机和烂漫情趣）。出示写景句。

2. 指名读第4、5自然段："我在开花！"它们在笑。"我在开花！"它们嚷嚷。提问：这句写景妙在何处？（运用反复的修辞手法，强调了盛开的紫藤萝花的喜悦之情。"笑""嚷嚷"运用拟人的手法，表现出花的童稚和欢乐。）

3. 齐读第3～5自然段写景句。

（四）朗读第 6 自然段。

1. 女生齐读第 6 自然段第一句。

2. 男生齐读第 6 自然段第二句：每一朵盛开的花就像是一个小小的张满了的帆，帆下带着尖底的舱，船舱鼓鼓的；又像一个忍俊不禁的笑容，就要绽开似的。

出示图片，结合图片赏析句子。让学生上台指图回答

让学生上台指图回答：什么就像帆和船舱？学生指图，提问：这样写有什么妙处呢？（细致地描写了紫藤萝花盛开的状态，就像蓄势待发的帆船一样，充满旺盛的生命力。）提问：什么又像笑容（盛开的花）？这样写有什么妙处呢？（写出了藤萝花的生机勃勃，活力无限，由此表达了人的喜悦情感。）

3. 齐读第 6 节。

四、当堂训练

（一）背诵课文第 2～6 自然段。自背（6 分钟），互背，教师抽背。

（二）给下列加点的字注音。

1. 迸（　　）溅　　　2. 挑（　　）逗　　　3. 忍俊不禁（　　）

4. 仙露琼（　　）浆　　5. 伫（　　）立　　　6. 凝（　　）望

7. 依傍（　　）　　　8. 遗憾（　　）　　　9. 酒酿（　　）

初二语文教案

课题：《岳阳楼记》（第一课时）

沁阳永威学校初二语文备课组

【学习目标】

1. 能正确朗读全文。

2. 能正确译讲并背诵第 1、2 自然段。

【学习过程】

一、板书课题

这节课我们一起来学习《岳阳楼记》。

二、出示目标

过渡语：学习目标是什么呢？请看（大屏幕显示）。

过渡语：怎样实现目标呢？请看自学指导（大屏幕显示）。

三、第一次"先学后教"

第一次"先学后教"：比正确朗读课文。

1. 听录音，给生字注音，准备朗读比赛。

2. 朗读比赛，比谁能模仿录音，读准字音，停顿正确。

（一）过渡语：请同学们认真听，听完后，进行朗读比赛。

（二）放录音。

（三）过渡语：朗读比赛开始。愿意参加比赛的请举手。××你先读。

（四）指名朗读课文，有错即停，其他学生指出读错的地方。师在黑板左边板书读错的字词，并表扬读音正确、声音响亮的学生。

（五）如有错字，学生齐读师板书的字词两遍。

四、第二次"先学后教"

（一）过渡语：大家把字音读准了，下面开始第二场比赛。请看：

（二）出示：

第二次"先学后教"：比正确译讲课文。

1. 把补充注释写到课文有关词语旁：

①增其旧制：增，扩大。其，代指岳阳楼。旧制，原来的规模。

②属予作文以记之：作，写。以，来。记，记述。之，代指重修岳阳楼这件事。

③予观夫（fú）：夫，那。

④衔远山，吞长江：衔，口含。吞，吞吐。

⑤多会于此：会，聚会。

2. 边看课文第 1、2 段，边看注释，练习翻译。4 分钟后，比谁能正确解释词语，译讲第 1、2 段。

（三）学生自由读第 1、2 段课文、注释，准备译讲；师巡视，了解学情。

（四）指名译讲。

过渡语：谁有不理解的词语或句子，请先提出来。（如果有，先找其他同学帮助解决，解决不了的教师再讲。）如果没有，译讲比赛开始。先来译讲第 1 段。

1. 屏幕出示第一段原文，并将重点词、句用红体字标出。

庆历四年春，滕子京谪守巴陵郡。越明年，政通人和，百废具兴。乃重修岳阳楼，增其旧制，刻唐贤今人诗赋于其上。属予作文以记之。

2. 教师抽查第一段的重点词、句的解释和翻译。过渡语：×××，你来译讲这一句。

①百废具兴。

②刻唐贤今人诗赋于其上，"今人"指的是什么时期的人呢？知道的请举手。（和作者同时期的人，宋朝的人。）

③属予作文以记之。

④师问：谁能概括第一段的内容？师板书：作记缘由。

3. 译讲第2段：

①过渡语：下面，我们来译讲第2段。

②屏幕出示四幅图。

4. 教师抽查第2段的重点词、句的解释和翻译。

①过渡语：同学们请看，×××，你来解释"胜状"。

②过渡语：那么洞庭湖的景色到底如何呢？看第二幅图。

学生看图，译讲"衔远山，吞长江"，师问：若学生译讲时没有补充主语，认为不准确的举手。引导学生在译讲时将省略的成分补充出来。

师：这句话的主语是谁呢？（洞庭湖）

师再问："衔、吞"二字用了什么样的修辞手法？（拟人）

写出了洞庭湖的什么特点？（洞庭湖大）

③过渡语：×××，你来解释"际涯"。

④×××，你来翻译这一句"朝晖夕阴，气象万千"。

过渡语：同学们请看，图片对比一明一暗，洞庭湖一天当中景象多变，气象万千。以上内容写的是什么呢？谁能概括。

师板书：洞庭湖美景。

⑤继续抽查重点词句：

此则岳阳楼之大观也，前人之述备矣。然则北通巫峡，南极潇湘，迁客骚人，多会于此，览物之情，得无异乎？

师问："此"指代哪些句子？×××，你来解释"大观"。

师问："北通巫峡"的"通"是什么意思？"南极潇湘"的"极"是什么意思？

⑥学生译讲"览物之情，得无异乎？"，师肯定地说"对"。

教师过渡语："然则"一词，从写岳阳楼的全景转入写"迁客骚人"的"览物之情"。地理位置特殊的岳阳楼，迁客骚人云集此处，境遇不同的人观景的心情亦不同。

板书：览物之情不同。

过渡语：览物之情有何不同呢？我们下节课再来学习。

（五）质疑问难。

1. 过渡语：课文译讲完了，给大家1分钟消化时间，若还有不懂的地方，请举手提出。

2. 学生读书，质疑问难。

五、第三次"先学后教"

（一）过渡语：下面进行第三场比赛。请看。

（二）出示。

第三次"先学后教"：比正确背诵课文。

背诵指导

一段一段，一层一层，反复记忆。6分钟后，比谁能正确背诵第1、2自然段。

（三）学生自背。

（四）同桌互背。

（五）指名背。

过渡语：最后，我们进行当堂训练。

六、当堂训练（发卷子）

要求：1. 闭卷，独立完成。2. 字体端正，卷面整洁。3. 时间：15分钟。

一、解释加点的词语：

1. 百废具兴（　　） 　 2. 增其旧制（　　） 　 3. 巴陵胜状（　　）

4. 横无际涯（　　） 　 5. 岳阳楼之大观（　　） 　 6. 南极潇湘（　　）

二、翻译句子：

1. 政通人和，百废具兴。

2. 衔远山，吞长江，浩浩汤汤，横无际涯。

3. 览物之情，得无异乎？

三、默写课文第 2 段：

予观夫_____ ，在_____。衔____，吞____，_____，_____，_____，

_____。此则_____，前人_____。然则北_____，南_____，_____，多

会于此，_____，_____乎？

初二语文教案

课题：《岳阳楼记》（第二课时）

沁阳永威学校初二语文备课组

【学习目标】

1. 能正确译讲并背诵第 3、4 自然段。

2. 能理解迁客骚人的思想感情。

【学习过程】

一、板书课题（半分钟）

这节课我们继续来学习《岳阳楼记》。

二、出示目标（半分钟）

过渡语：学习目标是什么呢？请看（大屏幕显示）。

三、第一次"先学后教"（12 分钟）

（一）过渡语：第一场比赛开始（大屏幕显示）。

第一次"先学后教"：译讲并背诵第 3 段。

自学指导

1. 把补充注释写到第 3 段有关词语旁：

①忧谗畏讥：谗，说别人坏话。

②满目萧然：萧然，萧条冷落的样子。

③感极而悲者矣：极，达到极点。

2. 边看第 3 段，边看注释，练习翻译。

3 分钟后，比谁能正确解释词语、翻译句子。

（二）生练习，准备译讲；师巡视，了解学情。

（三）过渡语：谁还有不理解的词语或句子，请举手提出。

学生质疑问难。师生帮助解决。

（四）过渡语：译讲比赛开始。

（五）同时出示第 3 段的 5 幅图。

1. 学生译讲第 3 段的写景部分，其他同学及时举手补充、更正。

①学生看图译讲"若夫淫雨……排空"中的重点词，若译讲得不对，其他学生更正。

②学生看图译讲"日星……潜形"。师：请看图片，天空昏暗无光。

③学生看图译讲"商旅……楫摧"中的重点词。若对，师肯定地说"对"。

④学生看图译讲"薄暮……猿啼"中的重点词。若对，师肯定地说"对"。

2. 师小结：请大家仔细观察这几幅图，说说描写的景色、天气有什么共同点？板书：坏天气（暗）。

（六）过渡语：在这样的坏天气里登楼，迁客骚人的览物之情是怎样的呢？

1. 接着译讲，学生看图译讲"登斯楼也……感极而悲者矣"。师问：坏天气里登楼，迁客骚人的心情如何呢？（板书：悲）

2. 如何为第 3 段划分层次呢？（分两层，在"登斯楼也"的前面划分开。）

（七）背诵第 3 段。

1. 过渡语：结合图片，3 分钟后，背第 3 段。开始。

2. 全班齐背。

3. 指名背。

四、第二次"先学后教"（12 分钟）

（一）过渡语：第二场比赛开始（大屏幕显示）。

第二次"先学后教"：译讲并背诵第 4 段。

自学指导

1. 把补充注释写到第 4 段有关词语旁：

①皓月千里：皓，明亮。

②此乐何极：极，穷尽。

③心旷神怡：心胸开阔，精神愉快。

④其喜洋洋者矣：洋洋，高兴的样子。

2. 边看第 4 段，边看注释，练习翻译。

3 分钟后，比谁能正确解释词语、翻译句子。

（二）生练习，准备译讲；师巡视，了解学情。

（三）过渡语：谁还有不理解的词语或句子，请举手提出。

学生质疑问难。师生帮助解决。

（四）过渡语：译讲比赛开始。

（五）同时出示第4段的5幅图。

1. 学生译讲第4段，其他同学及时举手补充、更正。

①学生看图译讲"上下……万顷"，若学生译讲得对，师肯定地说"对"。师指着图片帮学生理解：天色湖光相接，自上而下，一片碧绿，广阔无际。下一句。

②学生看图译讲"沙鸥……游泳"中的重点词，若对，师肯定地说"对"。

③学生看图译讲"岸芷……青青"。若对，师肯定地说"对"。

④学生看图译讲"而或……千里"中的重点词，若对，师肯定地说"对"。

⑤学生看图译讲"浮光……沉璧"。师点拨：请看图片，没有风，月光照耀下的湖面闪着微波，月光和水波一起荡漾，湖面有如跳跃的金子。下一句。

⑥学生看图译讲"渔歌……何极"中的重点词，若对，师肯定地说"对"。

2. 师小结：请大家仔细观察这几幅图，说说描写的景色、天气有什么共同点？板书：好天气（明）。

（六）过渡语：在这样的好天气里登楼，迁客骚人的览物之情是怎样的呢？

1. 接着译讲，学生看图译讲"登斯楼也……其喜洋洋者矣"，师问：好天气里登楼，迁客骚人的心情如何呢？（板书：喜）

2. 如何为第4段划分层次呢？（同上一段）

（七）背诵第4段。

1. 过渡语：结合图片，3分钟后，背第4段。开始。

2. 全班齐背。

3. 指名背。

五、第三次"先学后教"（5分钟）

（一）过渡语：第三场比赛开始（大屏幕显示）。

第三次"先学后教"：理解迁客骚人的思想感情。

自学指导

简要回答下面的问题：

1. 第3、4段与第2段是什么关系？

2. 迁客骚人的思想感情是因什么变化而变化的？

（二）指名学生回答，其他学生补充。

明确答案：

1. 总分关系。第2段的"览物之情，得无异乎"是总写，第3、4段是分写。

2. 坏天气就悲，好天气就喜，不同的景会产生不同的情。感情随景物的变化而变化。

六、当堂训练（15分钟）

一、解释画横线的词语：

1. 薄暮冥冥（   ）   2. 春和景明（   ）

3. 长烟一空（   ）   4. 宠辱偕忘（   ）

二、翻译句子：

1. 日星隐曜，山岳潜形   2. 浮光跃金，静影沉璧

三、默写课文：

1. 若夫_____，连月不开，_____，_____；日星隐曜，山岳潜形；_____，_____；_____，_____；登斯楼也，则有_____，_____，_____，感极而悲者矣。

2. 至若春和景明，_____，_____，_____；_____，_____；_____，_____。而或长烟一空，皓月千里，_____，_____，_____，_____！登斯楼也，则有_____，_____，_____，其喜洋洋者矣。

要求：

1. 闭卷，独立完成。

2. 字体工整、卷面整洁、准确无误。

3. 时间：15分钟。

初二语文教案

课题：《生物入侵者》

沁阳永威学校初二语文备课组

【学习目标】

能独立阅读本篇自读课文，说出本文说明的对象、说明的顺序、说明的方法。

【课时安排】

一课时。

【学习过程】

一、板书课题

过渡语：同学们，我们学过了《奇妙的克隆》《阿西莫夫短文两篇》等课文，获得了阅读说明文的基础知识，今天我们将运用这些知识，学习阅读自读课文《生物入侵者》（出示图片，板书课题）。

二、出示目标

（一）本节课的学习目标是什么呢？请看（投影显示）。

能独立阅读本篇自读课文，说出本文说明的对象、说明的顺序、说明的方法。

（二）过渡语：怎样实现这个目标呢？我们搞三次"先学后教"。请看。

三、第一次"先学后教"：朗读课文，理清层次

（一）出示：第一次"先学后教"：朗读课文，理清层次。

自学指导

一边小声读课文，认真思考，一边练习：

1. 给各自然段前写上序号，画出各段中心句；

2. 找出本文的说明对象，给课文分段，概括段意。

3. 写出本文是按什么顺序写的。

如有不认识的字词，可小声问同桌或举手问老师。8分钟后检测。

（二）生自学，师巡视，了解学情。

过渡语：会读课文的举手！（学生如还有生字，教师当堂解决。）那么本文的说明对象是什么？

指名学生回答。

若学生答"生物入侵者"，则予以肯定，"对!"

过渡语：围绕"生物入侵者"作者是怎样进行说明的？哪几个自然段可以划分为一部分？下面我们来给文章分段。

（三）板演（给课文分段）。

1. 找两名后进生上台板演，要求字体工整。（教师先画好板演位置，指导学生如何板演。字不要太大，不要超出老师规定的范围。）其余学生在练习本上划分层次，写段意。

2. 师巡视，注意学生中有几种分法，思考如何后教。

（四）组织更正。

过渡语：请大家认真看板演同学的分段和段意对不对。如认为不对，请举手帮助他们更正。指名尖子生更正。

（五）组织讨论，明确答案。

第一部分提问：第一部分两个同学的板书对不对？为什么？

1. 如学生第一部分分段和段意概括正确，则说"对!"（投影出示）引出话题：什么是生物入侵者（第1段）。

2. 如学生更正后还不准确，教师讲解并投影出示答案。

第二部分提问：第二部分两个同学分得对不对？为什么？

1. 如学生第二部分分段和段意概括正确，则说"对!"（投影出示）摆出现象：生物入侵者的危害（第2～4段）。

2. 如学生更正后还不准确，教师讲解并投影出示答案。

第三部分提问：第三部分两个同学分得对不对？为什么？

1. 如学生第三部分分段和段意概括正确，则说"对!"（投影出示）探究原因：造成生物入侵的原因（第5段）。

2. 如学生更正后还不准确，教师讲解并投影出示答案。

第四部分提问：第四部分两个同学分得对不对？为什么？

1. 学生第四部分段意概括正确，则说"对!"（投影出示）揭示态度：对待生物入侵的态度（第7段）。

2. 如学生更正后还不准确，教师讲解并投影出示答案。

第五部分提问：第五部分两个同学分得对不对？为什么？

1. 若学生第五部分段意概括正确，则说"对!"（投影出示）采取措施：世界各国采取相应措施（第 8 段）。

2. 如学生更正后还不准确，教师讲解并投影出示答案。

（六）过渡语：同学们，请说说本课说明的顺序。

指名学生回答。

若学生答"逻辑顺序"则肯定，并追问"怎样的逻辑顺序？"

教师点拨：基本上是按照提出问题、分析问题、解决问题的逻辑顺序思路行文的，这也符合人们的认知规律。

四、第二次"先学后教"：掌握说明方法及作用

本文采用了哪些说明方法？各有什么作用呢？下面进行第二次"先学后教"。

（一）出示：第二次"先学后教"：掌握说明方法及作用。

自学指导

快速默读课文，在课本上画出下列问题的答案，两分钟后，比谁能正确回答。

文中运用了列数字、举例子、打比方等说明方法，试着在课文中划出有关语句，说说它们的表达效果。

（二）生自学，师巡视，了解学情。

（三）讨论交流。

过渡语：下面大家根据表格说出答案（出示表格）。

列数字	
举例子	
打比方	

1. 指名后进生回答，尖子生补充更正。

2. 按照列数字、举例子、打比方的顺序分类讨论，教师及时点拨答题格式并出示答案要点。

（四）教师点拨、拓展。

本文运用了列数字、举例子、打比方等说明方法。列数字实际上也是一种用事实进行说明的方法，数字化的事实语言更准确，更有说服力，可以引发读者的想象；举例子是为了支撑观点，使之具有说服力；打比方是为了使说明更生动形象。

五、第三次"先学后教"

（一）提问：你知道还有哪些"生物入侵者"吗？你在生活中发现过生物入侵现象吗？如果有，请说给同学们听听。

1. 指名学生回答，尖子生更正。

2. 教师补充：（1）原本生活在异国他乡；（2）通过非自然途径迁移到新的环境；（3）有破坏性，给人类造成损失。

3. 出示关于"生物入侵者"的图片和资料，提高学生对"生物入侵者"的警惕，认识到保持生态环境的重要性。

（二）总结：在国际自然保护联盟公布的全球 100 种最具有威胁的外来物种中，入侵中国的物种有 50 多种，其中 11 种主要外来生物每年给中国造成的经济损失高达大约 600 亿元。"生物入侵者"大都由人类活动引起，最终却给人类造成灾难和损失。所以，我们一定要尊重自然规律，善待我们的家园。

高二语文教案

课题：《春夜宴从弟桃花园序》

沁阳永威学校高二语文备课组

【学习目标】

1. 正确朗读、背诵全文。

2. 把握文中洋溢的乐观向上的精神。

【教学过程】

一、导入新课、板题示标

我们学过的《兰亭集序》《滕王阁序》都抒发了由乐而悲的情感。今天我们学习李白的一篇宴集序《春夜宴从弟桃花园序》（板书课题），抒发的情感是不是这样呢？下面学习时要注意这一点。

请看本节课的学习目标（出示），有信心达标的请举手，好！下面，开始紧张自学。

二、第一次"先学后教"：比正确朗读课文

1. 听录音，给生字注音。

请认真听课文录音，给不认识的字注音，分清断句，听准语气和语调。

2. 练读。模仿录音，读出节奏和抑扬变化。

3. 朗读比赛。指名朗读课文，有错即停，让其他同学纠正。教师板书读错的字。

过渡语：同学们已经能正确朗读课文，接下来我们来正确译讲课文。

三、第二次"先学后教"：比正确译讲课文

1. 自学指导：请小声读课文，结合课下注释练习翻译，5分钟后比谁能准确译讲课文。如有不会，可举手问老师。

过渡语：请同学们按照"自学指导"紧张自学。

2. 学生自学。教师出示文段，标出重点词句。

夫天地者，万物之逆旅也；光阴者，百代之过客也。而浮生若梦，为欢几何？古人秉烛夜游，良有以也。况阳春召我以烟景，大块假我以文章。会桃花之芳园，序天伦之乐事。群季俊秀，皆为惠连；吾人咏歌，独惭康乐。幽赏未已，高谈转清。开琼筵以坐花，飞羽觞而醉月。不有佳咏，何伸雅怀？如诗不成，罚依金谷酒数。

3. 学生译讲。

自学指导：一人一句，先解释重点词语，再合起来翻译整句话。声音要响亮，语言要简洁。

强调词语：

烟景　季　羽觞　天伦　文章　飞

强调句子：

况阳春召我以烟景，大块假我以文章。

开琼筵以坐花，飞羽觞而醉月。

过渡语：文意已经基本理解，接下来让我们进一步探究文章，更深入地把握作者的情感。

四、第三次"先学后教"：比正确回答问题

自学指导：请同学们思考下列两个问题，4分钟后比谁能正确回答。

1. 李白俯仰天地古今，就人与宇宙的关系，发出"浮生若梦"的慨叹，再转到贴合"夜宴"的"秉烛夜游"，用意是什么？为什么虽有"浮生若梦"的慨叹，读起

来却并不感到低沉?

2. 将本文与王羲之的《兰亭集序》进行比较,说说魏晋人与唐人生命观和精神气质的异同,进一步体会李白开朗乐观的性格,对自然、对友情、对生活的珍爱和纵笔挥洒的才气。

五、当堂训练

1. 背诵课文。

2. 默写句子。

①用比喻手法表现人生短暂、时光易逝的句子是 _____ ,

_____。

②形象地描绘出春天景色特点的句子是_____ , _____

_____。

③表现弟弟才华出众和自己自谦的句子是 _____ , _____

_____; _____ , _____。

④写宴会上痛饮狂欢的句子是_____ , _____。

3. 课文后面第三题。

小学一年级数学教案

课题:整十数加、减整十数

沁阳永威学校小学一年级数学备课组

【学习目标】

理解、掌握整十数加、减整十数的计算方法,并能正确地计算。

【学习过程】

一、板书课题

同学们,今天我们一起来学习整十数加、减整十数,请伸出小手和老师一起板书课题。

二、口述目标

这节课我们要学会的新本领是:理解和掌握整十数加、减整十数的计算方法,并能正确地计算。

同学们，有信心学会吗？你们很自信，老师也相信你们。下面我们来进行第一场比赛，比一比谁的坐姿最端正，谁看书最认真，最先学会新本领。

三、看一看（自学指导）

同学们在发新书呢，我们一起去看一看吧。请同学们把书翻到第 62 页（手指例 1），先观察一包书有几本？左边有几本新书？右边有几本新书？想一想一共有多少本新书？怎样列算式呢？谁来说一说？谁还想说？和他不一样的请举手。

算式都列对了，怎样计算得数呢？（小手指着小女孩摆的小棒图）想一想一捆小棒有几根？现在我们用 1 捆小棒表示一包书，两捆小棒表示两包书，一共有几捆小棒，3 捆小棒是多少根？对照小棒图，看小男孩的方法，想一想：10 里面有几个十，20 里面有几个十，1 个十加 2 个十是几个十，也就是几十。谁来说一说你的答案？

（再指计数器）1 包书应该在十位上拨几颗珠子，2 包书应该在十位上拨几颗珠子，十位上一共有几颗珠子？也就是几十？谁来说一说。（对照计数器，看小女孩的方法）可以想 $1+2=3$，所以 $10+20=30$。你是怎样计算 $10+20$ 的？把答案填在方框里。

再想一想：$30-20=(\quad)$，你是怎样计算的？把答案填在方框里。

谁敢把自己的答案大声地告诉大家。（$10+20=30$，$30-20=10$）你是怎样计算 $30-20$ 的？谁还想说。

四、做一做

过渡语：同学们自学得都很认真，下面老师来考考你们，比谁的坐姿端正、握笔姿势正确、能做对检测题。

检测：第 62 页"做一做"。（小黑板出示，指名 2 名后进生板演，其余学生独立完成。）

第 2 题要求竖着写。学生练习，教师巡视。（收集错例进行第二次备课。）

五、议一议

1. 学生更正。

认真观察课堂上同学做的，有和你答案不一样的请举手。

2. 讨论（议一议）：

（1）认为 60 对的举手？谁能结合图来说一说你的计算方法？谁还想说？（以检

测后进生为主。）

（2）认为 40 对的举手？你是怎样计算的？谁还想说？（以检测后进生为主。）

（3）认为 20 对的举手？

观察这一题，当有图的时候我们用哪种方法简单？（数的组成。）

（4）3＋2＝5，30＋20＝50 认为这两道算式对的举手，你是怎样计算 30＋20 的？

（如果学生说 3＋2＝5，所以 30＋20＝50，就给予表扬；如果没有说出就指导学生观察这两道算式，理解简便的方法。）

（5）4＋5＝9，40＋50＝90 认为对的举手。

（6）6－4＝2，60－40＝20 认为这两道算式对的举手，你是怎样计算 60－40 的？

（如果学生说 6－4＝2，所以 60－40＝20，就给予表扬；如果没有说出就指导学生继续观察这两道算式，归纳方法。）

（7）7－3＝4，70－30＝40 认为对的举手。

观察这一题，用哪种方法简单？（把十位上的数相加减，然后在个位上写 0。）

（8）评议板演与对错。

（9）统计正确率，师问：你错在哪？有错误的更正。

（10）小结：今天这节课我们学习了整十数加、减整十数，有不懂的请举手，你喜欢用哪种方法就用哪种方法计算。

六、练一练（将本课知识设计成游戏，激发学习情趣）

同学们，你们这节课表现得可真棒，下面老师和你们一起玩小游戏。准备好了吗？

1. 摘苹果：谁能一次说对，声音响亮，我就送他一个大苹果。

2. 小猫钓鱼：你能帮小猫钓到鱼吗？

3. 帮小猫找回家的路：现在小猫想回家了，你能帮助小猫顺利回家吗？

4. 我们学习数学就是为了解决生活中的问题，我们就来比谁会解决问题。

5. 在游戏环节大家都是好样的，下面我们就用今天所学的知识来比赛做作业。比一比谁的作业能得 100 分，谁的字迹最端正。

学生完成作业：课本第 63 页第 1、2、3 题（做在书上）。

小学二年级数学教案

课题：7 的乘法口诀

沁阳永威学校小学二年级数学备课组

【学习目标】

熟记 7 的乘法口诀，并能运用口诀正确地进行计算。

【学习过程】

一、板书课题

我们学过了 6 的乘法口诀，今天我们一起来学习 7 的乘法口诀，请伸出小手和老师一起板书课题（师板书）。

二、口述目标

这节课我们要学会的新本领是：熟记 7 的乘法口诀，并能运用口诀正确地进行计算。

同学们，有信心学会吗？下面我们比一比谁的坐姿最端正，看书最认真。

三、看一看

请同学们把数学书轻轻翻到第 72 页（手指例 1）。

1. （出示图片）同学们，这些图片漂亮吗？这都是用七巧板拼成的图案，谁知道七巧板有几块拼板？（7 块）每个图案各有几块拼板？请你数一数，标在图形下面。

2. 第 1 个图案是 7 块拼板，表示 1 个 7，可以列乘法算式 $1 \times 7 = 7$，$7 \times 1 = 7$，可以编乘法口诀：一七得七。

3. 第 2 个图案是几个 7 相加？一共有几块拼板？请填在方框里。怎样列乘法算式呢？请把得数填在方框里。可以编出哪句口诀，请补充在书上。

第 3、4、5、6、7 个图案方法同 3。

4. 观察 7 的乘法口诀有几句？相邻两句口诀的得数相差几？（生汇报相差 7。）

乘法口诀可以帮助我们快速做对题，在以后我们也会经常用到它，你能快速背会 7 的乘法口诀吗？3 分钟后比比看谁背得又对又快！（顺着背、倒着背、指名背、同桌背、男女生比赛背。）

四、做一做

会背 7 的乘法口诀了，我们来比比谁会用口诀正确地计算。请看检测题，要求竖着写。注意坐姿和握笔姿势。

检测：第72页"做一做"。（小黑板出示，2生板演，其余学生独立完成。）

五、议一议

1. 学生更正。

认真观察课堂上同学写的，有和你答案不一样的请举手。

2. 讨论（议一议）：

（1）7×4＝28，4×7＝28认为得数对的举手，你是根据哪句乘法口诀计算的？谁还想说？

（让两个学生说。）

（2）5×7＝35，7×5＝35认为得数对的举手，你是根据哪句乘法口诀计算的？谁还想说？

（让两个学生说。）

（3）7×6＝42，6×7＝42认为得数对的举手，你是根据哪句乘法口诀计算的？谁还想说？

（让两个学生说。）

（4）小结：一般情况下一句乘法口诀可以计算几道乘法算式？有没有特殊的？观察这两个算式你发现它们的乘数怎样？积怎样？

引导小结：两个乘数交换位置，积不变。

（5）评议板书与对错。

（6）统计正确率，师问：你错在哪？有错误的更正。

六、练一练

同学们，你们表现得真棒，下面老师和你们一起玩小游戏。

1. 摘苹果：谁能一次说对，声音响亮，我就送他一个大苹果。

2. 开火车。

3. 一个星期有7天，两个星期有几天？3个星期有几天？

4. 在游戏环节大家都是好样的，下面我们就用今天所学的知识来比赛做作业。比一比谁的作业能得100分，谁的字迹最端正。作业：课本第73页第2、3、5题（做在书上）。

选做题：每张桌子坐7人，有7张这样的桌子，能坐下50人吗？

小学三年级数学教案

课题：口算乘法

沁阳永威学校小学三年级数学备课组

【学习目标】

理解并掌握整十、整百数乘整十数及两位数乘整十、整百数的口算方法，并能正确进行口算。

【教学过程】

一、板书课题

今天我们来学习口算乘法，请同学们伸出小手和老师一起板书课题。

二、出示目标

本节课同学们要学会哪些新本领呢？请看（出示目标）。目标明确的请举手，能将目标记在心里的请把手放下。

（过渡：同学们要想快速地掌握新本领，还要靠大家按照自学指导来认真自学，请看自学指导。）

三、看一看（3＋4＝7 分钟）

1. 自学指导：

认真看课本第 58 页例 1，看图、看文字，重点看小朋友的计算方法。思考：

（1）300×10＝？先算（ ）×（ ）＝（ ），再在乘得的积末尾添（ ）个 0，为什么？

（2）300×30＝？先算（ ）×（ ）＝（ ），再在乘得的积末尾添（ ）个 0，为什么？

（3）请在横线上列式计算。

（4）如果是 21×20 该怎样计算呢？先算（ ）×（ ）＝（ ），再在乘得的积末尾添（ ）个 0，为什么？

（3 分钟后，比谁能准确回答思考题并做对检测题。）

（过渡：请同学们边看书边思考，3 分钟后，比谁能准确回答思考题。自学竞赛开始，比谁看书最认真，坐姿最端正！）

2. 学生看书自学。教师巡视。

（过渡：看完的同学请举手，看懂的把手放下。接下来我们比比谁的回答最精彩。）

3. 口头检测、了解学情。

①手指思考题（1）中的算式，会填的举手（以后进生为主，从最后一名学生抓起）。认为对的举手，对就过。（师出示答案）手指第四个填空，认为对的举手，为什么？（师出示答案）（因为两个因数的末尾一共有 3 个 0，所以要在乘得的积后面添 3 个 0。）

②手指思考题（2）中的算式，会填的举手（后进生回答）。认为对的举手，对就过。（师出示答案）手指第四个填空，认为对的举手，为什么？（师出示答案）（因为两个因数的末尾一共有 3 个 0，所以要在乘得的积后面添 3 个 0。）

③第一个横线上的算式是什么？认为对的举手，对就过。第二个横线上的算式是什么？认为对的举手，对就过。

④手指思考题（4）中的算式，会填的举手（后进生回答）。认为对的举手，对就过。（师出示答案）手指第四个填空，认为对的举手，为什么？（师出示答案）（因为两个因数的末尾一共有 1 个 0，所以要在乘得的积后面添 1 个 0。）

四、做一做（5 分钟）

（过渡：刚才同学们回答得都非常好，接下来我们就来比一比谁的检测题能得 100 分。请看检测题。做题前先看清楚做题要求。）

口算下面各题：

80×10	60×20	50×40	24×10
700×20	90×90	40×80	12×200

要求：（1）看清数字，认真计算。（2）坐姿端正，握笔姿势正确。

1. 老师请两名同学上台板演（以后进生为主），其余学生做在书上。

2. 学生独立完成，教师巡视，搜集学生中出现的问题，进行第二次备课，以备后教。

五、议一议（10 分钟）

做完的同学先检查，（全部做完后）观察堂上板演的内容，有不同意见的请举手，上台更正。（过渡：更正完了，我们来看黑板上板演得到底对不对。）

（1）80×10＝（　）认为对的举手，你是怎样计算的？

引导小结：先算 8×1＝8，两个因数末尾一共有 2 个 0，就在积的末尾添上2个 0。

(2) 700×20＝（　　）认为对的举手，你是怎样计算的？

引导小结：先计算 7×2＝14，两个因数末尾一共有 3 个 0，就在积的末尾添上3 个 0。

(3) 60×20＝（　　），90×90＝（　　）认为对的举手，对则过。

(4) 50×40＝（　　）认为对的举手，你是怎样计算的？积的末尾为什么有 3 个 0？

引导小结：先计算 5×4＝20，积的末尾本身就有一个 0，再添上两个因数末尾的 2 个 0，一共 3 个 0。

观察这道题，思考：是不是因数末尾一共有几个 0，积的末尾就有几个 0 呢？

(5) 40×80＝（　　）认为对的举手，对则过。

(6) 24×10＝（　　）认为对的举手，你是怎样计算的？

引导小结：先计算 24×1＝24，因数末尾一共有 1 个 0，就在积的末尾添上 1 个 0。

(7) 12×200＝（　　）认为对的举手，你是怎样计算的？

引导小结：先计算 12×2＝24，因数末尾一共有 2 个 0，就在积的末尾添上 2 个 0。

(8) 根据这 8 道题谁能来总结一下：口算乘法的方法是什么？先算什么，再怎么样？

(9) 给黑板上的学生打分。座位上的同学互改检测题，全对的举手。有错的 1 分钟时间更正。

六、练一练

过渡：刚才同学们表现得非常好。老师这里还有几道题你敢来挑战一下吗？

出示（8分钟）。

口答：

①口算（只说答案，其他学生用手势表示同意还是不同意）：

90×20＝　　　　　50×80＝　　　　　32×20＝

700×50＝　　　　80×80＝　　　　　44×100＝

②游戏——夺红旗（指名说出结果，其他学生用手势表示同意还是不同意）：

70×60　　40×70　　33×30　　20×90　　12×40　　500×50

③解决实际问题：

王阿姨要买 20 个这样的娃娃，每个娃娃 30 元，她带了 500 元，够吗？

（今天的知识你学会了吗？下面，大家就用今天所学的知识来做作业。）

2. 书面作业（10 分钟）

课本第 60 页第 1、2 题。第 61 页第 5、6 题。

小学六年级数学教案

课题：用百分数解决问题

沁阳永威学校小学六年级数学备课组

【学习目标】

1. 理解"求一个数比另一个数多（或少）百分之几"的应用题的特点。

2. 掌握这类应用题的解题思路和方法。

【学习过程】

一、板题、示标

同学们，我们已经学习了百分数，它的用途非常广泛。今天我们就来学习"用百分数解决问题"（板书课题）。本节课我们的目标是：

1. 理解"求一个数比另一个数多（或少）百分之几"的应用题的特点。

2. 掌握这类应用题的解题方法和思路。

师：要达到目标，得靠大家的自学。有信心学好吗？好，信心十足，下面请看自学指导。

二、出示自学指导

认真看第 89 页的例 3，重点看线段图和两种解题方法，思考下列问题：

1. 方法一：①实际造林比原计划增加多少公顷？②增加的公顷数是原计划的百分之几？应该除以什么？为什么？

2. 方法二：①"实际造林是原计划的百分之几"该怎样列式？②"实际造林比原计划增加百分之几"该怎样列式？为什么？

5 分钟后，比谁会用两种方法做对检测题。

三、看一看

（一）学生认真看书，教师巡视，收集错例，进行二次备课。

（二）过渡语：没有看完的同学请举手！刚才大家自学得都很认真，老师真为你们感到高兴。思考题都会的请举手。（如有不会的，针对问题进行讨论。）

四、做一做

（一）过渡语：思考题大家都弄懂了，能做对检测题吗？请看检测题（出示）：

检测题（6分钟完成）。

用两种方法解答下列各题：

（1）5吨比4吨多百分之几？

（2）4吨比5吨少百分之几？

（二）指2名学生板演，其余学生做在练习本上，师巡视，搜集错例，进行二次备课。

五、议一议

（一）更正。

师：做完的同学请举手。下面，请大家一起看黑板上这些题，发现错误并能更正的同学请举手。

（二）讨论（第1题）。

（屏幕出示线段图。）

（1）看方法一，认为对的请举手。谁能结合线段图说一说"5吨比4吨多百分之几"先求什么？（多多少吨）教师手指线段图中多的部分，问：再用多的1吨除以什么？为什么除以4吨呢？（教师引导学生看着线段图说。）

（2）看方法二，认为对的请举手。先求什么是什么的百分之几？也就是什么除以什么？然后再减去多少？（教师引导学生看着线段图说。）

（3）提问：这两种方法都是除以几？为什么？

（"比"字后面4吨是标准量，所以除数相同。）

（三）讨论（第2题）。

用同样的方法讨论第2题。

（四）讨论（总结）。

（1）提问：为什么第一题除以4，第二题除以5呢？（教师引导学生看着线段图说。）

小结："比"字后面的数是标准量、是除数。第1题中4吨是标准量，第2题中5吨是标准量，所以除数不同。

（2）对比这两种方法，哪一种方法更简便呢？

屏幕出示：

求一个数比另一个数多（或少）百分之几，就是求多（或少）的量是单位"1"量的百分之几，"比"字后面的量是单位"1"量（即标准量）、是除数。例如，甲比乙多百分之几，就用(甲－乙)÷乙；乙比甲少百分之几，就用(甲－乙)÷甲。

（3）评正确率、板书，教师统计满分和出错人数，学生更正错题。

过渡：这节课的知识，大家学会了吗？（生：学会了。）那好，下面，我们来进行口答比赛，比谁回答问题积极、声音响亮。请看口答题（出示）。

六、练一练

过渡语：下面，我们就来运用今天所学的知识做作业，比谁的课堂作业做得又对又快！

1. 必做题：第 92 页，第 2～4 题。

2. 选做题：

（1）小虎去年的体重是 50 千克，今年比去年重了 5 千克，小虎的体重增加了百分之几？

（2）一辆自行车现价 240 元，比原价降低了 60 元，自行车比原价降低了百分之几？

初一数学教案

课题：解一元一次方程——去括号

沁阳永威学校初一数学备课组

【学习目标】

会利用去括号解一元一次方程。

【学习过程】

一、板书课题

（一）过渡语：同学们，今天我们学习解含有括号的一元一次方程。3.3 解一元一次方程——去括号（板书课题）。

二、出示目标

（一）过渡语：要达到什么学习目标呢？请看。

（二）出示学习目标。

学习目标

理解并能运用去括号的方法解一元一次方程。

三、自学指导

（一）过渡语：怎样才能当堂达标呢？请同学们按照指导认真自学。

（二）出示自学指导。

自学指导

认真看课本（第93～95页"练习前"），要求：

1. 理解"问题1"中的数量关系，思考解一元一次方程的步骤。

2. 重点看例1的第一步，思考当括号外的因数是正数时，去括号后原括号内各项的符号变不变。当括号外的因数是负数时，去括号后原括号内各项的符号如何变化。

3. 填例2中的空白，理解列方程的等量关系是什么，归纳用一元一次方程解决实际问题的步骤。

如有疑问，可以小声问同学或举手问老师。

6分钟后，比谁能正确去掉一元一次方程中的括号。

四、先学

（一）学生看书，督促每个学生都认真、紧张地自学。

（二）检测。

1. 过渡语：同学们，去括号的方法能看懂的请举手？好，下面就比一比，看谁能正确给一元一次方程去括号。

2. 检测题：

第95页：练习。

解下列方程（只做去括号这一步）：

(1) $2(x+3)=5x$

(2) $4x+3(2x-3)=12-(x+4)$

(3) $6(\frac{1}{2}x-4)+2x=7-(\frac{1}{3}x-1)$

（4）$2-3(x+1)=1-2(1+0.5x)$

要求：（1）仿照例题，只做去括号这一步，过程规范，书写工整。

（2）6分钟独立完成：分别让2位同学上堂板演。

（3）学生练习，教师巡视（收集错误进行二次备课）。

五、后教

（一）先交换练习本后更正。

过渡语：请同学们运用去括号解一元一次方程的方法，来判定板演的习题对不对。能发现错误并能更正的同学请举手。（指名尖子生更正。）

（二）讨论（先让尖子生"兵教兵"，尖子生讲得不对或不全的，教师更正或补充）：同学们，下面我们来看看去括号的方法运用得对不对。

评第1题：

1.（画出括号前是正因数的小括号）去括号正确吗？为什么？引导学生说括号前的因数是正数时，去括号后，原括号内各项的符号不变。师出示：如果括号外的因数是正数，去括号后原括号内各项的符号与原来的符号相同。（注意运用乘法分配律时，不要漏乘。）有错直接在实物投影仪上出示。

2.（画出括号前是负因数的小括号）去括号正确吗？为什么？引导学生说括号前的因数是负数时，去括号后原括号内各项的符号变为它的相反数。（师出示：如果括号外的因数是负数，去括号后原括号内各项的符号与原来的符号相反。）有错直接在实物投影仪上出示。

师总结：同学们，方程中的去括号与我们第二章整式的去括号规律是一样的。

（三）回归课本，学生背诵法则，互查。

（四）口答竞赛。

过渡语：同学们，检测题同学们做得都非常好，接下来我们再来比一比，看谁回答的最快！

（1）$5a+(2-4a)=0$

（2）$25b-(b-5)=29$

（3）$7x+2(3x-3)=20$

（4）$8y-3(3y+2)=6$

（5）$3x-2(9-3x)=18$

（6）$4(x-1)+3(2x+1)=10$

（7）$2(x-1)-3(2x-3)=8$

（8）$15-(7-5x)=2x+(5-3x)$

（9）$2(2x+1)-(x-15)=2x$

（10）$5x-3(2x-1)-6x-4(5-3x)$

六、当堂训练

（一）过渡语：同学们，刚才的检测表明大家自学得很好。检测题和口答题要求大家只解去括号这一步。今天的课堂作业要求大家仿照例题的解题步骤，不仅要去括号，而且要移项、合并同类项、系数化为1，解出未知数的值，要注意解题规范，书写工整。

（二）出示作业题：第98页，习题2。

初一数学教案

课题：不等式的性质（1）

沁阳永威学校初一数学备课组

【学习目标】

1. 理解并识记不等式的3个性质。

2. 会正确运用不等式的性质解不等式。

【学习过程】

一、板书课题，揭示目标

过渡语：同学们，今天我们来学习不等式的性质（师板书）。

二、出示目标

过渡语：学习目标是什么呢？请看（出示目标）。

三、指导自学

过渡语：目标明确的同学请举手。为了当堂达标，请看自学指导。

自学指导

认真看课本（第116～117页例1结束），填"思考"中的空白，找规律，理解并识记不等式的3个性质。

思考：

1. 不等式的两边乘以（或除以）同一个负数时，为什么不等号的方向要改变？

2. 想一想不等式性质与等式性质有什么区别。

3. 例 1 是如何运用不等式性质的？

6 分钟后，比谁能背诵不等式的 3 个性质并会运用性质做对检测题。

（如有疑问，可小声问同桌或举手问老师。）

四、先学

（一）学生自学。

过渡语：自学指导明确的同学请举手。自学竞赛开始！

学生看书，教师在讲台上用眼睛巡视全班，督促每一位学生认真、紧张地自学，鼓励学生质疑问难，发现问题。

（二）检测。

1. 提问：

过渡语：同学们，能理解、识记不等式性质的请举手。好，下面进行口答竞赛。

口答竞赛：用"＞"或"＜"填空。

（1）①已知 $5 > 4$，那么 $5+2$ __ $4+2$，$5-3$ __ $4-3$。

知道的请举手（填"＞"），认为正确的请举手。

②如果 $a > b$，那么 $a \pm c$ __ $b \pm c$。

知道的请举手（填"＞"），认为正确的请举手，为什么？

引导生说出：不等式的性质 1：不等式两边加（或减）同一个数（或式子），不等号的方向不变（不在屏幕上显示）。

（2）①已知 $5 > 4$，那么 $5 \div 2$ __ $4 \div 2$。

知道的请举手（填"＞"），认为正确的请举手。

②如果 $a > b$，$c > 0$，那么 ac __ bc（或 $a \div c$ __ $b \div c$）。

知道的请举手（填"＞"），认为正确的请举手，为什么？

引导生说出：不等式性质 2：不等式两边乘以（或除以）同一个正数，不等号的方向不变（不在屏幕上显示）。

（3）①已知 $5 > 4$，那么 $5 \times (-4)$ __ $4 \times (-4)$。

知道的请举手（填"＜"），认为正确的请举手。两个负数比大小，不等号的方向为什么改变了?

引导生说出:两个负数比大小,绝对值大的反而小。

②如果 a>b , c<0,那么 ac＿bc(或 a/c ＿ b/c)。

知道的请举手(填"<"),认为正确的请举手,为什么?

引导生说出:不等式性质 3:不等式两边乘(或除以)同一个负数,不等号的方向改变(不在屏幕上显示)。

师强调:不等式两边乘以(或除以)同一个负数时,不等号的方向要改变。这与等式的性质不同,等式两边乘以(或除以)同一个不为 0 的数,等号不发生改变。

2. 出示检测题。

过渡语:理解了不等式的 3 个性质,能不能正确运用呢?比谁能做对检测题。

必做题:第 119 页,练习 1 (1)、(4)。

要求:(1) 仿照例题的格式,书面工整。

(2) 6 分钟独立完成。

比谁做得又对又快,谁先完成,请举手。

3. 学生练习,教师巡视(收集错误进行第二次备课)。

(教师面批面改最先完成的几名学生的练习,表扬做得又对又快的几名学生。)

五、后教

(一)先交换练习本后更正。

过渡语:请大家端正坐姿,认真看两位同学的板演,发现错误并能更正的请举手。如有错误,依次让后进生、中等生、尖子生上台更正;如果没有错误,就问:认为这两位同学板演正确的请举手。

(二)讨论(先让尖子生"兵教兵",尖子生讲得不对或不全的,教师更正或补充)。

1. 评 1 (1):

(1) 认为这一题不等式的解集正确的请举手,为什么?

引导生说出:运用不等式的性质 1,两边同时减 5,不等号的方向不变。这样使不等式转化为 x>a(a 为常数)的形式。

2. 评 1 (4):

(1) 认为这一题不等式的解集正确的请举手,为什么?

引导生说出：运用不等式的性质 3，两边同时除以－8，不等号的方向改变。这样使不等式转化为 x＜a（a 为常数）的形式。

若错，则问错在哪里？为什么？

3. 两题一起评：

认为不等式的解集在数轴上表示的正确的请举手。若对，即打√；若错，则问错在哪里，为什么？

4. 小结：运用不等式的性质时，不等号的方向什么时候不变，什么时候改变？

师强调：运用不等式的性质 1 或 2 时，不等号的方向不变。运用不等式的性质 3 时，不等号的方向改变。

（三）同桌互改，解决疑难。

满分的请举手（统计、表扬），有错的请举手（指名提问：错在哪里，为什么）。

六、当堂训练

过渡语：同学们，今天我们学习了不等式的 3 个性质，在做作业的时候要特别注意：什么情况下不等号的方向不改变，什么情况下不等号的方向一定要改变，这是容易出错的。另外，计算时也要细心、不要出错。

出示作业题：

必做题：第 120 页：5（2）、（3）、（4）。

选做题：第 120 页：6。

要求：

（1）仿照例题的书写格式，独立完成。

（2）计算认真，书写工整。

初二数学教案

课题：平行四边形的性质（2）

沁阳永威学校初二数学备课组

【学习目标】

理解并会正确运用平行四边形的性质：平行四边形的对角线互相平分。

【学习过程】

一、板书课题，揭示目标

同学们，今天我们继续学习 18.2 平行四边形的性质（2）（板书课题），本节课的学习目标是……（出示投影）

二、指导自学

为了达到本节课的学习目标，请大家认真参看自学指导。

自学指导

认真看课本（第 43～44 页练习上面），要求：

1. 回答第 43 页"探究"中的问题。

2. 思考第 44 页平行四边形角平分线性质的证明过程。

3. 注意例 2 的解题格式和步骤。

如有疑问，可与同桌小声讨论，也可举手问老师。

5 分钟后，比谁能正确地运用平行四边形对角线的性质做对检测题，提前看完的、背会的请举手示意。

自学指导明确的请举手！下面我们要比一比，哪位同学自学得最认真、效果最好！自学竞赛开始！

三、学生自学，教师巡视

1. 学生看书、思考，教师巡视，督促每个学生都认真、紧张地自学，鼓励质疑。

2. 检测自学效果。（同学们，看完了吗？看懂了吗？下面，要考考你们，看能不能正确运用平行四边形的对角线互相平分这条性质来解题。）

a. 出示检测题：第 44 页：练习 2。

要求：

（1）仿照例题，过程规范，书写工整。

（2）6 分钟独立完成，比谁做得又对又快。

选做题：第 44 页：练习 1。

b. 学生检测：让 2 名后进生上堂板演，其他学生在练习本上做。

教师下去巡视，收集学生出现的问题，进行第二次备课。

（教师面批面改最先完成的几名学生的作业，表扬做得又快又对的学生。）

四、后教

（一）先交换练习本后更正。

请同学们仔细看这两名同学的板演，发现错误并会更正的请举手。（指名尖子生更正。）

（二）讨论（先让尖子生"兵教兵"，尖子生讲得不对或不全的，教师更正或补充）。

第 2 题：

1. 看第 1 步，要证明 OE＝OF，必须先证明什么？再证明什么？引导学生回答：要证 OE＝OF，必须先证明它们所在的三角形全等，再证明这两条线段相等，对不对？认为对的举手。学生举手。教师：好！正确。

2. △AOE 与△COF 全等，证明得对吗？（组织学生讨论三角形全等的证明过程是否正确。）a. 两组对应角相等证明得对吗？为什么？学生答对即可，教师不重复。b. 对应边相等证得对吗？为什么？引导学生回答运用平行四边形的对角线互相平分。（教师板书：平行四边形的对角线互相平分。）

第 2 步对吗？为什么？引导学生回答根据全等三角形的对应边相等推出结论。（这是以前所学，就不细讲了。）

同学们，今天我们学习了平行四边形的又一个性质（平行四边形的对角线互相平分），运用这个性质可以证明、计算线段相等。运用时，只要知道是平行四边形，就等于知道了两组线段分别相等，这样，证明、计算就多了一个条件。

五、课堂作业

必做题：第 49 页：3。

思考题：第 51 页：13。

高二数学教案

课题：选修 1－1　抛物线及其标准方程

沁阳永威学校高二数学备课组

【学习目标】

1. 理解识记抛物线的定义，掌握抛物线的标准方程。

2. 会根据焦点坐标、准线方程、p 的几何意义，求抛物线的标准方程。

【教学用具】

投影仪。

【教学过程】

一、板书课题

同学们，这节课我们来学习抛物线及其标准方程（板书课题）。

二、出示目标

过渡语：能达到学习目标吗？（能）下面请大家按自学指导认真看书。

三、自学指导

自学指导

请同学们认真看课本第33～35页练习前内容，注意以下几点：

1. 指出"动手实践"中的动点、定点、定直线；满足什么条件，动点的轨迹是抛物线？

2. 识记抛物线的定义。怎样建立平面直角坐标系求出抛物线的标准方程？

3. 掌握焦点在 x 轴正半轴的抛物线标准方程，理解参数 p 的几何意义。

4. 学习例1如何求抛物线的标准方程。

8分钟后检测，比谁能熟练回答自学指导中的问题，并会求抛物线的标准方程。

四、先学

1. 学生自学，教师督促，使每一位学生紧张自学，注意学生看书速度。

2. 检测。

（一）提问知识点。

过渡语：看完的同学请举手，若全部举手，则说：大家都看完了，熟记了没有呢？下面考考大家，请合上课本。

问：（1）谁能指出多媒体动画中的定点、动点、定直线？

（2）满足什么条件，动点轨迹是抛物线？抛物线的定义是什么？

（3）p 的几何意义是什么？

（二）板演。

过渡语：熟记了，会应用吗？再考考大家，请看检测题。

检测题：

1. 根据下列条件求抛物线的标准方程。

（1）已知抛物线的焦点坐标是（3，0）。

（2）已知抛物线的准线方程是 $x=-2$。

2. 求下列抛物线的焦点坐标和准线方程。

（1）$y^2=24x$。

（2）$x=16y^2$。

3. 已知抛物线焦点在 x 轴的正半轴上，焦点到准线的距离为4，求其标准方程。

要求：

（1）书写工整，步骤规范。

（2）不讨论，独立完成。

（3）10分钟内完成。

指名学生板演，其他学生认真做在练习本上。

五、后教

1. 更正。

过渡语：请同学们认真看板演的习题，发现问题并能更正的同学上台更正。有不同做法的同学请把你的做法的写到黑板上。

2. 讨论。

第一题：认为正确的请举手。

过渡语：已知抛物线的焦点坐标为 $\left(\dfrac{p}{2}，0\right)$，如何求抛物线标准方程？（$\dfrac{p}{2}\times 4=2p\Rightarrow y^2=2px$）

过渡语：已知抛物线的准线方程为 $x=-\dfrac{p}{2}$，如何求抛物线标准方程？

$$\left(\left|-\dfrac{p}{2}\right|\times 4=2p\Rightarrow y^2=2px\right)$$

第二题：

已知抛物线的标准方程 $y^2=2px$（$p>0$），如何求其焦点坐标、准线方程？

（$2p \div 4 = \dfrac{p}{2}$，焦点坐标（$\dfrac{p}{2}$，0），准线方程 $x = -\dfrac{p}{2}$）过渡语：焦点坐标、准线方程写的时候注意什么？

（焦点在 x 轴上，纵坐标为 0；准线方程：$x = -p/2$）

第三题：

过渡语：为什么 $p = 4$？

（p 的几何意义：焦点到准线的距离）

归纳：（1）抛物线的定义。

（2）焦点在 x 轴正半轴的抛物线标准方程。

（3）焦点坐标、准线方程。

（4）p 的几何意义。

给堂上同学打分，堂上板演好的要加以表扬。座位上的同学互改、打分。统计：全对的举手。

过渡语：同学们，通过上面的检测，说明大家自学得很好。为了进一步巩固本节课所学内容，请当堂完成训练。

六、当堂训练

必做题：

1. 写出准线方程是 $x = -\dfrac{1}{2}$ 的抛物线的标准方程。

2. 求下列抛物线的焦点坐标和准线方程。

（1）$x = \dfrac{1}{8}y^2$

（2）$y^2 = 8\sqrt{3}\,x$

3. 点 M 到点（0，3）的距离等于它到直线 $x = -3$ 的距离，点 M 运动的轨迹是什么图形？并求出其方程。

选做题：点 M 到点 F（0，2）的距离比它到直线 $y = -3$ 的距离小 1，求点 M 满足的方程。

小学三年级英语教案

沁阳永威学校小学三年级英语备课组

【学习目标】

1. I can read and understand the text.

2. I can use "What's this？ —It's a/an..." to describe the pictures.

【学习过程】

一、教具准备

点读笔、U盘、教科书。

二、教学过程

（一）Warm up：

This this pa pa，

That that pa pa.

This pa that pa，

This that pa pa.

（学生跟着老师一起做）

（二）Have a match!

老师上课后介绍竞争机制，目的是为了激励学生学习，提高学生学习兴趣。

Step 1：Show the subject and the aims. （1分钟）

1. Greetings.

2. Warm up.

3. What's this？ 出示书包（书包里放有文具等）导入。

4. Show the subject and the aims.

T：Boys and girls，today we're going to learn Module 7 Unit 1 What's this? （揭示课题）Here are our aims，look here：

1. I can read and understand the text.

2. I can use "What's this？ —It's a/an..." to describe the pictures.

Step 2：Show guide 1.

Look and listen. （看图、听录音）

Show guide 2：

T：Please read the text by yourself within 3 minutes.

大声朗读课文。

若有疑难，请用笔标注出来。

师巡视，解决学生不会读的地方。

（三）生自己读课文，师巡视。

（四）教读难单词。

（五）Read after the tape！

跟录音，读课文。

尤其注意刚才你所标注出的单词，同时也要注意语音语调。

（六）Please read in roles.

两人一组分角色朗读课文。

3分钟后，比一比谁能准确、流利地朗读课文。

（七）Have a match！

比一比，谁能准确、流利地朗读课文；谁能认真倾听，并及时发现错误。

检测顺序：先检测优等生，然后是中等生，最后是后进生。

Show guide 3：

T：Please read the text again and use "What's this ? —It's a/an..." to describe the pictures.

再次朗读课文并用"What's this ? —It's a/an..."描述图片。

同桌两人进行练习。

3分钟后点名到讲台上手指图片描述图片。

（八）Let's chant！

（九）Summary：

Today we've learnt：Module 7 Unit 1 What's this ? You did a good job today.

初二英语教案

沁阳永威学校初二英语备课组

Learning aims：

1. Understand 3a.

2. Recite some important sentences skillfully.

Teaching procedure：

Step 1：Daily greetings.

T：Good morning，everyone.

Ss：Good morning, Miss Wu.

T：How are you?

Ss：I'm fine, thank you. And you?

T：I'm OK. Thank you. Sit down，please.

Step 2：Show "Learning aims"　　　　　　　　　　　　　（1'）

T：Today we'll learn Unit 9 Section B（3a）. Please look at our "Studying aims."（Read them for the students slowly. ）

1. Understand 3a.

2. Recite some important sentences skillfully.

T：Are you clear?

Ss：Yes.

T：You are so great. Let's go on.

Step 3：Show "Guide One"

Guide One　　　　　　　　　　　　　　　　　　　　　　　　（5'）

Read 3a aloud and mark "T" or "F".

（　　）1. The pot-bellied pigs are popular these days.

（　　）2. The pot-bellied pigs make the best pets.

（　　）3. The pot-bellied pigs can live in my house now.

（　　）4. Pigs don't need a lot of love.

（　　）5. I have enough time to stay with her.

（Read these questions for the students slowly. ）

T：Are you clear?

Ss：Yes.

T：Good. Please read aloud and find out the answers. I'll give you 3 minutes. Please go.

T：Time is up. If you have finished，hands up，please.

（Students put up their hands.）

T：Good.

（Then ask the students to answer these questions one by one. 后进生回答。）

T：You are so clever. Let's go on our lesson. Please look at "Guide Two".

Step 4：Show "Guide Two"

Guide Two   (8')

Read 3a silently and find out the difficult points that you can't understand.

T：Are you clear?

Ss：Yes.

T：Good. I'll give you 3 minutes to read 3a silently. Let's have a match，who reads most carefully? Please go.

（3 minutes later.）

Discuss in groups.

T：Time is up. If you have finished，hands up，please.

（Students put up their hands.）

T：Good. Now please discuss your questions in groups. You will have 2 minutes.

...

T：Time is up. Please sit well. So，any questions? Hands up，please.

...

可能存在的问题：

1. ... pig named Connie. named 过去分词做后置定语，常表示被动完成的意思。

2. pot-bellied pigs make the best pets. "大肚猪成为最好的宠物。"

make ＋名，"成为……" 多指有能成为……的素质。

常见 make sb. do/ make sth. ＋形/make sb. ＋名。

3. she is too big to sleep in the house. too... to 与 so... that 互换。

too... to，太……而不能；so... that，如此……以至于……

She is so big that <u>she can not sleep in the house.</u>

4. I don't have enough time to spend with her.

enough，①名前形后，② to do sth.

spend time with sb. /spend... in doing.

Step 5：Show "Guide Three"

Guide Three   (5')

Listen to the tape and follow it. Please pay attention to your pronunciation and intonation.

T：Understand?

Ss：Yes.

T：Good. Let's have a match. Who reads best.

...

T：Good job. Next，let's have a test. Please take out your exercise books.

Step 6：Class exercise (1)   (8')

1. This English test is _____ for me，because I did _____ for the test last week.

A. enough easy；enough work

B. easy enough；enough work

C. easily enough；work enough

2. I will spend my holiday _____ (swim) _____ my friends in Hainan.

A. swim；in

B. swimming；with

C. swim；with

3. Tom is too excited to say anything. （同义句转换）

Tom is so excited _____ he _____ say anything.

4. She will make a good _____ (teach) . （适当形式）

5. I have a friend _____ (name) Mary. （适当形式）

Let two students write down their answers on the blackboard，then discuss in groups.

（后进生板演。后教阶段，后进生→中等生→优生更正、讲解，学生不会的老师讲。）

Class exercise（2）   （15'）

Translation.

1. 我有一个大肚猪名叫 Connie。

2. 大肚猪成为最棒的宠物。

3. 她每天晚上都和我一起在沙发上看电视。

4. 她太大了而不能在屋里睡觉。

5. 有时我没有足够的时间陪她。

6. 我给她制作了一个特殊的猪舍。

高一英语教案

沁阳永威学校高一英语备课组

Learning aims：

To be able to understand the text and get some specific information from the text.

To express your opinions on the future of cyberspace.

Teaching Procedures：

Lead in：

Before our class，I have a question for you. Do you like surfing the Internet? （Ss：Yes）When surfing the Internet，what do you usually do? （Ss：…）From your answers，we know that we can use the Internet to do lots of things. How about its future?

After learning the text，we will get the answer. Now，let's come to the text.

Please look at the learning aims.

1. To be able to understand the text and get some specific information from the text

2. To express your opinions on the future of cyberspace

Guide 1

Listen to the text and match the headings with each paragraph within 4 minutes.

_____ Para. 1   A. Optimistic ideas towards the future of cyberspace

_____ Para. 2   B. The growth of the Internet

_____ Para. 3   C. Pessimistic ideas towards the future of cyberspace

_____ Para. 4   D. The future of virtual reality

Please open your book and turn to P8. How many paragraphs are there in the text? Please number them. Now let's find the main idea for each paragraph.

• •

Time is up. If you have finished, hand up please. (ask one student to tell the answer)

If you agree with him, hand up.

From this part, we have known the main idea of the text. Now let's get more information about cyberspace.

Guide 2

Read the text silently and quickly and decide if the statements are true (T) or false (F) within 5 minutes.

First, I'll give you 30 seconds to look through the statements. If you can understand all the statements, please finish the exercises.

1. Hackers may get into some important websites and cause some trouble.

2. Angela Rossetto thinks that TV will never be replaced by the Internet.

3. The text implies (暗示) that worry isn't necessary and computers and the Internet only do good to us.

4. People can do lots of things on the Internet, including booking tickets, getting useful information and so on.

5. Some experts say in the future we will not go to school in the classroom like today.

• •

Ask two students to write the answers on the Bb. Their answers are the same/different.

From this part, we have known some specific information from the text and in order to understand the text better, let's read it in detail.

Guide 3

Read the text aloud and then answer the following questions within 6 minutes.

1. Why are some experts pessimistic about the future?

2. Why are some experts optimistic about the future?

3. In Peter Anderson's opinion, what's the future of cyberspace?

1) Giving the student 30 seconds to understand the questions.

2) Asking the students to read the text aloud within 5 minutes.

3) Checking the answers.

From the questions, we can know that different people have different opinions on the future of the cyberspace. Some are optimistic about its future, while others are optimistic about it. What about you?

Guide 4

Topic: Do you feel pessimistic or optimistic about the future of Internet? Why?

First, I will give you 3 minutes to prepare the speech. You can use the following useful expressions to help you.

Then share your speech with your partner within 2 minutes.

Two minutes later, I will ask some of you to present your speech.

Assignment:

Write down your opinions on the future of cyberspace on your exercise book.

Requirement:

Finish it on your own within 5 minutes.

Use the useful expressions you have learned.

Make sure your handwriting is beautiful.

(One possible version) I am optimistic about the future of cyberspace. The reasons are the following.

Firstly, with its help, people's life is becoming more and more convenient. The Internet is everywhere and you can surf it at any time.

Secondly, virtual reality will become a part of our modern life. It will be a fashion for us to work in virtual offices, shop in virtual supermarkets and even study in virtual schools.

Therefore, we should make good use of the advantage of the Internet, which can make our life more wonderful.

初二历史教案

沁阳永威学校初二历史备课组

【学习目标】

1. 理解并识记中国近代民族工业发展的阶段、特征及原因。

2. 能从中国近代民族工业曲折发展中得到启示。

【教学过程】

一、板书课题，出示目标（1分钟）

同学们，现在我国工业发展得非常迅速，经济总产量为世界第二名，但在中国近代，我国的民族工业却举步维艰、纷纷破产，为什么呢？我们今天一起学习第19课《中国近代民族工业的发展》，就可以知道了。

过渡语：本节课学习目标是什么呢？请看大屏幕！

二、学习指导

（一）过渡语：目标明确的同学请举手！为了顺利达标，请看自学指导。

（二）出示"自学指导"投影。

自学指导

请认真默读课本第100～103页，思考并在课本上画出下列问题的答案要点，8分钟后比谁能正确回答。

1. 张謇生活在什么时期？《马关条约》签订后他提出什么口号？说出他创办的具有代表性的一个企业，该企业最终结局如何？

2. 填表说明中国近代民族工业发展的三个阶段，每个阶段的特点及原因。

时间	阶段特点	原因

3. 请简述中国近代民族工业的总特征是什么？

注意：如有不认识的字或不理解的地方，请小声问同学或举手问老师。

三、先学后教

（一）过渡语：对自学指导明确的同学请举手！自学竞赛开始！

（二）学生自学（看书，找答案）8分钟。

1. 教师巡视全班。督促每一位学生认真、紧张地自学，发现问题，下去指导（并注意纠正学生的不良习惯）。

2. 约6分钟后，表扬找到答案并开始小声背诵的同学。

（三）检测（讨论，对答案）。

过渡语：时间到，看完并找到答案的同学请举手！

1. 讨论第一题。

（1）过渡语：中国近代民族工业的发展，离不开著名的实业家——张謇，下面，我们来讨论第1题。

（2）指名学生回答，如回答得对，就问：认为他回答正确的请举手！然后，出示正确答案；若学生回答得不对，就问：发现问题的请举手！请尖子生纠正。纠正后出示正确答案。

答案要点：清末，实业救国，大生纱厂，被吞并。

（3）解释关键词。

①实业救国：通过发展民族工商业来拯救国家，帮助国家脱离殖民主义。实业指工商企业。

②吞并：兼并。为什么会有这样的结局呢？国家不强盛，企业发展很困难。

2. 讨论第二题：近代民族工业的发展。

（1）过渡语：张謇热爱祖国，有理想，有抱负，创办企业挽救国家，但由于国家不强盛，大生纱厂也难逃失败的命运。张謇的大生纱厂是中国近代民族工业发展的一个缩影，中国近代民族工业的发展经历了哪些阶段？其主要特征是什么呢？能回答第二题的请举手！

（2）指名学生回答，如回答得对，就问：认为他回答正确的请举手！然后，出示正确答案；若学生回答得不对，就问：发现问题的请举手！请尖子生纠正。纠正后出示正确答案。（确保人人有机会回答问题，边回答边出示。）

时间	阶段特点	原因
洋务运动到清朝末期	出现一些民族工业的萌芽，发展缓慢。	洋务运动的推动，"实业救国"思潮的推动；受封建制度的阻碍。
第一次世界大战期间	民族工业进入短暂的"黄金时代"	辛亥革命成功，冲击了封建制度；帝国主义暂时放松了对中国经济的掠夺。
第一次世界大战后至新中国成立前	再度受挫，没有得到恢复和发展	帝国主义卷土重来（日本）；国民党发动内战，官僚资本主义的压迫。

（3）解释关键词。

①萌芽：新生的、未长成的事物。

②黄金时代（1914—1918 年第一次世界大战期间），低质量的、短暂的，根本无法同今天相比。

3.讨论第三题。

（1）过渡语：我们已经纵向了解了民族工业的发展历程，那么，它的总体特征是什么呢？能回答第三题的请举手！

（2）指名学生回答，如回答得对，就问：认为他回答正确的请举手！然后，出示正确答案；若学生回答得不对，就问：发现问题的请举手！请尖子生纠正。纠正后出示正确答案。

答案要点：

（1）总体比较落后，受到帝国主义、封建主义和官僚资本主义的压迫。

（强调：这个总特征是当时的政治腐败、国家落后的必然结果。）

（2）发展不平衡：从行业上——集中于轻工业；从地区上——集中于沿江、沿海大城市。

（四）小结。由近代到现在，工业发展速度、结果明显不同，关键是所处的环境不同，所以要发展工业必须赢得主权的独立。从近代民族工业曲折发展中可以得到认识：国家独立是国家富强的前提。

四、当堂训练

（一）背诵答案。

过渡语：下面继续比赛，比谁最先背会思考题答案。

学生自背、互背，教师下去抽查。

（二）书面练习。

必做题：《基础训练》第 19 课"课堂练习"。

选做题：《基础训练》第 19 课"学习延伸"。

高一历史教案

沁阳永威学校高一历史备课组

【学习目标】

1. 理解并识记马克思主义诞生的条件和《共产党宣言》的内容及意义。

2. 理解并识记巴黎公社的革命措施及意义。

【教学过程】

一、板书课题，出示目标（1 分钟）

同学们，今天我们来学习第 18 课《马克思主义的诞生》（板书课题）。

过渡语：请看本节课的学习目标（出示"学习目标"）。

1. 理解并识记马克思主义诞生的条件和《共产党宣言》的内容及意义。

2. 理解并识记巴黎公社的革命措施及意义。

二、出示自学指导

（一）过渡语：明确目标的同学请举手！为了顺利达标，请看自学指导！

（二）出示"自学指导"投影。

自学指导

请认真阅读课本第 84～87 页，思考并在课本上画出下列思考题的答案要点，8 分钟后比谁的答案要点全、语言简洁、表述准确。

1. 马克思主义诞生的条件有哪些？

（经济、阶级、理论、个人努力）

2. 简述《共产党宣言》的内容及意义。

3. 1871 年巴黎人民起义的原因是什么？

4. 巴黎公社的革命措施有哪些？

5. 分析巴黎公社失败的原因及历史意义。

注意：如有不认识的字或不理解的地方，请小声问同学或举手问老师。

三、先学后教

（一）过渡语：自学指导明确的同学请举手。自学竞赛开始！

（二）学生自学（看书，找答案）8分钟。

教师在讲台上用眼睛巡视全班，督促每一位学生认真、紧张地自学，发现问题，下去指导（并注意纠正学生的不良习惯）。

（三）检测（讨论，对答案）。

过渡语：时间到，看完并找到答案的同学请举手。

1. 讨论第一题：马克思主义诞生的条件。

（1）过渡语：引言中介绍的英国人欧文建立的"新和谐公社"属于空想社会主义，而社会主义理论从空想发展成为科学的标志就是马克思主义的诞生。

（找学生按照提示的几个方面一个一个回答，回答不全面的由其他同学补充。）

（幻灯片先出示经济前提）经济方面我们要了解工业革命对当时社会产生的重大影响，请看大屏幕（幻灯片出示示意图）。然后提问阶级基础、理论基础。理论基础方面找学生回答什么是"空想社会主义"及其代表人物。当然，马克思主义的诞生也离不开马克思和恩格斯的个人努力。

（2）出示本题完整的答案。

经济前提：工业革命后资本主义制度的弊病日益暴露，社会上的不平等促使社会矛盾日益激化。

阶级基础：欧洲三大工人运动标志工人阶级独立登上历史舞台。

理论基础：德国古典哲学、英国古典政治经济学、英法空想社会主义。

个人努力：马克思、恩格斯的努力。

2. 讨论第二题：《共产党宣言》的内容及意义。

（1）过渡语：1848年《共产党宣言》的发表标志着马克思主义的诞生。请看第二题。

（2）学生回答，提示学生分要点简练地回答，教师出示本题答案。

内容：

（1）阐述了马克思主义的基本原理，阐明了社会发展的客观规律，共产主义必将取代资本主义。

（2）指出阶级斗争在阶级社会推动历史发展的重要作用。

（3）揭示了无产阶级的历史使命，用暴力推翻资产阶级统治，建立无产阶级政权。

（4）号召全世界无产者联合起来进行斗争。

意义：

（1）标志马克思主义的诞生。

（2）无产阶级斗争有了科学理论的指导。

（3）社会主义运动蓬勃兴起。

3. 讨论第三题：1871 年巴黎人民起义的原因。

（1）过渡语：马克思主义诞生后，出现的第一个无产阶级政权就是巴黎公社，但它却不是马克思主义理论直接指导下的产物。那么，1871 年巴黎人民起义的原因是什么呢？

（2）学生回答，教师出示本题答案。

原因：普法战争中法国战败，资产阶级临时政府对外屈膝投降，对内镇压国民自卫军，使民族矛盾激化了阶级矛盾。

（3）重点突破：巴黎人民起义的偶然性和自发性。

从课本中我们可以知道，巴黎人民起义是不是经过长期准备的？学生齐答：不是。有没有理论指导和政党领导？学生齐答：没有。巴黎人民是被逼迫到起义的地步的，并不是因为资本主义制度阻碍了生产力的发展。所以巴黎人民起义具有偶然性和自发性（出示幻灯片，学生在课本上做标注）。

4. 讨论第四题：巴黎公社的革命措施。

（1）过渡语：1871 年 3 月巴黎人民经过选举建立了巴黎公社，并采取了一系列的革命措施来巩固政权。

（2）学生回答，教师出示本题答案。

政权建设：公社委员会是最高权力机构；废除旧军队、旧警察；建立自己的司法机构；人民有权监督和罢免公职人员；公职人员的薪金不得超过熟练工人的工资。

社会经济：没收逃亡资本家的工厂，交给工人合作社管理；实行八小时工作制。

（3）重点突破：巴黎公社的性质。

从革命措施中可以看出巴黎公社代表的是谁的利益呢？学生齐答：无产阶

级。所以，巴黎公社的性质是：无产阶级政权（幻灯片展示，学生标注在课本上）。

5. 讨论第五题：巴黎公社失败的原因及历史意义。

（1）过渡语：1871 年 5 月 28 日，在敌人强大的攻势下，巴黎公社被扼杀在血泊中。巴黎公社失败的原因有哪些呢？

（引导学生结合课本以及从巴黎公社的自发性和偶然性中分析总结主观原因。）

主观原因：A. 没有接管法兰西银行；缺乏工农联盟，没有争取到广大农民的支持。B. 缺乏一个以马克思主义理论武装起来的革命政党的正确领导。客观原因：敌人过于强大，巴黎公社寡不敌众。

（3）突破难点：巴黎公社失败的根本原因。

引导学生结合巴黎人民起义爆发的偶然性进行思考。当时资本主义社会处于两次工业革命时期，正带动着生产力的高速发展（出示根本原因，学生补充到课本上）。

根本原因：资本主义处于上升时期，无产阶级还不具备推翻资本主义制度的条件。

（4）第五题第 2 问过渡语：巴黎公社虽然失败了，但依旧有其历史意义（学生回答，教师出示本题答案）。

历史意义：虽然失败了，但它是无产阶级建立政权的第一次伟大尝试。丰富了马克思主义的学说，为国际社会主义运动提供了宝贵的经验和教训。

（5）本题总结。出示幻灯片：对巴黎公社的总结。

（四）小结：以上就是本节课的全部内容，明确所有问题答案的同学请举手。

（五）读书，背答案。

过渡语：下面继续比赛，比谁最先背会思考题答案。

学生自背、互背，教师下去抽查。

四、当堂训练

（一）默写：（1）马克思主义的理论基础。（2）巴黎公社的历史意义。

（二）课时作业（十八）第 1~8 题。

初二物理教案

沁阳永威学校初二物理备课组

【学习目标】

1. 能识别定滑轮和动滑轮。

2. 做好实验，认识定滑轮和动滑轮的特点。

【课前准备】

桌上放有两个铁架，分别安装定滑轮（左边）、动滑轮（右边）。

【教学过程】

一、引入、板书课题

导入语：同学们，本节课我们学习——滑轮（板书）。屏幕出示图片（五幅图片），边指着图上的滑轮，边讲述：升国旗时，要用到滑轮，工人师傅提升货物要用到滑轮，健身器上有滑轮，起重机上都有滑轮。滑轮有哪几种呢？使用滑轮能给我们带来哪些好处呢？本节课我们一起来学习这个新知识。

过渡语：本节的学习目标是什么呢？请看屏幕。

二、出示目标

过渡语：怎样达到目标呢？请看自学指导。

三、第一次先学后教

自学指导

请同学们边看课本第 82 页图 12.2-2 左、右两个滑轮图及右上角定滑轮和动滑轮的定义，边观察课桌上左、右两个铁架上的滑轮。1 分钟后比谁能：①指出课桌上、屏幕上的定滑轮，并说出定义。②指出动滑轮，并说出定义。

四、检测

教师提问：

1. 时间到，同学们，能够指出你们桌上、屏幕上的定滑轮的请举手。（指名学生回答）为什么？认为对的请举手。定滑轮的"定"字是轴固定不动（屏幕出示）。

2. 能够指出你们桌上、屏幕上的动滑轮的请举手。（指名学生回答）为什么？认为对的请举手。动滑轮的"动"字是轴随物体运动（屏幕出示）。

过渡语：同学们，刚才认识了定滑轮和动滑轮，那么，它们分别有什么特点呢？

五、第二次先学后教：实验

下面我们通过实验来研究定滑轮和动滑轮的特点。请看实验指导（屏幕出示）。

1. 实验指导1：定滑轮、动滑轮是否可以改变力的方向。

（1）实验记录表：

物理量\滑轮	重物移动方向	拉力方向	是否改变力的方向
定滑轮	上		
动滑轮	上		

（2）要求：根据指导，两人一组，同步实验。

（3）实验步骤：

①拿起并竖直拉住测力计，使绳子保持平行。（学生用右手的中指勾住拉环拉住测力计不动，教师检查，都做到位了，再进行下一步。）

②匀速拉动绳子的一端使物体（砝码）升高，同时认真观察弹簧测力计移动方向。

③比较物体（砝码）移动方向和测力计运动的方向，说明使用定滑轮、动滑轮哪一种能改变力的方向。

（4）学生完成第二步，教师提问：

①能说出定滑轮上测力计移动方向的同学请举手（指名学生回答）。认为对的请举手。这说明使用定滑轮是否可以改变力的方向？（指名学生回答）认为对的请举手（教师出示答案）。

②能说出动滑轮上测力计移动方向的同学请举手（指名学生回答）。认为对的请举手。这说明使用动滑轮是否可以改变力的方向？（指名学生回答）认为对的请举手（教师出示答案）。

2. 实验指导2：定滑轮、动滑轮是否费距离。

过渡语：下面我们实验探究定滑轮、动滑轮是否费距离。

（1）实验记录表：

物理量\滑轮	物体移动的距离 h/m	测力计移动的距离 s/m	是否费距离	s 与 h 的关系
定滑轮	0.05			
动滑轮	0.05			

（2）实验步骤：

①拿起并竖直拉住测力计，使绳子保持平行。

②竖直匀速拉动绳子，使钩码的上表面由 5cm 升高到 10cm，即升高 5cm，测出弹簧测力计移动的距离。

③比较表格中物体移动的距离和测力计移动的距离的大小关系说明使用定滑轮、动滑轮费不费距离。s 与 h 的大小关系是什么。

（3）学生完成第二步，教师提问：

①能说出定滑轮上测力计移动距离的同学请举手（指名学生回答）。认为对的请举手。这说明使用定滑轮是否费距离？s 与 h 的大小关系是什么？（指名学生回答）认为对的请举手（教师出示答案）。

②能说出动滑轮上测力计移动距离的同学请举手（指名学生回答）。认为对的请举手。这说明使用动滑轮是否费距离？s 与 h 的大小关系是什么？（指名学生回答）认为对的请举手（教师出示答案）。

3. 实验指导 3：定滑轮、动滑轮是否省力。

过渡语：下面我们实验探究定滑轮、动滑轮是否省力。

（1）实验记录：

物理量 / 滑轮	重物重力 G/N	拉力大小 F/N	是否省力	F 与 G 的关系
定滑轮	2			
	2.5			
	3			
动滑轮	2			
	2.5			
	3			

（2）实验步骤：

①拿起并竖直拉住测力计，使绳子保持平行。

②匀速竖直拉动绳子使 2N 物体升高，同时认真观察弹簧测力计的示数，并读数。

③将测力计挂在铁架台上，分别在大钩码上增加 0.5N、1N 的小钩码重做实验。

④比较表格中物体的重力和拉力的大小关系说明使用定滑轮、动滑轮是否省力。F 与 G 的大小关系是什么。

（3）学生完成第二步，教师提问：

①现在，观察到定滑轮上测力计的示数大约等于 2N 的请举手，有不同答案的同学请举手。（若有，指名学生回答，并检查、排除故障）教师填表。（然后，依次实验并提问测力计的示数大约等于 2.5N、3N 的请举手，并填表。）根据 3 组数据小结，这说明使用定滑轮是否省力？F 与 G 的大小关系是什么？（教师出示答案，并用图解释。）

②现在，观察到动滑轮上测力计的示数大约等于 1N 的请举手，有不同答案的同学请举手。（若有，指名学生回答，并检查、排除故障）教师填表。（然后，依次实验并提问测力计的示数大约等于 1.25N、1.5 N 的请举手，并填表。）根据 3 组数据小结，这说明使用定滑轮是否省力？F 与 G 的大小关系是什么？（教师出示答案，并用图解释。）

4. 小结。

过渡语：同学们，实验结果说明（提问）：

（1）定滑轮有哪些特点（学生从是否改变力的方向、是否费距离、是否省力三方面回答），教师屏幕出示结论。

（2）动滑轮有哪些特点（学生从是否改变力的方向、是否费距离、是否省力三方面回答），教师屏幕出示结论。

六、当堂训练（15 分钟）

过渡语：同学们，通过自学大家已经理解、记忆定滑轮、动滑轮的基础知识，下面请大家运用新知识完成作业。

1. 做第 84 页第 1 题。

2. 完成书面作业的同学，看书熟记知识点，思考课本第 81 页"想想议议"中的问题。

高二物理教案

沁阳永威学校高二物理备课组

【学习目标】

1. 通过生活实例类比和分析，寻找描述磁场强弱和方向的物理量——磁感应强度。

2. 通过磁感应强度的定义，进一步体会比值法定义物理量的方法。

3. 理解磁感应强度的定义，知道其方向、大小、定义式和单位。

【教学过程】

一、板书课题

师：同学们，通过上一节的学习，我们对磁场有了初步的认识，生活中有这样的实例（图片展示）：巨大的磁体能吸起比汽车还重的集装箱，小磁铁只能吸起几枚钢钉，那么，用什么物理量来描述磁场的强弱呢？这就是今天我们要学习的《磁感应强度》（板书）。

二、出示目标

师：同学们，请看本节课的学习目标（投影出示）。

师：学习目标明确的同学请举手！

三、自学指导

（一）师：每一个小目标的达成，都是实现梦想的基石。如何达到本节课的学习目标呢？关键在于大家紧张、高效地自学，请看"自学指导"。

（二）投影出示自学指导：

请认真阅读课本第 83～85 页的内容，边自学边思考下列问题，找到答案并识记。8 分钟后检测，比谁的自学效果好。

1. 磁感应强度是描述_____的物理量，它类似于电场中的什么物理量？它的方向是如何规定的？

2. 磁感应强度的大小如何定义？对于 $B=F/IL$，可以说 B 与 F 成正比，与 IL 成反比吗？

3. 磁感应强度的单位是什么？它是标量还是矢量？

四、先学

（一）学生看书、思考。

教师巡视，保证每位同学都在紧张自学。

（二）检测。

师：自学完成的同学请举手。大家都能在规定的时间完成自学，很好！下面来检测一下大家自学的效果。

1. 口答检测（指名学生口答思考题）。

（1）磁感应强度是描述＿＿＿＿的物理量，它类似于电场中的电场强度，小磁针静止时N极所指的方向即为磁感应强度的方向（注：重点突出静止、N极，易混易错点）。

（2）通电导线与磁场强度方向垂直时，B＝F/IL，不可以说B与F成正比，与IL成反比（注：某处B的大小由磁场本身决定，与有无通电导线无关）。实验演示，突破重点。

（3）磁感应强度是矢量，单位：T，是矢量（注：遵循平行四边形定则）。

2. 书面检测

师：磁感应强度的概念搞清楚了，会不会应用呢？我们来检测一下。

检测内容：

《磁感应强度》检测题

一、判断对错（每题2分）

1. 某处磁感应强度的方向与小磁针静止时S极所指方向相同。　　　（　　）

2. 某处磁感应强度的方向与通电导线放在该处时所受磁场作用力的方向相同。

（　　）

3. 磁场中某处的磁感应强度大小与有无小磁针无关，与有无通电导线也无关。

（　　）

4. 通电导线与磁场方向垂直时，才有 $B＝\dfrac{F}{IL}$；且B与F成正比，与IL成反比。

（　　）

5. 磁感应强度是矢量，磁感应强度的运算遵守矢量运算法则。　　　（　　）

二、计算题（每题5分）

1. 在磁场中某处放入一通电导线，导线与磁场方向垂直，导线长1cm，电流为5A，所受磁场的作用力为 $5×10^{-2}$ N，求：

（1）这点的磁感应强度是多大？

（2）若让导线与磁场平行，这点的磁感应强度多大？

2. 如图所示，PQ、MN 为水平、平行放置的光滑金属导轨，相距 1m，一导体棒 ab 跨放在导轨上，棒的质量为 m＝0.2kg，棒的中点用细绳经滑轮与物体相连，物体的质量 M＝0.3kg，匀强磁场的磁感应强度 B＝2T，方向竖直向下（注：已知导体 ab 受到的磁场作用力的方向水平向左），为了使导体棒静止，应在棒中通入多大的电流？（g 取 10m/s²）

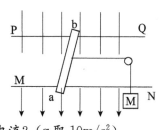

三、选做题

如图所示，PQ、MN 为水平、平行放置的金属导轨，相距 1m，一导体棒 ab 跨放在导轨上，棒的质量为 m＝0.2kg，棒的中点用细绳经滑轮与物体相连，物体的质量 M＝0.3kg，棒与导轨的动摩擦因数为 μ＝0.5，匀强磁场的磁感应强度 B＝2T，方向竖直向下（注：已知导体 ab 受到的磁场作用力的方向水平向左），为了使物体匀加速向左运动，应在棒中通入多大的电流？（g 取 10m/s²）

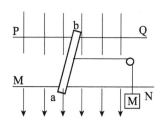

检测要求：

（1）时间 10 分钟。

（2）独立完成，比谁做得又对又快！

（3）提前做完的请举手示意。

检测方法：

（1）学生在规定时间内像考试一样紧张检测。

（2）教师巡视，并搜集学生做题当中的典型错误、"典型试卷"，供后教时用。

五、后教

（一）更正。

1. 将"典型试卷"收起来，用实物投影展示到大屏幕上，学生观察找错误。

2. 学生上台更正（用不同颜色的笔标出问题，并更正）。

（二）讨论。

同学们，我们共同来看一下练习的结果。

先请一名做对的学生讲，老师做适当补充。

教师公布答案，学生互改，打出分数。

（三）拓展提升。

对检测题中计算题第 2 题进行变式分析，拓宽解题思路。

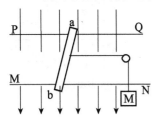

若导体棒 ab 与导轨之间有摩擦，仍使导体棒保持静止，则导体棒的受力情况？

三种情况：

① F＝Ff＋Mg，摩擦力向右。

② F＋Ff＝Mg，摩擦力向左。

③ F＝Mg，摩擦力为零。

（四）归纳总结。

1. 在磁场中电流元所受的磁场力方向与磁感应强度方向并不相同。

2. 磁针静止时，N 极所指的方向规定为该点的磁感应强度方向。

3. 磁感应强度取决于磁场本身，与是否放入通电导线、通电导线的受力的大小及方向无关。

六、当堂训练

第 85 页：课后"问题与练习"2；第 86 页：3。

小学音乐教案

沁阳永威学校小学音乐备课组

【学习目标】

1. 了解连音线的作用。

2. 学会演唱歌曲《彝家娃娃真幸福》。

【学习过程】

一、图片导入课题，揭示目标

过渡语：同学们，我国共有 56 个民族，你们猜一猜这是哪个民族的服饰？（学生回答，老师做补充。）今天我们就一起来学习歌曲——《彝家娃娃真幸福》。

二、出示目标

过渡语：请看今天的学习目标（出示目标）。

目标明确的同学请举手？同学们真棒！请看大屏幕（出示）。

三、听歌曲回答问题

这首歌曲是欢快活泼的，还是抒情优美的？（学生回答，老师做补充说明。）

过渡语：我们知道了歌曲的情绪，同学们在演唱的时候要把欢快活泼的情绪唱出来好吗？（学生回答）请看今天的自学指导（一）。

四、第一次"先学后教"

自学指导（一）

结合拍子示意图，练习以下节奏，两分钟后比谁能准确、流畅地打出节奏。

$$
\frac{2}{4}\ \overset{\frown}{\text{X X}}\ \text{X}\ \ \text{X X}\ |\ \text{X X}\ \ \text{X}\ |\ \text{X X}\ \ \overset{\frown}{\text{X X X X}}\ |\ \text{X X}\ \ \text{X}\ \|
$$

$$
\frac{2}{4}\ \overset{\frown}{2\ 1.6}\ \ 1\ 2\ |\ 3\ 5\ \ 3\ |\ 6\ 6\ \ \overset{\frown}{6 5 3 5}\ |\ 6\ 6\ \|
$$

彝家　娃娃　阿里里，真快　活啰　阿里里。

1. 学生自由练习（2分钟后，同桌互查）。

2. 个别检测（3～5名同学）。

3. 发现问题，先兵教兵纠错改错，还有问题的教师再讲解（后教预设：讲解连音线的作用）。

4. 分组练习（以小组或男女生分组练习）。

5. 全班齐打。

过渡语：同学们真棒！下面我们一起来唱一唱旋律好吗？

五、第二次"先学后教"

先学：

1. 跟琴学唱简谱（3遍）。

2. 跟旋律唱歌词（2～3遍）。

后教：

引导学生，唱出歌曲情绪。

过渡语：同学们刚才表现得非常好！老师相信你们一定可以把歌曲唱好，有没有信心？请看大屏幕。

自学指导（二）

听音乐学唱歌曲。

第一遍：看歌词静静地听音乐（感受歌曲情绪）。

第二遍：小声哼唱。

第三遍：跟音乐演唱歌曲（比一比看谁能用欢快活泼的情绪，准确、流畅地演唱歌曲）。

过渡语：下面我们一起来唱一唱好吗？

六、当堂训练

1. 师生跟琴齐唱（2～3 遍）。

通过理解歌词含义，引导背唱歌曲及情绪的表达。

2. 学生齐唱（3～5 遍）。

3. 学生自由背唱一分钟。

4. 全班齐唱（2～3 遍）。

5. 个别检测（以小组为单位）。

6. 纠错。

歌曲纠错主要是通过听琴正音来完成，如果出现学生解决不了的乐句，先让优等生示范，优等生有困难的由教师分句教唱来完成。

7. 分组演唱（师生配合，生生互动）。

8. 全班齐唱。

七、拓展

表演唱：

1. 老师做示范。

2. 学生和老师一起跟音乐表演唱。

八、课堂小结

同学们，今天我们学习了一首新歌——《彝家娃娃真幸福》，认识了一个新的少数民族——彝族，我们不仅领略了彝族的风土人情，而且还感受到了彝族小朋友的热情与好客，最后，让我们一起大声歌唱，唱出彝家娃娃在祖国大家庭中生活的幸福和快乐！

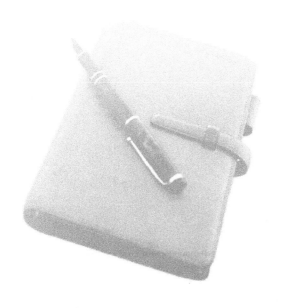

社会反响

一、蔡林森教改的意义

中国教育学会原会长　顾明远

　　江苏省泰州市洋思中学原是一所农村中学，办学水平平平，自从蔡林森校长掌校以后，学校面貌大变，教育质量明显提高。于是远近闻名，不少外地人把自己的孩子送到这里来上学，其中不乏学习成绩很差或有过行为失当的学生，但到这所学校以后都进步很快，连续数年，毕业生合格率都是百分之百，创造了教育奇迹。

　　蔡林森校长有一套管理的理论，可能当时他并没有从管理理论上去认识，但是他的实践却是符合人文管理的先进管理理念的。总结起来就是以人为本，学生主体，严格制度，自觉遵守。

2009 年 11 月，中国教育学会原会长顾明远（中）在永威学校听课后高兴地题词留念

在教学上蔡林森校长创造"先学后教，当堂训练"的教学方法，提出："明确学习目标；学生根据自学要求自学，教师巡视发现问题；学生汇报自学结果；教师指导学生讨论；学生完成作业，教师当堂批改"一套教学新程序，取得了显著的效果，受到全国教育界的关注和学习。"先学后教"是建立在"学生是教育的主体"这个现代教育理念基础上的。长期以来，我国的教学总是把"教"放在主要位置，忽视学生的主体作用，不重视调动学生的主动性和积极性，从而教学效率低下。"先学后教，当堂训练"就改变了这种状况。学生先学发挥了学生的主体性，让他们自己先去了解教材、多动脑筋，初步认识所要认识的事物，同时产生疑问，然后教师再根据学生的疑问进行答疑；对学生没有理解或领会的内容进行深入讲解，对学生已经理解的内容就可以少讲和不讲，从而节约了时间，留给学生思考和解决疑难问题。这种教学方法符合孔子说的"学而不思则罔"的道理，同时也切合学生的思想，贴近学生实际，可以因材施教，使学生容易理解，学得活、记得住、学得有兴趣并且印象深刻，易于巩固。"当堂训练"既能及时巩固，又减轻了学生课外作业负担，这是提高教学效率和质量的最好方法，符合教学规律和学生认知规律，具有普遍意义。

"先学后教，当堂训练"是一种教学方法，并非教学规律本身。因此有些学者会质疑，"小学生连 1＋2 等于几还不知道，怎么先学后教？"这就有点机械地理解"先学后教"了。作为一种教学方法，不是万能的，总是在某种场合适用，某种场合不适用。但是它的精神实质是尊重学生在学习中的主体性，调动学生学习的主动性和积极性，克服传统教育中老师"越俎代庖"的状况。这就是叶圣陶先生提出的"教是为了不教"。

"当堂训练"其实不是什么新方法，但是却切中当前教学实际的要害。许多老师只顾当堂讲授，把讲授充塞整个 45 分钟，把训练巩固留在课外。这样不仅增加了学生课业负担，而且学生在练习中遇到疑问也无法及时受到老师的指导。许多学校的经验都说明，老师在课堂少讲一些，留给学生的时间多一些，教学效果反而更好一些。我们往往低估了学生的思考力和创造力。其实学生对许多学科的知识有丰富的想象力和理解力。有一次我听到我的一个学生说，他的幼年的孩子问他：为什么西游记里，唐僧是骑马的，别人都是徒步的？真要正确地符合孩子心理，又符合时代要求的回答还确实不容易。可见孩子的想象力比大人要丰富得多。

现在全国正在为推进素质教育的艰难而困惑。其实，推进素质教育，除了要克服教育外部的干扰以外，最根本的途径就是提高课堂教学的效率和质量。学生在课堂上学懂了、学会了，练习了，巩固了，课外的负担就减轻了。这样，课外时间就可以还给学生，就像温家宝同志所说的：给学生"留下了解社会的时间，留下思考的时间，留下动手的时间"。十几年前，蔡林森校长在洋思中学为教育改革创造了这方面的经验。

蔡林森老师从洋思中学退休以后，退而不休，又受聘于河南省沁阳市永威学校，于是又把他的理念和经验带到河南永威学校，使永威学校的教育质量迅速提高。现在他把自己的经验总结成专著（即《教学革命——蔡林森与先学后教》），我想，这本书的出版一定会给广大教师以启发，同时促进教学的改革和发展。

（本文是顾明远先生为蔡林森专著《教学革命——蔡林森与先学后教》所做的序，略有删节，标题为编者所加）

二、先学后教　大亦难哉！

中国教育学会原常务副会长　郭振有

到过洋思，到过永威，写过蔡林森的文章，自以为对这位著名的教育家型的校长了解了。其实仅仅是皮毛。

不久前又到永威，在学校生活了三天，听了一些课，看了永威的老师怎样上课，蔡校长怎样评课，我才感到一种巨大的震撼。蔡林森，在我认识的许多名校长中，又是一位极有个性、有特点、特别有教学见地的校长。

永威是一所沁阳市委、市政府、市教育行政部门大力支持的民办学校。蔡林森退休后，沁阳市教育局领导和永威学校董事长数顾"茅庐"。蔡林森被邀请者真诚感动，不好推辞，才来到这家人生地不熟的学校。他没有想到，他遇到的困难要比想象的大得多。他面临着巨大的挑战。他流过眼泪，想到退却。但又想，如果退却了，人们将如何看这个蔡林森？艰难的三年过去了，永威也像洋思那样，成为中国基础

2009 年 11 月 4 日，中国教育学会原常务副会长郭振有来校考察

教育界高高立起的又一面红旗，被人称之为河南省的"教育名片"。慕名来学习取经者络绎不绝。

蔡林森的教育思想体现在他提出的"先学后教，当堂训练"这八个字上。这个理念极为简单，朴素。但要变成行为，却异常困难。蔡林森不得不亲自上阵，天天听课、评课。洋思只是一所初中，永威则是从幼儿园到小学、初中、高中的一个体系。从小学到初高中各门学科，他轮番地听、评。每天听评四五节到七八节。日日周周月月年年，几乎一天不落。学校专门辟出"219"——一个能坐 200 多人的大教室，供本校和外地来的学习者听课。

蔡林森认为，一般传统的课堂，至少有 50％的时间是无效的。而 80％的学生对教材要求是可以通过自学掌握的，另 20％的学生对 80％的教材内容也是可以通过互教互学，或教师点拨学会的。而我们的老师常常只管自己讲，不管学生学。倡导"先学后教"之后，有的老师又把"先学后教"不自觉地变成了"先学后讲"。蔡林森硬是一节课一节课、一门课一门课、一个老师一个老师地掰，一次又一次地掰，才逐步转变过来的。听了蔡林森评课，我没见过也没想象到，一个校长是这样抓课堂教学的。有时他先让教师自评，或让教研室同志评，最后他自己评。他会肯定这一节课的每一个优点，包括教学目标、重点确定、训练方式、板书设计，以及教师的精神状态、语音语气，也会指出每一个缺点。对一些老师的课他批评得非常严厉，具体到指出哪句话是不应该讲的，哪个问题的问法是不当的。然后他会告诉你，这堂课应该怎么提出问题、怎么组织，等等。他的点评，击中要害，一针见血。对上课的老师来说，每节课都是一场头脑风暴，浴火洗礼。我问外地听课老师的感受，他们说，蔡校长指出的课堂上的问题是我们过去从来没想过也没有想到的，他的评课常评常新，点到骨子里了。

这才是真实的蔡林森。你不听他评课，永远理解不了这个对课堂教学极端认真、一丝不苟的倔强的蔡林森！

这是一个老师们人人怕的蔡林森。不知有多少上课的以及本校听课的老师在他评课时哭了。不知有多少老师开始不理解他，甚至恨他。开始时没有人愿到"219"去上公开课。现在变了，被蔡林森评过课的老师都在迅速地变化，成长，"219"成了他们争着想去的地方！他们感到有自信了，有希望了，有奔头了。

有一位小学老师，四年前来永威任教。她十分认真地备课，上课滔滔不绝地讲。同学却交头接耳，做小动作，教学效果很差。她非常苦恼，心想，我备课、讲课都很认真，为什么学生们却不尊重我呢？她感到很委屈。蔡校长到永威后提倡先学后教，她开始反思。又经过几次评课后，她能创造性地使用新的教学模式，成为一位优秀教师。

"先学后教"和"先教后学"，虽然只是一个次序变更，但对于传统的或者说一般老师长期习惯的教学方式来说，"先学后教"无疑是一场革命。从哲学观点看，"先学后教"作为一种现代的教育概念，是对实践经验的总结升华，是符合现代教学观的一种课堂模式，体现了"学生是学习主体"的理论，符合人的认知规律，科学地处理了教师与学生、教与学的辩证关系。蔡林森还提出"当堂训练"，不把教学时间前移和后推，让学生在课堂上紧张有序地学习、思考、做作业，有利于提高课堂效果，能使学生养成良好的学习习惯，也能够减轻学生的学习负担。革命，从来不是简单易行的。蔡林森从洋思到永威推进这项改革的经历，使我深感这场革命是如此的重要，又是如此的艰难。

永威学校所在的沁阳市、焦作市的教育局是开明的，有眼光的。他们不让蔡林森只是永威的校长。沁阳市教育局、焦作市教育局先后在永威学校门口挂起了沁阳市、焦作市校长教师培训基地的牌子。三年来，永威学校已经为当地的校长教师举办过 40 多期培训班。为 10 多个省市举办过 30 多期培训班。

实践是检验真理的标准。蔡林森来到永威三年，把一个濒临倒闭的民办学校救活了，一个不选择学生的学校的教学质量一跃而走在了前面。一个刚转来时英语 16 分、数学 63 分的学生，一年半以后参加中考，成绩达到了 521 分。一些地方教育局的干部也把孩子送到永威来受教育。因家庭迁居从永威转走的孩子又闹着返回永威来上学。

蔡林森把整个沁阳市的教育也激活了。全市 121 名校长已有 290 人次，4459 名教师已有 11000 人次，先后到永威学校封闭培训。经过培训的学校，都开始用"先学后教，当堂训练"的方式上课了，校长都像蔡林森那样评课了。过去那种不痛不痒，只讲好话，走过场的庸俗的评课方式没有了。新课改推进得如火如荼。在焦作市 6 县市中，沁阳原来的考试成绩排在倒数第二位，现在排在第一位。沁阳市教育局一位副局长说，蔡林森来到永威，沁阳全市校长、老师的教育观念前进了十年到二十年。

沁阳市委市政府把蔡林森这个民办学校的校长当成一块宝。市委书记说，蔡林森的身价能值几千万！

蔡林森也许就是为教育而生的，为当校长而生的。他的全部兴趣、精力、活力，都集中在教学上。他为学校奉献得太多太多，为家庭、为个人牺牲得太多太多。退休了，他本可以到国外跟着儿子享福，也应该在老家陪着 90 岁老父亲和孩子们享天伦之乐。他却又来到了永威。他的老伴，一位十分质朴厚道的女性，在大哭一场之后，也随来陪伴和照顾他的生活。

当前已经有多种成功的教学模式在各地推广，应该说各有所长。大道无术，教学有法而无定法。教育改革没有成功之日，不可能有一种教学模式是最好的。只要符合教育方针，有利于提高教育效益和质量，特别是有利于培养拔尖人才、杰出人才，就应支持试验，鼓励创新。

温家宝同志说："我们需要由大批有真知灼见的教育家来办学，这些人应该树立终身办学的志向，不是干一阵子而是干一辈子，任何名利都引诱不了他，把自己完全献身于教育事业。"顾明远认为教育家应该有高尚的道德人格、先进的教育理念、卓著的教育成就。

如果评选当代的一批教育家，蔡林森应该是其中当之无愧的一位吧。

三、洋思，一个朴素的教育奇迹

江苏省教育厅原副厅长　周德藩

（一）我们需要洋思

现在，洋思中学在江苏教育界早已尽人皆知，在全国也颇有名气。全国各地前来学习的教育工作者络绎不绝，足见洋思中学在教育界的影响力与号召力。

20 世纪 90 年代，我有幸主持江苏省基础教育的行政管理工作，亲眼看见也亲身领略到一线教育工作者所创造出的许多教育奇迹。其中，洋思中学的成就和经验更以其朴实无华令我难以忘怀。如今，中小学实施素质教育已进入全面推进课程改革的新阶段，如何发挥我省基础教育的已有优势，更好地调动学生的学习积极性，切实解决课堂教学效率不高这一老问题，更有效地实现新课程的目标，我认为进一步领会和推广洋思经验仍然是非常重要的工作。

洋思的成长之路和洋思的办学经验是朴素的，但洋思中学的成就却是令人称羡的教育奇迹。洋思的精神，以及在此基础上所形成的洋思教育现象，非常值得我们现在的教育工作者总结梳理、挖掘借鉴，真正吸纳以为己用。

我们知道，从 1990 年上半年起，江苏省就从全省基础教育工作的实际出发，开始酝酿素质教育的实施问题。经过广泛的调查研究、深入的理论探讨和反复征求基层教育单位的意见，当时的江苏省教育委员会于 1990 年年底颁发了《关于当前小学教育改革的意见》。这一文件虽是为小学改革发展制定的，但却为江苏整体实施素质教育绘制出了一幅蓝图，也成为统一全省各级教育行政干部和广大教育工作者思想认识的重要依据。此后，我们多次举办由教育行政、教育科研、教育实践工作者共同参加的理论研讨会，对素质教育的理论与实践问题进行了广泛的探讨，形成了实施素质教育的基本思路及操作体系。此后，江苏省教委每年都要委托省教育学院举办由县（区）教育局局长、教师进修学校校长和实验小学校长参加的培训班，以素质教育为中心内容，每期一个专题，进行探讨、研究，收到了较好的效果，使教育行政部门的领导和中小学校长对实施素质教育达成了共识。素质教育由此在全省范围内，由小学到中学、由学校到社区逐步推开，形成了良好态势。

经过几年的努力，江苏省初步构建了素质教育理论的基本框架，制定了小学教育阶段的素质教育目标要求，形成了素质教育的基本思路，素质教育在小学的实施取得了明显的进步。从目标、课程、考评、评价等基本环节入手，开始了由点到面，多层次、多角度的探索。素质教育深入到课程，进入课堂，以语文为代表的教学改革取得了丰硕成果。借助于小学低年级的包班形式开展的课程综合化实验取得明显进展，形成了经验。活动课程得到了强化，并逐步规范；学生素质发展报告书的试行，推动了考试评价改革；小学毕业生免试就近入学的要求，逐步得到落实；教师教学基本功训练的广泛开展，促进了教师素质的提高；以科研为先导，改革实验研究，呈现出生机勃勃的局面，全省出现了一批坚定不移实施素质教育、促进学生全面发展的模范学校。在很多县市，实施素质教育也由教育部门的教育行为逐步发展为政府行为。

当时的文件尽管是为小学制定的，但发文时我们也明确提出，"初中要参照执行"。初中如何推进素质教育？由于当时我省底子薄弱的初中面广量大，而推行普及九年义务教育，一方面需要初中实现量的扩张，提高小学生升入初中的入学比例；另一方面又要改善原有的办学条件，提高办学水平，以推动质的提高。针对初中建设，既面临投入不足的困难，又面临师资量的不足和水平不高的问题，作为推进素质教育的一种策略选择，我们于是提出用典型引路的办法，来推进素质教育在初中阶段的全面实施。洋思中学就是我们在实施初中素质教育的过程中推出的一个典型。

泰兴市洋思中学本是一所地处偏僻的村联办初级中学。1980 年创办时，施教区生源地只有 6 个村，学校只有 2 排平房，5 个教学班。教师队伍只有 1 名公办教师，4 名民办教师，8 名代课教师。条件之差几乎超过所有的条件论者的想象。但就是在这样的条件下，他们大胆冲破传统观念，不断探索教育规律，成功地创立了新的教学模式，创出了一流的教育业绩。

1991 年以来洋思学生入学率、巩固率、毕业率、合格率一直保持在 100%，优秀率高居泰兴市之首，体育达标率超过 97%，而学生的近视率却控制在 10% 左右。

学校教学质量连续多年为全市前列，先后荣获江苏省文明单位、江苏省模范学校、江苏省先进学校、江苏省德育先进学校等称号。

1994年，当报刊社同志说起洋思中学办学成绩时，我便派他们的一位记者前往洋思做深入的采访，记者回来后撰写了长篇通讯《洋思之路》。我看了以后很受鼓舞，也非常感动。我的看法是，洋思这么一所农村中学，底子这么薄，条件这么差，却能取得这样的成就，非常不容易。他们能够做到的，其他学校同样应该做到，也一定能够做到。为了更准确可信，我又安排省教育督导室的同志前去再进行实地考察。这位督学在洋思待了两天后回来讲了四个字："名不虚传"。这时，我们才同意将这篇文章在当时的《江苏教育报》上刊出，并且在当年的"省市（县、区）教育局局长培训班"上请洋思中学蔡林森校长进行了经验介绍。从此，洋思就不仅是洋思人的洋思，洋思中学在全省出了名，进而成为江苏省素质教育的一个典型、一面旗帜。之后，我们又组织了省教研室全体教研员、各市教科所科研人员和基教办分管课程的同志从不同的方面、不同的角度对洋思进行深入的调查和研究，在此基础上，江苏省教委于1999年出台了《关于学习洋思初中改革课堂教学模式，全面提高课程实施水平的指导意见》，在全省范围内推广洋思经验。此后洋思中学和蔡林森校长在全省乃至全国产生越来越广泛的影响。

可以说，洋思是过硬的。

如今的洋思中学不断壮大，首先发展为有近3000名学生的大型初级中学，学生中省城、县城等外地来的已达到80％；21世纪初，洋思中学异地重建，成为县城的一所初级中学，近10年来，前来洋思考察学习的外地教师多达60万人次。

因此，洋思是神奇的。

（二）洋思给了我们什么

1994年以来，我几乎每学期都去洋思中学，有时还不止一次，与蔡林森校长的交往就更为频繁。我常想洋思中学二十多年来为何能保持骄人的教育业绩？其基本经验是什么？

我以为他们的办学经验中最重要的有如下四条。

一是正确的办学理念。洋思中学坚定地认为"没有教不好的学生"。他们不仅把它写在学校的旗帜上，而且切实地贯彻在自己的行动中。在洋思中学，学生有本地的，也有外地的；有所谓的好学生，但更多是学习有困难的学生，甚至有的是父母无暇照顾、管不了、犯了错辍学而进入洋思中学的学生。但洋思中学没有放弃任何一个学生，学校将基础差的学生分散到各个班，排座位时有意安排他们与优秀同学同桌。课堂上教师讲课的起点是基础差的学生，提问的重点也是基础差的学生，课后辅导的重点还是基础差的学生。如此对待成绩差的同学，实属难能可贵。

其实，重视所谓的后进生，正是洋思中学大面积提高教学质量的关键所在。

曾经有人问我，洋思中学如此举措，是否会影响成绩好的学生的发展？我以为这是一个比较普通的认识误区。大家只要认真想一想，在课堂上，其实每个学生都是初学者，只不过有些学生接受快一点，有些学生接受慢一点。成绩差的学生容易出错，既是他们学会、学好的必然过程，亦是成绩好的学生巩固、加深理解的助力，至于组织成绩好的学生帮助成绩差的同学，得益最多的是成绩好的学生。因为这一教学行为既培养他们助人为乐的精神，又有助于他们对所学知识的融会贯通。古人云："学然后知不足，教然后知困。知不足，然后能自反也；知困，然后能自强也。"说的就是这个道理。洋思中学这样做，才使洋思中学多年来中考成绩名列前茅，不仅大面积成绩好，优秀比例也高。洋思的寄宿生每晚都由学校组织收看新闻，组织学生自习预习，每到9点半就统一熄灯，节假日也不统一补课，让学生有选择地参加各项活动。所有这些都说明，洋思执行教育法规是认真的。洋思的教师，真正做到了教为学服务，重在激励学生学，教会学生学，让学生养成良好的学习习惯。这种在博大的教育关怀中凝聚着的教育智慧，正是洋思教学模式成功的前提。

二是洋思人创造了高效的教学模式。在长期的教学实践中蔡林森校长和他的同事们总结出"先学后教，当堂训练"的教学模式，这是一种高效的教学模式，是一种简捷易行的教学模式，也是与当前开展的一场课程改革精神完全一致的教学模式。"先学后教，当堂训练"中的"先学"，不是简单的时序问题，"先学"首先是强调学生是学习的主体。要学生自主学习，首先要保证学生的学习时间，在这个教学模式中，"先学"是学生自主地学，训练也是学生自主地练；即便是教，其中也包括兵教兵，也是学生自主地学、合作地学。在洋思的课堂教学中你看到的不是教师精彩的表演，绝大部分时间都是学生在自主学习，《中国教育报》报道洋思中学教师教学只用"四分钟"虽不是每堂都如此的定数，但是教师讲解的时间远少于学生学习的时间，却是事实。有人质疑过洋思中学教学模式中教师的主导地位。其实教师的主导地位也首先在于学生有效地学。"先学"不是让学生放任自流地学习，教师必须准确地向学生提示教学目标，这个目标必须是具体的，有限的；教师还要引导学生积极主动地在阅读过程中实现这个目标；教师要精心设计练习，及时检测目标达成度。"后教"则是在学生学习之后的教，只教学习过程中不能解决的问题，用蔡校长的话说，教师只教学生不会的，而且是学生讨论之后不会的，这样的课堂，教师的主导作用也因此得到了充分的体现。洋思教学模式中的当堂训练，特别要求学生当堂完成作业。教师目睹了学生作业的过程，不仅让教师当堂掌握学生的目标达成度，而且还为学生课后的拓展创造了条件。

三是洋思中学有以责任制为核心的严格管理制度。洋思中学的学校管理真正做到了真抓实管、严抓细管、敢抓善管。我认为，这是洋思成功的一个"过程保障"。

1989 年，江苏省教委普教系统宣传推广建湖县钟庄乡实行教育责任制的经验，洋思中学也提出了一个响亮的口号："不折不扣执行教育法令法规，实实在在遵循教育教学规律，大面积提高教学质量。"面对片面追求升学率的社会压力，蔡林森校长认为，必须寻求一个充满活力的机制，使之成为有力的保障。于是，责任制开始走进洋思中学的校园。

洋思中学的校长有责任制。他们的责任是使学校全部工作创一流水平，其中包括德育工作的创优、教学质量的提高、学生体育的达标、青年教师的培养等。

洋思的中层干部有责任制。教一科、管一线、包一级。上示范课、听课、评课，检查备课、作业、辅导情况都有硬的杠杠。

洋思的教师也有责任制。既有备、讲、改、辅、考的过程管理目标，也有学生巩固率、合格率、毕业率、优秀率的四率指标，更有学生德育、业务进修和传帮带的工作要求。

洋思中学以常规管理基本要求为准则，以教学为中心，制定了各类人员岗位责任制、各项工作管理考核评比奖惩制度，逐步形成民主、科学、严密的调控机制。

考试一直是人们关注的热点，也是洋思中学教学责任制考核的重要内容。他们从提高教学质量的目的出发，改进考试方式，控制考试频率，讲究考试效果。洋思中学严格按大纲教材命题，不出偏题、怪题，注重代表性，强调覆盖面，以尽量反馈出学生掌握知识的情况，暴露出教学中存在的问题。考试以后，学校要求教师统计试卷中各项错误率，写出质量分析报告，召开质量分析会议，针对学生考试中出现的问题，分析课堂教学的弱点，制定改进措施，使教学质量不断提高。评价教师，洋思做到按分数而不唯分数。考试没有加重师生的负担，没有影响正常的教学的秩序。节节清、周周清、月月清的教学目标系统，已经成为教和学不可缺少的重要环节。

责任制的落实不仅需要注重成绩的检测，更需要强化管理。洋思中学的领导每学期听课、评课100节以上。他们通过听课检查备课质量，通过检查作业评价教学效益。发现问题，及时分析原因、查找责任、奖罚分明。从此，责任制的每一项内容、常规管理的每一个基本要求，都牢记在每一位教师的心头，引导着他们不懈努力。

四是洋思中学的成功还因为洋思有一位极具奉献精神的好校长——蔡林森，他以校为家、爱生如子，他不仅具备一个优秀校长对教育事业应有的执着的爱，还有他对学校、对学生所具有的一种特有的自信。他像相信他的儿女能够成人、成才一样，相信他的每一个学生，并把它变成洋思中学的办学理念、办学信念。蔡校长非常务实，他对学生的信赖是真诚的，而且把它具体化为课堂教学的模式。在他们"先学后教，当堂训练"的教学模式中，学生真正成为学习的主体，学生人人进步、人人学好，也成为美好的教育现实。

蔡校长是严谨的，他的严谨体现在学校管理的全过程，严字当头。对己对人、对师对生一个样。

蔡校长是自信的，但从不自满，他非常肯学习，他很朴实，并非有过人的才智，他相信笨鸟先飞的道理，在努力学习、不断学习中升华自我。

在蔡校长带领下，洋思有了一个奉献、务实、能干的领导班子，有一支讲奉献务实的教师队伍，这些便是洋思取得奇迹的根本所在。

（三）关注洋思经验的未来

洋思为什么有那么大的吸引力、影响力？一开始可能是因为大家都关注洋思中学中考成绩年年名列前茅，大家都想从洋思中学那里找到在考试竞争中取胜的秘诀，后来才感受到洋思经验是朴素的、真实的，是可以借鉴、模仿的。不仅如此，洋思的经验还给人以启迪，给人以信心和力量。

十多年来，洋思中学接待来访近六十万人，还有不少校长在洋思中学进行三个月至半年不等的长期访学，洋思的经验在省内外许多学校产生了积极的成效，一些学校还在洋思经验的基础上有所创新。这一批学校在全国教育科研和课程改革中成为一支十分活跃的力量。

三年前，蔡林森校长退休了，现在的洋思中学在秦培元校长的带领下仍然保持积极发展的态势，仍然是江苏极具影响力的初级中学。尤其是蔡林森校长退休后应聘河南省沁阳永威学校校长，他把洋思的经验移植到一所民办学校。在他的带领下，永威中学办成了一所生机勃勃、极具影响力的学校。蔡林森校长还成功将洋思的经验拓展到小学和高级中学，并产生良好的效果。也是在这三年里，蔡林森校长还对洋思经验进一步进行了丰富与完善，使洋思经验成为当前全国实施素质教育、推进课程改革的有效途径和良好方法。

有人说，洋思是一部书，从中我们可以读到教育的真谛；洋思是一面镜子，从中可以看见我们自己的优势与不足；洋思是一个榜样，从中我们可以学到以人育人的精神；洋思是一位兄长，从这里我们可以得到真诚热心的帮助。

我认为洋思的经验应该引起中国主流教育行政系统、科研系统的高度重视。只有重视洋思经验、整合学习洋思涌现出的一批典型学校的经验，才能找到推进课程改革，尤其是在学校层面推进教学方式改变的途径，才能把自主合作探究的学习方式落实到课堂教学的全过程，实施素质教育也才会出现生动活泼的局面。

但是，需要指出的是，十多年里，洋思所接待的六十多万访问者中，不排除有很多怀着一种寻求应试取胜秘诀的心态的学校；同样，也不排除有对"先学后教，当堂训练"教学模式存在着认识误区，机械地搬用洋思经验的学校。从一些对洋思经验颇多质疑的言论里，也可以发现，很多人并没有从一种高度领会洋思经验与洋思理念。

从成就洋思，到发展永威，我们应该深刻地体会到一点，那就是摒除功利的思想，将洋思成功的四条重要经验整体地加以考虑，并融入我们的教育工作中。

"没有教不好的学生"的教育理念，"先学后教，当堂训练"的教学模式，以责任制为核心的严格管理制度，以蔡林森校长为核心的团队整体的奉献精神，这四者的整体熔铸，造就了洋思的奇迹。可以说，这四个条件，缺一不可。抽取其中的一点或几点，运用到学校管理与教学管理中，都可能收取暂时的效果，然而，要想获得素质教育的整体推进与发展，真正将素质教育工作落到实处，则必须将这四者有机地结合在一起。否则，片面地理解洋思经验，肢解洋思经验的整体思路，机械地搬取与套用洋思的模式，只能歪曲了洋思的经验与理念，同时也造成素质教育推进工作中的障碍。

教育是需要一种情怀的。洋思的成功经验，我们认为首先是基于一种对教育的爱，基于一种对教育的无私的奉献。洋思，实际上只是一种朴素的教育奇迹。用《中国教育报》记者苏婷的话讲，是"老经验"创造的教育奇迹。然而，这种"老经验"的背后，是一种什么精神在支撑着，也许，这才是我们在展望洋思经验的未来状态时，所需要认真思考的。

四、从洋思奇迹到永威成功的思考

江苏省教育厅原副厅长 周德藩

蔡林森校长在江苏省泰兴市创造了"洋思奇迹"，他把一所仅几亩地，两排平房，不足二百名学生的村联办初中，办成占地百亩，近三千名学生的知名学校——洋思中学，创造了大家公认的"洋思经验"。之后，在市政府的支持下他又把学校搬迁至市政府的门前，现在的洋思中学已是占地二百多亩、近四千名学生的现代化学校。近二十年来，洋思中学已接待了近百万访学者，洋思经验影响了一大批校长和教师，为实施素质教育、推进课程改革发挥了积极作用。

蔡林森校长在完成学校搬迁时已近六十五岁，退休后受河南省沁阳市永威集团任太平董事长的邀请，来到沁阳市永威学校任职。他用"洋思模式"，仅三年时间就把永威学校办成当地的知名学校，其办学业绩得到当地政府群众的充分认可。学校成了当地校长、教师培训基地，蔡校长成为培训的领军人物。他把"先学后教，当堂训练"的教学模式，从初中拓展到小学和高中，使小学和高中学生的学习成绩得到大幅提升，取得的成果令人振奋，使永威学校一跃成为河南省，乃至全国知名的学校，引来全国各地的参访者络绎不绝，可以说，蔡林森又在河南创造了"永威奇迹"。

江苏省教育厅原副厅长周德藩做报告

从洋思奇迹到永威奇迹，蔡林森创造的办学经验为教育改革和创新提供了许多宝贵的财富，也引来了领导和学者们的诸多思考。以我来说，二十多年来对洋思现象的思考从未停止过，蔡林森在永威学校的成功，更把我的思考引向深入。

20世纪90年代初，为寻求学校典型为全省初级中学提升引路，我们发现了洋思中学和蔡林森校长，《江苏教育报》以"洋思之路"为题刊发洋思的办学经验，从此洋思中学及蔡林森校长便进入了公众视线。从这以后，我每年都不止一次去洋思中学调研，倾听蔡林森校长诉说。第一次考察时给我留下的印象至今难忘，我给他们写了"教学做真功夫"六个字。面对蔡校长及那几位农村教师真诚的努力，当时我就想，这么简陋的农村中学，这么困难的局面，他们下功夫做出这么好的成绩，其他学校还有什么理由不能办好！为总结提升洋思中学办学经验，我亲自带领江苏省中小学教研室三十二位教研员在洋思中学住了三天，之后又组织省市教科所所长并请南京师范大学教科院专家共同参与，形成了《关于学习洋思中学课堂教学模式，全面提高课程实施水平的指导意见》，号召全省中小学向洋思学习。蔡林森校长和洋思中学的骨干教师也经常被邀请外出讲学，蔡校长本人也越奋发努力向上，逐步成长为特级教师和江苏省名校长。

蔡校长到永威学校任职之后，我也一直关注他和永威学校的变化。这五年我去过永威三次，第一次是他去永威学校八个月时，那是为了祝贺他在河南永威学校立足。第二次是在他去永威整三年时，那是为了祝贺他们的成功。这一次我又带江苏省二十多位中学校长到永威学校考察学习，是为了见证他和永威学校瞩目的成就。回来之后，促使我进一步思考洋思经验和永威成功的背后能够留下什么更为深刻的东西。

在总结提炼洋思经验的时候，我曾以"洋思——一个朴素的教育奇迹"为题写过一篇文章。在文章中我提出洋思经验共有四条：一是洋思中学有正确的办学理念，他们坚信没有教不好的学生，他们不分快慢班，他们坚持让学习成绩好的和差的同坐一桌；二是他们创造了"先学后教，当堂训练"的课堂教学模式，这是个大面积提高学习成绩的好模式；三是他们建立了以责任制为核心的学校管理制度，为大面积提高教学质量提供了组织保证；四是蔡林森校长及其团队的奉献精神，激发出学校经久不衰的活力。蔡校长到永威学校之后，他把洋思经验用于永威学校的治校过程中，同样创造了永威奇迹。这套经验从江苏移植到河南，从公办学校移植到民办学校，从初中拓展到小学和高中，同样产生积极效果，这说明洋思经验的普遍性。由其普遍性引发我们思考洋思经验的科学性，因为科学的东西才是可以复制的，如果这些经验为更多人所掌握，就会产生更大的效应。

在我思考洋思和永威经验的科学性时，自然地想到钱学森先生的系统论，钱学森先生为科学技术构建起一个结构层次分明的体系，并就现有的研究成果绘制了一个框图：

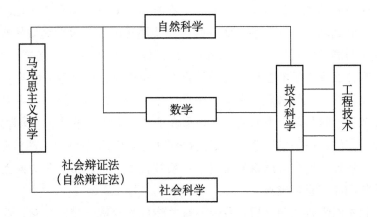

在钱先生来看，人类科学发现和技术发明是有层次的。面广量大的属于工程技术，主要是用来改造自然、革新社会，为人类生产和生活服务的。工程技术范围广泛，如建筑工程、水利工程等，用以改造自然。又如经济系统工程、教育系统工程等，用以变革社会。用以指导工程技术的科学，钱先生称之为技术科学，如建筑学、水利学等，又如，政治经济学、教育学。作为技术科学的基础科学有社会科学、自然科学和数学。而马克思主义哲学则是自然科学、社会科学和数学的结晶，它用自然辩证法联系并指导自然科学和数学，它以历史唯物主义即社会辩证法联系并指导社会科学。

教育已经成为一个科学门类，应该建立起自己的科学体系，在这个体系中属于工程技术范畴多是来自学校和教师的创造。如果我们用钱学森先生的系统思想来审视洋思和永威经验的科学性，它显然属于工程技术范畴。前面我已说了洋思和永威经验有四条，曾经我还强调，这四条经验是一个整体，缺了哪一条都会影响实施效果，但是这四条经验毕竟又有区别，第一条是正确理念，第四条是奉献精神，都有明显的个性特征，没有蔡林森那样的坚定信念和真诚奉献就没有今天的洋思和永威。但是第二条"先学后教，当堂训练"的教学模式，第三条以责任制为核心的学校管理制度，则有技术层面的可操作性，也因之有其科学性。

如果我们认真审视"先学后教，当堂训练"的课堂教学模式，我们会发现，"先学后教"不仅揭示课堂教学时序的规定性，还提出了教和学之间的行为准则。这个"先"首先突显了学生学的主体地位。一直以来，我们讲以学生为主体，但始终难于落实，问题就出在这里，但洋思和永威解决了。课堂是学生学习的场所，而不是教师的演艺场。首先要保证学生的学，教师在课堂是为学生服务的，教师的主导作用在于引导学生学，告诉他们学什么，指导他们怎么学，辅导他们疑难之处。古人云，学然后知不足，教然后知困。由学而有教，有学之需，则有教之务，才能教学相长。

"当堂训练"，训练是什么？就是学生动脑动手去"做"。读书、讨论是学习，"做"更是学习。陶行知先生倡导生活教育，强调"教学做合一"。他说："学生在做上学乃是实学，教师在做上教乃是真教。"关键在"做"，课堂上的训练即做；当堂训练中的"当堂"，揭示训练的时间规定性。审视洋思、永威的课堂过程，一般课堂上都有两段训练过程，第一段的训练是带有试探性、检验性，在课之前段自学后，为理解所学的练。第二段训练在课堂结束之前的训练，是为掌握巩固所学而练。一位诺贝尔奖获得者说得好，听会忘记，见可以记住，做才能学会，后面这段练，便是学会之练，是要学生当堂实现教学目标的练，也就是蔡校长所要的堂堂清。

经过洋思到永威这近二十年摸索，"先学后教，当堂训练"已经形成了一个比较成熟的操作流程。操作流程分为六步。首先，出示教学目标，目标必须是具体的、清晰的、适当的；其次，指导学生自学，指导内容总是基于教材，紧扣目标；第三，让学生自学，教师巡视，把握学情；第四，检示性训练，紧扣目标，精选习题，自主完成，共同讨论，理解所学；第五，适当小结，布置作业；第六，学生当堂完成作业。

"先学后教，当堂训练"的课堂教学模式可为教师广泛应用，即使是青年教师应用此法也会有较好的教学成果。

再来审视洋思和永威的管理制度，显然以责任制为核心的学校管理制度是洋思奇迹和永威成功的保证。当蔡林森校长立志要改变洋思现状时，用一颗朴素的心，同时把农村包产到户的"包"字引入学校，后来慢慢地形成了学校的管理制度。当蔡林森校长来到永威学校之后，他又把这个管理制度从洋思移植到永威，在任太平董事长的支持下，使这个管理制度变得更为完备，为学校管理的理论和实践注入了诸多丰富的内容。

其实校长领导一所学校，面对几百名教师、几千名学生，面对众多需要整合的教育资源，管理本身就是一项系统工程，这大概应属于钱学森先生所说的社会组织管理的工程技术。在当下我们正在强调校长负责制、岗位责任制、考核奖惩制、中小学采用绩效工资制度，蔡林森在永威的学校管理制度便有了普遍的借鉴作用，他们的管理实践也为行政领导和教育理论工作者建立合理的管理制度和完善学校管理理论提供了许多宝贵的素材。

在我看来，永威学校管理的核心是"责任制"，"包"就是责任，而且是全员的责任制。蔡校长把学校的工作责任分解到每一块，每一条线，最终分解到每个人，但是校长永远是第一责任人。蔡校长是身先士卒、勇于担当的人。永威学校有一个精干的领导班子，他们都是站在教学第一线领导教学工作，他们每年都有近千课时在课堂上课、听课、评课，这是我从未见过的。最近，我常常问江苏一些校长，你们现在每学期还有几小时在课堂？你们还能认得几个学生？得到的回答常常都不是正面的。所以，我到处呼吁"校长要魂归校园、亲近师生、深入课堂、发现问题，才能创新教育"。

要把责任制落到实处，蔡校长的做法是把责任具体化为工作目标。从班级到学科，从部门到学校都有目标。有近期目标，也有中长期目标，有定量目标，也有定性目标，这些目标可评价，可考核，而且用协约的方式落实下来，这就是所谓"包"，有个人的"包"，也有集体的"包"，正是这个"包"把责任落实到位。

蔡林森治校是认真严肃的，对目标的实现与否，任务完成好坏，奖和惩也是绝不含糊的。看上去蔡校长的学校管理似乎有点简单生硬，但是他们的管理是有效的，体现了执行制度的坚定性。其实，接近蔡林森校长，或者多听听他的故事，你会发现他还是很人性化的。在这方面，我要说教育既是科学，教育又是艺术。我们不仅要审视教育的科学性，还要审视教育的艺术性，这就要有文化视野。因此还得有人去考察蔡林森在洋思和永威建成的文化现象。

我关注蔡林森校长，特别关注现在的永威学校，不仅是因为他们已取得的成绩显著，不是因为他们学生的考试成绩全市第一，而是他们做到的其他学校也应能做到。我希望蔡林森校长，或者是现在的洋思和永威应该把自己的思考和实践引向深入，在学生大面积成绩提升有了保证之后，促进学生的全面发展，尤其是促进学生个性发展。在每个学生基本品质实现必要发展的基础上实现学生个性品质的必要发展。我更希望蔡校长和永威学校要利用目前的幼儿教育、小学教育、中学教育一体化的优势，重视纵向衔接，即幼儿园、小学和中学纵向的衔接。同时重视学科横向联系，进一步整合教育资源，拓展教育时空，改善教学方式，为中国教育改革做出更大贡献。

五、论"先学后教，当堂训练"

江苏省教育厅原副厅长　周德藩

自班级教学成为教学的基本组织形式以来，课堂就成了学生学习的主阵地。因此，提高课堂教学质量、建设高效课堂就成了广大教育工作者努力追求的目标。蔡林森校长在江苏省洋思中学带领教师在实践中形成"先学后教，当堂训练"教学模式，便是一种高效的课堂教学模式。蔡校长退休之后，受聘于河南省永威学校，他把这种教学模式又移植到永威学校，并且把"先学后教，当堂训练"教学模式从初中拓展到小学和高中，小学生和高中生的学习成绩都得到大幅提升，充分体现了这种教学模式的普适性，也确证了这种教学模式的高效性。

正是因为"先学后教，当堂训练"教学模式能有效地提高学生的学习成绩，蔡校长和洋思中学才得到教育同行们的关注、得到教育行政部门的认可。江苏省教委才组织力量总结"洋思经验"，并发文推广"先学后教，当堂训练"教学模式。二十多年来，全国多家媒体争相报道"先学后教，当堂训练"教学模式取得的教学业绩，洋思中学和永威学校先后接待全国各地前来考察访问的教育同行已超过二百万人次，《人民教育》《中国教育报》曾多次甚至连续报道洋思和永威经验。"先学后教，当堂训练"教学模式在全国产生的影响实属罕见，我以为现在已经到了国家教育部门和教育科研部门认真研究洋思和永威现象的时候了。洋思和永威经验让"先学后教，当堂训练"教学模式在教学法教科书上占有应有的一席之地，让"先学后教，当堂训练"教学模式为实施素质教育、推动课堂改革提供正能量。

"先学后教，当堂训练"教学模式是课堂教学的一个完整过程，是教学实践的产物，又是在教学实践中证实为高效的教学模式。20世纪80年代初，蔡林森担任洋思中学校长，他面对的是一所薄弱的农村村联办初中，办学条件差，师资力量弱，学区内的成绩好、有条件的学生又都到乡中心初中就读了。出于改变学校现状的强烈愿望，蔡校长把着力点首先放在课堂教学上，他发现许多学生课外作业做对的题目，考试时却做错了，他便质疑学生做对的题目是否真会，于是他要求教师课堂上压缩讲课时间，每节课安排十五分钟时间让学生做作业。经过一段时间实践，发现学生在乡统测时成绩上升了。教师讲课时间少了，学生课堂练习时间多了，成绩反而提升了。现实使蔡校长受到感悟，只有在课堂上切实保证学生的"学"，保证学生"学的时间"，才能真正提高学生的学习成绩。这样连续坚持几年，洋思中学学生中考成绩竟然在全县名列前茅，于是洋思中学引来社会广泛关注，并得到县教育局的肯定。1994年《江苏教育报》以"洋思之路"为题报道了蔡校长在洋思中学的办学经验，蔡林森和洋思中学的成名便从那时开始。之后，江苏省教委又组织全省教研人员、教育科研人员深入洋思中学调查研究、总结提炼，最后形成文件组织推广"先学后教，当堂训练"教学模式，以此文确立"先学后教，当堂训练"作为一种教学模式的地位。蔡林森校长和他的教师团队在教育专家的帮助下，进一步深入实践，反复思考，使得"先学后教，当堂训练"教学模式更加成熟。蔡校长受聘永威学校之后，他把"先学后教，当堂训练"教学模式从公办学校移植到民办学校，从初级中学拓展到小学和高中，并在实践中使"先学后教，当堂训练"教学模式更加完善，更具操作性，形成了如下表述：

"先学后教，当堂训练"是一种教学模式，是一种课堂教学结构，也是一种教学法。它包括三个主要环节：一、"先学"，即学生看书（读书）、检测；二、"后教"，即学生更正、学生讨论，最后教师点拨；三、"当堂训练"，即当堂完成作业。在这三个主要环节之前，有三个辅助环节（1分钟左右）：板书课题、出示目标、自学指导。辅助环节就像高速公路旁的"引桥"，主要环节好比高速公路，"先学后教，当堂训练"教学法给了老师们具体的操作方法，让中小学各学科教师灵活运用。

我以为这样表述的"先学后教，当堂训练"教学模式应该定格在教学法教科书上。

"先学后教，当堂训练"教学模式何以成为高效的教学模式，是因为它切实地遵循了教学的基本规律。我们不是经常讲要让学生成为学习的主体吗？"先学后教，当堂训练"把学生为主体落到了实处；我们不是讲学习是学习主体的自我积极建构吗？"先学后教，当堂训练"的全过程都是学生积极主动的自我建构；我们不是十分重视目标教学的理论吗？"先学后教，当堂训练"始终把实现教学目标当作师生的共同追求，而且强调把每节课教学的目标落到实处；我们不是倡导科学的教学管理吗？"先学后教，当堂训练"从目标的提出、目标的反馈到目标的实现，每节课都是一个可管控的教学单元；不是有人质疑这种教学模式忽视了教师的主导作用吗？其实，"先学后教，当堂训练"的全过程都是在教师主导下进行的，从课堂教学目标的提出、自学提示到疑难的讲解无不体现教师的引导、指导和辅导的作用……可以肯定地说："先学后教，当堂训练"教学模式在它形成的过程中自觉或不自觉遵循教学的这些基本规律，又在现代的教育理论的指导下不断地完善这个基本模式。"先学后教，当堂训练"教学模式为推进实施素质教育、推进课堂教学改革在学校这个层面上发挥了积极的作用。

"先学后教"不能简单地理解为教与学在时序上的安排，而是要切实改变传统教学中"教"与"学"的关系，强调凸显课堂教学中学生的"学"。"先学"即首先要确立学生在学习中的主体地位，学习是学生自己的事，课堂是学生学习的场所，教师在课堂上是为学生学习提供服务，切不可喧宾夺主。教师首先要引导学生自学，相信学生的学习能力，凡学生自己能学会的东西，不必教师代劳。"后教"就能建立在学生学的基础之上，教学生所需，讲学生之疑难，这样"先学后教"就自然能提高教学效益。其次，要落实学生在学习中的主体地位，关键在于保证学生自主学习的时间。"先学后教，当堂训练"教学模式最显著的特点就是严控教师讲课的时间，把尽可能多的时间安排给学生自主读书、自主练习，从而把自主学习落到实处。在媒体报道"洋思经验"的初期，首次引发洋思中学"教师只讲9分钟"的争论，正是这种争论启发了我们对课堂上教学时间安排的普遍思考，如今"把课堂时间尽可能多地留给学生自主学习"已得到越来越多的教育工作者的认同。从这个意义上看待"先学后教"，我以为它不仅是一种教学模式，实际上还是我们必须遵守的一项教学原则。

"当堂训练"实际上就是让学生在课堂上做作业，而且要保证足够的时间让学生完成作业。练习是分段进行的，有初学之后的试探性练习，也有学后的巩固性练习，练习的过程即学生在"做中学"的过程，只有让学生在"做中学"才能学会课堂上完成作业即课程目标的实现。"当堂训练"实现"当堂达标"才能保证教学效率的提升，所以"当堂训练"是"先学后教，当堂训练"教学模式不可分割的部分，也是教学过程不可或缺的一项原则。

这里还要特别强调的是"先学后教，当堂训练"是在教师主导之下进行，教师的主导作用表现在对学什么的引导、如何学的指导还有学习疑难的辅导。这种引导、指导、辅导贯穿在"先学后教，当堂训练"的全过程，强调学生"自主、合作、探究"式学习，绝没有忽视教师的主导作用。

"先学后教，当堂训练"教学模式虽然在全国产生了很大的影响，但是真正认真学习借鉴的学校多半是一批普通学校，或者是一些薄弱学校。尽管这些学校在实践"先学后教，当堂训练"教学模式时也取得显著成绩，有的还成长为一方知名学校，但是"先学后教，当堂训练"教学模式并未引起那些重点学校的关注，当下的许多优秀教师也不看好这种教学模式，国家教育科研部门、高等学校教学法教师也未深入地研究这种教学模式，有些学者和领导甚至质疑这种教学模式。所以推广"先学后教，当堂训练"教学模式就难以形成力度。其实，这一点也不奇怪，因为传统教学的习惯影响力还非常强大，新课程改革推进的难度也来自于这种习惯势力，广大教师已经习惯于以自我为中心，所以"先生讲学生听"仍然盛行，他们总以为"课堂"是自己的用武之地，三尺讲台可尽显自己的风采，而当下的教学评价制度，又为教师在课堂上精彩表现提供了很强的助力，大量的赛课活动都成了教师竞技场，教师成了"荷花"，学生成"绿叶"。与这类课堂相比，在洋思和永威的课堂上就看不到这种教师的精彩，看到的只是学生们认真阅读，认真讨论，认真练习。这样的课不那么热闹，也不那么好看，因此就难以引人入胜。但是这种不那么好看的课，恰是实实在在地管用。

这里，我要特别声明，我不是一个全盘否定"传统教学"的人。"先生讲学生听"也是一种教学模式，这种教学模式也培养了大量的人才，我自己就是这个模式培养出来的，我自己几十年也用这种教学模式培养了一大批学生。"先生讲学生听"也可以做到教师讲得精彩，学生学得精彩。但是我还是要热情肯定"先学后教，当堂训练"这种教学模式，因为我们必须明白，而且所有教师细想想都应该明白，在课堂教学中，每一节课的教学目标都是非常明确、具体而且有限的，这些具体而有限的教学目标，不用教师教学生也能会，至少大部分是可以通过学生自主学习掌握的，不必教师代劳，学生自己能学会的，让学生在课堂上自主学，自主练，不仅有助于他们切实地把握这些知识，还能培养他们自学能力，形成积极向上的学习情态。

大家都知道教师不能伴随学生一辈子，书本可以伴其终生，让学生学会读书，学会自主学习，才能实现"教是为了不教"的目的。"先学后教，当堂训练"教学模式，从根本上改变了"教"和"学"的关系，把新课程改革倡导的"自主、合作、探究"的教学方法，尤其是自主学习落到了实处，所以"先学后教，当堂训练"这种基本的教学模式同样应该受到重点学校的关注，优秀教师也应该把握这种教学模式，并在教学实践中得到广泛而灵活的应用。当然"先学后教，当堂训练"是一种教学模式，但绝不是唯一的模式，因为学生学习课程是多样的，有必修也有选修，即便同一门学科，课程类型也是多样的，这就决定了教学的方式方法是多样的。我历来赞同"教学有法，教无定法，贵在得法"，"先学后教，当堂训练"作为一种基本教学方式被广泛应用之后并不会影响重点学校、优秀教师优势的发扬，在课堂教学效率得到大幅提升之后，可以通过多种教学形式、多种教育渠道，让那些优秀教师的学识和人格力影响学生更好地成长。

在现有的学习洋思和永威经验的学校中，不仅学生学业成绩大幅提升，还创造了不少新鲜经验，为新课程改革提倡的"自主、合作、探究"的教学方法的落实提供了借鉴。他们为学生自主学习保证了时间，为合作学习提供了形式的保障，为探究提供了方法指导，如果能对这一群学校加以研究，我以为可以构建起一个"自主、合作、探究"的方法体系。

在推广"先学后教，当堂训练"的教学模式时，我不止一次说，洋思经验或永威经验共有四条。一是正确的办学理念，他们坚信没有教不好的学生，他们这样说，也是这样做的，他们坚持不分快慢班，他们坚持让成绩好与成绩差的同桌，他们首先关怀成绩差的学生；二是"先学后教，当堂训练"的教学模式，确保课堂教学的质量；三是以责任制为核心的教育管理制度，把教育教学责任落实到每个教师、每个年级、每个班级，但是校长永远是第一责任人；四是校长和教师的奉献精神，尤其是蔡林森校长的奉献。这四条是完整的整体，缺一不可。正因为这样，所以推广"先学后教，当堂训练"教学模式，同时要倡导学习洋思和永威经验，倡导学习蔡林森校长的办学经验和教育思想。

"先学后教，当堂训练"教学模式虽已成熟，但是从理论上加以分析研究非常不够，我写这篇文章正是想说出我对这个教学模式的看法，以期引起理论界的关注。我们这些人都是在"凯洛夫教学法"培养下成长起来的，现代教学法是什么呢？对"先学后教，当堂训练"的研究或许能形成新的认识。

新课程改革已经到了一个关键时期，国家倡导新课程，提出了正确的课改理念，拟订了课程结构和标准，组织专家编制了新教材，现在就看实施的水平了。我讲校长和教师决定课改成败，恐怕一点不为过。新课程改革需要校长和教师在课改实施中整合教育资源，不仅有从低到高年级纵向整合，还要有从学科横向层面的整合，还需要拓展和调整教育的时空，转变教学方式。如果学校能像洋思和永威那样以"先学后教，当堂训练"教学模式保证课堂教学效率，我相信我国中小学实施课程的质量将会大幅度提高。这样，还能为学校全面改造提供更加广阔的可能性。

在实施素质教育、推进课程改革的总目标下，加强对洋思教学模式的理论研究具有十分重要的现实意义！

六、蔡林森的课改辩证法

天津市教育科学研究院　王敏勤

基础教育课程改革以来，提出了许多新的教学理念，对这些教学理念的理解和实践会有很多不同，有的甚至反差较大，所以许多一线教师感到困惑，不知道孰是孰非，无所适从。河南省沁阳市永威学校的蔡林森校长，在多年的实践和探索中，对新课改的理念有着独特的理解和实践，特别注重处理好课改过程中的一些辩证关系，对我们有很多启发。

（一）课前预习与课堂自学的关系

新课改提出让学生自主学习，但没有明确是在课前自学还是课上自学。现在有

天津市教育科学研究院王敏勤教授在永威学校参加研讨会

些学校为了提高学习成绩，提倡学生课前自学。教师设计好"导学案"让学生在课外逐项完成，教师或学生小组还要检查批改。这种自学已经不是传统意义上的预习，而变成了一种"预习作业"。预习是一种好的学习习惯，凡是好学生都有预习的习惯，特别是在过去教师满堂灌的情况下，教师的讲课速度比较快，如果课前不预习一下，听课时会感觉"跟不上趟"。而把预习变成"预习作业"就变味了，如果每门课都布置预习作业，学生有多少课外时间？多年来我们呼吁减轻学生的课外负担，而这种做法却加重了学生的课外负担。所以蔡林森校长主张学生从上课开始自学，每堂课本着"先学后教"的原则，只要学生自己能够看懂的教师不讲，既培养了学生的自学能力，又减轻了学生的课外负担，这才是真正的高效教学。所谓效率是指"单位时间的达标率"，如果把学生的学习时间任意延伸到课前和课后，反而加重了学生的负担，是不提倡的。

（二）课上紧张与课外轻松的关系

多年前蔡林森校长就提出一个观点：每堂课要像考试一样紧张。这句话听起来好像有些不合时宜，其实仔细想想很有道理。现在由于中考和高考制度没有大的变革，各中学依然有升学率的压力，让学生完成一定的学习任务既是中考和高考的需要，也是课程标准的要求。现在许多初中和高中教师都感觉课时紧，所以修订后的义务教育阶段 19 门学科的课程标准不同程度地降低了知识的容量和难度。让学生在课堂上紧张起来高效地学习，就是让学生在课外有更多的自由支配时间，发展自己的爱好特长。如果学生在课堂上忙于表演展示，过于轻松，课外势必要紧张，要忙于各种预习作业和巩固作业，这就是教学的辩证法：课上不紧张课外就会紧张。另外，课堂上学生的紧张主要是思维活动的紧张，而不是肢体的紧张（体育课等除外），过多的交往互动势必会干扰学生的独立自学，应该让学生在课堂上有较完整的时间独立自学和思考。老师要潜下心来育人，学生也要静下心来学习。

（三）走进教材与走出教材的关系

新课程提倡走进教材与走出教材。所谓走进教材是指首先要学好教材，所谓走出教材是指不要局限于教材的例子，要根据学生的情况适当变通和拓展。新课改提倡"一标多本"，即一个课程标准有多种版本的教材，各个地区可以自选，每种教材的编写特点和编写体例不同，同一概念举的例子也不同。正是从这个意义上来说我们提倡"走出教材"。虽然不同版本的教材质量不同，但都是经过教育部中小学教材审查委员会审定通过的，每套教材都是一个完整的知识体系和逻辑体系，如果学生能按照一套教材认真学好，特别是对于基本概念和基本理论能深入理解，就会做到"以不变应万变"。然而现在很多学校不是在教"课本"，而是在教"教辅"，特别是初三和高三毕业班，师生都抛开课本，用各种教辅资料进行大密度的题海训练，一方面加重了学生的负担，另一方面忽视了课本上的基本知识体系。蔡林森校长多年来一直坚持首先让学生学好课本，文科要读课本，理科也要认真读课本，有些公式概念要求学生背下来。他说要提高学习成绩的最好方法就是老老实实学好课本，这既减轻了学生的负担，又使老师和学生有了抓手，他的很多考试题目都是来自书上的例题和练习题原题。只要我们的学生能够把课本学好了，课程标准的基本要求就达到了，学生的中考和高考也没有大问题。

（四）自主学习与合作学习的关系

新课改提倡学生自主学习与合作探究，有些教师就认为每堂课没有合作讨论就不是新课改的课，不管问题难易都要让学生讨论或小组展示一番，其实有些问题是不需要合作的。自主学习与合作学习不是并列关系而是先后关系。每堂课都要本着"先学后教"的原则，先让学生自学，如果学生自己学会了，就没有必要合作。只有那些自己不能解决的问题才需要通过小组合作来解决，小组合作不能解决的问题需要老师的指导点拨来解决。如果不管什么问题都一味强调合作，会影响学生的独立自学，也会浪费课堂时间，降低课堂教学的效率。

（五）教师主导与学生主体的关系

尽管"主导"与"主体"不是一对逻辑范畴，多年来也备受质疑，但由于多年来人们已经习惯于这种表述方法，所以也没人再对这种说法较真。但在课堂教学中教师的主导作用主要体现在什么地方，是否只要把学生发动起来就算是发挥了主导作用？蔡林森校长"先学后教"的做法就是在发挥学生的主体作用，不管是文科还是理科，先让学生自学，学生有充分的自主权力。教师的主导作用不仅是对学生不会的知识进行辅导，更主要的是根据课程标准的要求对学生的正确引导，所以我们特别提倡教师要认真把握课程标准和教材。现在有些课看起来很热闹，其实教师本身对教材就没有深入的研究，对学生的引导也很肤浅，这实际上是弱化了教师的主导作用，也是不负责任的表现。

多年来，蔡林森校长从洋思中学到永威学校，一直在不断实践和探索着课程改革的新理念，他的许多观点是来源于课堂而不是坐在屋子里空想出来的，所以他的一些观点和做法更加符合当前课程改革的实际。

七、永威经验给我们的五点启示

——在河南省教育改革优秀成果"永威经验"展示会上的点评

天津市教育科学研究院　王敏勤

我们对永威学校的经验已有所了解。我觉得蔡林森校长的一些做法既是对中国基础教育课程改革的引领，又是对当前课改中的一些问题的矫正和回归。

首先是引领：

1989年蔡校长在洋思中学就正式提出了"先学后教，当堂训练"的课堂模式，到现在已经20年了，我们国家的基础教育课程改革是从2001年秋季在部分地区开始的，而届时洋思中学的课堂模式已经进行了12年。正是从这个意义上说，蔡校长是基础教育课程改革的先行者。他提出的"先学后教"就是新课程所提倡的让学生自主、合作、探究学习。

其次是矫正和回归：

对于当前课改中的一些花架子，蔡校长不跟风，他老老实实地让学生学好课本，打好基础，上课要像考试一样紧张，不要忙于展示和表演。这些我在后边还会谈到。对于永威学校的经验我有五点感受或启示。

启示一：引进一个人才，繁荣一方教育

温家宝同志多次谈道："要提倡教育家办学"，要像宣称劳动模范、宣传科学家一样宣传教育家。中国当代有没有教育家，这个问题一直有争论，但我们说蔡林森校长就是当代教育家。教育家不是自封的，也不是评出来的，是人们发自内心公认的。

现在有很多教育理论家但不是教育家，如有些大学教授有独到的教育理论，甚至能提出振奋人心的教育理念和口号，但他们并没有亲自在一个学校实验或实践自己的教育理论，即使他们的影响再大，也只能算是教育理论家。

有的中小学校长把学校办得很好，但他们没有自己的理论体系，不能把自己的

实践上升到理论的高度，不能让更多的人学习他的理论，还停留在教育经验的层面，所以这些人也算不上教育家，顶多算是名校长。

教育家必须有骄人的办学业绩，必须有自己的理论体系并被实践证明是科学的、能够被大众推广的。从这个意义上说，蔡林森就是一个教育家，因为他不但办好了洋思中学，还办好了永威学校，他创立的"先学后教，当堂训练"的教学模式，在全国已成为经典型的语言。在中小学教师中不知道这句话的不多，不知道洋思中学的不多，不知道蔡林森的不多。

最能理解"要提倡教育家办学"这句话含义的莫过于永威学校的董事长任太平先生和沁阳市教育局的魏振江局长，当他们知道蔡林森校长在洋思中学退休的消息后，在第一时间就赶到了泰兴市，他们要把蔡校长聘到永威学校来当校长。

任太平先生是个很有成就的企业家，但他坦言自己不懂教育，他投资一个多亿办起了这所学校就是为了回报社会，就是为了促进教育的均衡发展。所以他要请教育家来办学。当年刘备聘请诸葛亮出山也不过是"三顾茅庐"，而任太平先生聘请蔡校长不止三次，他多次亲自到蔡校长的学校和家里动员他来，多次亲自送蔡校长回家，以表示他的诚意。

后来有几个与我关系好的民办学校的董事长埋怨我说：蔡校长退休的消息你为什么不早告诉我们，我们也想聘蔡校长来。我说等我知道的时候任董事长已经去过三次了。

蔡校长到永威学校来我也起了助推作用。蔡校长为人非常谦虚和真诚。2006年9月蔡校长给我打电话："王教授，现在我退休了，河南有一个民办学校要我去干校长，我应该不应该去？"

应该说蔡校长当时是有顾虑的，他关心的不是钱，他不缺钱，他的两个孩子在美国工作，一个孩子在南京工作，他自己的工资也用不完，不用花孩子们的钱。他担心自己创立的洋思经验在一个民办学校失败，会影响洋思中学的声誉。当时我正在河南安阳讲学，我说："我现在就在河南，您来吧，我陪同您去考察学校，我曾在民办学校当过校长，有这方面的体验。"

也正是这一次，我才知道河南省还有一个沁阳市，才知道任太平董事长的为人谦和与大度，也才知道沁阳市教育局的几位局长求贤若渴的心情。我建议蔡校长留下来第二次创业。

当时我说："蔡校长，我们就权当搞一次实验，证明洋思中学的经验在别处也能成功。别的学校学洋思效果不明显情有可原，您是洋思经验的创立者，如果您在别的学校亲自试验不成功，这说明洋思经验具有很大的局限性，只能在洋思中学行，在别处不行。只有能够重复和推广的东西才是科学的。"

蔡校长正是为了证明洋思经验在别的学校也能行才决定在永威学校留下来。两年半后的今天，我们高兴地看到洋思经验在永威学校生根开花结果了，蔡校长又创立了第二个洋思中学——永威学校。当然这个过程不是简单地复制，不是把洋思中学的制度、经验简单地搬到永威学校来，是根据永威学校的具体情况二次创新，有好多东西是在洋思中学没有的。可以说，永威经验不等同于洋思经验，蔡校长又创造了中国基础教育的第二个典型——一个从幼儿园到高中的 15 年一贯制的典型，一个民办学校的典型。

可以说，引进一个人才，繁荣一方教育，一个好校长就是一所好学校。蔡校长不但打造了永威，也使沁阳市乃至焦作市的基础教育受益。这正如李富兴副校长昨天在会上所介绍的：两年多来，永威学校发生了翻天覆地的变化，教学质量大幅度提高，小学、初中全市一流，中考、高考创历史最高水平，高中部成为河南省示范性普通高中，幼儿园成为河南省示范性幼儿园，学校已成为河南省卫生先进单位、沁阳市先进单位。焦作市、沁阳市教育局将永威学校定为校长、教师培训基地并在该校举办了 40 多期校长培训班，有 10 多个省市也纷纷在该校培训校长，全国各地来听课学习的教育工作者超过 30 万人次。学校承办了三次全国性的课改研讨会，均获得成功，得到全国著名教育专家们的高度评价。

蔡校长在永威的成功再一次证明了温家宝同志提出的"要提倡教育家办学"的重要性。正是基于这一点，我们天津市今年正式启动了"未来教育家奠基工程"，市政府投资 2000 万元培养 200 个中小学校长和骨干教师，要打造一批在全国打得响的名校长、名教师。

我在给"未来教育家学员班"讲课时就举了蔡校长的例子，我引用了《江苏教育》杂志主编张俊平先生的一句话：校长当如蔡林森；教师当如孙维刚。

启示二：课堂教学要回归文本，注重对课标和教材的把握

新课程提倡"用教材教而不是教教材"，好多老师认为教材不重要了，一上课蜻蜓点水般地接触一下课本就游离于课本之外搞一些与课本关系不大的东西，结果降低了教学质量，增加了学生的负担。我们看永威学校提高教学质量的关键就是紧扣课本，首先让学生把课本学好，有余力才拓展教材。

蔡校长曾告诉我这样一件事，他刚到永威学校的时候给初中的学生搞了一次摸底测验，完全是书上的例题组成一张卷，结果全班学生不及格。他让学生继续准备，三天后还是考这张卷，结果学生平均 80 多分。蔡校长说"不行，一定要考满分卷，还是这张试卷，大家回去继续准备，三天后考试"，直到全班学生都考了 100 分才结束。我和好多学校的校长说，你们不妨试试，第一张卷全是书上的例题，第二张卷完全是书上的练习题，看我们的学生到底能考多少分。

2008 年暑假后蔡校长给我打电话：初一六个班第一次月考，英语和数学，人人都是 100 分；第二次月考，他又给我打电话：人人都是 100 分。他的观点是初一的英语和数学必须人人都是 100 分，初二 95 分，初三 85 分以上。当然命题主要是依据课本。这是他在洋思中学提出的每个学生每门学科的成绩都在 85 分以上的依据。

课本课本，一课之本。课本是课程标准的直接体现，抓好了课本就是落实了课程标准的基本要求。我们现在命题一般都是 8∶1∶1 的难度系数，如果学生都能把课本上的知识掌握了，就能拿到考试 80％的分数，学生平均得 80 分不能算是后进生，如果高考满分 750 分，80％就是 600 分，在各个省都能上比较好的一类本科大学。

我们国家的基础教育课程改革已进入第八个年头，八年来，我们创造了许多好的经验，转变了许多教学理念。但是学生的负担依然很重，课堂教学的效率依然不高。其原因之一就是人们只注重了课堂教学方式的转变，而忽视了教师对教材的把握，在强调学生主体的同时淡化了教师的主导作用。

所谓教学研究，主要是研究两个问题：一是教什么（学生学什么），二是怎么教（学生怎么学）。而影响课堂教学效率的因素也是两大方面：老师不知道教什么和怎么教（学生不知道学什么和怎么学）。这几年我们注重了教师教学方式的改革是个很大的进步，课堂由过去的"先教后学"而变为"先学后教"，在课堂教学中提倡学生自主、合作、探究的学习方式，这些做法对于提高学生的自学能力与合作意识，都是很有效的做法。但我们在强调学生主体作用的同时，不能忽视教师的主导作用，学生的自学是在教师引领下的自学，离开了老师的引领学生就没有必要走进学校，完全可以在家自学。

老师的主导作用主要体现在两个方面，一是对课程标准和教材的把握，二是对学生的引领和指导。如果教师本身对课程标准和教材甚至考试大纲都不能把握，对学生的引领作用也很有限，就像一个对道路本身就不熟悉的人给别人引路，也只能是摸着石头过河，效率很低。目前很明显的一个例子就是教师对教辅资料的依赖性，好像离开教辅资料就不能教学。特别是中学各科，都给学生推荐多种复习资料练习册，每个学生的书桌上和床头上都堆满了各种复习资料。我常常在想：如果一个老师不用任何教辅资料只用一本课本能不能教好学？教师能不能根据自己的理解给学生自编一些题来做？现在好像还没有"一本课本决胜负"的教师。只有把学生的教辅减下来，才能真正减轻学生的负担。而这一切，都源于教师对课程标准和教材的把握能力，教师不知道学生做多少题、做哪些题才能应对高考和中考，只能"多多益善"，学生做多了总有碰上的考试题。

课程改革以来，许多老师并没有独立完成一个学段的教学任务。比如小学教师，许多学校习惯于分段教学，分低段（一二年级）、中段（三四年级）、高段（五六年级）三部分，教低段的老师年年教一二年级，送毕业班的老师几乎没有教过低段。中学也是如此，有的学校规定教初一的总是教初一，送毕业班的年年是那几个老师，换了别人校长不放心。这种分段教学的做法，使大部分老师不能完整地理解整个学段课程标准的要求，不能完整地把握整个学段的教材，所以在教学时就不能把整个学段的教材整合起来，只能跟着感觉走。教第一册不考虑第二册的内容，教第一章不想第二章的事，完整的知识体系被人为地割裂，学生学到的只能是一些知识的碎片。这样怎么能提高课堂教学的效率？

现在提倡"一标多本"，即各门学科全国只有一个课程标准，但教材可以多样。根据课程标准的要求，各地区可以自选教材。同一个学校各科教材的版本也可能不同，语文可能是人教版的，数学可能是北师大版的，物理可能是沪教版的；甚至这一级学生语文是人教版的，下一级学生又换成了鲁教版的。这种教材的多变，也给老师把握教材带来了难度。对于一级学生来说，用什么教材都无所谓，因为对于他们来讲，不管用什么版本的教材都是新的。而对于教师来讲却大不相同。教师如果不能熟练地把握教材体系，就难以有效地引领学生学习，教学的效率也就大打折扣。

任何一套教材都有三大体系：知识体系、能力体系和价值体系。这三大体系也对应了课程标准的三维目标：知识与技能、过程与方法、情感态度与价值观。所以老师对教材的把握不是只把书本中的知识看懂就行了，还要梳理出教材的三大体系。

那么，教师怎样才能把握教材？如果随便问一个刚参加工作的青年教师：你能把握教材吗？他会很自信地说："没问题！你说课本中哪个题我不会做？哪篇文章我不会讲？"

其实，把握教材不仅是指理解教材中的每个知识点，更是对教材的整体把握。要求教师熟悉本学科的课程标准，了解教材编者的意图，清楚整个学段教材的逻辑线索，能够把前后相关的知识整合起来。

如同数学中的点、线、面、体一样，知识的掌握也分为四个层次。有的人只能掌握一个个的知识点，但不能把这些知识点连成一条线，这是掌握知识的第一个层次；有的人能够把同类的知识前后联系起来，形成一条线，但不能把不同类型的各条线的知识横向并联起来，形成一个面，这是第二个次层次；有的人能够把同一年级的知识纵向、横向联系起来形成一个面，但不能把不同年级一个学段的知识联系起来，形成一个知识的立方体，这是第三个层次。只有把整个学段的知识纵向、横向联系起来，才能形成一个知识体，这是第四个层次。一个教师如果达到了第四个层次，就会成为一个教学专家，在教学中不管从哪个知识点切入，都能把各种知识连接起来。一些特级教师之所以能随心所欲地驾驭教材，就在于他们达到了第四个层次。

为了引导教师把握教材，近年来我在提倡改革课堂教学方式的同时，主张教师开展"说教材"的活动。"说教材"不同于过去的"通教材"，"通教材"仅仅是把教材的知识点从头到尾"通"一遍，把不明白的问题和重点、难点搞清楚，一般是教哪册"通"哪册，并没有注意教材的整体性。而"说教材"要求教师要整合教材，不管教哪个年级的，都要了解整个学段的课程标准的要求和教材的编写意图，要从教材的知识体系、能力体系和价值体系三个层面来把握教材。

如 4 月 18—19 日在河南安阳七中召开的全国初中提高课堂教学效率和谐教学研讨会上，有 8 个省市的老师说教材，效果非常好。

启示三：课堂教学要注重提高效率，减轻学生的课后负担

我们国家的基础教育课程改革已经八年了，学生课堂面貌发生了很大的变化，但学生的负担依然没有减轻。现在好多学校课堂气氛搞得很热闹，师生交往互动，学生在课堂上展示表演，但学生的课后负担很重，为什么？课堂效率太低。

我们评价课堂教学效率是否高，要算两笔账：一是看 45 分钟学生做了什么，有多大收获；二是看一天 24 小时，学生有多少时间是用来学习的，有多少时间是用来睡觉的，有多少时间是用来自由支配发展自己的爱好特长的。

原来北京 22 中的数学特级教师孙维刚，要求学生每天必须睡够 9 小时，从初中到高中他教的数学从来没有课后作业。靠的是很高的课堂教学效率。

蔡林森校长从多年前就主张上课要像考试一样紧张，我是赞赏的，我曾专门写文章评价这一观点。上课要像考试一样紧张，乍一听觉得有些极端：现在学生负担过重，每天作业都要做到晚上十一、二点，如果课堂再像考试一样紧张，学生还有轻松的时刻吗？学生的负担不就更重了吗？

但仔细一想也有道理：现在学生负担重为什么？固然与应试倾向和升学率有关系，但也与有些教师的课堂教学效率不高有关系。现在有的老师课堂教学效率很低，学生在课堂上没有紧张起来，知识并没有真正掌握，只能课上损失课下补，校内损失校外补，于是，作业越来越多，学生的负担越来越重，有的学生还要参加各种校外文化补习班，补的还是书本上的知识。如果学生在课堂上紧张起来，把应该掌握的知识都掌握了，课下就可以少布置作业或不布置作业，把课外时间还给学生，学生就有更多的时间发展自己的爱好特长，全面发展。

所谓"上课要像考试一样紧张"，就是要提高课堂教学的效率和节奏。考试的特点是在规定的时间内要完成规定的任务，所以学生的注意力高度集中，思维、写字的速度比平时都要快，人的潜能也得到最大限度地发挥。课堂教学都是 40 分钟或 45 分钟，为什么有的老师不留课后作业或作业很少而学生学习成绩很好；而有的老师每天都是布置大量课后作业而学生成绩还是不好，根本的区别就在于课堂教学效率高不高。

蔡林森校长提出的课堂教学模式很简单，只有八个字："先学后教，当堂训练"。这既是课堂教学的模式，也是教学的原则，每一部分内容，都要做到"先学后教"。永威学校在提高课堂教学效率方面主要抓了这样几个关键。

1. 每堂课要有具体而可操作的学习目标

教师上课要不要给学生呈现或提出学习目标，这个问题争论了很多年。新课程提出要落实三维的课程目标，而好多老师也仅仅是在备课本上有，上课并不告诉学生。美国的教育学家布卢姆曾说："有效的教学始于知道希望达到的目标是什么。"

"教学计划和评价的第一步是清楚无误、毫不含糊地表述教学目标。"如果教师在上课时没有表述这堂课的课程目标,学生就只能跟着感觉走,预先不知道要干什么,学习的主动性和积极性就会受到影响,学习的效率就低。考试之所以做题的效率高,就在于它的目标很明确:在规定的时间要完成所有的考试题,还要做到答题准确,卷面整洁,没有速度和紧张感是不行的。

我在听课中发现,有的老师上课不给学生呈现或说明学习目标,学生不知道这节课要干什么,要做到什么程度,只能跟着感觉走,学习的主动性和效率就差。有的老师也给学生呈现学习目标,但都是些大而空的套话,学生根本没法操作。

对于三维的教学目标我们不要机械地告诉学生,可采取教学目标问题化的形式。如"勾股定理"。

2. 对学生的自学指导要做到"四明确"

"先学后教"主张各门学科上课先让学生自学,教师不讲。但这种自学有别于学生在课下的自学,是在教师指导下的自学。教师呈现教学目标后要用投影呈现"自学指导",如果课文内容多需要分段自学,就要分"自学指导(一)""自学指导(二)"。

这个"自学指导"实际上是学习目标的具体化,要做到"四明确"——明确时间(用几分钟),明确内容(学习教材的第几页),明确方法(在自学时要运用什么方法),明确要求(在自学时要思考哪些问题,准备教师检查),只有做到了四明确,学生才能高效率地学习。

教师呈现"自学指导"后一般也不需要解释,学生一看就明白,马上进行自学,个个都动作迅速、精力集中,就像考试一样紧张。因为时间、任务、要求都已经明确,不抓紧时间,到了规定的时间别人学完了自己没有学完,自尊心就会受到影响。在永威学校也提倡让学生合作学习,但在自学时学生往往很少讨论,如果不经过认真地看书和思考就相互讨论,很容易浪费时间。所以蔡校长要求:教师要让学生完整、独立、安静地自学完规定的时间,教师不要随便打断学生的自学,不要做干扰学生自学的任何事情,要减少教学的随意性。

3. 教师的点拨要有的放矢,恰到好处

前边的自学是"先学"。学生自学结束后教师要根据"自学指导"的要求检查学生,在学生说和做的过程中,老师就会发现哪些知识学生已经掌握了,哪些知识学生还没有真正明白，或者表述和书写还不规范，教师针对学生存在的问题进行点拨，这是"后教"的内容。

4. 每堂课的练习都是小考试，要求"堂堂清"

通过"先学后教"，学生对基本的概念和知识掌握得差不多了，还要通过"当堂训练"巩固所学知识和开发课程资源。在达标练习时要求学生独立、限时完成，不能抄袭和看别人的作业，不能讨论，书写要规范，要像考试一样紧张。练习题分"基本题"和"提高题"两部分，学习好的学生做完基本题后可以做提高题，一般的学生要当堂完成基本题，做到当堂知识当堂掌握，不留课后作业。

教师在课堂上要及时批改学生做的练习题，教师的卷面批改有两个分数：一个是正确分，一个是工整分，培养学生做题准确迅速而又抄写工整的好习惯。原则上要求教师在下课前把学生的练习题全部批改完，做到"堂堂清"。通过当堂批改教师做到了心中有数：哪些学生已经会了，哪些学生还没有会。对于没有掌握的学生教师要在课间或自习时间给学生及时补课，做到"日日清"，这样就保证了每一个学生都不掉队，大面积提高教学质量。

永威学校的课堂很紧张，堂堂就像考试。课堂高度紧张换来了课后的轻松，课外原则上不布置或少布置作业，把课外时间还给学生，学生有充分的时间发展个人的爱好特长。

课堂教学的辩证法就是如此，课上老师讲得多了，学生自学和练习的时间就少；课上学生轻松了，课后作业就多，负担就重。因为时间是个常数，学生要掌握的基本知识也是一个常数。如果学生在课堂上过多地进行"交往和互动"，搞一些热热闹闹的花架子，学生的基础知识就不扎实，考试时成绩就不好，所以就出现了课后作业越来越多的现象，学生负担就越来越重了。

蔡校长的这种教学理念，在许多名教师的做法中也有共鸣。如山东师大附中的化学高级教师孙金莉，1999 年她带的高中理科实验班参加全国化学竞赛，有 14 人获得一等奖，1 人获全国决赛金牌，她被称为"金牌班"的班主任。2000 年，这个班的 57 名学生，离高考还有几个月，已有 27 人通过参加各科奥林匹克竞赛，获得保送全国重点大学的资格，其中 5 人获准保送北京大学和清华大学，1 人保送新加坡留学。

孙金莉老师谈到"减负"问题时感慨地说：在实验班里，必须在两年内完成 3

年的高中课程，还要学部分大学的课程，又要出成绩，又不能增加学生负担，老师怎么办？就要求把每一节课都变成精品。在每堂课上，老师和学生都像即将出征的战士，都要瞪起眼睛来全力以赴去打仗。在课堂教学中，必须把每一个45分钟高效利用。学生高效学习，达到良好的学习效益，这就是最实际的减负。当一节节的精品课呈现在学生面前时，怎能不极大地激发学生的学习兴趣！当学生们主动获得知识，就会极大地发掘自身潜力，投身于科学探索之中，乐此不疲，这怎么会产生"负担"的感觉！

也正是从这个意义上来说，蔡校长的教学理念是有道理的——上课要像考试一样紧张，师生要像即将出征的战士，都要瞪起眼睛来全力以赴去打仗，课堂教学的效率才高，学生的课后负担才轻。

现在有些学校课堂上让学生表演，课后大量的预习或作业，加重了学生的负担。就像一个农民喜欢唱戏一样，早晨起来是先唱戏还是先锄地？如果唱戏就耽误了锄地。应该先锄地，锄完了地再去唱戏。

有人说课后作业是负担，课前预习不是负担。我说课前预习也是负担，凡是占用学生课外时间的与课本学习直接有关的活动都是负担。有的学校上一节课要预习2~3节课，实际是加重学生的负担，为什么不能当堂学当堂会？学生会了相互检查一下就行了，为什么还要展示？

我们曾搞过几个学校的同课异构活动，同上一篇文章，有的学校提前一天让学生用4~6课时预习课文，有的学校用2课时预习课文，洋思中学的老师只是课前与学生见面10分钟，布置学生把必要的字词看一下。第二天我们看到的45分钟，看到学生熟练的表演，但不知道学生在课前已经用了多少时间。所以我主张上课应该从"上课铃响"算起。就像跑步一样，要从发令枪响算起，不能在发令枪响之前就跑到60米处，大大加重了学生的负担。真正的好课应该是没有预习的课，再搞同课异构活动，课前不让老师领着学生预习。上课第一个环节就是自学，自学就是预习。

启示四：课堂教学要做到人人清，促进教育公平

永威学校提高课堂效率和学生成绩很重要的做法就是做到堂堂清、日日清、周周清、月月清。这四清的核心是"人人清"。只有做到了"人人清"才能杜绝差生或转化差生。

差生是怎么形成的？孩子一出生不是差生，一上幼儿园不是差生，一上小学也不是差生，为什么到了小学、到了初中就成了差生？谁的责任？老师的责任。就是因为老师在课堂上没有关注到学生，使学生形成了知识的疙瘩，对学习慢慢失去了兴趣，成了差生。如果每堂课老师都关注到每个学生，不让一个学生掉队，学生还能成为差生吗？学生的学习靠家长督促不行，就要靠老师，这是老师的责任所在。

胡锦涛同志提出，促进教育公平是我们国家教育的基本国策。教育公平包括教育起点的公平、教育过程的公平、教育结果的公平。如果教师不能做到堂堂清、人人清，就做不到教育过程的公平，就会导致教育结果的不公平。

人人清的做法有很多，如蔡校长提出的每堂课像考试一样地练习。另外也可以采取小组合作的方式，让学生 2 人一组相互检查，大组长检查汇报，一个不能少，一个不能掉队。

启示五：提高教学质量要三分教学、七分管理

洋思中学的经验不保守、永威学校的经验也不保密，蔡林森校长恨不得全国的老师都知道他的做法。但为什么我们学洋思经验学不会，而蔡校长亲自实践就行，不是蔡校长留了一手，而是他的管理到位。任何学校的教学都是三分教学、七分管理。没有严格的管理，任何好的理念也难以落实。

我们现在提倡人本管理，这与严格管理和精细化管理是不矛盾的。我给永威学校在《中国教育报》写的点评文章是《永威的成功在于精细化管理》（《中国教育报》2007 年 5 月 10 日第 3 版），几年来到江苏省洋思中学参观的校长和教师不计其数，但真正把洋思经验学到手并成为"洋思第二"的学校并不多见。其原因就在于参观者学习的是洋思中学的教学理念，但很少考虑这些理念是通过什么样的管理方式来落实的。洋思经验的缔造者蔡林森不到三年的时间，就把一个生源基础、师资水平都比较差的民办学校的初中部的综合考试成绩从全市第九提高到第一。人们发现：洋思中学的办学理念有半天的时间就能学会，而要落实这些理念却需要持之以恒的精细化管理。永威学校成功的奥妙正在于此。

1. 精细"立法"，事事有章可循

蔡林森校长到永威学校的第一件事就是制定各种规章制度。他虽然有几十年的中学管理经验，有洋思中学成套的管理制度，但他没有照搬。他认为每个学校的具体情况不同，规章制度也不能千篇一律。他在充分调查永威学校教育教学实际的基础上，亲手起草了学校的各种规章制度，每一个规章制度的出台都是经过全体教师的讨论和修改而最后定稿，"法"源于民而用于民。这些制度的特点一是全，二是细。

所谓"全"是指事事有章可循，不留空白。单是在教学方面，就有备课制度、讲课制度、课外辅导制度、作业批改制度、考试制度、周周清制度、学生课内规则、评课制度等。

所谓"细"是指，每一个制度的要求都非常具体，具有很强的可操作性。例如，《作业批改制度》中对老师批改作业的时间要求："上午的课堂作业，要在下午课前批完，并让学生更正；下午的课堂作业，要在晚饭前改完，并让学生更正；晚自习的作业，要力争当夜（最迟在第二天8：00前）改完，并让学生更正。"

如《早操锻炼规定》中对学生队列的要求，连脚尖放在什么位置都做了明确规定："学生面向东，由田径场南往北依次是：初一、初二、初三、高一、高三、高二。各班排头的学生脚尖顶着足球场东边线内沿，体育教师面向学生站在各年级中间位置对照的第三跑道外沿。各班班主任和体育委员面向本班站在第一跑道的内沿；检查员面向学生站在本学部的中间（第八跑道）。"

这些制度不需要附加解释和说明，大家一看就知道，既便于师生操作，也便于领导检查。

2. 精细"执法"，人人照章行事

对于每个学校，制定制度不是很困难的事，难的是如何执行和落实这些制度。制度的落实关键是领导带头，正所谓"其身正，政令通"。

每天早晨5：40，68岁的蔡林森校长一定准时站在操场上，看着师生们出操，两年半过去了，他没有缺席和迟到一个早晨。每天在操场、在会场、在赛场，在所有师生集体活动的场所，都能看到他的身影。

他常说："要让全体师生每天一开门就能看到校长，这所学校就好办了。"校长给班子成员做表率，班子成员给教师做表率，教师给学生做表率，层层带动，制度就得到了落实。

为了把制度落实到人，学校与每一个教师都签订了责任书，在责任书中明确了每个人的工作目标、责任、考核和奖惩，人人照章行事，使复杂的管理简洁明了，减少了扯皮推诿的现象，提高了工作的效率。

3. 精细"督法"，逐级检查考核

制度有了，如果不执行怎么办，执行不到位怎么办？所以一项制度的落实关键是检查和考核。蔡林森校长每天早上检查完早操后，接着检查早读，一个近 70 岁的老人，忍着膝关节骨刺的病痛，四层教学楼 64 个教学班，他逐一地检查，一个也不放过。

蔡校长刚到永威学校不久，任太平董事长就给我打电话："老师们对蔡校长有意见。"我说："什么意见？"老师们说在校长办公室里找不到他，他经常不在办公室。我说这是他的工作作风，他是一个行走着的校长，他的办公室形同虚设。

他很少坐在办公室里，64 个教学班他每天都要跑两三趟，不停地发现问题、研究问题、解决问题。学校里大大小小的事情，他都心中有数。如教案一周一查。不仅要查备课节数，还要查教案是否符合要求（依据"备课制度"），不符合要求的教师复备，主管校长和教务主任要提供具体指导。作业一日三查。上午查前一天晚上的作业，下午查上午的作业，晚上查下午的作业。查教师作业批改是否及时，是否认真，有无错改。

学校实行逐级责任制，副校长、教务主任、教务员每个人都有具体的分工，定时检查，并要将检查结果及时、准确地进行记录。

蔡校长对副校长和教务主任说："我注意的，考核的，首先是你们俩，这叫大家都负责任。你们这儿就好比是牛鼻子，牵住了这儿，我就牵住了全校；这儿是一个瓶颈，是一个战略要地，我要一天到晚像个魔鬼似的缠住你们，我跟在你们后面比跟在教师后面有油水。我要跑'市场'，到教师中、学生中发现问题，以他们的问题算你们的账。"

在永威学校，发现问题，一定要及时解决，一天都不能拖。正是由于这种精细化的管理，蔡林森校长才把洋思中学的办学理念在永威学校移植成功并创新发展。

所以我们学习永威的经验，首先要学习他们的管理经验，其次才是教学经验，因为"三分教学，七分管理"。

八、"先学后教"的理论价值与实践意义

——在全国中小学课改经验交流暨优质课观摩活动上的讲话

天津市教育科学研究院　王敏勤

我这几年一直在学习、研究和推广蔡林森校长的教育思想，从洋思中学到永威学校，我一直在跟踪学习。下面我着重谈谈蔡校长的"先学后教"的教学思想的理论价值和实践意义。

（一）先学后教体现了新课改的基本理念

我们国家的基础教育课程改革搞了 13 年半，对于新课改的理念人们最熟悉的就是"自主、合作、探究"这六个字。其实蔡校长的"先学后教"就是对这六个字的最好的解释。一堂课如何让学生自主、合作、探究？人们往往感到困惑，而"先学后教"就很通俗，人们一看就明白了。

其实蔡校长就是把传统的课堂教学顺序颠倒了一下，由原来的"先教后学"变为"先学后教"。这一顺序的颠倒是一次教学的革命。而这一改革早于全国的基础教育课程改革 10 年。

"先学后教"不仅强调学生的自学，也强调教师的点拨。"后教"不等于不教，后教是以学定教，学生会的不讲，但不会的一定要讲。老师讲学生不会的、不对的。那种课堂上否定教师的做法是一种极端的做法，没有老师的教，学生也就没有必要到学校里来。老师一定要高于学生，课堂上不是把学生发动起来就行了，教师的作用不仅仅是组织者，更是指导者。老师毕竟是老师，老师对学生的点拨是不可替代的。这是老师的责任所在。

我们现在提倡的"探究性学习"，是在老师没有讲授之前先让学生自学课本，而不是先听老师讲解。学生自学不会的通过小组合作来解决，小组合作不能解决的全

班讨论来解决，大家都不会的再由教师点拨来解决，老师一定要退到最后一步。教师讲多长时间、讲什么，不是根据课前的预设，更不是事先录制好微视频，而是根据学生的自学情况"以学定教""顺学而教"。教师在课堂上只讲学生不会的、不对的，学生通过自学能够解决的问题不需要老师讲。

（二）当堂训练减轻了学生的课后负担

当堂训练，就不是放到课后练。基础知识要做到当堂学当堂会，原则上不留课后作业。蔡校长定的《永威课改的十条定理》第一条就是"不向课前延伸不向课后延伸"。但对于基础差的学生提倡老师和学生给他补课，这是实事求是。如果这些学生的基础上不来，学习新知识也难以消化。

不管什么教学形式，都要以减轻学生的课外负担为前提条件。我们说的提高课堂教学效率，是向课堂 40 分钟或 45 分钟要效率，而不是向 24 小时要成绩。要通过提高课堂教学效率，在保证完成国家课程标准的前提下，把课后时间还给学生，让学生有更多的时间发展自己的爱好特长，落实国家中长期规划中所提出的让学生了解社会、动手实践，参加社区服务和社会实践活动。现在有些学校的翻转课堂是课前忙自学，课上忙表演，大大加重了学生的课外负担。

（三）先学后教体现了教学的辩证法

2001 年 9 月 5 日，我在《中国教育报》发表文章《每堂课教师只讲 4 分钟——洋思中学经验给我们的启示》，这篇文章在全国引起了爆炸性的反响。

而 2007 年 11 月，蔡林森校长在《中国教育报》发表了题为《每节课教师讲几分钟岂能硬性规定》的文章，这体现了蔡校长的教学思想的辩证法。在课改初期，为了转变教师的观念，以行政的手段要求老师在课堂上少讲是有道理的，但在课改十年后的今天再这样做就有些牵强，所以蔡校长的观点是对的，一堂课讲多少分钟不是校长说了算，而是根据学生的情况，本着"先学后教""以学定教"的原则，学生会了 80%，老师就只讲学生不会的 20%。如果学生只会 20%，老师就要讲 80%。

"先学后教"教学模式也不是一成不变的，在基本模式的基础上，蔡校长根据学科和学段的特点，提出了若干变式。

小学在推广"先学后教"教学模式的过程中，根据学生的年龄特征，形成了"四个一"的教学模式，即"看一看、做一做、议一议、练一练"。其中"看一看""做一做"即"先学"，"议一议"是"后教"，"练一练"是"当堂训练"。

高中推广"先学后教，当堂训练"，形成的"自主—合作—自主"教学模式，便于师生理解、接受，它与"先学后教，当堂训练"完全一样，即都有三个辅助环节（板书课题、出示目标、自学指导），主要环节"自主学习"就是"先学"；"合作学习"就是"后教"，"自主学习"就是"当堂训练"。

语文、外语教学目标不是单一的，而是多元化的，既有会读课文的要求，又有对文章中心思想、写作特色的理解、运用等的要求。因此语文、外语课堂教学一般不能搞一次性的"先学后教"，常常要反复几次"先学后教"，最后当堂训练。

（四）先学后教注重了课程之间的整合

我们国家的基础教育课程改革，在国家层面上是课程改革，制定了各科的课程标准，编写了新的教科书，但对于一线老师来讲，就是换了一本新教材。所以对于大部分学校来讲，还只是教学方法改革，并没有涉及课程的层面。现在有些地方已经把国家课程、地方课程与校本课程进行整合。

永威学校已经开始这方面的尝试，在课堂教学中有意识地进行学科之间的整合、学段之间的整合。老师们发现高中教材中有不少知识是初中学过的，例如，高一学抗日战争，初三也学过抗日战争，大家注意了高中和初中的联系，把教材中不少旧知识，学生已懂了的，就不教，这样教材的容量就大大减少；老师们还注意了学科与学科的联系，例如，高中语文老师教文言文，就不介绍时代背景，因为学生在历史课上已经学过了。这样，高中教学容量大的困难就基本解决了。

当然，这些还仅仅靠老师个人的经验，如果有的老师不了解前边学生已有的知识基础就难以整合，所以学校下一步还要在课程方面进行整合。

（五）堂堂清体现了教学过程的公平，加强了教师的责任感

蔡校长的教学思想很重要的就是强调堂堂清、人人清，这实际上体现了老师的责任感，体现了教学过程的公平。基础知识必须做到当堂学当堂会。如果不是这样，

教育行政部门要求的小学一二年级不留课后作业、三四年级不能超过 40 分钟就不能落实。堂堂清的目的是体现教育过程的公平，保证每个孩子不掉队。

（六）课堂有适度的紧张感才能提高课堂教学效率

现在有很多学校在课堂上让学生大喊大叫，交流互动，给人的感觉这样的课堂才是课改，其实这是一种误解。从教学方法层面，衡量是不是课改就是"先教后学"还是"先学后教"。由于我们国家目前的高考和中考制度，家长和社会重视学生的学习成绩，所以学生在课堂上要有一定的紧张感。课堂上紧张了课后就不紧张，课堂上轻松了课后就会紧张，这就是辩证法。

蔡校长的"先学后教"教学模式的实质是全过程让每一个学生都紧张、高效地学习，当堂达标。其实这是培养学生良好的学习习惯和做事的习惯，培养学生的效率意识。好学生与差学生的差别往往就是一个顺序的不同，好学生是先做完作业再玩，差学生是玩够了再做作业。

九、我们需要什么样的教育家

中国教育报刊社新闻研究中心主任　赖配根

什么是我们时代所需要的教育家？

从蔡林森校长身上，我们可以得到很多启发。

首先是要有高尚的教育情怀。我在一篇文章里，曾说蔡校长是"为教育而生"。无论在洋思还是在永威，他都是"吃在学校，睡在学校"，"如果把学校比作一台机器，那么我就是整天守在这台机器旁边的看护人，哪个螺丝松了我就把它拧紧，哪里声音有问题我就找到原因马上修好"。他不习惯坐办公室，而是从早到晚，从一个教室走到另一个教室，"我就是要到'前线去'。这样，老师、学生的一举一动都在我的眼里，大家的情绪、精神、态度怎么样，我都清清楚楚"。每天早上，他都准时站在学生公寓门口，迎接每个学生上早锻，"要让学生每天第一时间能见到我"。他的情感、他的精神世界、他整个的生命，都与学校、教师、学生、教学交融在一起。教育就是他生命的全部。这样的教育激情，这样的教育情怀，在中小学是少见的。

这就是教育家型教师、校长的第一品质，把教育当作自己的生命。这样的情怀，只能发自内心的需要，而不能矫揉造作。几十年来，蔡林森就是这么过着自己的教育生活，无论是默默无闻，还是已名闻遐迩，他每天的学校生活规律都是一样的。什么叫潜下心来育人？什么叫"吾道一以贯之"？蔡林森校长都足以当之。

其次，要勇于面对现实的教育土壤。许多人对教育有深刻的见解，但在他们的眼里，中国教育的现实要么无可作为，要么必须进行革命性的改变。这是一种逃避，即完全不能接受或认可现实。这些人，在教育改革上，要么四处碰壁，要么为教育制造新的混乱。教育首先是一项文化事业。文化是不能即刻"革命"的，而只能在"同情了解"的基础上进行变革。蔡林森校长对我们的教育现实，有着刻骨的体验。洋思中学曾经是一所农村薄弱校，永威学校一度面临"关门"的危险，他就在这样的"教育土壤"上创造着奇迹，把它们都改造成了教育质量一流、全国知名的学校。你若与蔡校长接触，就会发现，他没有什么时髦的词语，也不高谈西方后现代教育理论，但是，他对学校、教师、学生是那么了解，尤其是具体的教育教学实践，不管哪个学科，他都有着深刻的洞察。他的教育信念似乎很简单，就是坚信"没有教不好的学生"，但真正教书育人的人都知道，要把这一理念变为现实，需要怎样的智慧和毅力。他从不许诺要对教育进行根本性革命，但他默默地以自己个人的力量，去改变现实。他对教育现状没有慷慨陈词，在证明自己的教育改革成就时，仍然按照传统方式，老老实实摆出学生成绩方面的数据——他反对片面追求升学率，但在减轻学生负担、促进学生健康成长的基础上，他大力提高学生的考试成绩，因而他的改革是踏实的，坚不可摧的。我们缺乏的就是这样的改革者。

再次，要努力探索出一条有自己风格的教学模式。目前，中国的教育改革，不管提出的口号多么诱人，如果不能改变学生的学校生活，尤其是课堂生活，那么改革就是纸上谈兵。不幸的是，从上至下都在大谈特谈提高教育质量，却少见教育行政管理者真正关注教师的课堂教学，少有人深入研究教学模式的实践情况。蔡林森的改革实践，首先就是改变课堂；教育界、社会上对他的认可，首先也是因为他创造了"先学后教，当堂训练"的教学模式。关于这一模式，蔡校长的著作《教学革命》一书已经阐述得非常清楚，这里无须赘述。需要强调的是，每一个成功的教师，尤其教育家型的教师、校长，无不建立了自己的教育观、探索创造了自己的教育教学模式，比如李吉林老师的情境教育、邱学华老师的尝试教育、窦桂梅老师的"三个超越"和主题语文教学、孙双金老师的情智教育，等等。虽然我们一直说教学有法、教无定法，一提到模式就有人反感，但现实是，对教育实践不断进行理性反思，并从而上升为具有个人色彩的"教育哲学"，同时，在理性与实践的互动过程中自然形成一定的教育教学模式，是所有名师、教育家成长的共同之路。模式并不可怕，可怕的是千千万万的课堂只有一种模式。只有广大教师善于总结个人的教育实践，并努力形成有自己风格的教学模式，我们的中小学教育才会百花齐放、灿烂夺目。

最后，要善于积累、总结适合中国教育土壤的学校管理经验和智慧。名师影响的只是自己班里的学生，教育家型的校长，则不但成就一批教师，而且成就千千万万的学生，真正能做到桃李满天下。但我们有一个误解，即认为一个名师，必定会成为一个好校长。许多人到永威学校考察，最感兴趣的也是"先学后教，当堂训练"的教学模式，以为有了先进的教学模式，学校教育的一切都 OK。实际上，正如好的教学模式＋好的学校管理才能成就一所学校一样，只有名师＋管理智慧才可能产生优秀的校长。蔡林森之所以为蔡林森，就在于他不但创造了自己的教学模式，而且还探索出了一套独特的学校管理模式，即教书育人责任制。这一管理制度，在他与永威学校董事长任太平先生合著的《蔡林森：学校管理变革》中有深入的论述，在此我只强调一点，那就是，学校管理靠文化（这里所指文化，侧重于人文精神的层面），但根本上要靠先进的制度，而学校管理制度的关键，是要激发起每个人教书育人的责任感。不把学校当作孤岛，而是置于整个社会大环境中；不把教师当作抽象的理想群体，而是基于其现实的情感需要、利益诉求加以引导、唤醒，以保障每个教师的教育教学主体性地位，是教书育人责任制的精髓所在。这是基于中国教育土壤，但又有所超越的学校管理模式。正是这一模式，与"先学后教，当堂训练""四清"等教学制度一起，造就了永威。一个有志于改变学校教育的校长，是不能满足于用先进的理念改变课堂，而要以自己的管理智慧乃至积累、总结出一套学校管理经验、方式，去立体、综合推进学校变革。只有这样的变革，才会给学生、教师、学校带来真正的变化。

总之，蔡林森校长和永威学校，是一座教育改革实践的"富矿"，每一个怀抱理想、追求卓越的教师、校长，都应该来开发、勘探，找到自己所需要的东西，再去改变现实、走向远方。

十、校长当如蔡林森

张俊平

本期策划，涉及一个人——蔡林森。将视野聚焦到一位校长身上，这在本刊有"独家策划"以来，还是第一次，

在基础教育领域，蔡林森是一个不甘寂寞、一再创造神奇的校长。还是在 20 世纪 80 年代，他就将一所"三流的设施、三流的生源、三流的师资"的农村联办初中——泰兴市洋思中学，办成了"让每一位家长满意"的优质学校，"洋思经验"不胫而走，"洋思的魅力"与日俱增，在全省乃至全国形成了一股轰轰烈烈的"学洋思"的热潮。当历史的脚步迈入 21 世纪，蔡林森又一次给了人们以惊奇：不惜斥资 1.2 亿元人民币，将乡村中学洋思整体搬迁进城。对此，尽管人们有许多质疑甚至非议，但事实已经证明，蔡林森领导的这次具有战略意义的学校转移，为乡村中学洋思赢得了新的发展机遇和生长空间。2006 年 7 月，退而不休的蔡林森第三次让人拍案惊奇。不同的是，这一次是在异乡河南，他从"洋思经验"的缔造者变成"洋思经验"的推广者，仅仅用了两年多时间，就让名不见经传的沁阳永威学校实现了脱胎换骨的改变。成了质量上乘、人民满意的第二个"洋思"。

人们在惊叹之后都会追问：蔡林森为什么能够屡创神奇？专家学者深入洋思中学研究后认为，蔡林森的成功，在于他有一个先进的教育思想——没有教不好的学生；在于他有一种科学的教学方法——先学后教，当堂训练；在于他有一套有效的管理模式——育人责任制，周周清，等等。从教育科学的角度来看，这些毫无疑问都是成就洋思中学的重要变量。但是，我们依然要进一步追问：全省、全国那么多地区、那么多学校、那么多校长学习洋思，为什么至今都没有开出像洋思一样绚丽的花朵？为什么蔡林森只身到了河南，只用了短短两年多的时间，就将曾经很差的永威学校打造成了第二个"洋思"？

显然，奇迹是人创造的。陶行知先生早就有言，一个好校长就是一所好学校。毫无疑问，蔡林森就是陶行知先生所说的这样一位"好校长"：他全身心地投入——在他的精神世界里，教育至高无上，为了教好每个学生，他完全进入了一个忘我的境界；他有高尚的品行——一身正气，两袖清风，他用实实在在的行动，使自己成为学校的灵魂；他有责任感和同情心——教好每一个学生，让每一位家长放心；他有自己独立的教学观——以学生为中心，先学后教，当堂训练；他是一个行动的校长——认准了的事就做，且不畏艰险，坚持做好；他有创新意识和创造能力——凡事都从学校实际出发，创造性地解决管理和教学问题……正是因为有了这种精神、意志、品质、能力，在满是荆棘的教育之路上，蔡林森的脚步才迈得如此豪迈和高远。

本期策划，我们精心组织了3篇文章：一篇是蔡林森亲笔——《当校长就是为了教好每个学生》，一篇是《中国教育报》资深记者苏婷所作——《一颗普通的灵魂能够走多远》，一篇是江苏省教科所原所长、国家督学成尚荣所写——《蔡林森：一本活的教育学》。三个人、三种身份、三个角度，立体地为我们再现了大校长蔡林森的精神世界和教育生活，也为我们解读蔡林森、学习蔡林森提供了不同的视角和思路。

（2009年第1期《江苏教育》独家策划·大校长蔡林森）

十一、蔡林森：一本活的教育学

江苏省教育科学研究所原所长、国家督学　成尚荣

蔡林森：又一次创造了奇迹。

这次是在河南的沁阳。

如果说，蔡林森在家乡泰兴洋思创造奇迹，得益于本土文化和本土经验的优势，相对说还比较容易成功的话，那么，在异土他乡的中原地区，在民办学校，再一次创造奇迹，则是相当的不容易，相当的不简单。

蔡林森，就是一本活的教育学。

是的，蔡林森是一本不断创造奇迹的教育学。不过，我们不应只关注奇迹的本身，而忽略奇迹的背后，忽略奇迹创造的过程及其成功的秘诀。只有这样，才能真正理解蔡林森这一教育学的深刻意蕴；也只有这样，蔡林森这一"文化符号"才会产生巨大的文化力量，使"蔡林森"具有普遍的意义。

（一）"蔡林森精神"：永远的追求

哲学家尼采曾评说人的伟大和可爱。他说：人之所以伟大，是因为人是一座桥梁而非终点；人之所以可爱，是因为人是一个跨越的过程而非完成。他还说，人的新的荣耀，不是来自所来之处，而是将要前往的地方。

蔡林森的伟大与可爱，就在于他永远去走过一座又一座桥梁，永远在跨越，永远向着将要前往的地方。正是这样，蔡林森心中有一块精神高地，表现出一种特有的精神气质，体现了一种强势的精神力量，我们不妨称之为"蔡林森精神"。

"蔡林森精神"之一：追求人的生活价值。卢梭在《爱弥儿》中说："我们，在这个世界出生两次，第一次是为了生存，第二次是为了生活。"生活与生存的根本区别在于生活是富于意义的。这一命题往深处说，可以理解为对人生价值的追索。美国学者赫舍尔说，人生的价值不在于你现在是什么，而在于你将来能够成为什么。而且他说，这就是人生之谜的谜底。蔡林森退休了，怀着复杂的心情，告别了洋思中学，来到了河南。"我来永威学校图什么？如果图钱，就必然办不好学校，我来当校长，就是一心办好学校。"这就是蔡林森的价值判断与价值追求，这就是蔡林森的价值宣言。蔡林森以他的自身行动宣告：人的价值不是以退休来划分的，不是以人的年龄来区分的。年轻人，我们是否应该从中领悟"人总是要有点精神的"深刻含义呢？是否以蔡林森为镜子照一照自己的精神世界中还缺少点什么呢？

"蔡林森精神"之二：拼一回。初到永威学校，蔡林森面临着想象不到的困难和矛盾，几位好心教师劝他不要待下去，赶快回家。但是，蔡林森的回答是：鼓起勇气，站了起来，"我一定要再拼一回，一定要办好永威学校，创造又一个教育奇迹"。"拼"，是一种勇气，是一种自信，是一种坚守和争取，爱拼才能赢。蔡林森又以他自身的行动宣告：面对困难的最好态度是"拼"。蔡林森明明知道，拼是要大付出的，是要冒险的，但他"拼"了，这就是一种精神。教育教学改革永远需要这种"拼"的精神。

"蔡林森精神"之三：创新。蔡林森绝不是一个"鲁莽之人"，他不仅是苦干实干，还是一个"智者"，会巧干，会智慧地干。创新也不是以年龄的大小为界限的。蔡林森敢于创新，也善于创新。比如，他在永威学校小学部，倡导教师灵活运用"先学后教，当堂训练"的教学模式：看一看，让学生看课文；想一想，再思考几个问题；考一考，通过板演练习，检验看出效果；议一议，大家讨论；练一练，当堂完成作业。这是洋思教学模式的小学化和具体化。如经济学家熊皮特所言，元素的重新组合或元素的发展，就是一种创新。蔡林森的心中总是涌动着创造的激情，创新使蔡林森永葆青春。

"蔡林森精神"还有很多元素，以上三点是其内涵中最基本也是最为重要的。"蔡林森精神"成为蔡林森教育学的核心价值观，使他永远站立着，永远走在前头。

（二）蔡林森的行动指南：从理念到信念

蔡林森创造奇迹的一切行动，源于心中的一杆标尺，那杆标尺是他的办学理念，而且办学理念发展为他的教育信念。

苏格拉底认为理念是一种思想，柏拉图认为理念是事物的本原，康德认为理念是一种纯粹的理性思考，黑格尔则认为理念是一种真理，中国的"理"也强调事物存在的根据。蔡林森不一定对理念做出文字上的界定，但他都用行动具体生动地诠释了理念。不仅如此，蔡林森还把理念转化成信念——坚信不疑，坚定不移。这就是蔡林森的不同凡响之处。

蔡林森的信念是：没有办不好的学校，没有教不好的学生。

的确，没有办不好的学校。校长是学校的灵魂，一个好的校长就能办好一所好学校——我们坚信。因此，"没有办不好的学校"的下半句应是：只有不会当的校长。蔡林森这一信念，首先基于他对学校的认识。学校是文化的创生地，而文化是人创造的；文化上的每一次进步都会让学校向自由迈进一步。蔡林森管理学校、领导学校，就是在穿凿一种文化，让教师们浸润在文化中，让文化影响教师、改变教师。我们不妨把蔡林森所创造的文化称作：解放思想、实事求是。他不保守，又踏踏实实,一切从实际出发,一切为了解决实践中存在的问题。蔡林森,是一种典型的校园里行走着的文化符号。其次基于他对教师的信任。他深信,每个人都渴望得到别人的认同,尤其渴望得到校长的肯定。他还深信,学校是依靠教师来办的,离开教师,校长再有天大的本事也会一事无成,或曰,校长天大的本事是调动教师、依靠教师。

的确,没有教不好的学生。我们绝不是把教好学生的一切责任都推给教师,若此,是不公平的,也是不科学的。但是,无疑教师在学生成长过程中起着巨大的作用。同样,蔡林森的这一信念是基于对学生的认识:学生有无限的可能性。更为重要的是他对学生有自己独到的认识和措施。他说:"差生为什么成绩差,主要是行为习惯差……因此,要教好每个学生,必须统筹兼顾,狠抓全面发展,特别要抓行为习惯的养成教育。"其实,叶圣陶先生早就这么主张了,关键是蔡林森真正认识了,而且实打实地去实行了。行为习惯的养成岂在某一个早晨?蔡林森的可贵之处在于坚持,在于严格训练,在于校长和教师的以身作则。此外,学生需要激励。

蔡林森把理念变成信念,是他的行动指南,是他成功的又一密码。必须指出的是,他的理念和信念深植于校园的土壤之中,吮吸着大地的营养。这种理念和信念带着泥土的芳香,使他与教师心贴着心,与学生手牵着手。于是,这本教育学引导校长和教师去建设精神家园。用信念和理念去锻造教师的人格特征。

(三) 蔡林森的管理智慧:人格治校下的严格管理

蔡林森的学校管理以严格著称,何止是严格,甚至是严厉。这种印象中还隐含着另一种思想:蔡林森的管理是一种"霸道"。但是深入研读,你会有另一种发现,那就是他具有管理的艺术,表达着管理的智慧,形成了蔡林森的管理风格。艺术也好,风格也好,蔡林森这本活着的教育学中管理的关键词是两个:严格管理、人格治校。

不可否认,蔡林森的管理是非常严格的。比如组织教师赛课,他听一节评一节,毫不客气地指出问题,有的教师难以接受,哭了,甚至闹情绪,歇了几天才上班,不少人袖手旁观,指手画脚。但是,蔡林森"仍不放过他们",指出他们出现的新问题。结果是，"老师们饱尝了酸甜苦辣，艰难地迈出了课改的第一步"。这里需要讨论的是：管理需要不需要严格？回答当然是肯定的。"不守规矩，难成方圆"的古训至今都是正确的，至今都具有普适意义。而且，必须指出的是，当下的学校管理弊端，与管理的松懈是有关的。在以人为本的今天，严格管理不能退出治校的视野，不能退出校园。管理的严格，实质上体现了管理者的社会良知，意味着社会责任的勇敢担当。我们应当向蔡林森的严格管理致敬。

传统的理念与经验，包括关于规矩的古训，应当给以时代的解释，赋予时代的意义。蔡林森对此做了有效的探索，那就是人格治校下的严格管理。他自己说："我以人格治校，时时、处处为学生着想，努力为学生服务，赢得了大家的理解、支持，这是办好学校、教好每个学生的前提。"显然，没有人文关怀，缺少管理者的人格魅力，严格管理难以进行，难有成效，甚至会走向反面。想起马卡连柯的一句话：只有更多地尊重学生，才能更严格地要求学生。把这句话迁移到整个学校管理中来便是：只有更多的人文关怀，才能更严格地管理学校。蔡林森正是体现了这一管理智慧。

蔡林森把人格治校置于前提，以严格管理的方式来呈现，归纳起来是：第一，把校长的关心与帮助落实到有困难的、需要帮助的教师身上。他把钱看得很轻，那是因为把人看得很重。第二，让教师和学生各个是被管理者，各个又是管理者。当被管理者的体验会迁移到管理者身上来，当管理者才会有主人翁的意识，管理与被管理的融洽和互动，形成了特有的管理机制和氛围。第三，让教师和学生在文化标识中受到激励和鼓舞。灯箱上同伴的照片、格言，还有名人雕塑上的名言，都会冲击师生的心灵，找到学习的榜样。第四，严格的管理制度。制度像是一座冷冰冰的机械，但是它公平，坚守规则。而制度一旦抹上人文的阳光，就会更加美丽起来。为什么教师结构工资制、"包"的责任制、取消快慢班的决定得以推开，而且有了成效？就是人文与严格的统一，制度不仅有"刚度"，而且有了温度，让人既感到压力，又有温暖的感觉。第五，靠前指挥、走动式管理。只有深入，才能了解真情，才能正确决策，才能使管理呈现在具体的、真实的、生动的情境中。

（四）蔡林森改革的重点：课堂教学模式的探索与真正的落实

在蔡林森这本活的教育学中，课堂教学居于非常重要的地位。他坚信，教学质量是学校的使命，也是学校的生命线，而质量的提高，必须依赖课堂教学的改革。可以说，一个对课堂教学不重视、不感兴趣的校长，肯定不是好校长，学校也肯定办不好。蔡林森可不是这样。他对课堂教学不仅重视，而且是他的"兴奋点"，是他办好学校的突破点，是他管理学校的强项，形成了他的优势，成为他成功的又一秘诀。

课堂教学究竟怎么改？要改的地方太多了。蔡林森抓住了课堂教学的核心：让学生学会学习。《学会生存》早就指出："教育的目的在于使人成为他自己，'成为他自己'。""学习过程现在正趋向于代替教学过程。""现代教学，同传统的观念与实践相反，应该使它本身适应于学习者，而学习者不应屈于预先规定的教学规则。"蔡林森以清醒的头脑，准确地把握了教学的核心问题，坚定不移地坚持和推进"先学后教，当堂训练"教学模式，使洋思模式在一所民办学校取得了成功和新的进展。

"先学后教"的可贵之处在于，让学生走在教的前头，让学生先探索，先体验，积累经验，发现问题，产生障碍，然后带着问题去学习。"先学"势必把学生一开始就置于学习的主体地位，而且成为"后教"的依据及重点。这样的教不是盲目的，不是随意的，势必使以学定教的理念和原则落到了实处。其实，洋思的这一模式，不仅是"先学"，而且是把学贯穿在整个教学过程之中。所以"先学后教"不仅是一个先后次序的问题，更是突显和落实教学核心的问题。无疑这是正确的，是科学的，是先进的。

"当堂训练"的可贵之处在于，对教学负责，对所有学生的学习负责。教学不等于训练，但教学需要训练，问题是需要什么样的训练。在"当堂训练"的基础上，蔡林森坚持课堂教学的"四清"。他不仅对"四清"做了准确定位，而且有正确的指导思想，归结起来就是他所强调的，"从实际出发，怎样做效果好就怎样干"。同时，有很好的策略，抓了细节，抓了落实。

蔡林森自己也在不断改进和完善。比如"讲"和"练"的关系充满着辩证法，特别是"要练出门道，练出智慧，练得精彩"，闪现着他的教学哲理的光彩。

蔡林森的再一次创造奇迹，又一次告诉我们，怎样做一个好校长，当好校长不仅是应该的，而且是可能的，关键是校长本人是不是有追求，是不是有智慧，是不是有自己的主张，是不是能坚持。他是一本活的带有乡土气息的教科书，不仅校长应该学，而且教师也应该学。这本教科书已成为一本具有中国特色的、本土文化特点的活的教育学，他自己本人也定会成为教育家，永远行走在现代化的校园里。——我们相信，而且乐观地期待着。

十二、以自主学习为根本的教学改革

——评洋思初级中学"先学后教，当堂训练"的课堂教学模式

南京师范大学教授、博士生导师　杨启亮

泰兴市洋思初级中学历经多年实验研究，走出了一条以自主学习为根本的教学改革与发展道路。这是一条有中国基础教育特色和洋思中学之校本特色的道路，是于质朴中见精神、于自然中创新、于平淡中卓越而超群的原创的道路。

洋思中学广及各年级、各学科的教学模式，称之为"先学后教，当堂训练"。这一模式已经成效显著，然而单从文字上看却绝无多少玄妙奇异之处。只是在笔者赴洋思随机听课、深度访谈、多方调研之后，细细琢磨再三，才有些心灵震撼的体验。

（一）自信的现代教育理念

教育改革的核心问题是转变观念，教学改革、课堂教学改革的深层动因也是转变观念，正是那些校舍简陋、师资单薄、生源也惨淡的创业的岁月里，萌生了洋思人执着自信的以学生为本的现代教育理念，正是它如星火之燎原，照亮了洋思人万般艰辛却体验着幸福的改革之路。在洋思中学的校园里，师生间、课堂上看似平常、听似平淡的教学现象背后，执着地洋溢着一种教育的博爱精神、对学生赏识与信任精神，这即是"爱满天下""让每一个孩子都抬起头来走路"的精神。这种精神从校长到教师、从教师到学生，层层张扬开来，演化作洋思人自信的体行实践。

洋思人从心底里相信每个学生都能学好，相信每一个教师都能教好，并且自信地实践着不选择学生、不苛求教师的原有基础，学校不分快慢班、班里不分优差生等刚性措施。实际上，洋思人把复杂的探究课题、把难以想象的教育难题都留给了

自己，学生们由后进生到全体合格、青年教师由初上讲台到教学技艺精湛，倾注的自然是洋思人的心血。多年来，洋思中学正是在这样的过程中，创造了入学率、巩固率、毕业率、合格率均为100％的骄人成果。执着于一种理念、提出一种教学模式并不难，积极尝试部分成功也不难，但如洋思人之多年艰苦求索，广及各年级、各学科、全体教师、全体学生，且能一以贯之的成功案例实不多见。

洋思人演绎的是原创的现代教育理念，因此在洋思经验的文献里人们几乎见不到多少外国"圣贤"们的理论借鉴。然而，健康成长的学生们却又仿佛体验到了如布卢姆的"差异教学""掌握学习"的理念关照，乃至如合作教育、交往学习、自主建构性学习等现代理念，也都在洋思人独特的品格中获得展现。另外，还必须指出，这里还有教育公平伦理理念、现代教学尊重学习者主体的理念，这都是作为教学改革之基础的理念。这些理念为洋思人执着坚忍的自信心所驾驭，就有了创造奇迹的动力源泉。

（二）自然的课堂教学模式

在洋思中学听课，给人最深刻印象的莫过于它的自然宽松、质朴随和，绝无刻意雕饰、重复排练过的痕迹。我曾十分困惑于时下的公开课教学，也曾在评课时提出过"这堂课最大的问题就是没问题"的悖论式的评价意见，起因即在于这些课的表演性和不自然。然而洋思中学开放式的公开课却让我折服，让我如沐春风而赞叹不已，它充满了生活般的互动交流，跃动着真实无妄的对或错，那么平实，那么自然而然，甚至竟让那些不远千里来听课的教师们感到失落：大部分的时间都是学生们在那里兴致勃勃地学，教师们只是点拨诱导，设置疑问，几乎不讲多少课，这样的课，我们也能办到吗？

其实，再往深层次追问，情况可能就全然不同了：我们的教学我们的课，宗旨究竟是什么？洋思的课堂上，教师和学生们不是都沉浸在教学中了吗？甚至，如果我们不是有意强化自己的观摩者的角色意识，岂不是很自然地会转换角色像学生一样融入他们的教学生活、融入他们的课吗？洋思的课，是在追求教学之内涵的超越境界里，已淡化了某些惯例形式的课。洋思的课，突破了那种教师讲得尽善尽美，学生折服于教师权威而被动、压抑的惯例；那种只重视了"双基"却淡漠基本品质养成的惯例；那种单向授受几无反馈调节的惯例，是求得自然的返璞归真的课。

如果我们能把洋思的课堂教学之轻松与教师们一丝不苟、精益求精地备课、研究课、相互交流观摩课的情形相对照来思考就不难悟出，超越传统惯例、走出自然轻松的课堂教学创新之路是何等不易，何等令人赞叹！而这里更潜隐了多少教师成长的艰难。

（三）自主的教学角色转换

"先学后教，当堂训练"，从根本上体现了现代教学关系中的角色转换；这种转换从课堂教学形式上看，教师仿佛已退居二线，他们遵循着凡是学生或通过学生群体交流能够学会的就坚决不交、不重复的理念，真正是导师和引路人的角色了，而学生学习却占据了课堂上绝对优势的时间和空间。但真正难能可贵的是洋思人创造了一种自主学习精神，从实质上把教学创造成了学生自主学习的活动。洋思的学生从一进校就获得了自己必然成功的那种自信，更融入了成功必须依靠自主学习的内在动机，终于，洋思人创造学生自主学习就像教师自主备课一样的氛围，也创造了课堂上学生们千姿百态地展示其自主学习结果的动人景象。

洋思的"先学后教"渗透着自主精神，不仅预习在先，上课时往往经教师数语点拨，学生就很快地"通过引桥，上了自学快车道"，而且所谓"后教"也不是教师教，依然主要是引导学生们自己教自己，学会的教尚未学会的。而洋思的"当堂训练"也与我们通常关心的当堂巩固、当堂掌握不尽相同，而是有检查自己学的功能，训练自己用的方法许多追求。显然，洋思的课堂教学所关心的已不是学生自主地学习，而是学习自主、训练自主、养成自主学习的品质，为此，他们布置学生进行课外阅读预习，尤其重视延伸性指标，布置的课外作业则特别强调拓宽性。自主学习，这在洋思已不是一种理念，一种目标，而是事实，在这种事实里，其实已经与终身学习的理念接轨。

（四）自生的原创精神

洋思中学的自主学习的教学改革之路，是从执着的信念和实践的经验中走出来的，称得上是中国基础教育改革中有自力更生特色的原创性的道路。他们以活生生的全体学生的全面素质发展，深刻地诠释着现代教育理念，却找不出些许模仿或因袭的痕迹；他们的成功包括成功自创的课堂教学模式，尽管没有经过多少形式包装，也堪与国内外诸多优秀范例相媲美，同时却又与它们绝不雷同；他们起步的时候条件相当艰苦，但却最终以其卓越的教育精神、教师精神、自强不息的精神创造出奇迹，这是自信、自然、自主、自生的奇迹。

洋思中学的经验是创生的，它启迪人们思考与探究，更启迪人们以这样的精神去研究自己的实践，开辟自己而不是洋思的创新之路。我看重的，正是这种精神。

十三、论蔡林森的教育家本色

泰州市教育局　戴　荣

在中国当代基础教育界，蔡林森可算是一个家喻户晓的人物：全国劳模、全国十大明星校长、两次受到江泽民同志的接见，在把洋思这所村联办初中办成全国名校、再举校搬迁进城之后，又以 66 岁的高龄"转赴中原"，用两年多的时间，将一所名不见经传的河南沁阳永威学校，办成了质量上乘、人民满意的第二个"洋思"。从蔡林森对教育的独特理解、实践创新、执着追求精神和所取得的显著成就观察，蔡林森不仅是一位好校长，更是一位教育家。本文试对此做一探讨。

（一）何谓"教育家"

温家宝同志曾多次强调，要培养一支德才兼备的教师队伍，造就一批杰出的教育家。在国家科技教育领导小组前不久召开的研究制定《国家中长期教育改革和发展规划纲要（2010—2020 年）》的会议上，温家宝同志又进一步强调："教育事业还是应该由懂教育的人办""要造就一批教育家，倡导教育家办学。我们有许多优秀科学家，受到社会的尊重。我们更需要大批的教育家，他们同样应该受到社会的尊重"。

陶行知曾批评过三种看似"教育家"实际上是与"教育家"背道而驰的人，他说："我们常见的教育家有三种：一种是政客的教育家，他们只会运动、把持、说官话；一种是书生的教育家，他们只会读书、教书、做文章；一种是经验的教育家，他们只会盲行、盲动，闷起头来，办……办……办。"中国教育学会会长顾明远在对教育界的现状进行分析后认为，我国教育工作者一般分为两类：一类是教育实践工作者，培养了大批人才，但是不注意总结经验；另一类是教育理论工作者，他们大多从事教育理论研究，很少参与教育实践。这实际上也就指出了当代中国难出教育家的"症结"。

那么，何谓"教育家"？有专家认为，一个有实践、有素质、有创造、有成就、有影响的教育者就是教育家。中央教科所所长袁振国认为，第一，教育家要有自己的教育思想，有对教育的独到理解，有对教育理想的不懈追求；第二，教育家不仅有深刻的思想，更需要有丰富的教育实践，可以说，教育家就是有思想的实践家；第三，教育家是改革的实践家，创新的实践家，他们善于发现新情况、新问题、新趋势，能够与时俱进，使自己的教育思想在改革实践中不断创新；第四，教育家是一个先行者、示范者、发动者，是能够提出学校发展愿景目标的设计师，是能够打造精英教师团队的精神领袖，是一个追求卓越办学成就的领跑人；第五，教育家必须是人性丰富、人格完善、人品高尚的人，真正的教育家，留给人们的是思想，更是人格。

（二）蔡林森其人

纵观蔡林森的人生历程，大体可以分为三个阶段。

第一阶段，60岁前。他响亮地提出"没有教不好的学生，让每一位家长满意"的办学理念，创立"先学后教，当堂训练"的课堂教学模式，推行"从初一年级抓起，从新生进校第一天抓起，从最后一名学生抓起""堂堂清、日日清、周周清、月月清"和"承包教育教学质量"等行之有效的管理办法，把洋思这所"三流设施、三流生源、三流师资基础"的村联办学校打造成了一面全国素质教育的旗帜，创造了"洋思教育的奇迹"，江苏省教育委员会和泰州市委、市政府分别做出了学习洋思的决定；蔡林森本人也成为全国劳模、全国十大明星校长、两次受到江泽民同志的接见。

第二阶段，60～66岁。在泰兴市委、市政府领导的一再挽留下，蔡林森同意继续担任洋思中学校长，工资一分不多拿，奖金拿教师奖金的平均数。在这6年时间里，蔡林森带领洋思开设"生活课程"，加强教师的"校本培训""校本教研"和"合作式教学"，继续深化素质教育，《中国教育报》在2004年推出《因为实在，所以有效》和《"倔老头"蔡林森》之后，在2005年5月间，连续用4个整版推出《"洋思现象"解读》，2004年的《人民教育》推出了《解读蔡林森和他的洋思团队》，2005年的《教育研究》推出了《实施优质教育，促进全体学生全面发展——洋思中学的经验及启示》，《江苏教育》也先后推出了长篇报道《洋思的魅力》和《拷问洋思》等。特别值得一提的是，蔡林森校长从洋思中学的长远发展考虑，在学校负债400万元的情况下，以非凡的胆识和魄力，斥资1.2亿元，将学校整体搬迁进城，实现了学校的"战略突围"。

第三阶段，从洋思退休以后。在洋思进城一年后，也就是2006年暑期，蔡林森先后3次向泰兴市委、市政府领导递交报告，恳请退休，让年轻校长接班。8月10日，泰兴市委、市政府领导同意了蔡林森的请求。此时的蔡林森已经功成名就，学校发展到了一个高峰，自己成了名副其实的"乡村教育家"。

此时的蔡林森是真想彻底摆脱"凡事纠缠"，离开课堂、离开洋思，过上优哉游哉、颐养天年，或者是闲来休息休息，高兴时"云游讲学"的生活吗？（要知道，当时全国各地对其可是"趋之若鹜""崇拜之至"。）

非也。他内心的真实想法是"不要分文协助新校长专抓课改"，因为他"离不开课堂，离不开洋思"，课堂和洋思已经成了他生命的全部。

由于一定原因，蔡校长没能继续留在洋思。

在河南沁阳教育局领导一再邀请、河南沁阳永威集团董事长"三顾茅庐"般的"精诚所至"和江苏省教育委员会原副主任周德藩的悉心开导下（"教育无国界、无省界，你到河南推广江苏经验，同样是为教育事业做贡献，也为江苏争光，陶行知不是在几个地方办过学校吗？"），蔡林森以66岁的高龄"背井离乡、转赴中原"，用两年多的时间，将一所名不见经传的河南沁阳永威学校，办成了质量上乘、人民满意的第二个"洋思"。

（三）蔡林森的教育家本色

2009 年第 1 期的《江苏教育》（教育管理版）推出了"独家策划·大校长蔡林森"，其中包括四篇文章：《江苏教育》主编张俊平的《校长当如蔡林森》、蔡林森自己的《当校长就是为了教好每个学生》、《中国教育报》资深记者苏婷的《一颗普通的灵魂能够走多远》和江苏省教科所原所长、国家督学成尚荣的《蔡林森：一本活的教育学》。通读这四篇文章，可以对蔡林森在河南永威两年多时间的情况知道一个大概。

一同事问我，"独家策划"为何称蔡林森为"大校长"？蔡林森校长"大在何处"？是啊，"海纳百川，有容乃大"，"大校长蔡林森"的含义何在？后读到袁振国先生在《中国当代教育家丛书》的前言《教育家向我们走来》中的一段话，自感茅塞顿开。袁振国说："没有'捧着一颗心来，不带半根草去'的大爱，没有'我不入地狱，谁入地狱'的大义，没有'敢为人先，争创一流'的大志，岂有大教育家？"蔡林森不甘沉寂、不离课堂，"单刀赴会、逐鹿中原"，显示出的不就是"大仁大爱、大智大勇、大志大气"的教育家本色吗？

大仁大爱。蔡林森视学生如己出，视学校如家庭，视教育如生命，在洋思就不乏这样的例子。到了永威之后，蔡校长更是如此。他生活简朴，把工资中相当大的一部分献给了有困难的学生、教师或其他人：自掏腰包 3.5 万元，让高考、中考期间的学生买些冷饮或增加营养；亲自为学校谱写校歌，并自费 1 万元请人灌唱片在学校播放；学生家庭困难交不上学费，蔡校长不言语就给交了；董事长跟其签订合同，嫌给的工资多了，要求奖金减半，不是对教育和学生具有大仁大爱的人，岂会有这般的作为？

大智大勇。在洋思，他坚持"没有教不好的学生"的办学理念，创立"先学后教，当堂训练"的课堂教学模式，实行一"包"到底，从"三个一"抓起，开展"四清"运动和将德育、体育放在突出位置；到永威，他"五坚持、两不变"（坚持"当校长就是为了教好每个学生"，坚持"先学后教，当堂训练"的教学模式，坚持"教书育人责任制"，坚持"四清"的教学过程管理，坚持依靠科学，统筹兼顾，让每个学生全面发展；"没有教不好的学生"的教育理念一直没有变，求真务实的工作作风没有变），以课堂教学为中心，突出学生的德育、体育，特别是在小学和高中成功推广了"洋思经验"，两年多时间就取得显著成绩，这是何等的智慧？当初的洋思中学，在继续对学区内学生实行免费义务教育的同时，满足全国各地学生求学需要，增挂"泰兴市洋思实验中学"的牌子，实行公有民营，贷款建校，收费还贷，使学校的办学条件发生翻天覆地的变化；特别是以"400万元"的债务之身，斥资1.2亿元，将洋思从农村搬迁进城，既继续从事农村教育，又彻底解决了学校发展之困，这是何等的胆识和魄力？以66岁的高龄接手一所民办学校，不图钱财，冒着"功成名就"的个人历史可能被改写的危险，"放马中原"，这又要何等的勇气？

大志大气。陶行知先生有言："为一大事来，做一大事去。"在江苏，他把一所几个村联办的初中办成了中国名校和素质教育的典型，这必然是非大志而不能为；在刚到永威的三个多月时间里，他每天从早到晚"钉"在课堂里，一天听课、评课七八节，江苏江都国际学校朱锡根校长感言："猛然间，我甚至很想算这样一笔账：我们做了几年校长，甚至十几年校长，加起来我们听的课比蔡校长三个月多几节？"而这就是源于蔡校长"坚信没有办不好的学校""我一定要再拼一回，一定要办好永威学校"的"大志"。当初，在洋思刚刚才有一点名气时，面对上级领导、外校教师和新闻媒体指导、学习、质疑、追问的各种目的，蔡林森就不顾"稚嫩""处处瑕疵"的实际，敞开大门，欢迎参观指导，并接受邀请四处讲学和上公开课，最终促进了洋思的大提升、大发展和声名远扬；如今在永威，蔡校长继续善良而又执着地认为"只有开放才能共同提高"，学校既是沁阳市教育局的校长、教师培训基地，又接待了焦作市的多批校长培训，这也是非"大气"而不能为也！

孔夫子"颠沛流离，累累若丧家之犬"而不改其志，陶行知"脱下长衫"穿上草鞋，"与牛大哥做朋友"，皆几十年如一日，始成教育家。正如袁振国先生所说，教育是挚爱，这种爱，越是无私，越是深厚；教育是思想，这种思想越是现实，越有智慧；教育是信仰，这种信仰越是坚定，越有力量；教育是追求，这种追求越执着，越有成果。蔡林森无法复制，也无须复制，但他身上折射出的教育家精神却值得我们广为倡导和大力弘扬！

十四、蔡林森在沁阳

——一位教育家带给一个区域教育的巨大变化

河南省沁阳市教育局党组书记、局长　史曙光

蔡林森——一位古稀老人用生命的至诚书写了又一个不朽的教育传奇！

他改变了永威学校。2006 年 10 月，蔡林森校长从洋思来到沁阳，加盟永威学校。他坚持"没有教不好的学生"的教育理念，全面推行"先学后教，当堂训练"教学法和"教书育人责任制"，大力实施课堂改革，着力打造高效课堂，强力推进精细化管理，教学质量和办学水平大幅度提高。几乎一夜之间，这所名不见经传的民办学校，让世人刮目相看，一跃成为全国知名学校。教育部命名永威学校为中小学校长培训实践基地、全国基础教育培训实践基地。学校规模不断扩大，教育影响力持续攀升，全国各地前来参观考察的人数突破 100 万。

他引领了沁阳教育。全市校长和教师跟随蔡校长"影子培训"，近距离感受他的人格魅力和敬业精神。全市上下向蔡校长学精神、学理念、学课改、学管理，争当优秀校长，争当优秀教师，创建品牌学校的氛围高涨浓烈，形成了"有思想、会管理、能坚守、出成绩"的教育家式校长队伍和"有理想、爱学生、钻业务、出成果"的研究型教师队伍。"教书育人责任制"和"先学后教，当堂训练"教学法创造性又接地气地运用，催生出一大批本土名校，省内外慕名而来参观考察的教育工作者络绎不绝。《中国教育报》《河南日报》《教育时报》等主流新闻媒体对沁阳教育的发展进行了实时跟踪报道。沁阳教育步入了前所未有的发展机遇期，素质教育扎实推进，办学水平持续提升，各类教育协调发展，教育质量全面提高，县域教育品牌影响力和竞争力显著增强。先后荣获"全国义务教育发展基本均衡县（市）""全国农村学校艺术教育实验县""河南省教育工作先进市""河南省民办教育先进市""河南省教育科研实验基地""河南省网络学习空间整体应用试点县（市）"等称号，连年荣获"焦作市教育质量奖县市区教育发展奖一等奖"，高招、中招成绩连年位居焦作六县

市（区）首位。

"校长当如蔡林森"，这句话一点不错。九年来，我和蔡校长从相识到相知，无时无刻不被他的精神感动着、鼓舞着、激励着。

蔡校长敢于担当。蔡校长曾把洋思中学办成全国名校，创造了"洋思经验"。2006年，集众多殊荣于一身的蔡校长，缘于骨子里那份对教育的执着追求和"没有办不好的学校"的坚定信念，66岁的他义无反顾地来到沁阳，毅然接手当时已经跌入低谷的永威学校，从事业的巅峰回到创业的起点。有人不解，有人怀疑，但蔡校长却说："我一定要再拼一回，一定要办好永威学校，再创一个教育奇迹"，要把永威办成"全省领先，中国一流，世界知名"学校。9年的持之以恒，3000多个日夜的坚守，一步一个脚印，一天一个进步，一月一个变化，在一位老人手中，永威学校创造了"永威奇迹"，永威学校谱写了"永威神话"，蔡校长用执着和担当迎来了人生的第二次辉煌。

蔡校长善于落实。习近平总书记说："一分部署，九分落实。"在永威学校的每一天，蔡校长事事亲力亲为，始终行走在教学第一线。在他看来，抓落实就是抓课堂，就是抓管理。"校长就要冲在第一线"，蔡校长言必行，行必果。他用超越常人的勇气和魄力，打破了学校"一潭死水"的僵局。他全力推行"教书育人责任制"，一个"包"字，让全校师生动了起来，各项工作活了起来；他以课堂为突破口，强力推广"先学后教，当堂训练"教学法，掀起了一场课改风暴；他狠抓"四清"管理，关注每一名学生，从最后一名学生抓起，学生人人优秀；他坚持靠前指挥，走动管理，不断发现问题，及时解决问题。他用踏石留印、抓铁有痕的劲头，一堂课一堂课磨，一件一件事抓，抓出了永威学校管理的精细化，抓出了课堂教学的高效率，抓出了教学质量的快提升。

蔡校长乐于奉献。习近平总书记说："选择吃苦也就选择了收获，选择奉献也就选择了高尚。"这种"吃苦是福"的思想也是蔡校长一贯的做人做事准则。他常说："人活着，就是要吃苦，这样才能成人、成才，才能有所作为，实现人生的价值；与苦难作斗争，其乐无穷。"熟悉蔡校长的人都知道，除了理发、外出讲学和一年一两次回江苏老家之外，他从来不离开永威学校。他的身影总是活跃在校园的每个角落，披星戴月，夙夜在公，即使是90多岁高龄的父亲左脑大面积血栓，生命垂危，蔡校长也是在老父亲病情得到控制后，嘱咐家人好好照顾，自己立刻返回学校，投入到紧张的工作中。蔡校长还经常用自己的工资资助家庭困难的教师，奖励成绩优异的学生，每年中考、高考，他都拿出一万多元作为毕业班学生的伙食补助。蔡校长的豪迈大气和无私奉献，感动并激励着全体永威师生。

蔡校长勇于创新。创新是一个民族的灵魂，是国家兴旺发达的不竭动力。"老骥伏枥，壮心不已"，蔡校长虽年过古稀，却有着一颗积极进取、锐意创新的恒心。来到永威后，他并没有照搬自己首创的"洋思模式"，而是大胆地将自己在洋思中学历经数十年呕心沥血实践、总结出来的"先学后教，当堂训练"教学法与永威学校实际相结合，创立出符合小学学科特色的"四个一"教学法和符合高中学科特色的"自主—合作—自主"教学法。时至今日，蔡校长一天也没有停下研究的脚步。前段时间，他撰写的《课改有规矩，不能太"任性"》一文在《中国教育报》上刊登，再次对课改的推行提出了新的要求。"流水不腐，户枢不蠹"，正是这种科学求实、勇于创新的精神，让"先学后教，当堂训练"教学法始终焕发着勃勃生机，推动了永威学校在短时间内成为全省乃至全国的一张亮丽名片。

蔡校长严于律己。习近平总书记说："各级领导干部都要既严以修身、严以用权、严以律己，又谋事要实、创业要实、做人要实。"初到永威学校，面对百业待兴的局面，蔡校长不等不靠、不埋怨不气馁，以身作则，率先垂范，带着老师们干，干给老师们看。每天，他总是起得最早、睡得最晚，忍着膝关节骨刺的病痛，四层教学楼上下几十个教室一个一个检查，一个一个指导；每天，他总是和老师们一起听课、评课，年均听评课1000余节。他坚持全面贯彻党的各项方针政策，严格遵循教育规律，带领大家研究、确立永威学校《师生课堂规则》《四清制度》《评价制度》等40余项制度，依法抓管理，依法搞课改，守纪律，讲规矩，全面推进依法治校。他是"三严三实"的忠实践行者，他是践行"三严三实"的真正楷模。

毛泽东同志说："一个人做一件好事并不难，难的是一辈子只做好事。"蔡林森，视教育如生命，把教育理想作为人生的不竭动力，把教育追求作为人生的唯一方向，把整个灵魂都融化到了党的教育事业中。

一个人，改变了一所学校；一个人，引领了一方教育。从一个蔡林森到千千万万个蔡林森，从一个学校的强大到一个区域教育的崛起，今天的沁阳教育人正在蔡林森精神的感召下，为办好家门口每一所学校，办好人民满意的教育，孜孜以求，砥砺前行。

十五、真学 笃行
——让"先学后教，当堂训练"课改之花在沁阳绽放

河南省沁阳市教研室主任 王松江

2006年10月，蔡林森校长加盟永威学校。沁阳市教育局很快就将永威学校确定为"校长、教师培训基地"，沁阳市教育局几位局长亲自带队组织中小学校长、教师分批到永威跟岗培训，抛弃陈旧的教学观念，深刻领会永威学校"先学后教，当堂训练"教学法的精髓，努力提高课堂效率。

几年来，我市先后组织了50余批次校长培训班，深入永威学校，跟随蔡校长进行"影子培训"；组织高中、初中、小学20000余人次到永威学校轮训，开展了声势浩大的学习蔡林森，学习"先学后教，当堂训练"教学模式活动，将蔡林森"先学后教，当堂训练"课改"金种子"撒播到全市每一所学校。

沁阳市教研室主任王松江介绍沁阳推广"先学后教，当堂训练"的经验

(一) 推广"先学后教，当堂训练"教学模式的实践

我市中小学课堂教学改革是全面推广实施"先学后教，当堂训练"教学模式，提高课堂教学效率，提升教育质量。

1. 学习。全市中小学深入贯彻落实《沁阳市教育局关于开展向蔡林森校长学习活动的决定》《沁阳市教育局关于全面推广"教书育人责任制"管理办法的意见》《沁阳市教育局全面深化实施"先学后教，当堂训练"教学法的指导意见》《沁阳市教育局全面学习蔡林森校长深入开展"四学两争一创建"活动的实施方案》等文件精神，认真学习研究蔡林森校长《教学革命——蔡林森与先学后教》《蔡林森：学校管理变革》等重要论著，深刻领会蔡林森教育思想的精髓。组织中小学校长和骨干教师到永威学校跟岗培训，树立"没有教不好的学生"的教育理念，掌握"教书育人责任制"的管理方法，推动教育管理精细化，熟悉"先学后教，当堂训练"教学法的操作流程，深入推进课堂改革。

2. 试点。各校在校长和骨干教师的带领下通过调查问卷、会议研讨、课改示范课、观摩课等各种形式迅速开展全面学习，让全体教师去认识、了解直至掌握"先学后教，当堂训练"这种教学模式教学法的理论基础、方法运用及各学科的操作方法。

3. 推广。一是牢牢牵住校长抓课改这个"牛鼻子"。把课改工作纳入对学校、校长的目标考评。要加大落实课改模式的评价力度，把学校、校长全部安装上课改方向盘，全部引领到课改轨道上。特别要评价校长的课改能力、课改实践、课改成效。开展全市校长赛课活动，让校长人人都是课改能手，能够搞课改、课改效果好者上，不能搞课改、课改效果差者下。二是积极开展"说课标、说教材"活动。把学习和研究课程标准，作为校本教研的中心和重点工作，促进教师对课标和教材深层次把握，提高教师落实课标、运用教材的能力。推动教师系统把握教材结构体系，优化课堂教学设计，提高课堂教学时效。三是扎实推进全市性赛课活动。指导学校每学期组织1~2轮赛课活动，研究、解决赛课中全市课堂上存在的共性问题，逐步完善课堂教学环节，倡导学校带着问题到永威学校进行针对性学习，尽快实现"堂堂精品课"的目标。四是进一步加强集体备课。各中小学要以"先学后教，当堂训

练"这种教学模式为指导，完善集体备课制度，围绕"进度统一、目标统一、内容统一、过程统一和检测统一"的原则，认真组织学科教师开展集体备课，优化课堂教学设计，提高课堂教学的针对性。五是开展相关科研课题研究。在我市所有中小学开展"先学后教，当堂训练"课堂教学模式在不同学段的应用课题研究，形成富有我市特色的教科研成果；根据各学校、各年级、各学科的具体情况，进一步对"先学后教，当堂训练"教学模式进行补充与修改，各自形成一套可行性强、实效性高的教学方案，并在全校范围内推广与实施。

4. 交流总结。2013 年，沁阳市教育局对全市中小学"先学后教，当堂训练"课堂教学模式在不同学段的应用课题的研究成果进行评比，评出十大优秀成果，并进行成果的交流展示工作。在全市开展课改特色示范学校评选活动，树立课改工作先进典型，并进行经验交流。

（二）推广"先学后教，当堂训练"教学模式的成果

蔡林森教育教学思想，深刻改变了沁阳教育的管理方式和教学方式，产生了巨大的教育生产力。

1. 课堂效率显著提高，学生课业负担减轻。运用"先学后教，当堂训练"教学法，每节课训．练时间不少于 15 分钟，学生能当堂独立完成作业，课后不做作业；也不强求学生课前预习，更不强求学生做预习作业，这种高效课堂能从根本上减轻学生负担，从来不向课前或课后延伸学业任务，能使学校、学生进入良性循环，又好又快地全面发展。

2. 教师成长全面提速，集体备课落实到位。一是教育理念快速更新，课堂角色发生改变。教师从单向的知识传输或灌输性的讲授式教学，转向了组织学生自主学习、合作探究、自主建构知识体系的教学方式。教师由台前走到了幕后，从演员变成了导演，学生成为学习的主角，教师成了教学的主导。这种变化极大地调动了教师的教育智慧和课堂的组织协调能力。二是加强集体备课，激发创造活力。推广"先学后教，当堂训练"教学法时要求所有学校严格执行集体备课制度，集体备课时，教师集体研讨下周每节课如何引导学生紧张、高效地自学，达到五个"统一"：统一进度（划分课时），统一学习目标，统一自学指导，统一检测题，统一课堂作

业。该教学法为教师提供了简便易行的一般操作方法，教师只要把握实质和操作要领，完全可以灵活运用，游刃有余。这就为教师的课堂创新提供了最大限度的空间，更为教师有针对性地进行教学研究提供了可能，教师教研的主动性得以有效地发挥。

3. 学生自学能力提升，综合素质显著提高。"先学后教，当堂训练"教学法的每一个环节都能促进学生全面发展和综合素质的显著提升。一是学生在课堂上紧张地看书、练习、更正、讨论，听老师点拨，当堂完成作业，当堂达标，全过程学生都在实践，在"做"中学，"干"中学，这样就培养了学生各方面的能力，如读书的能力，思维的能力，说话的能力，自学的能力，自我反省、自我纠错的能力，等等。学生不仅学会知识，还学会动手，学会动脑，学会如何学习，掌握了认知的手段。二是在学生紧张学习的过程中，培养了学生的自信心、责任感、竞争意识。每一个学生，包括后进生在课堂上都能获得自信和尊严，学生不依赖老师，靠自己学，由旧知而获得新知，对学生来说，这也是一种创新，这是在培养学生敢于探索、大胆创新的精神。教师课堂上组织学生进行"兵教兵"的合作学习，不仅着眼于提高学生的学习效率，更有助于增强学生的合作能力，提升班级的凝聚力。三是学生当堂完成作业，课外的时间就可以还给学生，学生就有时间走出校园，走进社区，开展社会实践活动，学习教材中讲不到的知识，掌握课堂上学不到的能力；可以参加丰富多彩的第二课堂活动，促进身心健康发展，全面提高个人综合素质。

4. 教育质量大幅提升，课改效果厚积薄发。在全市中小学推广"先学后教，当堂训练"教学法之后，教育教学质量连年提升，中小学学业水平质量监测成绩连续名列焦作第一，这是坚持实施"先学后教，当堂训练"教学法取得的丰硕成果。下面，我以近四年我市取得的教育成绩说明这一点。

2011 年，高考成绩再创历史新高，本科上线 3139 人，比去年增加 895 人；本科上线率达 65.7％，较去年增长 15.5 个百分点；考生原瑞琦被清华大学录取。中考成绩稳居焦作前列，全部考试科目成绩均名列焦作六县市第一名，21 项评价指标，获得 18 项第一，3 项第二。焦作市初中学业水平监测，综合成绩名列全市第一，4 所初中进入焦作前 10 名，20 所初中进入焦作前 100 名；永威学校位居焦作市所有初中第一名，外国语中学、实验中学、第二中学分别位居第三名、第六名、第十名，成为焦作市初中的龙头学校。在今年全国第二届和谐杯"说课标、说教材"大赛上，代表沁阳参赛的 12 名教师全部获奖。

2012 年，教育质量持续提升，高、中考创历史最好成绩，高考一本、二本、三本万人上线率，二本、三本上线率位居焦作六县（市）第一，焦作市文、理科状元均被我市夺得，3 名考生被北京大学和清华大学录取，创 1977 年恢复高考以来最好成绩，中考所有科目综合成绩均名列焦作六县（市）第一名，21 项评价指标全部位居焦作六县（市）第一名，在焦作市教育质量奖评选中，总得分 101.54，领先第二名 34.47 分，第六次蝉联"县市区教育发展奖综合奖一等奖"，获奖金 167.8 万元，领先第二名 51.8 万元，焦作市教育局评价我市"高中教育质量优势突出，义务教育学段协调发展，学科优势明显"；教育影响力不断扩大，"全国课改名校特色课现场观摩暨全国名校研究会首届全国课改名校长高层论坛"、全国首届"先学后教，当堂训练"教学法展示活动、"河南省县域义务教育均衡发展评估标准研讨会""第四届河南最具成长力教师"颁奖典礼、"河南省初中语文课堂教学研讨会"先后在我市召开，教育工作呈现出科学、快速发展的良好态势。

2013 年，我市再次荣获焦作市教育质量奖综合奖一等奖。我市高中、初中、中等职业学校均以较大优势位列六县市前列，折合得分领先第二名 23.48 分，教育质量稳居六县（市）第一。9 月 6 日，在焦作市召开的"庆祝第 29 个教师节暨教育质量奖表彰大会"上，我市再次荣获焦作市教育质量综合奖第一名，共获奖金 154 万元。这是我市连续第 6 年获此殊荣，市委书记魏新洪作为唯一县市代表在大会上做典型发言。高考成绩再续辉煌。2013 年高考，我市一、二、三本上线率和万人上线率均居焦作六县（市）第一；本科上线 3110 人，上线率达 74.6%，较去年增长 4.4个百分点；一本上线率取得历史性突破，普通类一本上线 460 人，较去年增加 206人，上线率增长 7.29 个百分点；对口高招本科上线 168 人，占全省对口招生计划的 8.4%。11 月 28 日，在郑州市召开的"河南省接受国家义务教育均衡发展督导检查反馈会"上，我市以 97.5 的高分，在全省首批接受国家义务教育均衡发展督导评估验收的 18 个县（市、区）中排名第一，顺利通过全国义务教育发展基本均衡县国家评估验收。

2014 年，我市教育工作喜讯频传，先后荣获全国义务教育发展基本均衡县（市）、河南省教育科研实验基地、河南省网络学习空间整体应用试点县（市）等荣誉称号。6 月 25 日，高考成绩揭晓，我市一本、二本、三本上线率和一本、二本、三本万人上线率均位居焦作六县（市）第一；一本上线 514 人，上线率达 14.61%，比全省一本上线率 7.7%高 6.91 个百分点；对口高招本科上线 175 人，位居焦作第一，本科上线率达 68.9%，是全省对口高招本科上线率的 11 倍多。7 月 7 日，中招成绩发布，我市所有科目总分优秀率、平均分和文化课单科优秀率、及格率、平均分等 24 项评价指标，全部位居焦作六县（市）第一名。

5. 家长满意度提高，学校信誉度提升。家长希望学校加强教学管理，推进素质教育，他们关注自己孩子的进步，关注学校的教学质量，他们实事求是，最讲真话不说假话。"先学后教，当堂训练"教学法推广以来，学校的管理走向规范和精致，教育教学质量显著提高，学生对学校的认同感增强，家长对学校的满意度大增。

在蔡林森精神和思想的影响和带动下，在全市教育系统广大教职员工的共同努力下，"沁阳教育"品牌已在全省教育界叫响，在全国的知名度和影响力逐步显现，全市教育工作进入了科学、快速发展的新阶段。今年 2 月份以来，各地教育部门前来学习考察的团队络绎不绝。济源、周口、商丘、新乡、洛阳等地市，先后有 1000 余人次莅临我市，对我市义务教育均衡发展、课堂教学改革、"两个一体化"管理机制、"1＋1"体育活动、校园文化建设等工作，考察学习，座谈交流。

十六、学习永威办学经验　助推邻水课程改革

——在蔡林森教育思想研究会中小学课改经验交流暨
优质课观摩展示活动上的发言

邻水县教育局副局长　谭钦超

大家好！我来自小平故里——四川省广安市邻水县。今天，由蔡林森教育思想研究会主办的中小学课改经验交流暨优质课观摩展示活动在美丽的中原大地隆重举行，这既是教育家、课改名师先进教育思想碰撞共鸣的盛会，更是蔡林森教育思想播撒在全国各地的一次成果展示，能参加这次的盛会，倍感荣幸！在此，我谨代表邻水县教育局向盛会的召开表示热烈的祝贺！向各位教育前辈和莅临大会的全体同

仁表示诚挚的敬意和良好的祝愿！向蔡林森校长和永威学校表示衷心的感谢！今天，我向大家汇报的题目是《学习永威办学经验　助推邻水课程改革》。

从洋思到永威，蔡校长创造了一个又一个奇迹，他的教育思想和办学经验影响了一批又一批的校长和老师，为全面实施素质教育、深入推进教育的改革和创新发挥了积极作用。通过近几年的课程改革，我们发现，仅仅学习和推广"先学后教，当堂训练"的教学模式是远远不够的，如何更加灵活运用蔡林森教育思想、借鉴"永威"经验之石，攻邻水教育之玉，才是我们前来学习的终极目的。2010年11月，全县58名学校领导、骨干教师开始了第一轮赴永威学校蹲点学习，借助永威经验、推动邻水教育的改革发展之路拉开了帷幕。在这4年里，我们深入学习蔡林森教育思想和永威学校的办学经验，全面实施"先学后教，当堂训练"的教学模式，不断总结反思课改成果，教育质量得到了进一步提高，课程改革得到了全面深化，教育事业呈现出良好的发展势头。在不断地探索与实践中，也为我们积累了点滴经验。

四川省广安市邻水县教育局副局长谭钦超介绍邻水学习永威、进行课改的经验

（一）观念的转变是推进课程改革的前提

更新教师观念，转变教育理念，让教师内心受到触动，从心底里想改，是踏踏实实走好课程改革之路的第一步。

1. 读书内化理念。县教育局提出了以加强学习、转变观念为先导的教师"读书工程"实施计划，用构建学习型团队的方式提升广大校长和教师素质。《教学革命——蔡林森与先学后教》《有效教学艺术》《有效教学十讲》《有效课堂管理手册》等教育专著成了教师的必读书目。"读书工程"的实施，使广大教师学到了前沿的先进教育思想，丰富了教育智慧，内化了课程改革理念，也激发了教师超越自我的热情，逐步树立了"让读书成为一种习惯，让读书成为一种乐趣"的意识，校园内形成了浓厚的课改氛围。

2. 专家指引方向。县教育局积极选派校长、教师到北京、上海、山东、江苏、重庆等地参加学术报告和课改交流会，邀请教育专家来到邻水做学术报告，传播先进的教育思想和课改理念，广大教师有了更多的机会与教育专家零距离接触与碰撞，教育理念得到了进一步转变，教学思想有了新的飞跃，广大教育工作者也逐渐形成了自觉学习新课程、投身新课改的良好风气。

3. 活动碰撞思想。课程改革"回头看，再出发"活动专题、新课程培训、校长论坛、学科论坛、"有效教学巡讲学区行"等规模宏大的通识培训和灵活多样的专题研讨，使新课程的思想理念、教学方式、管理模式逐渐成为教育行政管理人员、校长、教师的共识和行动。

（二）课堂的变革是推进课程改革的关键

"先学后教，当堂训练"的教学模式，符合课改理念，符合"行知"原理和教育规律，符合学生身心发展规律，有利于提高课堂教学效率，提高大面积质量，促进师生共同发展，适合我县实情，有利于我县课堂教学改革和本土化教学模式的构建。

1. 蹲点学习。从 2010 年 11 月起，县教育局由领导带队，分五批次选派了 180 余名中小学分管领导、骨干教师到永威学校蹲点学习，在蹲点学习过程中，全体学员通过全方位地听公开课、随堂课，分年级、分学科与永威学校骨干教师"一对一结对"，共同参加教研活动，全程跟踪学习，上汇报课，小组交流等，对永威学校的班级管理、校园文化建设、"先学后教，当堂训练"课堂教学模式进行了全方位学习，整个学习活动紧张、高效。我县派出学习的陈春梅、梅容、冯轩、甘平等七位学员学以致用，现场熟悉教材、现场准备教案、现场制作课件，借永威学校的公开课教室，运用"先学后教，当堂训练"的课堂教学模式，充分融入邻水有效课堂教学改革成果的精髓，上了七堂蹲点学习汇报课，受到蔡林森校长的高度评价。学习结束后，县教育局分别撰写了《汲取"先学后教"模式之精髓，让课堂教学改革落到实处》《永威之行十二悟》《教师实践"先学后教"模式要练好六点功夫》等学习考察报告。同时带回大量课堂实录（光盘）和教案、教学案例及经验文章，要求蹲点学习的教师返回学校后向全校师生做专题讲座，上永威模式的公开课，担当起率先实验和推广的重担。

2. 实践推广。话说千遍，不如眼看一遍；眼看千遍，不如动手一遍。为把实践"先学后教，当堂训练"的教学模式在全县推广实验，2011年7月，我们有幸邀请到了蔡林森校长来邻"问诊"我县课堂教学改革工作，我县合流小学、袁市中学两名教师分别上了一堂公开课，蔡校长现场点评，当面解答一线教师在实验过程中的问题和困惑，并就"先学后教，当堂训练"教学模式对全县1000余名学校领导、骨干教师进行了一次集中培训。蔡校长详细的论述和讲解使广大教师对"先学后教，当堂训练"教学模式有了更深刻的理解，对教学各环节的操作要领有了更准确的把握。蔡校长的到来，为全面推广"先学后教，当堂训练"的课改实验拉开了序幕。2011年8月，我们制定了《邻水县教育局关于推进有效教学的实施意见》，并在其总体框架下进行了细化，建立了各种规章制度和工作方案，出台了《邻水县课程改革实验科研工作意见》《中小学教育教学管理指导意见》《有效教学示范校创建工作意见》《关于做好"教育质量年"工作的意见》等规范性文件，确保了课改实验在全县范围内得以顺利推广实施。

3. 探索变革。为了更加有效地将"先学后教，当堂训练"的教学模式充分融入我县课堂教学改革之中，探索更加高效、更加切合我县教育实际的课堂教学模式。我们牢牢抓住课程体系建设和课堂教学模式变革这个根本，一方面主动学习借鉴"永威"模式和北京、上海等外地课改先进经验，另一方面根据本县、本校的教育实际，探索创新，积极构建富有教师教学个性、凸显学科学段特点、切合学生认知规律的优质高效课堂，让学生获得真正意义上的发展。县教育局先后邀请了姚文忠教授、毕唐书专家深入我县鼎屏小学、鼎屏二小、合流小学、石鼓中心校、鼎屏镇中、邻水中学等学校现场听课、评课、召开座谈会，为我县课改实验的变革把脉。在有效教学建模座谈会上，专家的意见为我县有效教学建模工作指引了更加明确的方向。广大教师在理解模式、运用模式、巩固模式的基础上，结合本校实际，探索了更加适合本校特色的课堂教学模式，如邻水实验学校"学、导、用"三分课堂教学模式，丰禾镇中"激趣导入、先学、后教、课堂小结、当堂训练"教学五环节，袁市中学文言文"读、译、诵、悟、写"五步教学法，等等。

（三）机制的建立是推进课程改革的保障

推进课程改革，需要建立科学有效的管理机制。为了全面推进教育改革发展，我县以把牢教育教学质量这一根本，积极构建学校管理、制度建设、质量考核等保障机制，通过不断地探索和实践，课改工作迈上了健康发展的轨道。

1. 强化组织管理。践行和推广"先学后教，当堂训练"教学模式，深入实施课程改革，关键在于教育行政部门要有正确的导向，要有组织协调能力强的课改实验领导小组和督查指导小组，全面落实教育局、责任区、学校三级管理责任，加大教学管理常规、教师教学常规、学生学习常规三个层面的管理落实力度，坚持把具体问题一抓到底，切实提高管理工作的有效性和针对性。县教育局先后成立有效教学工作领导小组、督查指导小组和培训讲师团等组织机构，各责任区成立联合教研组，构建了局长亲自挂帅，分管局长具体管理，其他副局长协同作战，基教股具体牵头，教研室具体实施的培训、引领、推进、管理格局。领导带头深入课改，82名骨干教师组成的9个督查指导小组用一年的时间对全县所有学校进行全方位的督查指导，每到一所学校蹲点一天，以听课、评课、座谈、上示范课、现场答疑等方式开展工作，并以《教育工作通报》的形式进行全县通报。践行和推广"先学后教，当堂训练"教学模式的实验工作，在行政推动的方式下逐渐转变为学校、教师的自觉行为。

2. 坚持赛课制度。为了切实提高课堂的有效性，发挥骨干教师的示范引领作用，我们实施了学校、责任区、全县范围的三级赛课活动，将赛课活动纳入常规教研工作，以赛促教，以赛促改。每学期，学校分年级按学科开展第一轮赛课活动，教师全员参与赛课，学校领导、年级组长、备课组长、教研组长全员参与听课、评课。在年级赛课的基础上，分学科组织开展学校层面的第二轮赛课活动，选拔、培养学校骨干教师。各责任区和县上层面举行"有效教学大比武"活动，充分发挥优秀教师的辐射和示范作用，推动课程改革工作的不断深入。

3. 建立考核机制。县教育局出台了《邻水县中小学素质教育评价意见（试行）》《邻水县有效教学示范校评估细则》，从"机制保障、队伍建设、教学管理、校本教研、教学成果"五个方面对学校课改工作进行评价，每年进行一次评估，每两年进行一次复核验收。以创建活动为抓手，逐步建立了推进"先学后教，当堂训练"教学模式，大力实施课堂教学改革的长效考核机制。完善了以素质教育理念为核心的质量考核评价制度，努力推动学校、教师改进教学实践和人才培养方式，形成正确的质量观、人才观。

（四）师生的发展是推进课程改革的根本

课程改革的过程，是师生共同发展、共同成长的过程。近年来，我们紧紧依托渝邻合作、部省共建广安教育改革发展试验区的良好契机，以实施素质教育、义务教育均衡发展、课程改革"三大工程"为重点，全方位给师生创造了学习提高的机会，促进了全县基础教育课程改革不断由点到面、由表及里逐步深化。

1. 促进教师专业成长。大力实施教师成长计划和"名师"工程，组织开展各级各类、各阶段教育、多形式的干部教师培训活动。采取"走出去"蹲点学习、"请进来"现场指导的方式，积极引领干部教师走上专业成长的"快车道"。2014年5月，我县与深圳市龙岗区教师进修校建立结对帮扶关系，每年选派两批次教师参加专业素质培训活动。积极推荐教师参加国家、省、市教学技能大赛，培养了一大批教学骨干、学科领路人，涌现了陈春梅、张玲、廖颖等一批荣获全国说课一等奖的教学名师，锻炼了杨晓梅、陈新宽、杨海燕、鲁宵寒、谢丹等一批荣获省、市赛课活动一等奖的教学能手。近两年，先后有4人被评为"全国优秀教师"，4人被评为"省级优秀教师"，37人获得"省级教学名师"称号，7人被评为"市级优秀教师"，6人被评为"市级教书育人楷模"，718人获得市级骨干教师称号。下阶段，我们还将着手建立"名师工作室"，积极培树先进典型，打造本土专家队伍，力求通过"名师"工作效应，推动全县教育改革发展。

2. 引导学生个性发展。课程改革的核心是关注学生的发展，彰显学生个性特长，为学生的未来发展奠定基础。我们对学生实施过程性评价，关注学生不同特点和个性差异，从品德发展、学业发展、身心发展和兴趣特长养成等方面综合评价学生，建立了以学生发展为核心、科学多元的学生综合素质评价体系。在全县范围内大力开展阅读、艺术、体育、科技活动，组建各种社团，引导学生个性发展，在"减负"的基础上实现育人的"高质量"。全县初步形成了以陶艺制作、剪纸艺术、书法艺术、科技教育等为代表的学校特色。学生在参加全国、全省读书竞赛活动、体育艺术展演、科技创新大赛中获得优异成绩。2014年，谭秋红同学被四川省委宣传部、省精神文明委评选为"四川省美德少年"，廖禹萱同学"美德少年"先进事迹在央视网进行展播；广安市第二届中学生运动会，我县代表团在8个组别24个大项的比赛中，夺得16个冠军，刷新4项市运会纪录，总成绩获得全市第一名；三合小学以全胜成绩获得"2014年广安市青少年足球锦标赛"小学男子组冠军，并代表广安市参加"四川省青少年足球锦标赛（小学组）总决赛"获得第五名。选送200件作品参加广安市第二届中小学艺术节，诵读节目《星火燎原——毛泽东诗词联诵》荣获"广安市第二届中华经典诵读大赛决赛"唯一特等奖；参加"第29届四川省青少年科技创新大赛"，15件作品获省级奖，包揽了广安市科技辅导员项目所有获奖作品，青少年学生项目获奖作品占全市的81%，周欣雨同学勇夺"中科生物创新奖"；坛同中学在"第12届四川省青少年机器人创实践活动（提高组）"机器人创意闯关、综合技能项目中荣获高中组一等奖；邻水实验学校小学二年级学生李思睿发明的"方便节能烘鞋器"荣获第十届"宋庆龄少年儿童发明奖"铜奖。

学习"永威"课改经验的实践之路，让我们更加坚定了以蔡林森教育思想指导我县课程改革的信心，也让我们获得了较为丰富的课改经验，沉淀了对教育的思考与探索，蔡林森教育思想需要我们更加深入、更加全面地去研究和实践。让我们携起手来，共同努力，共同推进教育事业的蓬勃发展，为实现我们的教育梦想而努力奋斗。

十七、我的教育梦

沁阳永威学校董事长　任太平

（一）20年前，我让老师"承包"学生

1982年3月，我被选为虎子村大队副大队长，后改为经济联合社副主任，主抓村办企业。我义无反顾，一心投入到怎样办好村办企业中。在这段时间里，我深刻认识到教育的重要性，提出村里的学校从庙里搬出筹建新校。这一提议得到村里支持，村委会决定，由我负责筹措资金，村支部副书记兼经联社主任刘建庄负责新校建设项目的全面工作。1年后，建成了有9个教室的新校，虎子村告别了在庙里办学的历史。在学校建设期间，我提出，要像土地承包给农民一样，把学生承包给教师。这一建议首先得到曾经当过教师的刘建庄支持。我们多次商量，并与学校校长、老师交谈，深入调查研究，制定了《教育承包责任制意见》，具体如下：

1. 凡是虎子村群众的子女，全部享受小学五年、初中三年的文化知识教育。

2. 每次考试和阅卷，必须由村派代表严格控制，全程监督。

3. 参加期中和期末考试，两次成绩的平均分，小数点后推四位数，四舍五入。

4. 从小学到初中，每门课的成绩确定一个大家都同意的基础分，平时享受每个月的基本待遇，但如果哪门课的考试成绩低于该基础分，开除该门课的教师；哪一门课考试成绩超过该基础分的，给予奖励：①超1分以内者，奖励100元；②超1~2分者，奖励200元；③超2~3分者，奖励400元；④超3~4分者，奖励800元。依此类推，分档翻倍计算累计应得奖金。

5. 凡舞弊欺诈或严重体罚学生者，考核时一票否决。

6. 每学年开学第一周内，颁发上一年教育质量承包奖。

上述改革自 1983 年 9 月 1 日起执行。该学年每个教师，不论是民办还是公办教师，个个勤奋努力。到 1984 年 6 月底，该学年考试全部结束，经认真总结核算后，人人得奖，有的教师获得奖金 1000 余元。当年虎子村学校一举成为全公社教育质量第一名！

自此，我有一个大胆的想法，在自己办工厂企业挣到钱后，一定投资办一所学校，大面积实施教书育人承包责任制。

（二）新世纪，圆一个教育梦

2002 年 3 月，我创办的河南永威集团公司（主要生产防火材料、防弹衣、头盔盾牌等系列产品）年销售收入达 2 亿多元，上缴国家税金 876 万元，利润 1000 多万元。1995 年起，我每年捐款 10 万元，在沁阳一中设立"永威奖学金"。

2001 年 8 月，沁阳市教育局向市政府汇报：1996 年政府投资 500 多万元的教师培训中心，已经是好几年的烂尾楼，政府也没有钱再投入，有人想买怎么办？市政府向市委请示，市委决定，由政府做个方案，实行引资办学，向全社会招标。

得知这个消息，我心中暗喜，办学校的机会来啦！

沁阳市政府很快成立了招标小组，公开向社会招标。经过激烈角逐，2002 年 6 月 1 日，我代表永威集团终于与政府签了合同，投资 2 亿元，征地 200 亩，办一所自幼儿园到高中的"沁阳市永威学校"，当年就动工，并招收了 670 名学生，"教书育人承包责任制"从此开始在永威学校生根、发芽。

"教育人承包责任制"在教师会上宣布后，有几个教师就讲，完成承包责任任务后，学校只要能把奖金的 30% 发给我们就知足啦！谁曾料，在师生共同努力下，2003 年高考即获"大丰收"：在焦作市六县四区 2 万名考生中，前五名中有 3 名（分别为第一、第四、第五名）学生出自永威学校！当年我们向教师颁发了 120 多万元的奖金，引起很大反响。

2003 学年，开始制定幼儿园小学六轨制 36 个班、初中八轨制 24 个班，高中 32

个班的规划。

2006 年 6 月，我在国外考察，获悉沁阳市教育局请著名教育家、江苏省洋思中学蔡林森校长到沁阳讲学，立刻与教育局联系，要到了蔡林森的联系方式。7 月份回国后，我直奔江苏洋思中学，第二天早上 8∶30，与蔡林森会面，我向蔡校长简单汇报了情况；得知蔡校长刚办完退休手续，当即诚恳邀请他加盟永威学校。蔡校长问了三个问题：第一，你为什么办学校？第二，你与政府的关系怎么样？第三，办学校需大量资金，不能以营利为目的，你的企业怎样？

我回答：本人初中毕业，回村务农，从记工员到生产队长，特别是 1976 年 1 月分田到户，实行土地承包责任制，粮食产量翻番。1982 年任村干部，在本村学校实行教师承包学生责任制。蔡校长听到这些，眼睛一亮，说："你在 1982 年搞教育承包制？"我把当年的情况做了简要介绍，并说这就是我要办学校的原因——在有生之年把教育承包制完善推广。至于第二和第三个问题吗，耳听为虚，眼见为实，请您到沁阳实地考察一下。

就这样隔了 6 天，蔡林森和天津教科院基础教育研究所所长王敏勤教授一同到沁阳考察。市教育局副局长史曙光和当时分管教育副市长石书明全程陪同，上午考察了永威集团公司；中午时任沁阳市市长陈敬如陪同就餐；下午又考察了永威学校，晚上由时任沁阳市委书记胡小平接风宴请。见此，蔡校长表态答复，初步下决心加盟永威学校，回去后再与老父亲及家人和在美国的孩子商量一下。2006 年 8 月 28 日，蔡校长第二次到沁阳考察，这次蔡校长提出，加盟永威可以，但必须按"先学后教，当堂训练"的教育理念模式管理学校。我答应了。

2006 年 9 月 30 日，我第三次赴江苏到蔡校长家，首先向蔡校长的 87 岁老父亲问好，并把为什么办学及公司的情况向老人做了汇报，并用手机与蔡校长在美国定居的儿子、女儿进行了电话沟通说明：

第一，我与蔡校长有一个共同愿望，即对教育实行承包，从幼儿园、小学、初中到高中，全面完善推广"教书育人承包责任制"。

第二，永威学校是永威集团投资的一所民办学校，董事长是学校的后勤部长，所有学校的工作，全部由蔡校长负责，只要蔡校长的身体健康，可以干到90 岁以后，也就是真正的终身校长。

第三，教育无省界和国界，蔡校长的"先学后教，当堂训练"先进教学理念，可以与先进发达国家的教育方法相媲美，结合"教书育人承包责任制"，一定会把永威学校办成中国一流、世界知名的国际名校。

蔡校长的儿子和女儿，听了我所讲以上意见后说：只要爸爸能称心、愉快就可以啦！我又先后拜访了蔡校长的一些亲朋好友。6天后，我返回沁阳，首先解决了蔡校长办公、吃饭、住房等问题，并向沁阳市委、市政府及教育局汇报了邀请蔡林森任永威学校校长的情况。市委、市政府指示，一定要热烈欢迎蔡林森的到来。

2006年10月17日，我第四次赴江苏，将蔡林森校长接到沁阳。2006年10月18日，举行了隆重的欢迎仪式，焦作市政协主席赵公佩、沁阳市委书记胡小平、市长陈敬如及沁阳市教育局全体领导出席，永威学校3000多名师生全体参加。

从此，蔡林森成了沁阳市永威学校校长，开始了"教书育人承包制"的完善、落实、执行；从小学到高中皆推行"先学后教，当堂训练"教学法，使其得以完善、升华，学校面貌很快大变。市教育局总结推广永威经验，把永威学校作为全市中小学校长、教师培训基地，让蔡林森先进的教育理念在沁阳生根、开花、结果。这样，沁阳教育由于蔡林森的到来被激活了，为全市经济社会发展提供了强大的智力支撑。2007年11月，经沁阳市委、市政府主要领导提议，市政府常务会议研究决定，为表彰蔡林森校长对教育事业做出的贡献，其在沁阳工作期间，按照每月5000元、年6万元的标准发放政府津贴。

任太平董事长

　　我是蔡林森校长的后勤部长，并从投入 90％的精力到学校降到了 5％，将主要精力投入永威集团公司防火、防弹系列产品的开发研究生产。目前，永威学校已是河南教育名片，全国各地来校参观、考察培训的教育工作者超过 90 万人次。同时，沁阳市教育教学质量由于专家引领，连续 3 年获得焦作市第一，也正朝着"河南一流，全国知名"的目标前进。

十八、江苏省教育委员会《关于学习洋思初中 改革课堂教学模式，全面提高 课程实施水平的指导意见》

苏教基〔1999〕105 号

各市、县（市、区）教委（教育局）：

　　为贯彻落实全国及全省教育工作会议精神，针对初中教育相对薄弱、教育教学改革进展迟缓的现状，我委决定全省初中深入开展学习洋思初中，改革课堂教学模式，全面提高初中实施水平的活动。具体意见如下：

（一）正确了解洋思初中的办学成就与基本经验

　　洋思初级中学地处我省泰兴市偏僻农村。1980 年建校，系联办初中，物质条件、师资水平原来都十分薄弱。80 年代后期以来，校长蔡林森带领教师发扬敬业精神，认真贯彻落实教育法规，大胆改革课堂教学模式，稳步提高课堂教学效率和质量。自 1991 年以来，该校学生入学率、巩固率、合格率和优秀率已连续九年居泰兴市首位，其中入学率、巩固率、合格率始终为 100％，成为我省薄弱初中成功改变落后面貌的典型之一。学校先后荣获"江苏省先进集体""江苏省德育先进校"和"江苏省模范学校"等称号，蔡林森同志受到江泽民同志等中央领导的亲切接见，新近又入选"江苏省首批名校长"。据初步统计，近几年已有八万多人次前往该校参观学习。

省教委认为，洋思初中的基本经验是：

第一，确立"尊重主体、面向全体"的办学思想。"每一个学生都能合格""每一个学生都能学好"，洋思初中的校长和教师都是这么想的，都是这么说的，更是这么做的。他们真心实意尊重学生，关心学生，热爱学生。校长率先垂范，带领教师深入学生，了解学生，研究学生，努力提供适合每一个学生的教育。这是洋思初中取得成功的基础。

第二，创立以"先学后教，当堂训练"为基本结构，以学生自主学习为中心的课堂教学模式。洋思初中紧紧抓住课堂教学这个主阵地，从限制教师单向讲授时间入手，实现了从教师"满堂灌"、学生被动学习的注入式教学模式到以学生为主体、教师为主导的启发式教学模式的根本性转变，极大地调动了学生主动学习的积极性，大幅度减少了教师的无效劳动。在此基础上，逐步建立并不断完善指导学生主动学习的有效措施，进而把课前学习、课堂学习和课后学习有机结合起来，使所有的学生都能做到"堂堂清、天天清、周周清"，显著提高了学生自主学习的能力和各方面的基本素质。这是洋思初中取得成功的关键。

第三，坚持"艰苦奋斗、严格管理、实事求是、细致入微"的优良作风。洋思初中从校长到教师都爱岗敬业。他们从关怀学生的一生着眼，不畏艰苦条件，认真落实教育法规：坚持不分快慢班，严格执行课程计划，严格控制学生作业量，节假日不集体补课，不乱编乱订复习资料，不体罚和变相体罚学生，而且态度坚决，做得实在。他们从初一年级抓起，从学生学习的起始学科抓起，不忽视学生的每一个闪光点，也不放过每一个学生的弱点，不让一个学生掉队，不让一个学生辍学，终于使所有学生都能在原有基础上得到明显进步。这是洋思初中取得成功的保证。

（二）充分认识开展学洋思活动的重大现实意义

目前，我省绝大多数初中办学条件都在不断改善，师资水平都在不断提高，但由于办学思想、课堂教学模式没有根本转变，教育教学管理不到位，全省初中教育教学的实际水平还很不理想，学习困难的学生偏多，农村初中辍学率偏高。下列现象在各地仍屡见不鲜：抱怨生源基础差，忽视甚至歧视后进学生；开课门类不齐，片面强化考试科目；任意加班加点，集体补课；滥用教辅材料，搞高难度、大题量的填鸭式应试训练；课堂教学"满堂灌"，学生学习的主动性和积极性不高，甚至有的"公开课"和"示范课"也是以少数学生应景式回答作陪衬，突出教师自我表演，不顾大多数学生实际需要，搞形式主义和花架子，等等。现实表明：回避这些实际存在的问题，不下决心解决这些问题，就不可能改革初中教育的薄弱面貌，更不可能打开我省初中实施素质教育的广阔天地。

而洋思初中在薄弱的办学条件和实施现行课程教材条件下，从学校和学生实际出发，摸索出了一条大面积提高教育教学质量和课程实施水平的成功之路。它是在我省广大初中教育工作者长期以来为提高九年义务教育的实施水平而艰苦探索、寻求突破的背景下形成和发展起来的。洋思初中近10年来从一所薄弱学校成长为模范学校的实践向我们证明：既没有不能成长、成人的学生，也没有不能办好的初中；办学条件和教师学历水平固然重要，但不是决定学校办学质量的全部因素。洋思经验来自普通农村学校的实践，部分地区和学校通过学习洋思经验已取得初步成效，这就表明：洋思经验是能够学到手，而且学了是能够见效的；洋思初中能做到的，一般学校也应能做到，而且办学条件较好、师资水平较高的学校应该做得更好。洋思初中的经验不仅可供各地初中在深化改革、提高办学水平的实践中移植和推广，而且对小学高年级和普通高中也有明显的借鉴作用。

当然，洋思初中的办学实践还受到现行课程教材体系的制约，一时难以达到基础教育面向未来的完备形态，其成功经验还有待进一步改进和发展。也正因此，各地、各校开展学洋思活动要在深化教育教学改革，促进学生积极主动、生动活泼发展上下功夫，努力创造出更加丰富多彩的经验。

（三）认真落实开展学洋思活动的基本要求

在全省初中深入开展学洋思活动，是省教委推进初中素质教育的一项重大举措。各级教育行政部门要从落实全国教育工作会议和全省教育工作会议精神的高度，真正下决心抓好这项工作，力争到2005年根本改变全省初中在教育教学质量和课程实施水平上相对落后的面貌。

1. 要认真学习，提高认识，付诸行动

要虚心学习洋思经验，力求有比较完整而系统的了解，着重把握其精神实质。学洋思要与贯彻落实"两会"精神相结合；要结合自己的思想，从认识上找差距；还要联系本地、本校实际，从工作上找不足。

要像洋思初中那样，确立"每一个学生都能合格""每一个学生都能学好"的坚定信念。各级教育行政干部和校长要像蔡林森校长那样，坚定地相信第一个学生都能成人，也能成才。要充分运用洋思初中的成功实践和本地、本校正反两方面的已验教训来教育全体教职员工，取得共识。在全体教职员工中形成尊重学生、关心学生、热爱学生、主动为学生服务的良好氛围。要像洋思初中那样，校长率先垂范，带领教师深入学生、了解学生、研究学生，努力为每一个学生健康成长提供切实有效的帮助。

2. 要切实改革初中课堂教学模式

各地、各校要把实现课堂教学模式根本转变作为深化教学改革的突破口。要学习运用洋思初中的成功经验，把限制教师在课堂上单向讲授的时间作为抓手，拓展学生自学、质疑、讨论和操作训练的时间与空间，致力于提高学生自主学习的质量和教师点拨、指导的能力水平。

要认真学习、研究洋思初中"先学后教，当堂训练"教学模式的基本结构、特征和操作要领（见附件一）。对洋思初中的具体做法，各校可根据实际情况，加以移植、借鉴和发展。

各地要根据改革课堂教学模式的需要和进程，相应调整教师教学工作"五认真"的具体要求和初中学科课堂教学评价标准。对学校课堂教学模式改革工作的评估可借鉴"洋思式初中教学评估标准"。

3. 要大力加强教育教学管理

要像洋思初中那样，把教育部和省教委关于实施素质教育的有关规定（"双十条"）真正落实到位，为深化教学改革打好基础。素质教育实验区内的学校更要首先做到。

各级教育行政干部要深入课堂听课，学校的校长更要像洋思初中的校长那样坚持上课。

学校的教学管理要把落脚点放在学生身上，像洋思初中那样，从初一年级抓起，从学生进校的第一天抓起，从学习基础最差的学生抓起，从学生学习的起始学科抓起，不忽视学生的每一个闪光点，也不放过每一个学生的弱点，不让一个学生掉队，不让一个学生辍学。

4. 要认真做好培训指导和督促检查工作

各地要组织有关教育行政干部、教研人员、校长和教师开展培训，平时要经常开展有关的交流研讨活动，形成一支真心实意学洋思、真抓实干搞教改的骨干队伍。

各地要加强对初中课堂教学模式改革的指导，对发现的问题及时研究。要善于发现、总结和推广学洋思活动中涌现出来的新鲜经验，并注意研究、提炼和推广本地初中已有的成功经验，努力提高初中办学的整体水平。

省、市、县（市、区）都要对初中学洋思活动的情况进行经常性检查，并列为素质教育督导检查的重要内容。

各市、县（市、区）教育行政部门要按照上述要求制定开展学洋思活动的方案，于春节前报我委基础教育办公室备案。

江苏省教育委员会

一九九九年十一月二十四日

十九、同事、家长、学生评价

向蔡林森学习

永威学校副校长　申　芳

我与蔡校长一起工作3年多了。作为一个全国闻名的校长，他有三个特点给我留下深刻的印象：性情之真、品质之善、灵魂之美。

做校长当有蔡校长的"真"。蔡校长虽然成就很大，是全国知名的教育家，但是他依然保持着做学问的真实和严谨。他的文章或者讲话，没有夸夸其谈，没有套话、虚话，都是平实通俗的语言，让人一听就懂。蔡校长常讲的一句话是：做任何事情都要实事求是，当校长要学习邓小平理论，带头实践科学发展观。初听此言大家认为蔡校长唱高调。事实上蔡校长是这样说的更是这样做的，管理学校需要我们认清校情，实事求是地去工作，而绝不可以脱离实际，盲目地追求眼前利益而忽略学生的长远发展。

在求真的同时也要打假。蔡校长不止一次讲到当前的课改也要打假，原因就是许多课改不注重实效，追求课堂热闹、花哨，违背了学习规律。来我们学校参观的来宾许多人喜欢听蔡校长评课，因为蔡校长评得真、评得准，往往一针见血地点出教师授课的问题。2006 年 10 月，我校刚开始赛课时，许多任课教师受不了批评，认为蔡校长评课不留情面；慢慢大家理解了，就争先恐后地希望蔡校长能够指出自己的问题，以便提高。当前许多地方都在搞课改，不少学校请蔡校长去讲学或做点评，蔡校长都实事求是，对不合规律、盲目求新求异的课都会毫不客气地指出问题症结，因为他以一颗虔诚的心搞教育，决不允许亵渎教育。为此可能得罪了一些人，但是这种讲真话的品格不正是我们应该追求的吗？我特别佩服蔡校长身上这股子认真劲儿。讲真话"得罪人"没有给蔡校长带来人际关系的紧张，而是得到更多人的尊重。

和申校长在研究工作

蔡校长对学校细节的管理尤为重视。因为他的较真儿，我还哭过鼻子。蔡校长刚来学校的第一个星期，他让我帮他一起布置校园文化：在教学楼每根柱子上安装4面镜子，每一面镜子上都有他精心挑选的一句激励学生的话。我欣然受命，马不停蹄地干了一个星期完成了任务，本想得到蔡校长的表扬，没想到镜子挂上去后，有许多标点符号没有随文字居中排列，略偏离了文字，不仔细看也很难发现，但未逃过蔡校长的眼睛。他立即让工人全部取下，要求改正。我感觉没有必要，就和他争论，他坚决地说："给学生看的一点也不能错，要规范。你看不到，学生能看到，当校长的不能用错的东西去影响学生。"霎时间，我憋在心中的委屈一下子爆发了，不禁流泪了。要知道每面镜子都是先刻字粘贴再磨砂上去，工艺复杂，费时费工，为了赶时间我给玻璃店老板说好话，并且牺牲自己的双休日，带着十几名老师在玻璃店忙了两天才干好，自己的手指甲都被玻璃磨破了，换来的却是校长的批评和返工！过了好久我才真正理解蔡校长这样做绝不是吹毛求疵，而是当校长理应做到的严谨。这件事情教育我：当一名校长，做任何事都要一丝不苟，教育无小事，任何时候都应成为师生的楷模。

做校长当有蔡校长的"善"。真水无香，大善无形。蔡校长今年已经69岁了，但是他身体健康，精神矍铄，目光炯炯有神。有人问蔡校长是如何保养的，我总结一句话：无欲则刚，因善而清。

每天清晨5点，校园里都可以看到蔡校长勤勉的身影——这是永威学校一道美丽的风景。我曾问蔡校长：为什么每天都起这么早？要注意休息呀。蔡校长回答：做校长要勤勉，让学生一睁开眼睛就能看到校长，他们会觉得安心、踏实，任何时候都有校长和他们在一起。

每年中招、高考，蔡校长都要拿出自己的工资给学生发补助，700多名学生每天发20元生活补助，仅此一项他就要发出去2.8万元。平时还要资助贫困学生，帮他们交学费，补贴生活费，等等。教师家中有困难蔡校长总是第一个伸出援手，教师家属生病住院蔡校长都要去探视慰问。这些事情做到并不难，难的是那颗济世仁爱之心。每每提起这些，蔡校长告诉我，这些都不算什么，帮助他们我心里愉快、踏实。

做校长当有蔡校长的"美"。校长是学校的灵魂、师生的楷模，更是学校的形象代言人。校长健康的生活态度、朴素的审美观念，都应成为学校美丽的风景线。蔡校长是一个非常懂美的人，有着高超的鉴赏能力。蔡校长强调，教学是一门艺术，老师的字要美，普通话要美，语言要有亲和力，抑扬顿挫，具有感染力，给学生以美的享受。他经常讲，当校长要懂艺术，懂美。因为学校教育是一门综合科学，美育也是至关重要的。在校园文化建设和学校管理过程中，校长有良好的审美能力才能创造性地开展工作。更重要的是他严谨的治学态度，他对事业的执着精神和他一身浩然正气，洋溢着一种完满的人格之美。这种人格魅力强烈地感染和打动着在他身边工作的每一个人，从而形成一种强大的向心力和凝聚力——这正是蔡林森校长得以创造一个个奇迹的内在因素。

3年多来，永威学校教育改革成功推进，创造了一个又一个奇迹。我们之所以能这样，是因为有一个伟大的校长，是因为这个伟大的校长带领一个团队为美好的教育孜孜不倦地奋斗。现在国家提倡"教育家办学"，教育呼唤"大家"精神，我想，蔡校长身上至真、至善、至美的品质，不正是每一位校长都应该学习、追求的吗？我和永威的教师们，愿意一直追随蔡校长，去创造更美好的明天。

（本文发表于 2010 年 6 月 9 日《中国教育报》）

永威学校荣获"河南省文明
标兵学校"荣誉称号

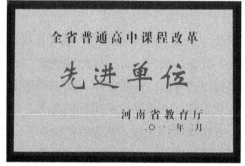

永威学校被评为河南省普通
高中课程改革先进单位

课改，让高中"翻身"

永威学校高中部校长　黄　伟

近年来，我们永威学校高中部发生了惊人的变化，取得了巨大的成绩。

教学质量不断提高。永威学校高中部生源、师资远不及地级市、县一中。2008年前，永威高中教学质量很差，多数科目平均分不及格，例如高一数学平均成绩40多分。2008年后，高中部教学质量逐年大幅度提高，近两年，已超过本地各县一中。2012年秋学期末，焦作市质检，高三毕业班理科成绩为焦作第一，文科成绩名列前茅。同时，纪律、卫生、餐厅、公寓、广播操也项项居焦作前列。

观念、态度在不断变化

2006年10月，蔡林森来到永威担任初中部校长。初中部搞课改，很快大见成效，到初中部参观者络绎不绝。但高中部却是另一个世界，教师以为高中教材内容多，容量大，难度大，推广"先学后教，当堂训练"会影响质量，影响高考，就按兵不动。有的另搞一套所谓的"创新"：教师挂牌上课，即每位教师带一块小黑板，放在窗外，小黑板上写着任教教师姓名、任教科目、任教课题……每节课75分钟，前45分钟为大课，由老师讲，后30分钟学生练，结果课堂上不少学生睡大觉，高中部很难办下去。2008年2月，蔡校长接管高中，立即组织高中教师和初中教师一起赛课、评课。当时，有的教师难理解，甚至发牢骚、耍态度。蔡校长带领大家坚定不移地推进课改。坚持数年，高中课改上了路，基本上形成了"自主—合作—自主"的教学模式，教学质量明显提高了，大家尝到了甜头。刚毕业的大学生积极搞课改，教学成绩特别好，例如洛阳师院毕业的宁小涛老师，进校工作3年，每年教学成绩都是全市第一。高树义、尚思营、杨少卿等退休教师以及有丰富经验的王振林、吕秋菊等老教师，都高高兴兴地运用"先学后教，当堂训练"教学法，课堂上让学生看书、思考、理解、记忆概念，当堂检测，讨论（包括老师点拨），几分钟后，学生就当堂完成作业。这样，课堂上学生学得紧张，效率高，课前不搞什么讲学稿、导学案，课堂作业不拖到课后。课外时间主要让学生读书、记忆，熟记知识点，强化综合训练，举一反三，形成能力。铁的事实让高中部全体教师更新了观念，转变了态度。

课堂改革在不断深化

2008 年，高中部课改主要是改变学习方式，由教师"满堂灌"变为学生自主、合作学习。在大家普遍运用"先学后教，当堂训练"教学法后，重点反对课堂教学中的形式主义、花架子，努力让学生学得好。

近两年，为了让学生紧张、高效地学习，教师努力提高引导、点拨的水平，我们引导教师下真功夫吃透教材，要学生背的，教师先背；要学生回答的问题，教师先弄懂；要学生练的题，教师先做，所有高中教师都做完近 3 年的高考题，提高教师的解题能力，让教师准备"一桶水"。这样，教师胸有成竹，成了明白人，在课堂上才能针对学生的疑难，做出正确的、精彩的点拨。否则，尽管教学模式（课堂结构）一样好，但教师不敢讲或讲不到点子上，结果讲等于没有讲，使得课堂教学流于形式。同时，我们努力提高教师的教学艺术，引导教师注意形象美，情感丰富，精力集中，态度认真，一言一行给学生良好影响，努力达到情感、态度、价值观的教学目标，有效地实施素质教育。

目前，我们高中部的课改进入了"深水区"。我们坚持赛难上的课，例如，每周语文赛课坚持赛阅读分析课（让学生讨论、研究文章中心、篇章结构等写作方法），培养学生阅读分析能力；赛作文指导课、作文评讲课，培养学生先认真审题、立意、认真选材、认真构思，后写作的能力和习惯，培养学生认真修改作文的能力和习惯。

总之，课改在不断深化，老师们在不断实践创新，不断更新观念，不断转变态度，不断提高课改的积极性、自觉性，使得教学质量不断提高。我们坚信，只要继续坚持不断深化课改，永威学校高中部的教学质量就一定会越来越高，学校就一定越办越好。

（本文发表于 2013 年 4 月 17 日《中国教育报》）

我的教学革命

——在沁阳市教育系统学习蔡林森校长先进
事迹报告团所做报告的开头部分

永威学校初中部教务主任　武小玉

尊敬的各位领导、各位校长、老师们：

大家好！我叫武小玉，是永威学校初中部的英语教师，下面，我向大家汇报的第一部分是：我的教学革命。

2004年，我应聘到永威学校任教初中英语。那时，我很困惑：为什么我很努力，却教学成绩总是不理想，班上不及格的学生还有很多呢？2006年10月，全国先进工作者、全国十大明星校长蔡林森来永威当校长，他带领全校师生实施课改，使永威学校很快成为全国名校。近几年，初中部各年级、各学科都取得了焦作市第一的优异成绩。我深深体会到：我的成长离不开蔡校长的指导和帮助，蔡校长以他教育家的人格魅力影响着我，引领着我前进。

记得蔡校长到永威的第三天就组织赛课，教我们运用"先学后教，当堂训练"教学模式上课，一场教学革命开始了。

记得我第一次赛课时，前一天我就开始备课，精心准备课件，让英语组组长帮我修改教案，一直改到晚上十一点多。第二天，我信心十足地走上讲台，自己朗读、翻译、出示课件、举例，写了满满一黑板，下课铃响了，我停止讲课，心里想：这堂课我把知识点都讲了，学生肯定都会了。想不到评课时，蔡校长当着所有英语老师、外地听课的来宾，严厉地批评了我："这节课，都是老师在讲，一个人在演'独角戏'，是典型的'满堂灌'，整节课没看到学生背书、听录音，教师语速太快。还有，课件上搞个小动物不停地在闪动，影响学生的注意力，课堂效果会好吗？我们的课堂要实实在在，绝不能搞'花架子'，只有学生当堂达标才是好课。"当时我羞得无地自容，低着头，强忍着眼泪第一个冲出教室。回到办公室，委屈的泪水流了出来，为这一节课自己辛苦准备了一天一夜，课上该讲的我都讲了，班上四十多名学生，成绩好的没几个，还有那么多后进生，怎么可能当堂达标呢？蔡校长啊蔡校长，你的要求也太苛刻了！心想大不了，我辞职不干了。到了晚上，我的心慢慢平静下来，琢磨蔡校长白天批评我的话，反思自己上的那节课，是啊，我从上课一直讲到下课，讲得自己口干舌燥，学生听了45分钟，到底掌握了多少，老师的确不清楚。自己做的课件，花样虽多，反而影响学生的注意力。

第二天天不亮，我就赶快起来修改教案，反反复复又改了十多遍，上早读时，我看见蔡校长在外巡视，我把头扭过去装作没看见，可他还是推开门把我喊出来，微笑着说："武小玉，还生我的气吗？"我赶快说："没有，蔡校长。"他语重心长地对我说："英语就是让学生多读多背，一个单词一个单词默写，今天会了不代表明天就会，要反复抓，抓反复，课堂上要让学生动起来，让后进生先发言，充分暴露问题，教师要关注每个学生……"

在蔡校长的精心指导下，我又赛了一节课，基本过关了。就这样，3个月连续三轮赛课，我的思想彻底扭转，学会了运用"先学后教，当堂训练"教学法。6年多来，永威学校每个学期开学，都制订好赛课计划，每个老师每月都要赛课一到两节，蔡校长每天都在课堂听、评课，现在永威学校的教师都能熟练运用"先学后教，当堂训练"教学法。大家都说："我们以前备课抄教参，讲课'满堂灌'，一天下来累得嗓子都说不出话。'先学后教'就是好，集体备课，备出一学期的教案，课前自己再简单修改，就能上课了，要是让我再用以前的老办法上课，真不知道该怎么上呢！"

下面我给大家举个例子：从18分到81分。

2006年，蔡校长一到永威学校，就旗帜鲜明地提出：没有教不好的学生，不让一个学生掉队。他说："洋思中学的英语平均分都在95分以上，我们要解放思想，力争达到这个标准，要和全市最好的学校比质量。"当时，老师们听了都直摇头，我们的质量太差了，快班学生平均分只有60多分，慢班只有20多分，初一英语每个班都有七八个不及格的学生，有的学生连26个字母还不会背，怎么能达到这么高的目标呢？面对这种情况，蔡校长果断采取措施：立即取消快慢班，使各个班级站在同一起跑线上，停止新授课，要求学生背诵开学以来所学的所有单词，他说："这些学困生为什么学不好呢？是脑子笨吗？是有病吗？都不是。是不努力，是一天一天问题的堆积，时间长了就成了学困生。如果我们从一开始就关注他们，会是这样的结果吗？"

2007年，我班转来一名新乡的学生叫朱成磊，他入校时英语只考了18分，班主任们一听，谁都不愿意接收他。可他的父母在学校不肯走，蔡校长去听课，他们就在教室外面等，中午吃过饭，又到蔡校长宿舍门口等，再三恳求蔡校长：如果永威不收下，这个孩子就毁了……蔡校长被家长感动了，收下了朱成磊。蔡校长对我说："我们既然收下了这个学生，就要负责教好。他的基础不好，你要多吃点苦，从初一给他补起，让他把每个单词都背会。"我按照蔡校长的指导，利用休息时间给他补课，我就让他每天背20个单词，今天要把昨天的20个单词一起默写，依此类推，把写错的单词在书上标上"？"，一个单词画的"？"越多，说明这个单词对他来说就是重点，就更应该下功夫背诵。背完一册书要把所有打"？"的单词抄写下来再次默写，让英语成绩最好的学生帮助他。就这样，到中考时，他的英语考了81分，他本人非常激动，家长也很满意。

通过这件事，我悟出一个道理：学困生之所以学习差，是问题堆积的结果，时间长了，教师也无法可想，只能对他们放任自流。只要不放弃一名学生，严抓"四清"，就一定会出现奇迹。

我尝到了"先学后教"的甜头

永威学校高中部数学教师　王艳红

2008年暑期教师赛课，我讲了"基本不等式"一节。课上，我滔滔不绝地从不等式的来源讲到证明、例题的解法，甚至补讲了拔高题，一直讲到下课，自以为很精彩。结果蔡校长批评我只顾自己讲，就会出现大量后进生。我不服气，就把课上讲过的题让学生重做，结果不少学生不会做。从此，我意识到"满堂灌"是低效的。

我开始尝试用"先学后教，当堂训练"教学法讲课。我先出示"学习目标"和"自学指导"，然后让学生看书，8分钟后，我问"看完并看懂的同学请举手"，出乎我的意料，95％的学生都毫不犹豫地举起了手。接着，我请2名后进生板演，仿照例题做完检测题。最后学生更正、讨论，教师只是引导学生总结提高。课后调查，有98％的学生达到学习目标。实践证明：高中数学课完全可以运用"先学后教，当堂训练"教学法。

我逐渐能灵活运用"先学后教，当堂训练"教学法，让学生在课堂上紧张地自主学习，效率大大提高。同时，也培养了学生良好的习惯、品质，等等。2008 年第一次期中统考，我所教的高一（1）班的数学及格率 100%，优秀率 91%，达到沁阳市一流。这是我从未取得过的成绩！我真正尝到了课改的甜头。

永威的变化

永威学校初中部英语教师　张巧玲

2006 年 10 月，永威迎来了蔡校长，从此永威就有了希望，终于成了名校。永威的变化实在让我们感到高兴。

记得蔡校长刚来时就问我："你们初一英语能人人及格吗？平均分能达到 90 分吗？"我不敢保证，当时我教初一英语，月考时我们班平均分 75 分，还有五个不及格。蔡校长就给我们指导怎样上课，怎样周清。开始不习惯，总觉得不给学生讲，他们一定不会。后来，我解放思想，鼓起勇气进行课改。我把学生分成九组，四人一组，每周学过的单词清一遍，比一比哪个小组能全部过关，各小组之间展开了激烈的竞争，谁都怕自己落后。早读时间大家都是在大声读单词、句型，小组长就像老师一样督促小组成员，我就在一旁鼓励他们，看哪个小组背得又对又快。有付出就有收获。那年沁阳市统考统改的考试，我们永威学校全市第一。现在，永威初中各科成绩均为全市第一，这真是以前没想过的。蔡校长的"先学后教，当堂训练"的教学模式和"没有教不好的学生"的教育理念让我尝到了甜头。

以前，我讲一份试卷需要一节课的时间，不管学生会不会都一道一道地讲，既浪费学生时间效果又不好。蔡校长告诉我们，课堂上学生会的就不用讲了。现在课堂上学生做一份试题后，教师公布答案，学生讨论，教师解决共性问题。课堂上学生紧张有序地学习，提高了课堂效率。现在的学生像老师一样讲起题来头头是道。科学的教学模式提高了课堂效率，提高了质量，减轻了负担，培养了学生的学习兴趣和学习习惯，也培养了学生各方面的能力。

我在管理班级方面也有了改变。蔡校长告诉我们要"包"，我们把班级卫生包给每位学生，人人有事干，事事有人干。培养班干部承包各项任务，班干部就像小老师一样认真负责检查着每个角落。现在的永威学校地面已经找不到一张废纸，学生的行为习惯特别好，校园里、课堂上找不到违纪的学生。来我校学习的客人都夸我们的学生守纪律、讲礼貌。

永威学校的变化离不开蔡校长。我还要继续向他学习，不断地提高自身素质，努力创造更好的成绩。

我与永威共成长

永威学校高中部数学教师　王艳梅

永威学校推行"先学后教，当堂训练"的先进教学模式，卓有成效。永威出名了，作为永威的教师我很高兴，很庆幸自己能学到好的教学方法，能迅速成长。

开始抵触。记得蔡校长刚抓高中课改时，让高中教师先听初中的课，然后评。我说："初中运用这种教学模式很好，因为初中教材难度不大，学生能自学，但高中教材难，容量大，学生自学困难，运用这种模式困难。"蔡校长当场没有否定我的话，而是让我们动脑筋，去实践。现在想想，用蔡校长的话说就是当时思想不够解放。

逼上梁山。蔡校长组织赛课，每天下午数学，初、高中数学教师都要参加听课、评课，评课多说缺点。我只得硬着头皮上，绞尽脑汁想上好课，因为那么多老师听着，讲不好多丢人。

熟练运用。现在，我和学生都能熟练运用这种教学模式。如果我直接讲例题，学生都会有意见，因为学生会的，他们是坚决不肯听老师讲的。学生的学习习惯好，学习积极性特别高，真让我吃惊。我们用了这种先进的教学模式，师生都从"满堂灌"中解放出来了。

继续努力。我校课改比其他学校先迈出了一步，但我们还要去创新，去摸索，追求更远大的目标。

永威学校的目标是：中国一流，世界知名。我的目标是：当优秀的教师，各项第一。

被永威感动

永威学校学生部华华家长　张小玲

2006 年秋，我把女儿送进永威读初一。

蔡林森校长来永威后，我孩子的成绩直线上升，特别是英语，由原来的不及格上升到 90 分，其他各科成绩也明显提高。孩子学习劲头足了。

蔡校长对我的孩子很关心。在孩子升初二交学费时，我们家里困难（孩子父亲病故），拿不出那么多钱，蔡校长知道后，二话不说就帮我的孩子添交了 1000 多元学费，在升初三时，蔡校长又帮我们交了 1000 多元学费。2009 年中考，孩子成绩优秀，被永威高中录取，但因为家庭困难，没有按时报到。这时蔡校长请班主任打来电话，叫我孩子去报到。蔡校长对我孩子说："不要有思想包袱，要坚持读书。"他又替我们交了将近 2000 元的学费。我们感动得热泪盈眶，不知道怎样感谢蔡校长，蔡校长只说了一句话："应该的。"

平时，蔡校长只要见到我孩子，就询问她最近学习情况怎样，生活上有没有困难，并一再叮嘱她"如果有困难，一定要告诉我"。女儿对我说，谁有困难，校长就尽量帮助。好几个学生交学费有困难，校长就悄悄地代交，学生买不起校服，校长就给了 400 元，让他买了穿上……

后来，我的孩子在永威各方面一天比一天好。如今，我的孩子上了理想的大学，我打心眼里高兴。

怀念母校　难忘永威

永威学校校友　侯华洁

（3 月 17 日，北京师范大学二年级学生侯华洁回到母校，为师生做了一场报告。）

我现在是北京师范大学外语学院日语系的学生，3 月 26 日，我要去日本一所大学公派留学一年。

北师大经常举办各种各样的活动，其中有一个比赛是未来教师素质大赛，这个比赛不分年级，本科生、研究生都可以参加。在上学期，我参加了这个比赛，获得了全系第二名并参加了学院的比赛。能参加学院比赛的人大多数是大三大四的学生，还有一些免费师范生，有专门的专业训练，但我做了充分的准备，积极地参加比赛，获得了参加学校决赛的资格，最后得到了去日本留学一年的机会。

在大一的时候，面对着学校各种各样的活动，多数同学都是抱着玩玩看的心态，而我不是，我参加活动都是做了充分的准备。当然，我有很多不足之处，比如普通话不标准，特别是平翘舌音分不清楚。我认为，这些都是可以改进的，我就在平时不停地练习，参加比赛才获得了好的成绩。这说明很多能力不是天生的，而是需要后天不停地锻炼而形成的。

在大二的上学期，我参加了全校性的"意林杯"作文大赛，经过了好几轮筛选，我的作文凭借着丰富的感情和感染力进入了决赛，最后获得了全校第二名。获第一名的是文学院的研究生。

如果没有在永威的六年，我就没有这些能力，特别是在面对这么多人的时候，别说来做报告，就是打个招呼，我也会结结巴巴的。

介绍完我在师大的情况，再向大家谈一下我曾经在永威的生活。说到永威，就得从初一开始，刚才蔡校长介绍我的时候，说我初一的时候，英语成绩并不太好。蔡校长是给我面子，其实我那时候是什么都不会，当时26个英文字母是会的，但是在上课的时候老师要求把英文字母分类，我就傻了，一上英语课就想哭。那个时候给家里打电话，一说话就哭，妈妈就来看我，她一见到我也哭。那个时候我就想转校了。

2006年10月份蔡校长来到永威当校长，他开始实施课改，课堂效率提高了很多，我体会到了"先学后教，当堂训练"的好处。但是，由于我的基础太差，还是感觉学习很吃力，怎么办呢？我当时的做法是，大家去吃饭的时候，我就跑到教室里背单词，哪怕音读得不准，我一个字母一个字母地拼。后来我们的班主任刘彩伏老师给我做思想工作，我的英语老师自己出钱给我买了辅导书，并且牺牲休息时间帮我练习，老师们的精神感动了我。我通过这种不要命的学习，在初一第一学年最后统考的时候，拿到了全校第一名，老师们都很吃惊，但是我知道我付出了多少，这是理所当然的。大家都知道有句话叫"一分耕耘，一分收获"，但我当时想的是："一分耕耘，一分收获，不一定。""十分耕耘，一分收获，一定。"我抱着这种心态，拿下了第一名的好成绩。在我拼命学习英语的过程中，记住了三句格言：1. Work first. 工作第一。作为学生，学习就是你的工作。2. The foremost dog catches the hare. 早起的鸟儿有虫吃，也就是笨鸟先飞。3. Where there is a will, there is a way. 有志者，事竟成。我非常喜欢这句话，如果努力了，什么收获都没有，那你还会努力吗？

到了初二，学习难度加大了，但我很幸运，遇到了很多优秀的老师，比如张巧玲老师、武小玉老师、刘彩伏老师等，在他们的帮助下，我坚持不懈地刻苦学习，成绩还算比较理想。

和现在初三同学一样，我当时面临着上高中的选择。虽然成绩也没考到全市前几名，但是上沁阳一中没有问题，并且北大附中的老师也让我去参加考试。但是最后，我选择了永威，为什么呢？我是特别现实的，很坦然地说，我的爸爸在我上初一的时候就生病了，现在还在家里休养，一直在吃药，开销很大，全家都靠妈妈一个人支撑，我还有一个弟弟、一个妹妹，之前还有双目失明的奶奶。在现实面前，我选择了永威。因为永威高中有阳光班，所有费用全免，而且还有生活补助，我就是冲着阳光班来的，费用的问题不用考虑。第二点，我相信这个学校，在初中的三年，永威初中发生了多大的变化，我是亲眼见证了，感受特别深刻，我相信，高中也会如此。

进了阳光班，压力特别大，因为阳光班不仅有沁阳的，还有焦作地区的优秀学生，并且高一数学、物理和化学难度加大了。我真的很庆幸，我总是遇到好的班主任老师，比如王金惠老师，她除了在学习上对我很关心，在精神上、心理上也很关心我。还有隋少玲老师，她不光教会我怎么学语文，她那种积极的生活态度，年轻的劲头，感染了我们，让我觉得上语文课就是一种享受。有一件事我到现在还记得，有次回寝室，发现床上放着一袋水果，后来才知道是班主任隋老师给我的。我觉得这些东西不能用值多少钱来衡量。

在高一，除了有好的班主任，还要特别感谢王小国老师，我特别享受上他的课，他营造了一种轻松的学习氛围。我学习数学虽然很刻苦，但是并不是太冒尖，感谢我的数学老师王艳梅、王艳红等几位老师，我是很幸运的，让他们教我数学，使得我在高考时取得了很好的成绩。我很感谢他们，他们让我树立起了信心。

高二的同学要学会选择，学文科或是理科，要凭自己的兴趣，我喜欢文科，就选择了它，在学习过程中，是自己想学，就会学得很好。高二的李春红老师，课堂效率高，她很细心地记下了我一次政治考满分的经历。

到了最艰苦的高三，要做好心理准备，不要怕，当你全身心投入的时候，一切要求都无所谓，经过高考，我很想说的是，心态特别重要。

高考比的是高中三年，而不是最后的冲刺。摆正好心态，把能做好的都做好，结果一定是好的。

我的目标是什么？北大。但是很遗憾，没有实现这个目标，我上了北师大。所以我想告诉大家：求上得中，求中得下。我定的目标高远，朝着这个目标努力，可能没有实现，但最后的结果也是令人欣慰的。

今后的这一年，我自己定为日语年，我要把日语说成自己的语言，我要在这一年里，成为一个地道的日语学习者。

以上讲了我的经历，与大家分享。最后，也向大家提几点希望：

1. 在学习上，知识改变命运。我深有体会，并且付诸行动，大家要记得这句话，摆正心态，踏踏实实过完自己的中学生活。从现在开始，重新认识自己，重新问自己，为了达到目标，该怎么做？做了吗？做得怎么样？

2. 我在永威体会到一种很重要的精神：打不死的小强精神。永远都不要对倒下的自己、对抹着眼泪的自己说：这就是我。遇到困难，要顽强坚持下去，成为自己希望的那个人。

3. 要孝顺。父母对自己的恩情，我们每天都可以感觉得到。我上小学的时候，每天早上不管起得多早，饭都做好了，我总羡慕别人，看有的小孩拿着钱在路边的小摊上买东西吃，我就想，我妈这么抠，从来都没有给过我钱，只是给我做好饭。但是，我现在在想，总是给你做好饭的人除了父母没有别人了。父母总是给我们最好的，我们却都很无知，羡慕别人。孝顺不只是说我现在好好学习，将来挣大钱了报答他们，那只是一部分。你现在就可以，为什么要等到以后，时光不等人。现在能做的事情都做好，不要总推到以后。

4. 要节俭。现在生活条件好了，大家意识不到一食一饭来之不易。不要去盲目攀比，物质的东西会让人迷失自我。不要把物质看得太重，拿着一颗简单的心看待这个世界，快乐、充实地过好每一天。

最后，希望大家要好好地奋斗，创造属于自己辉煌的明天。

（根据录音整理，题目系编者所加）

附 录

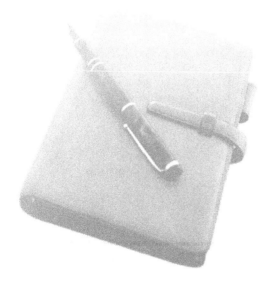

一、出版的代表性著作：

1. 中国当代著名教学流派丛书《蔡林森与洋思经验》，由我和邱学华一同编著，国际文化出版公司 2005 年出版。

2. 中国当代著名教学流派丛书《教学革命——蔡林森与先学后教》，首都师范大学出版社 2010 年出版。

3. 中国当代著名教学流派《蔡林森：学校管理变革》，由我和任太平一同编著，首都师范大学出版社 2012 年出版。

4. 我亲自审稿、编写了《学生谈永威》《教师谈永威》《家长谈永威》《实话实说——家长、学生谈永威》四本书。

二、近几年发表的代表性论文

1. 长篇课改论文《优化课堂教学，实施素质教育》发表于 1998 年第 7、8 期《人民教育》，全面介绍"先学后教，当堂训练"教学模式。文章分三大部分：第一部分：明确素质教育的课堂教学模式；第二部分：形成素质教育的课堂教学结构，（"先学后教，当堂训练"）；第三部分：建立素质教育的评价标准。

2. 长篇课改论文《每节课教师讲几分钟岂能硬性规定》，发表于 2007 年 11 月 20 日《中国教育报》，着重阐明了课改应以科学发展观为指导，依靠科学，遵循规律，正确处理好各种关系，不可搞极端化、形式主义。

3.《校长素质与学校品牌建设》，发表于 2008 年 4 月 25 日《教育时报》。

4.《当校长就是为了教好每个学生》，发表于 2009 年第 7 期《江苏教育》。

5.《从洋思到永威》，发表于 2010 年 6 月 7 日《中国教育报》。

6.《吃苦是福》，发表于 2010 年第 21 期《人民教育》。

7.《课改断想》，发表于 2011 年第 22 期《人民教育》。

8.《永威课改的 10 条定理》，发表于 2011 年 10 月 11 日《中国教育报》。

9.《永威学校管理的 10 条定理》，发表于 2011 年 10 月 25 日《中国教育报》。

10.《"先学后教"岂要"学案"支撑》，发表于 2013 年第 11 期《人民教育》。

11. 《课改，亟需科学发展观引路》，发表于 2013 年 12 月 4 日《中国教育报》。该文论述了课改必须以科学发展观引导，标题为：（1）要认真研究、正确理解"先学后教，当堂训练"的教学模式，着重讲了"先学后教，当堂训练"教学模式是科学的、高效的、可操作的教学模式。（2）要常年赛课，灵活运用"先学后教，当堂训练"教学模式。（3）要排除干扰，正确推广"先学后教，当堂训练"教学模式。（4）科学发展观是深化课改的方法。

12. 《课改有规矩，不能太"任性"》，发表于 2015 年 4 月 8 日《中国教育报》。

13. 《解密"教书育人责任制"》，发表于 2015 年 4 月 13 日《中国教育报》。

14. 《掀起"先学后教，当堂训练"的盖头》，发表于 2015 年 4 月 16 日《中国教育报》。